Das große I GING Lebensbuch

René van Osten

Das große I GING Lebensbuch

Handlungsanweisungen
für alle Fragen und Bereiche des Lebens
Mit dem dreistufigen I-Ging-Karten-Set

WINDPFERD

Die Zitate aus dem „Tao te king“ sind der Übersetzung von Richard Wilhelm, Diederichs Verlag, 1978, entnommen.
Die Zitate aus dem „I Ging“ sind der Übersetzung von Richard Wilhelm, Diederichs Verlag, 1983, entnommen.

1. Auflage 1997

Umschlaggestaltung: Kuhn Grafik, Digitales Design, Zürich
Lektorat: Uwe Hiltmann, Niedernhausen/Ts.
Layout, Satz und Grafik: René van Osten;
panta rhei! – MediaService, Uwe Hiltmann, Niedernhausen/Ts.
Herstellung: Schneelöwe, Aitrang

ISBN 3-89385-174-7

Printed in Germany

„Strahlend und unverwelklich ist die Weisheit
und wird leicht von denen erkannt, die sie lieben,
und von denen gefunden, die sie suchen.
Sie gibt sich denen, die nach ihr verlangen, schon im voraus zu erkennen.
Wer am frühen Morgen nach ihr ausschaut, braucht sich nicht abzumühen,
denn er findet sie an seiner Tür sitzen.

Über sie nachzudenken, ist vollendete Einsicht, und wer um ihretwillen wacht,
ist bald aller Sorge ledig.
Denn sie selbst geht umher, um die zu suchen, die ihrer würdig sind,
und erscheint ihnen freundlich auf den Wegen
und begegnet ihnen in jedem Vorhaben.

Denn ihr sicherster Anfang ist Verlangen nach Liebe zu ihr,
Liebe aber ist Beobachtung ihrer Gebote,
Haltung der Gebote aber ist Sicherung der Unsterblichkeit,
Unsterblichkeit aber bringt in Gottes Nähe.“

Aus: Bibel, Buch der Weisheit

Gewidmet meiner lieben Frau Christine
sowie meinem Freund und Lehrer
Ihor Maygutiak (I-Lung)
und meinem Seelenbruder Oliver Eichner
als Dank und Anerkennung für ihre fruchtbare Unterstützung

Januar 1996

René van Osten

Inhaltsverzeichnis

Hexagrammverzeichnis

Einleitung

Das I Ging – oder Buch der Wandlungen – ist vielleicht das älteste Buch unseres Planeten, ein über die Jahrtausende gereiftes Juwel, eine Kostbarkeit, die uns die geheimnisvollen Vorgänge allen Lebens auf so beeindruckende und in seiner Harmonie und präzisen Aussagekraft einmaligen Art und Weise offenbart. Bis heute als „wunderliches Buch“ voller Symbole und unverständlicher Zauberworte schwer zu begreifen, stellt es jedoch in seiner Art der Darstellung sämtlicher Weltzusammenhänge einen gerade für unsere Zeit des Umbruches und der geistigen Erneuerung einmaligen Quell der Wegweisung und Ergründung des Lebenssinns dar. Von alters her gedacht als Ratgeber für eine den kosmischen Gesetzen angepaßte Lebensführung, ist dank der Übersetzung Richard Wilhelms über die Jahre 1911 bis 1923 und weiterer hervorragender Arbeiten heute der Grundstein gelegt, immer mehr Menschen den Zugang zu den im I Ging dargelegten Strukturen der spirituellen und materiellen Lebenszusammenhänge zu ermöglichen.

Einen weiteren Beitrag zum besseren Verständnis dieser Lebensgeheimnisse zu leisten, ist eine ehren- und zugleich verantwortungsvolle Aufgabe, zu deren ernsthafter Auseinandersetzung ich durch die Arbeiten so großer Geister wie Richard Wilhelm und zuallererst meines verstorbenen Lehrers und Freundes I-Lung befähigt wurde.

Die Entwicklung eines zeitgemäßen Mediums, das uns als Brükke zum I Ging die jedem Menschen innewohnenden „Muster“ als Antwort auf unsere Fragen enthüllt, war in den langen Jahren der Erprobungszeit eine Aufgabe, zu deren Bewältigung umfangreiche Studien und eigene Erfahrungen gebraucht wurden.

Das Ergebnis ist ein 24-Karten-Set, das in der Symbolik den universalen Prinzipien des I Ging angepaßt wurde.

Mit Hilfe dieses „Schlüssels“ sind Sie in der Lage, jeden Augenblick ihres Lebensablaufes als Code darzustellen, der durch leicht erlernbares Entschlüsseln den Zutritt zum höheren Selbst, in Form der 64 Hexagrammbilder, ermöglicht. In der Praxis hat dieses System durch seine präzisen Ergebnisse immer wieder Erstaunen und Bewunderung hervorgerufen.

Die Befreiung vom Makel eines primitiven und unverständlichen Orakels wurde unter anderem durch die Tatsache erbracht, daß neben so großen Denkern wie Konfuzius und Laotse sowohl Menschen aus dem Volke als auch Könige und Kaiser durch die Jahrtausende hinweg bis in unsere Zeit, in der nun Philosophen,

Schriftsteller und Sinologen sich sehr ausführlich mit dem I Ging befaßten. Je mehr und tiefer wir uns mit den Texten des „Buches der Wandlungen“ und der aus ihm sprechenden Weltstruktur beschäftigen, desto mehr werden wir die Gewißheit erlangen, daß es sich bei diesem Werk um ein Geschenk, ja um eine exakte Kopie des Universums für all die suchenden Menschen dieser Erde handelt. In diesem Sinne wünsche ich mir, daß mit diesem Karten-Set vielen Menschen der Zugang zu diesem heiligen Buch erleichtert wird.

Innere Wahrheit und Symbolsprache des I Ging

Das wir es bei einem Werk wie dem I Ging nicht mit der Arbeit eines einzelnen zu tun haben, dürfte angesichts der ihm innewohnenden Aussagekraft eine Selbstverständlichkeit sein. Um die Zusammenhänge und Auswirkungen der kosmischen Gesetze des Naturgeschehens auf unsere gesamte Körper- und Energiestruktur zu erforschen, mußte zunächst einmal ein System erdacht werden, das den sich wandelnden Zyklen in einer identischen Symbol-Form entsprach.

Über Generationen hinweg mußten die inneren und äußeren Lebensgesetze durch objektive Betrachtung aller Vorgänge in der Außenwelt sowie durch Versenkung in die Tiefen der Innenwelt erkannt und in eine allgemeingültige Symbolsprache umgesetzt werden.

Schon früh erkannten die großen Denker und Weisen jener Zeit die Zusammenhänge des wiederkehrenden Naturgeschehens und der Lebensprozesse des Menschen als miteinander verwobenen Teil des Ganzen. Diesem Weg, der jedem Menschen eigenen Bestimmung nahezukommen, galt das ganze Forschen und Ergründen des Weltgeschehens, das über die Zeiten hindurch zu einem präzisen und identischen Bild der Schicksalsläufe in Form der acht Trigramme und daraus folgend der 64 Hexagramme führte. Ein Weltbild, das gleichsam das Universum unseres Tiefenbewußtseins spiegelt und uns in die Lage versetzt, mit dem Kern unseres inneren Wesens in Kontakt zu treten.

In einem Aufsatz in der Süddeutschen Zeitung von 1969 schreibt Werner Heisenberg:

„Im I Ging und seinen von Fu-Hsi durch eine uns unbegreifliche Schau der Natur um 3000 v. Chr. gefundenen und durch König Wen geordneten Symbolen liegt eine solche naturphilosophische

Weltformel vor, die geeignet sein könnte, das abendländische Denken ebenso zu befruchten.“

Auch C. G. Jung, der durch die Übersetzung Richard Wilhelms in den zwanziger Jahren erstmals mit dem I Ging in Kontakt kam, stellte eine erstaunliche Übereinstimmung mit seinen Überlegungen der Archetypen fest. Er sprach ihm magische Eigenschaften zu, weil die darin verkörperten Prinzipien tief in das Unterbewußte des Menschen eingeprägt sind. Grundlage bilden die acht Trigramme, die in sich alle „Qualitäten des lebendigen Seins“ beinhalten und geboren sind aus der dynamischen Bewegung der beiden Pole Yin und Yang. Dargestellt in Form von unterbrochenen, schwachen Linien und durchgehenden, starken Linien, bilden sie durch ihre Anordnungen unterschiedliche energetische Qualitäten, die ihre Vollendung in der Aussage der 64 Hexagramme und deren Wandlungsstufen finden. Völlig unabhängig von religiösen Glaubensvorstellungen haben wir es bei diesem großen Werk mit einem universalen Code zu tun, der uns Hilfestellung leisten kann, den in uns angelegten Weg durch die Energieebenen hinauf zum höchsten Bewußtsein zu gehen.

Der Sinn persönlicher Wegweisung und Charakterbildung

Der Mensch: zum Zeitpunkt seiner Geburt ein kleines, hilfloses Wesen, abhängig von der Zuwendung und Ernährung durch seine Mutter und doch ein Wesen, in dem energetisch alle Vorgänge seines Lebensprozesses angelegt sind. Diese innere Vorgabe, in Verbindung mit der zum Zeitpunkt seiner Geburt herrschenden kosmischen Konstellation, prägen seinen Charakter und geben die Lebensrichtung vor. Somit stellen der zeitliche (Himmel) und räumliche (Erde) Aspekt der Geburt den Eintritt in einen neuen Kreislauf der Entwicklung dar, dessen Beginn zugleich das Ende eines zurückliegenden und abgeschlossenen Lebensprozesses ist. Die darauf folgenden Ereignisse in den Entwicklungsstufen mit all ihren Reibungspunkten sind letztendlich in ihrer Art und Erscheinung richtungsweisende Signale, die auf unsere im Tiefenbewußtsein angelegte Bestimmung hinweisen.

Durch den genetischen Code sind jedem Menschen ganz spezifische Aufgaben vorgegeben, durch deren Bewältigung auch die damit in Verbindung stehenden Energiezentren (Chakren) gereinigt und harmonisiert werden. Erst durch den Vorgang der Läuterung dieser unterschiedlichen Energieebenen, innerhalb der für uns vorgesehenen Lebensaufgabe, wird der Weg zu einem höheren Bewußtsein geöffnet. Das Erreichen dieser innersten Sphäre, die dem Tai Chi oder göttlichen Ursprung am nächsten liegt, verpflichtet den Menschen, sein Wissen und seine Erkenntnisse der Welt mitzuteilen und damit jenen zu helfen, die seiner Hilfe bedürfen. Im I Ging wird diese Situation durch das Hexagramm 63 *(Nach der Vollendung)* ausgedrückt, in dem alle Kräfte im harmonischen Gleichgewicht sind. Ein Rückfall in eine erneute Stockungszeit kann nur durch Lernen und Lehren verhindert werden. Viele große Werke der Vergangenheit weisen uns den Weg zu Gott, allein das Verständnis für die wahren Weltzusammenhänge blieb bis heute den meisten Menschen verschlossen.

Nicht zuletzt der schwierigen Weltsituation und der konsequenten Arbeit vieler großer Menschen haben wir das langsame Erwachen eines Geistes zu verdanken, der uns zeigt, daß nicht unser Wille, und die meist nach außen gerichtete Sichtweise der Dinge, ausschlaggebend für unser Glücklichsein sind. Die für uns heute wichtigste Frage der materiellen Existenz als Grundlage unserer Sicherheit und personalen Identifikation, weicht dem erwachten Interesse an wahrem Wissen, innerer Befreiung und Selbst-Verwirklichung.

Immer stärker spüren wir den inneren Widerstreit mit den uns anerzogenen und gesellschaftlich vorgegebenen Denk- und Verhaltensmustern, die unser tägliches Leben wesentlich bestimmen. Diese Impulse, die uns zur Innenschau anregen und die Verbindung zu unserem Wesenskern herzustellen versuchen, könnten die Frage nach dem „Sinn und Ausdruck unseres ganz persönlichen Lebens“ auf vielfältige Art und Weise beantworten. Nicht alleine die auf das alltägliche, materielle Wohlergehen gerichteten Handlungen sind es, die unserer Entwicklung dienen, sondern vor allem die aus unserer Tiefe aufsteigenden Bilder, die ihre Ausrichtung auf ein höheres Dasein haben. Um den eigentlichen Sinn, das „Tao“ oder den tiefsten Kern unseres „Selbst“, zu erfahren, dessen Erlangung für die Weisen der alten Zeit der wahre Weg aus den Wirren der Welt darstellte, bedarf es einiger Übung der Bewußtwerdung und der Bereitschaft zur höheren Führung.

Wer anerkennt, daß die Dualität der Kräfte keine zerstörerischen und unser freies Handeln beeinträchtigenden Energien sind, sondern zwei sich ausgleichende Energien darstellen, der wird die Wertigkeit von Glück und Leid, Fortschritt und Innehalten, arm und reich und zuletzt Leben und Tod neu überdenken. Denn, soviel wissen wir, alles Ungleichgewicht neigt dazu, sich auszugleichen.

Nehmen wir als Beispiel ein mit Wasser gefülltes Glas. Wird es bis zum Rand gefüllt, kann es nur dann erneut als Behältnis dienen, wenn es wieder geleert wird.
Dazu heißt es im Tao te king:
„Etwas festhalten wollen und dabei es überfüllen:
das lohnt der Mühe nicht.
Etwas handhaben wollen und dabei es immer scharf halten:
das läßt sich nicht lange bewahren.
Mit Gold und Edelsteinen gefüllten Saal
kann niemand beschützen.
Reich und vornehm und dazu hochmütig sein:
das zieht von selbst das Unglück herbei.
Ist das Werk vollbracht, dann sich zurückziehen:
das ist des Himmels SINN."

Auf unsere Lebensweise umgesetzt bedeutet dies, daß jede ins Extrem gehende Handlung zwangsläufig in ihr Gegenteil umschlägt. Bemühungen, die darauf ausgerichtet sind, die Dinge einseitig in eine Richtung zu zwingen, um sie dort festzuhalten, haben Verluste zur Folge. Zunächst im Sinne der von uns so wichtig erachteten Sache und zum zweiten durch Krankheiten der Seele, des Geistes und des Körpers. Jede nach außen gerichtete Handlung sollte deshalb aus unserem höheren Selbst, dem Zentrum unseres göttlichen Ursprungs – Tai Chi – erfolgen. Der Mensch muß lernen, die energetischen Gegensätze auszugleichen, aus seiner Mitte heraus zu handeln und Extreme zu vermeiden. Dies ist auch die herausragende Botschaft des I Ging, in deren Licht wir die für unser Leben bestmögliche Orientierung erfahren können. Die Ebene der Erfüllung der uns zugedachten Aufgaben bleibt der freien Willensentscheidung überlassen. An diesem Punkt der Erkenntnis angekommen ist uns klar geworden, wie wichtig es zur Ausbildung der innersten Charakterstruktur ist, eine fundierte und verläßliche Wegweisung zu haben.

Wie sie im Laufe des Studiums dieses Buches, in Verbindung mit dem dreistufigen Karten-Set, feststellen werden, sind die darin enthaltenen Wahrheiten geeignet, unser Leben nicht nur zu befruchten, sondern von Grund auf zu erneuern und zu stabilisieren.

Die Symbolik und der metaphysische Hintergrund des I Ging

1. Das Tao – der ewige Sinn oder die Entstehung allen Seins aus der Ur-Leere

In Laotses „Tao te king", jenem großen und fundamentalen Werk des taoistischen Philosophen, dessen Inhalt ganz der Erklärung und Definition des „Sinnes und des Lebens" gewidmet ist, heißt es über die Uranfänge allen Seins:

„Es gibt ein Ding, das ist unterschiedslos vollendet.
Bevor der Himmel und die Erde waren,
ist es schon da,
so still, so einsam.
Allein steht es und ändert sich nicht.
Im Kreis läuft es und gefährdet sich nicht.
Man kann es nennen die Mutter der Welt.
Ich weiß nicht seinen Namen.
Ich bezeichne es als SINN."

Dieser im obigen Text zitierte „ewige Sinn", der als Ur-Leere den Anfang des kosmischen Weltbeginns bezeichnet, wird in der Tradition symbolisch als Kreis oder „Wu Chi" dargestellt und birgt in sich den unendlichen, nicht nennbaren oder greifbaren Raum, vor aller Schöpfung und allem Sein. Das unbegrenzte und leere „Nichts" als Urgrund aller Schöpfung. Diese metaphysische Betrachtungsweise der Unendlichkeit, wie sie durch den Kreis der Leere angedeutet wird, stellt sehr klar jene göttliche Urkraft ohne Anfang und Ende dar. In unserer räumlich-begrifflichen Vorstellungswelt, als „starke, energetisch wirkende Kraft" denkbar, kann Wu Chi deshalb als Mutter aller Schöpfung bezeichnet werden.

Der Sinn erzeugt die Eins ⟶ *Wu Chi erzeugt Tai Chi*

2. Tai Chi – die große Einheit

Der erste Akt der Schöpfung, die Entstehung des „Paradieses" oder das Feld der absoluten universalen Harmonie, wie dies in der biblischen Genesis dargestellt wird, liegt dem göttlichen Ursprung am nächsten. Es symbolisiert, in der Form des uns bekannten Tai-Chi-Zeichens, die noch ungeteilte Einheit von Raum und Zeit, Materie und Energie: Geboren aus dem Kreis der Leere – Wu Chi –, trägt diese von einer s-förmigen Linie durchschlungene Kreisfigur in sich die Zweiheit von Yin und Yang, männlich und weiblich, hell und dunkel.

Die Eins erzeugt die Zwei ——➤ *Tai Chi erzeugt Yin und Yang*

3. Yin und Yang – die Geburt der Zweiheit aus der absoluten Einheit Tai Chi

„Das Weltgeschehen des Lebens (Tai Chi) ist seinem Wesen nach eins, aber wenn es sich verwirklicht in der Welt der Erscheinung, so ist es der polaren Entfaltung (Yin und Yang) notwendig unterworfen"

Tai Chi, die universale Harmonie, die in der menschlichen Bewußtseinsentwicklung das Eins-Sein mit dem göttlichen Ursprung bedeutet, birgt in sich die polaren Gegensätze von Yin und Yang, die durch ihr wechselseitiges Zusammenspiel alles Leben hervorbringen. Symbolisch werden diese beiden dynamischen Kräfte im I Ging als eine schwache, unterbrochene Linie – Yin – und eine durchgehende, starke Linie – Yang – dargestellt. In diesem Bild der sich ergänzenden Zweiheit begegnet uns wiederum die biblische Vorstellungswelt des Lebens von Adam/Yang und Eva/Yin im Paradies/Tai Chi.

Die Zwei erzeugt die Drei ——➤ *Yin und Yang erzeugen die Trigramme*

4. Die Trigramme oder die Geburt der Dreiheit aus der Polarität von Yin und Yang.

Indem nun die ungeteilte Linie Yang/des Schöpferischen und die geteilte Linie Yin/des Empfangenden durch ihr Wechselspiel zusammenwirken, entstehen die acht verschiedenen, dreistufigen Qualitäten oder Trigramme. Diese acht Kräfteprinzipien stellen die Erscheinungen von aufeinanderfolgenden Vorgängen im kosmi-

Yin — —

Yang ——

Yin	Yang
Der Raum und die physikalische Erscheinung des Göttlichen	*Die Zeit und der geistige Aspekt des Göttlichen*
weiblich	männlich
das Empfangende	das Schöpferische
die Erde	der Himmel
schwach	stark
dunkel	hell
weich	hart
Schatten	Licht
Kälte	Hitze
negativ	positiv
Nacht	Tag

Entsprechungen von Yin und Yang

schen (spirituellen, nicht sichtbaren) und physischen (materiellen, sich wandelnden) Bereich des Seins dar.

Vom Beginn des menschlichen Lebens, dem Erwachen der Natur im Frühling, bis zum Wachstum, der Ernte und dem Tod symbolisieren sie die Wandlungsprinzipien, die sich durch die Rhythmen der Zeit ergeben. In der Lebens- und Entfaltungswelt des Menschen verkörpern sie die verschiedenen Bereiche und Funktionen des Bewußtseins, die Schwingungsfelder der Chakren und stehen gleichzeitig für den harmonischen Familienverband von Vater, Mutter, Töchtern und Söhnen.

Die Drei erzeugt alle Dinge ⟶ *Die Trigramme erzeugen die Hexagramme*

Die Tatsache, daß diese acht Trigramme die Qualitäten allen lebendigen Seins beinhalten, sollte uns Bedürfnis und Anreiz sein, den Ursprung, die Eigenschaften und die Aussagen genauer zu betrachten. Nachfolgend soll nun ein Einblick in die Zusammenhänge der Trigramme und die Erscheinungen unserer alltäglichen

Welt sowie die dahinter wirkenden energetischen Ursprünge gegeben werden. Diese sollen unser Verständnis für die 64 Hexagramme des I Ging entwickeln, die durch die Kombination der acht Trigramme alle im Menschen und der Natur angelegten Schicksalsläufe darstellen. Im Aufeinandertreffen dieser Energie- oder Bewußtseinsprinzipien entstehen die Kräfteverhältnisse, die in bezug auf unsere Frage die momentane Situation und deren Wandlung aufzeigen. Das I Ging gibt uns die Möglichkeit, ein harmonisches Zusammenspiel zwischen Denken, Entscheiden und Handeln sowie dem in der Seele angelegten „Lebensplan" zu erreichen. Diese konstant wirkenden Energiefelder zu entschlüsseln, und bewußt in unser Leben zu integrieren, ist die Aufgabe der 24 I-Ging-Karten, zu deren tieferem Verständnis das Wissen um die universalen Zusammenhänge in all ihren vielfältigen Erscheinungsformen unerläßlich ist.

Grundlegende Eigenschaften der acht Trigramme

(Die Bezeichnung „hell" bezieht sich auf eine starke oder durchgehende Yang-Linie, die Bezeichnung „dunkel" auf eine schwache oder unterbrochene Yin-Linie.)

Der Himmel ☰ Das Schöpferische und Erneuernde
Alle Linien sind hell

Das Erneuernde und Ausgleich schaffende Prinzip der Kreativität. Die uneingeschränkt starke und schöpferische Kraft des Göttlichen. Das männliche Prinzip. Das reine Yang. Das väterlich Feste. Der Bereich des reinen Gewahrseins, das Schwingungsfeld des Kronen-Chakras. Sein Körperteil ist der Kopf. Sein Sinnbild das Pferd.

Die Erde ☷ Das Empfangende und Hingebende
Alle Linien sind dunkel

Das Aufnehmende und Verbindung schaffende Prinzip der Hingabe. Die uneingeschränkte Offenheit. Die Fügsamkeit. Das weibliche Prinzip. Das reine Yin. Das mütterlich Weiche. Der Bereich des Wollens. Die Materialisation aller Schwingungsfelder. Das zugeordnete Körperteil ist der Bauch, das Sinnbild die Stute.

Das Schöpferische und das Empfangende, das Männliche und das Weibliche, bilden die Voraussetzung aller Wandlungen.

Der See ☱ Das Heitere und Wahrhaftige
Die obere Linie ist dunkel

Die aus der Tiefe kommende innere Wahrheit und Weisheit. Der Tiegel unserer Erfahrungen. Die Welt der Gefühle. Das stille und tiefe Wasser. Sein Ausdruck ist die Zufriedenheit und die Freude. Das Schwingungsfeld des Solarplexus-Chakras. Das zugeordnete Körperteil ist der Mund, als Sinnbild gilt das Schaf. In der Familie ist es die jüngste Tochter.

Der Berg ☶ Das Stillehaltende und Beharrliche
Die oberste Linie ist hell

Das Bewahrende, Reinigende und Formgebende. Symbol der Vergänglichkeit und der Materie des Lebens. Das Handeln aus überlegter Ruhe. Die innere Bereitschaft und Verbundenheit mit den himmlischen Kräften. Die Verkörperung der geistigen Kraft. Die innere Entwicklung. Sein Ausdruck ist die meditative Innenschau. Das Schwingungsfeld des Herz-Chakras. Die Welt des Körpers. Das zugeordnete Körperteil ist die Hand, als Sinnbild gilt der Hund. In der Familie ist es der jüngste Sohn.

Das Feuer ☲ Das Haftende und Bewußte
Die mittlere Linie ist dunkel

Das Verbindung schaffende, kommunikative Prinzip der Bewußtheit. Die klare, Licht und Wärme spendende Kraft der Sonne. Das Leuchten des Himmels. Sein Ausdruck ist die Klarheit und Intelligenz. Die Welt des Denkens. Das Schwingungsfeld des Sakral-Chakras. Das zugeordnete Körperteil ist das Auge, als Sinnbild gilt der Fasan. In der Familie ist es die mittlere Tochter.

Das Wasser ☵ Das Abgründige und Instinktive
Die mittlere Linie ist hell

Die in die Materie eindringende, beseelende und befruchtende Kraft. Das Geheimnisvolle und Formlose, das durch die Materie Gestalt annimmt. Sein Ausdruck ist das Instinktive und Eindringende. Die Welt der Seele. Das Schwingungsfeld des Hals-Chakras. Das zugeordnete Körperteil ist das Ohr, als Sinnbild gilt das Schwein. In der Familie ist es der mittlere Sohn.

Der Donner ☳ Das Erregende und Aktive
Die untere Linie ist hell

Die im Unsichtbaren wirkende, elektrische Kraft der Impulse. Die aufrüttelnde und erschütternde, geistige Kraft. Das Initiatische. Die reine Lebenskraft. Die Manifestation des göttlichen Odems. Die materielle Entfaltung. Sein Ausdruck ist das Impulsive. Die Welt des Geistes. Das Schwingungsfeld des Stirn-Chakras. Das zugeordnete Körperteil ist der Fuß, als Sinnbild gilt der Drache. In der Familie ist es der älteste Sohn.

Der Wind ☴ Das Sanfte und Bewegende
Die untere Linie ist dunkel

Die eindringende, Bewegung und Ausbreitung schaffende, sanfte Kraft. Die spirituelle Entwicklung. Sein Ausdruck ist das Durchdringen durch sanfte Beharrlichkeit. Die Welt der Empfindungen. Das Schwingungsfeld des Wurzel-Chakras. Das zugeordnete Körperteil sind die Schenkel, als Sinnbild gilt der Hahn. In der Familie ist es die älteste Tochter.

Die acht Trigramme in ihren spirituellen und materiellen Anordnungen

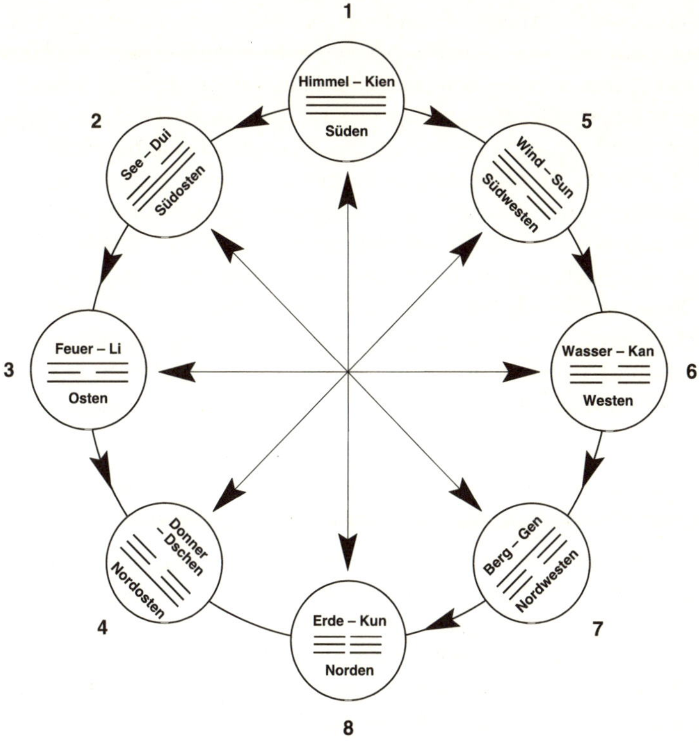

Der frühe Himmel Ho Tu
Die Grafik zeigt die Reihenfolge der Trigramme nach den spirituellen Prinzipien der vorweltlichen Anordnung.

Ho Tu – die Anordnung der acht Trigramme nach den vorweltlichen Prinzipien

Die ursprüngliche Entwicklung und mathematische Anordnung der acht Trigramme wird dem legendären chinesischen Herrscher Fu Hsi, der im dritten Jahrtausend v. Chr. lebte, zugeschrieben. Seine Anordnung der Trigramme erfolgte zunächst nach den Prinzipien des „frühen Himmels“, des noch nicht sichtbaren oder spirituellen Bereiches. Sie symbolisiert die Welt der Gedanken, Schwingungen und des Unbewußten und steht damit hinter den sich wandelnden Erscheinungen der materiellen Welt.

Getreu dem Wissen, daß alle sichtbaren Erscheinungen ihren Ursprung und Bezugspunkt auf der nichtsichtbaren, energetischen Ebene haben, bilden die Prinzipien des frühen Himmels den Hintergrund, durch den die Wandlung ins Materielle erst möglich wird.

Ihrer gegensätzlichen Entsprechung nach liegen sich die Trigramme im Ho Tu direkt gegenüber. Die Wirkungsweise der Kräfte vollzieht sich, da sie nicht der Wandlung unterworfen sind, jeweils zur gegenüberliegenden Seite. Die Aufgabe des frühen Himmels liegt, in bezug auf die materielle Welt, in der Wahrung und dem Ausgleich der sich ergänzenden Gegensätze aller Energien.

Diese paarweise entgegenwirkenden Kräfte des spirituellen Bereiches Ho Tu setzen nun, ohne sich gegenseitig aufzuheben, den Kreislauf der Wandlungen der materiellen Welt (Lo Schu) in Gang, auf dem alles Leben beruht.

Die numerische Reihenfolge der Wandlungen aus dem frühen Himmel in die Welt der Erscheinungen

Die nachfolgende numerische Reihenfolge der Trigramme zeigt die Phasen der Wandlung aus der „vorweltlichen, spirituellen Anordnung" des Ho Tu in die materielle Welt der Erscheinungen des Lo Schu. Vergleichbar mit der Verwirklichung einer „Idee" stellt dieser Vorgang nichts anderes dar, als deren Umsetzung und Sichtbarmachung nach einem folgerichtigen Schema.

Wie im Beispiel der biblischen Schöpfungsgeschichte wird hier die Entstehung und Verbreitung allen organisch und seelisch bewußten Lebens nach der göttlichen Idee gezeigt. In Form aufeinanderfolgender und sich harmonisch ergänzender Geburtsprozesse entsteht die Welt und der Lebensraum des Menschen. Die zuvor im Geiste existierende Matrix erfährt ihre Umsetzung ins Räumliche und ist damit der Wandlung und Vergänglichkeit der Materie unterworfen.

Dabei verändert sich nun die Zahlenordnung im Vergleich zum Ho Tu, entsprechend der Reihenfolge ihrer Materialisation, und eine feste „Platzordnung" innerhalb des Lo Schu entsteht. Wie Sie später noch sehen werden, spielt diese eine wichtige Rolle bei der Bewertung der ausgelegten I-Ging-Karten.

Dabei ist der Zahl fünf kein festes Wandlungs-Element zugeordnet, da sie den Ursprung oder die Ursache aller Wandlung, die göttliche Urkraft – Tai-Chi – darstellt.

Von der Matrix zur Materie

Die Reihenfolge der Wandlungen aus dem spirituellen in den materiellen Raum der Erscheinungen

1. Wandlung: **Das Wasser** *Das Abgründige*
Das Befruchtende
Die Zeugung

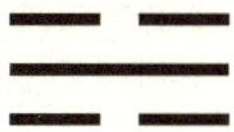

Prinzip: *Befruchtung, Zeugung*
Element: *Wasser*

Der Regen, die lebenspendende und fruchtbare Kraft, Wasser als Informationsträger der Lebensenergie, die Welt der Seele, die Nieren, die Blase.

Die elementare Urkraft, die organisches Leben ermöglicht, symbolisiert durch den einen starken Yang-Strich, das Eindringen des befruchtenden, seelischen Prinzips in das Empfangende.

2. Wandlung: **Die Erde** *Das Empfangende*
Das Aufnehmende
Die Hingabe

Prinzip: *Aufnahme, Hingabe*
Element: *Erde*

Die fruchtbare und trockene Materie, das Land, die Planeten, die Sterne, das Weibliche, die Fähigkeit des Wollens, der Magen, die Bauchhöhle, die Milz.

Die trockene Erde als formgebende Substanz bildet die Grundlage allen materiellen Wachstums und Seins. Sie öffnet sich der befruchtenden Kraft des Wassers und schafft damit die Voraussetzung für dynamische Lebensprozesse. Der Lebensraum für Tiere und Menschen, der Ort aller Materialisation, der Entwicklung und des Zerfalls.

3. Wandlung: **Der Donner** *Das Erschütternde*
Das Erweckende
Die Keimung

Prinzip: *Keimung*
Element: *Holz*

Samen, und Triebe, alles vegetative Leben, die Fähigkeit der Keimung, die erweckende, initiatische Geisteskraft, die Galle.

Der Donner, eines der beiden dynamischsten Zeichen im Kreislauf der Trigramme, steht für die impulsgebende und erweckende geistige Kraft des Schöpferischen. Aktive Lebensprozesse nehmen ihren Anfang. Seine Aufgabe ist die materielle Entfaltung.

4. Wandlung: **Der Wind** *Das Sanfte*
Das Eindringende
Die Entwicklung

Prinzip: *Entwicklung*
Element: *Holz*

Gräser, Kräuter, Blumen, Bäume, alles organische Leben, die Fähigkeit der Entwicklung, der Odem Gottes, die instinktive Empfindungskraft, die Leber.

Der Wind, als zweites der beiden dynamischen Zeichen im Kreislauf der Trigramme, steht für die Entwicklung und Ausbreitung des jungen Lebens. Der Hauch Gottes, der die Materie zur Entwicklung bringt.

6. Wandlung: **Der Himmel** *Das Schöpferische*
Das Erneuernde
Der Ausgleich

Prinzip: *Erneuerung und Ausgleich*
Element: *Metall*

Das Firmament, das Universum, der kosmische oder göttliche Raum über allem Irdischen, die Fähigkeit des Gewahrseins, die kreative Schöpferkraft, das Ziel und der Weg, die Pforte zur Unendlichkeit, die Lunge zur Aufnahme des Prana oder der göttlichen Lebensenergie.

Die schöpferische Kraft des Himmels, als Erzeuger und Richter aller Wandlungsvorgänge, steht symbolisch für das Prinzip der immerwährenden Erneuerung und des Ausrichtens auf Entwicklung und Wachstum.

7. *Wandlung:* **Der See**

Das Heitere
Das Beschauliche
Die Reflexion

Prinzip: *Beschaulichkeit und Reflexion*
Element: *Metall*

Mineralien als Träger energetischer Informationen, Metalle, Erze, das Meer, das tiefe und stille Wasser, die angesammelte Kraft, die Fähigkeit des Fühlens und der Heiterkeit, der Ort innerer Wahrheit und Weisheit, der Tiegel oder Speicher aller Erfahrungen, das Karmische, das Persönliche, der Dickdarm.

Im Zeichen der siebten Wandlung finden wir die beschauliche Zufriedenheit und innere Harmonie nach einem langen Prozeß der dynamischen Aktivität. Das Geleistete wird hier gespeichert (Lebenserfahrung) und verwertet.

8. *Wandlung:* **Der Berg**

Das Stillehalten
Das Innehaltende
Die Ruhe

Prinzip: *Innehalten und Ruhe*
Element: *Erde*

Der göttliche Aspekt der Erde, die Berge, Ort der Zwiesprache mit Gott, der Körper als Träger aller Bereiche und Funktionen, die struktur- und haltgebende Form, die materielle Erneuerung, Symbol der Vergänglichkeit des Lebens.

Im Kreislauf der Wandlungsphasen steht der Berg für das Ruhen und gleichzeitige Stärken der Lebenskraft durch Hemmung der Expansion und Rückkehr der Kräfte zu ihrem inneren Ursprung.

9. *Wandlung:* **Das Feuer**

Das Haftende
Das Lichtspendende
Die Erwärmung

Prinzip: *Licht und Wärme spendende Kraft*
Element: *Feuer*

Die Sonne, das Licht, das Feuer, die Erleuchtungskraft, die Bewußtheit, die Fähigkeit des Denkens und Analysierens, das Herz, das Blut, die Drei Erwärmer.

Durch Licht und Wärme der Sonne und der Verbindung des Wassers wird die Voraussetzung für beginnendes Leben geschaffen. Das letzte der Zeichen im Wandlungskreislauf steht für den Übergang von rein organischem Leben zu seelischer Bewußtheit. Mit der Entdeckung des Feuers hat der Mensch der Urzeit einen großen Sprung in seiner Entwicklung gemacht. Die öffnende Kraft seiner Wärme führte zu veränderten Lebensbedingungen und vermehrter Kommunikation.

Bis in die heutige Zeit wird die magische Kraft des Feuers zu rituellen Zwecken der Klärung benutzt.

Zur Erinnerung:
Der Zahl fünf ist kein festes Wandlungs-Element zugeordnet, da sie die Ursache aller Wandlung, die polare Urkraft – Tai-Chi – darstellt.

Lo Schu – *die Anordnung der acht Trigramme in den weltlichen Erscheinungen des I Ging*

Die dem I Ging zugrundeliegende Trigramm-Anordnung wird, da sie der Welt der physischen Erscheinungen und des materiellen Lebens zugeordnet wird, als Lo Schu oder „Karte vom Fluß Lo" bezeichnet, die dem chinesischen Kaiser Wen im Jahre 1200 v. Chr. durch Visionen offenbart wurde.

Die Kräfte des „späten Himmels" Lo Schu wirken im Gegensatz zum „frühen Himmel" Ho Tu in Richtung des Uhrzeigersinnes im Kreis. Beginnend mit dem Zeichen des Donners im Frühling geschieht die Wandlung entsprechend den elementaren Jahreszyklen der Natur, dem Tagesverlauf und aller wiederkehrenden Erscheinungen.

Diese rechtsläufigen Wandlungsprozesse vollziehen sich also nach den jedem Zeichen innewohnenden, dynamischen Eigenschaften, die ihren Anfang im Osten und ihr Ende im Nordosten nehmen. Im Verbund mit den fünf elementaren Zyklen Holz, Feuer, Erde, Metall und Wasser bilden sie die Grundlage des Farbspektrums und der Symbolik, wie sie den I-Ging-Karten zugeordnet sind. Auf diese Zusammenhänge werde ich im nächsten Abschnitt noch näher eingehen.

Die acht Trigramme in der materiellen Anordnung des I Ging

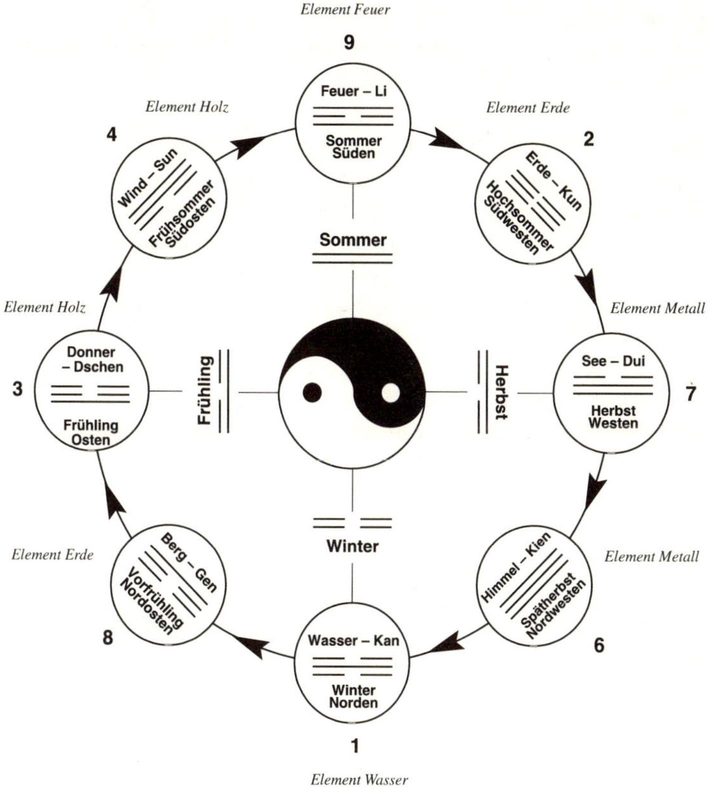

Der späte Himmel Lo Schu
Die Grafik zeigt die Anordnung der acht Trigramme im Wandlungskreislauf und deren Entstehung aus dem Wechselspiel von Yin und Yang.

Das Lo Schu beschäftigt sich also hauptsächlich mit den Erscheinungen und Ereignissen unserer sichtbaren, materiellen Lebenswelt.

Alles Beseelte und Unbeseelte, was den Zyklen der Wandlung und Veränderung unterworfen ist – wie der menschliche Körper –, alles Räumliche, von Menschenhand geschaffene, was geboren wird, sich entwickelt und letztendlich vergeht. Die Kräfte des späten Himmels manifestieren ihre Prinzipien in sich bewegenden Gegensätzen von hell und dunkel, schwach und stark, Gut und Böse.

Hinter den physischen Erscheinungen unserer Lebenswelt aber wirken die spirituellen oder energetischen Kräfte, die keinem Wandel unterworfen sind, unsichtbar auf uns ein. Unsichtbar, in Form der Zeit, die noch keine materielle Form angenommen hat.

Alle materiellen Erscheinungen stehen also in Abhängigkeit zu den dahinterliegenden Wirkkräften der energetischen Prinzipien. Die Zukunft zu wissen, bedeutet in Kontakt zu treten mit dem Himmel und seinen spirituellen Gesetzen. Durch das Studium der Trigramme in all ihren Erscheinungen und Wirkungsbereichen können uns tiefe Erkenntnisse und Einblicke in die Zusammenhänge eines geheimnisvollen Lebens gegeben werden. Das I Ging, durch dessen 64 Wandlungsbilder uns die Auswirkungen der Kräfte deutlich gemacht werden, ist in der Lage, uns das für jede Situation angemessene Verhalten zu zeigen. Alle Erfahrungen und alles Wissen der unterschiedlichsten Lehren können unter den dort aufgezeigten Energiebewegungen von Yin und Yang zusammengefaßt werden.

Die fünf Elemente und ihre Farben in der Anordnung des Lo Schu

Grundlage aller Zuordnungen im Lo Schu bilden, wie wir bis jetzt gesehen haben, die acht Trigramme im Verbund mit den fünf elementaren Zyklen, wie sie im Kreislauf ihrer Erscheinungen angeordnet sind. In der harmonischen, rechtsläufigen Reihenfolge ihrer sich ergänzenden und aufbauenden Energien zeigt das Element Holz in Form des Donners den Beginn des erwachenden Lebens im Frühling. Auch im Mikrokosmos des Menschen, der ja ein Spiegel des Universums ist, finden sich die fünf Elemente in Form der Meridian-Akupunkturpunkte sowie im Verbund mit den acht Trigrammen in seinen körperlichen und geistigen Bereichen wieder.

Das System der fünf Elemente, das zur Klärung der Zusammenhänge von Ursache und Wirkung ganz hervorragend geeignet ist, wurde von alters her mit den symbolischen Zahlen des I Ging in Verbindung gebracht. In der Ernährung, sowie in der traditionellen Astrologie, der Astrologie des I Ging und dem geomantischen System des Feng Shui, spielen die fünf Elemente eine entscheidende Rolle. Die ihnen zugewiesene Farbpalette ist den jahreszeitlichen Farbmustern sowie den spezifischen Wirkungen und Eigenschaften entnommen. Der Entscheidung, diese in der Elementelehre gebräuchlichen Farben ebenfalls als Grundlage für die acht Trigramme zu benutzen und noch zu erweitern, gingen sehr lange Überlegungen voraus. Gerade in bezug auf das fundierte und durch Goethes Farbenlehre bekannte Regenbogenfarbsystem wurde mir diese Wahl nicht leicht gemacht. Ich habe mich dennoch entschlossen den Farbenprinzipien der Elemente treu zu bleiben, da, wie Ihnen ja inzwischen bekannt ist, das Lo Schu auf der Ebene der Wandlungen der sichtbaren Welt basiert. Selbstverständlich kann die materielle Welt nicht ohne den geistigen Plan existieren. Um diesem Ausdruck zu verleihen, spielen neben den Prinzipien der acht Trigramme auch die Energiefelder der Chakren im Erscheinungsbild der Karten eine wichtige Rolle. Den entsprechenden Symbolen wurden deshalb zusätzlich die allgemein bekannten Farben des Regenbogens zugewiesen.

Da sich beide Farbsysteme in ihren energetischen und materiellen Eigenschaften harmonisch ergänzen, sollte damit allen Lehrmeinungen Rechenschaft getragen sein. Was meinen Entschluß letztendlich gefestigt hat, war die Tatsache, daß für das Trigramm der Erde drei schwarze Karten dazugekommen wären. Dies hätte der Ästhetik, dem Farbempfinden und nicht zuletzt der Positivität des Ganzen geschadet.

Element Holz – der Donner

Osten, Frühling, der Anfang, junge Keime und Triebe der Pflanzen, alles Frisch-Saure, Geburt und frühes Säuglingsalter.

Farbe: *Hellgrün als Farbe der impulsiven Lebenskraft*

Zartes Hellgrün der ersten Keime und Blätter der Natur im Frühling, des instinktiven Impulses der Weiterentwicklung, der Aufgeschlossenheit gegenüber dem Leben, der Struktur und substanzgebenden Kraft.

Element Holz – der Wind

Südosten, Frühsommer, alles Trocken-Saure, Wachstum und Ausbreitung der jungen Pflanzen und Triebe zur vollen Größe, die Zeit der Entwicklung in der Kindheit.
Farbe: *Dunkelgrün als Farbe der Entwicklung*
Das satte Dunkelgrün der Wiesen, Bäume und Sträucher im Frühsommer, die Farbe der Empfindsamkeit, des Bieg- und Formbaren und des eindringlichen Beharrens, der Anpassungsfähigkeit an gegebene Umstände.

Element Feuer – das Feuer

Süden, Sommer, Sonne, Hitze, das Feuer, Blüte und Reifungszeit der Pflanzen, alles Leben drängt nach außen zur Vollendung, alles Heiße und Bittere, Pubertät und junges Erwachsenenalter, Bewußtwerdung durch Lernen.
Farbe: *Rot als Farbe der Wärme und der vielfältigen Aktivität*
Die Farbe des Handelns und Strebens nach Erweiterung, der Leidenschaft und der extrovertierten Energie.

Element Erde – die Erde

Südwesten, Hochsommer, Fülle und Überfluß, alles Süße und Feuchtwarme, die Zeit der Reife aller Früchte und des Höhepunktes im Wachstum, die Zeit des reifen, mittleren Lebensalters, Stabilität durch praktische Erfahrungen und Konzentration auf das Wesentliche.
Farbe: *Gelb als Farbe der reifen irdischen Fülle*
Sein Charakter ist strahlend und anregend, aufgeschlossen und beschwingt, aufnahmebereit und zentriert.

Element Metall – der See

Westen, Herbst, Zeit der beginnenden Ruhephase, alle Pflanzen, Bäume und Sträucher verlieren ihre Fülle, Beschaulichkeit kehrt ein, der Herbst des Lebens, Leben aus der inneren Quelle der Weisheit.
Farbe: *Silber oder Grau als Farbe der inneren Wahrheit*
Die Ausstrahlung eines klaren, glitzernden Sees im Mond- oder Abendlicht des Herbstes steht symbolisch für die Öffnung gegenüber den kosmischen Kräften und zeigt tiefe und klare Gefühle.

Element Metall – der Himmel

Nordwesten, Spätherbst, Harmonisieren und Ausgleichen aller zuvor auf Wachstum und Reife ausgerichteten Kräfte, der fortgeschrittene Lebensabend, der zu höherem Berufene, die Bereitschaft, das Wissen und die Erfahrungen in den Dienst der anderen zu stellen.
Farbe: *Weiß als ausgleichende Farbe der Vollkommenheit*

Die dynamische Farbenvielfalt der Natur ist den schöpferischen Kräften der Vorbereitung zu neuem Werden gewichen. Die Farbe Weiß beinhaltet alle Farben des Spektrums und kann diese hervorbringen. Sie gilt als Zeichen der Vollkommenheit, der Wahrheit, des Reinen und Heiligen.

Element Wasser – das Wasser

Norden, Winter, Kälte, Schnee, Eis, der Regen, alles Salzige und Feuchte, die Zeit der Sammlung und Rückkehr der Kräfte zu ihrem Ursprung, das hohe Lebensalter, der Heilige der Erde, der mit der göttlichen Schöpferkraft verbunden ist.
Farbe: *Blau als Farbe der Vertiefung und Autorität.*

Ihr Charakter ist die Betrachtung, die seelische Tiefe, die Hingabe an hohe Ideale, die Melancholie, die Vorsicht und das nach innen Gerichtete.

Element Erde – der Berg

Nordosten, Vorfrühling, Stillstand, die Materie zerfällt und verfault zu brauner Erde, alle aktiven Prozesse sind durch Ruhighalten zum Stillstand gebracht und warten auf die neue kommende Zeit, die braunen Schollen der Erde verbergen ihr inneres Leben.
Farbe: *Braun als Farbe der irdischen Geborgenheit*

Ihr Charakter steht symbolisch für die braune Erde, die als Nährboden die schöpferische Kraft enthält, sie ist ruhig, stabil, beharrlich, haltgebend, schlicht und solide.

Das Element Erde begegnet uns im Kreislauf des Lo Schu an zwei Stellen und charakterisiert im eigentlichen Sinne das Zentrum oder den Mittelpunkt unserer materiellen Existenz, um den herum sich alles Leben bewegt. „Aus der Erde genommen und wieder zur Erde gegeben." Ziehen wir im Kreis des Lo Schu eine gerade Linie von der Seite des Berges durch den Mittelpunkt oder das Tai Chi zur Seite der Erde, erhalten wir den Winkel, wie er der Schrägstellung der Erdachse entspricht.

In der Kombination der fünf Elemente und der acht Trigramme lassen sich alle Phänomene des Universums und deren Wirkungen erkennen und verstehen. So kann uns zur Klärung der tieferliegenden Beziehungsmuster und Kräftewirkungen der acht Trigramme das Wissen über die fünf Elemente und ihre Funktionen eine große Interpretationshilfe sein. Auf der Grundlage dieser Kenntnisse können wir nun verschiedene Zuordnungen in sogenannte Lo-Schu-Quadrate eintragen, die uns zum weiteren Verständnis der universalen Prinzipien und damit der 24 I-Ging-Karten behilflich sein können.

Die 8 Trigramme und ihre Entsprechungen im Lo-Schu-Quadrat des I Ging

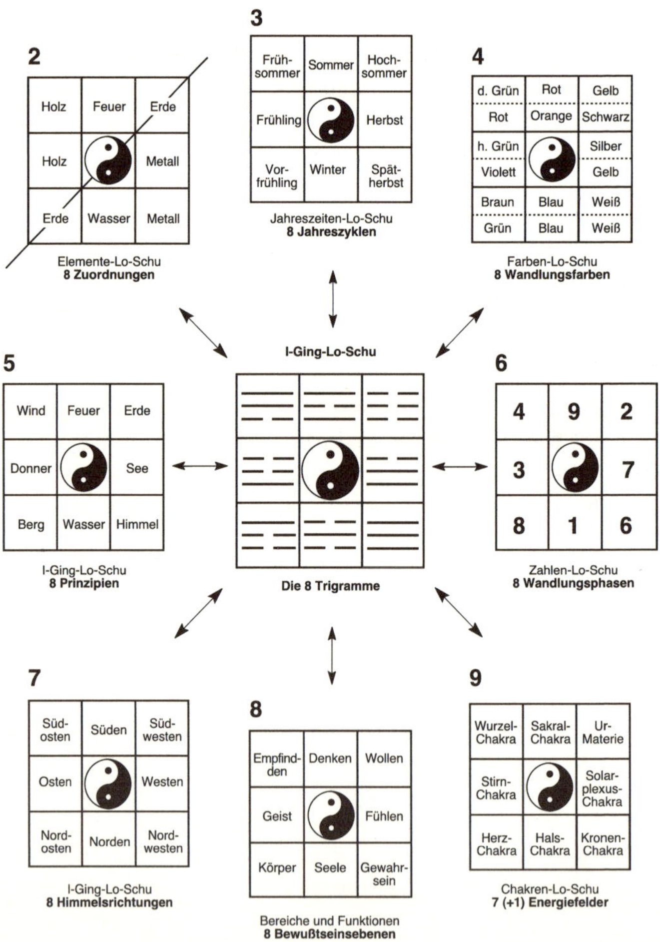

Erklärung der acht Quadrate

Zentrum – I-Ging-Lo-Schu
Die acht Trigramme als Zentrum der verschiedenen Zuordnungen.

2 – Elemente-Lo-Schu
Die fünf Elemente Holz, Feuer, Erde, Metall und Wasser in der harmonischen Reihenfolge des Kreislaufs.

3 – Jahreszyklen
Die „Rhythmen der Zeit“ dargestellt im Wandel der Jahreszeiten.

4 – Wandlungsfarben
Die obere Hälfte zeigt das Farbspektrum der fünf Elemente im Wandlungszyklus der Natur, die untere Hälfte die Farbskala der Energiefelder, wie sie den Chakren zugeordnet sind.

5 – Prinzipien
Die acht Trigramme in der Anordnung ihrer weltlichen Erscheinungen.

6 – Wandlungsphasen
Die numerische Anordnung zeigt die Reihenfolge der Wandlungen aus der „vorweltlichen Anordnung“ in den Raum der Erscheinungen.

7 – Richtungen
Himmelsrichtungen der energetischen Qualitäten im Kreislauf.

8 – Bewußtseinsebenen
Die Bereiche und Funktionen, wie sie den Trigrammen zugeordnet werden.

9 – Energiefelder (sieben und eins)
Chakren oder Energiewirbel, die feinstofflichen Kraftzentren des Körpers.

Die bisherigen Erklärungen und Zuordnungen bilden die Grundlage für das folgende Kapitel über die Symbolik der I-Ging-Karten, die in der Reihenfolge der acht Trigramme des Lo Schu besprochen werden.

Karte Nr. 3 – der Donner — hellgrün

Im Bereich der Natur

Der Donner: *das Erregende* ☳ *die Keimung*

Element: Holz, vegetativ
Jahreszeit: Frühling
Farbe: zartes Hellgrün der Keime
Richtung: Osten

Das Leben beginnt im Zeichen des Donners und steht für die Keimung und die frischen Triebe des jungen, zarten Grüns der Bäume, Wiesen, Sträucher und Blumen im Frühling. Ihm zugeordnet ist der Osten, die Farbe Hellgrün und das Element Holz.

Im Bereich des Menschen

Prinzip: *das Erregende* ☳ *die Aktivität*
Ebene: **der Bereich des Geistes** und der Erkenntnis des Seins
Charakter: aktiv, aufgeregt, exaltiert, gewissenhaft, penibel, ärgerlich, nervös, erfolgreich, schockierend, belebend, bewegend, erneuernd
Familie: ältester Sohn
Farbe: hellgrün als Farbe der geistigen Kraft
Aufgabe: seine Aufgabe ist die Entfaltung der Materie, das Freimachen neuer Wege, das innere und äußere Wachstum durch Erneuerung und Expansion

Das Trigramm zeigt die von unten, also außen eindringende und Bewegung erzeugende Kraft der Aktivität, die das Innere (Mensch oder Erde im Frühling) erschüttert. Die starke, initiatische Kraft der Begeisterung, die Erweckung und innere Befreiung bewirkt. Das Zeichen des Donners symbolisiert das Hervortreten der göttlichen Kraft, die uns aufrüttelt und den rechten Weg weist.

Das Schwingungsfeld des Stirn-Chakras

Farbe: violett
Thema: Erspüren und Verstehen des eigenen Weges, der Gesetze des ewigen Wandels und der Schöpfung, bewußtes Wahrnehmen des Seins, Sitz der Geisteskräfte und Kommandostelle des Zentralnervensystems

Harmonischer Zustand:
Vermitteln und Übermitteln von Intuitionen, gedankliche Freiheit, Unabhängigkeit, Natürlichkeit, Universelle Liebe, Friedensliebe, Vorstellungskraft und höhere Wahrnehmung, Kommunikation durch Mitteilung tiefer Gefühle und hoher Ideale.

Disharmonischer Zustand:
Mangelnde Klarheit, um neue Ideen zu verarbeiten und die Wahrheit zu erkennen (Erdung ist gestört), Kopflastigkeit, intellektuelle Überheblichkeit, Labilität, Unsicherheit, Unordnung, Chaos, Selbstgerechtigkeit, man ist egoistisch, engstirnig, hat eine unklare Beziehung zu übergeordneten Kräften (Gott).

Karte Nr. 4 – der Wind dunkelgrün

Im Bereich der Natur

Der Wind: *das Sanfte*  *die Entwicklung*

Element: Holz, organisch
Jahreszeit: Frühsommer
Farbe: sattes Dunkelgrün
Richtung: Südosten

Die jungen Triebe des ersten hellen Grüns wandeln sich im Uhrzeigersinn zum saftigen Dunkelgrün des Zeichens Wind, der dem ersten Wachstum eine rasche, ausbreitende Veränderung bringt. Ihm zugeordnet ist der Südosten und die Zeit des Frühsommers.

Im Bereich des Menschen

Prinzip: *das Sanfte* ☴ *die Durchdringung*
Ebene: **der Bereich der Empfindungen** und des Willens zum Sein
Charakter: nachgiebig, biegsam, sanft, höflich, unruhig, exaltiert, glaubwürdig
Familie: älteste Tochter
Farbe: das Dunkelgrün der Entwicklungsfähigkeit
Aufgabe: allmähliche Veränderung durch Wandlung, Reflexion, Konzentration und Durchdringung, spirituelle Entwicklung, Handeln im Sinne der Gemeinschaft, verborgenes Wissen greifbar machen

Das Trigramm zeigt eine nach unten außen offene Yin-Linie, die Aufnahmefähigkeit und Empfänglichkeit für die Weltsignale darstellt. Es ist die Fähigkeit des Eindringens in sichtbare und verborgene Dinge und damit verbunden das Verbreiten von Wissen und Herbeiführen der Wandlung. Das Erreichen eines klaren Zieles durch Sanftheit und eindringliche Beeinflussung. Seine inneren Kräfte sind stark und kreativ, sein äußeres Wirken ist bestimmt durch fließende und gewaltlose Aktivität. Insgesamt zeigt Sun oder der Wind das Bild des Wirkens und Wandelns durch sanfte Beharrlichkeit.

Das Schwingungsfeld des Wurzel-Chakras

Farbe: rot
Thema: Überlebenskampf auf der materiellen Ebene, der Mensch wird durch das Wechselspiel des täglichen Lebens hin und her geworfen. Es stellt das Alltagsleben oder die physische Welt dar

Harmonischer Zustand:
Menschenliebe, Aktivität, tiefe Verbundenheit mit der Erde und ihren Geschöpfen, Urvertrauen, Stabilität, Standhaftigkeit, vitale Kraft.

Disharmonischer Zustand:
Wut, Zorn, Neigung zu physischer Gewalt, Masochismus, fehlende Struktur, wirres Denken und Handeln, überbetonte materialistische Interessen, alles dreht sich um Besitz und Sicherheit.

Karte Nr. 9 – das Feuer rot

Im Bereich der Natur

Das Feuer: *das Haftende* ☲ *die Erwärmung*

Element: Feuer
Jahreszeit: Sommer
Farbe: das Rot der Sommerhitze
Richtung: Südosten

Die Auswirkung der wärme- und lichtspendenden Kraft der Sonne zeigt sich im Sommer in der ganzen Pracht der Natur. Alle Pflanzen drängen zum Licht und öffnen sich dem Leben. Bunte Vielfalt und aktives Treiben in der Tierwelt sind ein Zeichen für die vorherrschende, schöpferische Energie dieser Jahreszeit. Dem Feuer zugeordnet ist der Sommer und die Farbe Rot.

Im Bereich des Menschen

Prinzip: *das Haftende* ☲ *die Bewußtheit*
Ebene: **der Bereich des Denkens** und der schöpferischen Erweiterung des Seins
Charakter: lichtgebend, heiß, aufgeregt, erleuchtet, pflichtbewußt, vernünftig, lebensfreudig, dynamisch, energievoll, abhängig
Familie: mittlere Tochter
Farbe: rot als Farbe der aktiven Kommunikation
Aufgabe: Vorbild sein für sich und andere, aktive Bewußtseinserweiterung, Klarheit schaffen

Die in der Mitte zwischen zwei starken Yang-Linien liegende, offene Yin-Linie symbolisiert die Verbundenheit zur Außen- sowie zur Innenwelt. Sie ist der weiche Glühfaden, der fähig ist, Licht und Klarheit in dunkle Angelegenheiten zu bringen. Da sie in ihrer Position neutral ist, zeigt sie uns das beständige Verhaftetsein an das Rechte und Klare und die immerwährende Aufnahmebereitschaft für innere und äußere Signale. Insgesamt steht das Trigramm des Feuers für die analytische Funktion des Denkens, die spirituelle Erleuchtung und das Licht der Sonne.

Das Schwingungsfeld des Sakral-Chakras

Farbe:	orange
Thema:	kreatives Handeln, Lebenslust und Wahrnehmungsfähigkeit. Hier liegt der Bereich der Emotionen, der Sinnlichkeit und der Fähigkeit, aktive zwischenmenschliche Beziehungen aufzunehmen. Der Mensch beginnt, sich über die rein materiellen Dinge zu erheben

Harmonischer Zustand:
Liebe zur Gesellschaft, lebensfrohe Stimmung, aufrichtige zwischenmenschliche Beziehungen, positives Selbstwertgefühl, erfüllte Sexualität, schöpferische Kraft.

Disharmonischer Zustand:
Übermäßig betonte Sexualität, Egoismus, Faulheit, Herrschsucht, Konkurrenzdenken.

Karte Nr. 2 – die Erde gelb

Im Bereich der Natur

Die Erde: *das Empfangende* ☷ *die Reifung*

Element:	Erde
Jahreszeit:	Hochsommer
Farbe:	das Gelb der reifen Fülle
Richtung:	Südwesten

Im Zeichen der Erde, die für das Reifen aller Früchte und das Erreichen des vollen Wachstums steht, vollenden sich die dynamischen Kräfte von Holz und Feuer. Es ist die Zeit der üppigen Fülle. Ihr zugeordnet ist der Südwesten und die Farbe Gelb.

Im Bereich des Menschen

Prinzip:	*das Empfangende* ☷	*die Offenheit*
Ebene:	**der Bereich des Wollens** und der Hingabe	

Charakter:	geduldig, mütterlich, weich, flexibel, maßvoll, hingebend, erfahren, offen
Familie:	Mutter
Farbe:	gelb als Farbe der Ausgeglichenheit
Aufgabe:	Befähigung, andere mit seinem Licht zu leiten, Menschenliebe, treue und unparteiische Dienstleistungen, Erziehen und Vermitteln von Lebenserfahrungen

Das Trigramm Kun zeigt durch seine drei offenen Yin-Linien das uneingeschränkte Urbild der Hingabe, der ungeteilten Aufmerksamkeit und Bereitschaft gegenüber dem Leben, die Fähigkeit, Frucht hervorzubringen und damit verbunden neues Leben zu gebären und Leben zu erhalten. Kun – die Erde – symbolisiert das ihrer Art nach Weibliche an sich sowie die weiblichen Aspekte in allen Wesen. Alles Schöpferische, jeder Neubeginn erfordert sowohl die Unvoreingenommenheit, Neues anzunehmen als auch die Bereitschaft, neue Wege zu gehen.

Dem Zeichen der Erde wird kein Chakra zugeordnet. Als Ur-Materie ist sie die Voraussetzung allen materiellen Seins und Wachstums. Alle Energien werden durch sie „geerdet“ und materialisiert. Dieser Vorgang ist die Grundlage für alles Leben in der sichtbaren Welt der Wandlungen.

Karte Nr. 7 – der See **silber**

Im Bereich der Natur:

Der See: *das Heitere*  *die Ernte*

Element:	Metall
Jahreszeit:	Herbst
Farbe:	das Silber eines reflektierenden Abendlichtes im See
Richtung:	Westen

Dem Zeichen See ist der Herbst und die Zeit der Ernte zugeordnet. In Dankbarkeit und Freude werden die Früchte der vorangegangenen Arbeit eingebracht. Es ist die Zeit der beginnenden Ruhe-Phase. Das Ende der Mühen von Wachstum und Reife ist erreicht. Die Säfte der Pflanzen sinken nach unten und beginnen, zu ihrem Ursprung zurückzukehren. Ihm zugeordnet ist der Herbst und die Farbe Silber.

Im Bereich des Menschen

Prinzip:	*das Heitere* ☱	*die Gelassenheit*
Ebene:	**der Bereich des Fühlens** und der Gestaltung des Seins	
Charakter:	freudig, fröhlich, zufrieden, glücklich, gütig, mild, übermütig, harmonisch, kritisch	
Familie:	jüngste Tochter	
Farbe:	silber als Farbe der inneren Wahrheit	
Aufgabe:	Weitergabe und Vertiefung von Erkenntnissen und Erfahrungen, Freude am Geben	

Das Trigramm Dui zeigt eine nach oben und außen offene und damit der Welt der sinnlichen Wahrnehmung zugeneigte Linie, deren Fundament Festigkeit und innere Wahrhaftigkeit bedeutet. Dui – der klare, glitzernde See – symbolisiert die innere Wirklichkeit unserer Gefühlswelt. Er ist die Materie des Himmels und die Sammelstelle aller energetischen Impulse. Seine Eigenschaft ist geprägt durch Freundlichkeit nach außen und Wahrheit und Stärke im Innern. Seine Funktion ist die Individualisierung und Ausdrucksfähigkeit der geformten Persönlichkeit. Das Meistern des Lebens in Freude und Heiterkeit ist das sichtbare Zeichen von Weisheit und emotionaler Ausgeglichenheit.

Das Schwingungsfeld des Solarplexus-Chakras

Farbe:	gelb
Thema:	Individualität, Fähigkeit zur Abgrenzung, „In die Mitte kommen“. Harmonische Verteilung der Energien der unteren und oberen Chakren – der Mittler –, Harmonie mit dem Leben und unserer Stellung darin, Ausdruck der Persönlichkeit

Harmonischer Zustand:
Mut, die Suche nach der Wahrheit und wahrem Wissen, Philosophen und spirituelle Lehrer, Meister, Frieden und innere Harmonie mit dem

gesamten Leben, Akzeptieren unseres ganzen Wesens und der Gefühle und Eigenarten der Menschen, „ausgeglichene Persönlichkeit".

Disharmonischer Zustand:
Angst, Sorgen, Schuldgefühle, Feigheit, karmische Belastungen, Zukunftsängste, Grübeln ohne Ergebnisse, man will keine Verpflichtungen, man versucht alles im eigenen Sinne zu kontrollieren, zu beeinflussen und Macht auszuüben, ruhelos, unzufrieden.

Karte Nr. 6 – der Himmel weiß

Im Bereich der Natur

Der Himmel: *das Schöpferische* *der Ausgleich*

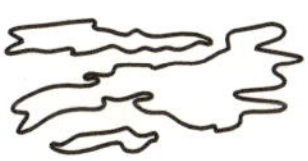

Element: Metall
Jahreszeit: Spätherbst
Farbe: das Weiß der Vollendung
Richtung: Nordwesten

Der Himmel, der dem Spätherbst zugerechnet wird, stellt den Übergang und den Beginn einer neuen, schöpferischen Phase nach der Vollendung dar. Alle bis dahin auf Wachstum und Reife eingestellten Kräfte werden neu ausgerichtet und harmonisiert und wenden sich wieder ihrem himmlischen Ursprung zu. Die ihm zugeordnete Richtung ist der Nordwesten und die Farbe Weiß.

Im Bereich des Menschen

Prinzip: *das Schöpferische* *die Erneuerung*
Ebene: **der Bereich des Gewahrseins** und des reinen Seins
Charakter: inspirierend, kreativ, weise, mutig, stolz, stark, klar, tapfer, fest, vital, kraftvoll
Familie: Vater
Farbe: weiß als Farbe der Vollkommenheit
Aufgabe: Erspüren und Verstehen des eigenen Weges, der Gesetze des ewigen Wandels und der Schöpfung, entschlossen gesteckte Ziele erreichen, Einswerden mit der göttlichen Bestimmung

Das Trigramm Kien zeigt eine einheitlich starke, schöpferische Kraft in allen drei Bereichen der körperlichen, seelischen und geistigen Wahrnehmungswelt und stellt die Entsprechung zu Kun – der Erde – dar. Es symbolisiert das reine Bewußtsein und die Quelle des Lichts. Seine starke, impulsgebende Kraft steht für die Erneuerung und dem Erschließen bisher unbekannter Möglichkeiten. Als Gegenpol zur Erde steht der Himmel für den männlichen Anteil unseres Wesens, der sich durch die schöpferischen Fähigkeiten Ausdruck verleiht.

Das Schwingungsfeld des Kronen-Chakras

Farbe: weiß, violett
Thema: das universelle Bewußtsein, die Vereinigung der Gegensätze aller Ebenen, das Einswerden mit der göttlichen Bestimmung

Harmonischer Zustand:
Vermitteln und Übermitteln von Intuitionen, gedankliche Freiheit, Universelle Liebe, Vorstellungskraft und höhere Wahrnehmung, Kommunikation durch Mitteilung tiefer Gefühle und hoher Ideale.

Das siebte oder Kronen-Chakra repräsentiert den Zustand aller anderen Chakren und wird erst geöffnet, wenn der Mensch die Qualitäten aller unteren Chakren zu leben und lieben gelernt hat. Durch die Entfaltung des siebten Chakras werden auch die letzten noch vorhandenen Blockaden in den übrigen Chakren aufgelöst. Körper, Geist und Seele werden zum direkten Ausdruck der göttlichen Energie. Die Trennung zwischen innerem Sein und äußerem Leben ist aufgehoben.

Karte Nr. 1 – das Wasser blau

Im Bereich der Natur

Das Wasser: *das Abgründige*  *die Sammlung*

Element: Wasser
Jahreszeit: Winter
Farbe: das Blau der inneren Kraft
Richtung: Norden

Der Winter als Zeichen des Lebensendes, des physischen Todes und des Verfalls der Materie, ist die Zeit des Stillstandes und des Erstarrens der dynamischen Kräfte. Gleichzeitig, aber noch schlafend, beherbergt es die wiederum lebenspendende Kraft des Wassers. Ihm zugeordnet ist der Norden und die Farbe Blau.

Im Bereich des Menschen

Prinzip: *das Abgründige* ☵ *der Instinkt*
Ebene: **der Bereich der Seele** und des Seinsausdrucks
Charakter: abgründig, geheimnisvoll, gefährlich, klug, hinterlistig, befruchtend, schlau, ziellos, traurig
Familie: mittlerer Sohn
Farbe: blau als Farbe hoher Ideale
Aufgabe: Weihe, Taufe, Reinigung, Befruchtung, die Fähigkeit des Vermittelns und Gestaltens von Strukturen, kreativer Selbstausdruck

Das Trigramm Kan zeigt das Eindringen der schöpferischen Yang-Kraft in das Empfangende (mittlere Linie) und ist damit das Symbol des beginnenden Schöpfungsaktes. Das Wasser zeigt das kreative, formverändernde, immer bewegliche Prinzip des Beseelenden. Eine immerwährend fließende Kraft, die jeden Ort und Lebensraum beleben kann. Gleichzeitig aber repräsentiert es das breite Spektrum der abgründigen Tiefen (reißendes Gewässer in einer Schlucht), deren Kräfte sowohl zerstörend als auch heilsam sein können. Wasser braucht die fließende Bewegung (kreativer Ausdruck), um nicht zu gefrieren oder als Schlammwasser im Sumpf zu erstarren.

Das Schwingungsfeld des Hals-Chakras

Farbe: blau
Thema: kreativer Selbstausdruck der Persönlichkeit, Gestalten und Vermitteln von Struktur. Ausdruck der „reifen Qualitäten aller anderen Chakren" gegenüber der Außenwelt, Wahrnehmen und Vermitteln verborgener Botschaften aus höheren Dimensionen

Harmonischer Zustand:
Gute Intuition, Idealismus, Treue, Loyalität, friedliebend, Gerechtigkeitssinn, Fürsorglichkeit, Familiensinn, Verantwortungsbe-

wußtsein, mentale Fähigkeiten, klare und auch wohlklingende Sprache.

Disharmonischer Zustand:
Überheblichkeit, Arroganz, konventionell, Eifersucht, Haßliebe, spießig, starre Ansichten, mißtrauisch, überkritisch, will alles beim Alten belassen, Heuchelei, Eitelkeit, Kontrolle, Manipulation und Unterdrückung von Mitmenschen, Schwierigkeiten, sich auszudrükken, orientiert sich aus Unsicherheit an anderen Meinungen.

Karte Nr. 8 – der Berg braun

Im Bereich der Natur

Der Berg: *das Stillehalten* *die Vorbereitung*

Element: Erde
Jahreszeit: Vorfrühling
Farbe: braun als Farbe der irdischen Geborgenheit
Richtung: Nordosten

Das letzte Zeichen im Kreislauf der Wandlungen zeigt das Ausrichten und Vorbereiten auf den neuen Lebenszyklus, durch Ruhe und Stillehalten und dem daraus folgenden Stärken der Lebenskraft. Ihm zugeordnet ist der Nordosten und die Farbe Braun.

Im Bereich des Menschen

Prinzip: *das Stillehalten* *die Beharrlichkeit*
Ebene: **Der Bereich des Körpers** und der Seinshingabe
Charakter: ruhig, still, meditativ, langsam, besonnen, unentschieden, hartnäckig, widerstandsfähig, unabhängig, verschlossen
Familie: jüngster Sohn
Farbe: braun als Farbe der Toleranz
Aufgabe: Zur-Ruhe-Bringen des Geistes und des Körpers durch Zwiesprache mit Gott, Reinigung durch Innenschau und Meditation

Der Berg ist das Symbol unseres Körpers und das materielle Fundament unseres Lebens. Mit seiner nach außen starken und hellen Yang-Linie fordert uns das Trigramm Gen auf, durch Meditation und Sammlung Licht in unsere Innenwelt zu bringen. Sie ist der Baldachin des Himmels, unter den wir eintreten, um in der Stille der Meditation mit unserem höheren Selbst in Kontakt zu treten und die Verbundenheit zu den schöpferischen Kräften des Himmels und der Geborgenheit der Erde neu zu erfahren. Die zwei schwachen Yin- Linien stehen für das Hinabsteigen und Hineinschauen in die innersten Bereiche unseres Wesens. Durch diese Innenschau, die das Ruhighalten unser Gedanken bewirkt, sammeln wir neue Kräfte zum Wirken und Handeln in der Außenwelt.

Das Schwingungsfeld des Herz-Chakras

Farbe: grün
Thema: soziales Handeln und Denken im Sinne der Gemeinschaft, Nächstenliebe. Ausdruck und Entfaltung der Herzensqualitäten. „Das Tor zur Seele"

Harmonisch:
Menschen und Dinge bedingungslos annehmen können, Empfindsamkeit, Sensibilität, Mitfühlen, anderen helfen können, Selbstvertrauen, gute Gesundheit, Herzlichkeit, Probleme lösen können, Einfühlungsvermögen. In harmonischer Verbindung mit den oberen und unteren Chakren erfährt man die göttliche Liebe und das liebevolle Annehmen der Menschen und Dinge.

Disharmonisch:
Fanatismus, Überheblichkeit, Habgier, Ausüben von Kontrolle und Macht, Manipulation, Gut und Böse denken, Geldgier, überzogenes Sicherheitsbedürfnis, Habgier, destruktiv, man erwartet Dank und Anerkennung für seine „Liebe".

Der Mensch zwischen Himmel und Erde

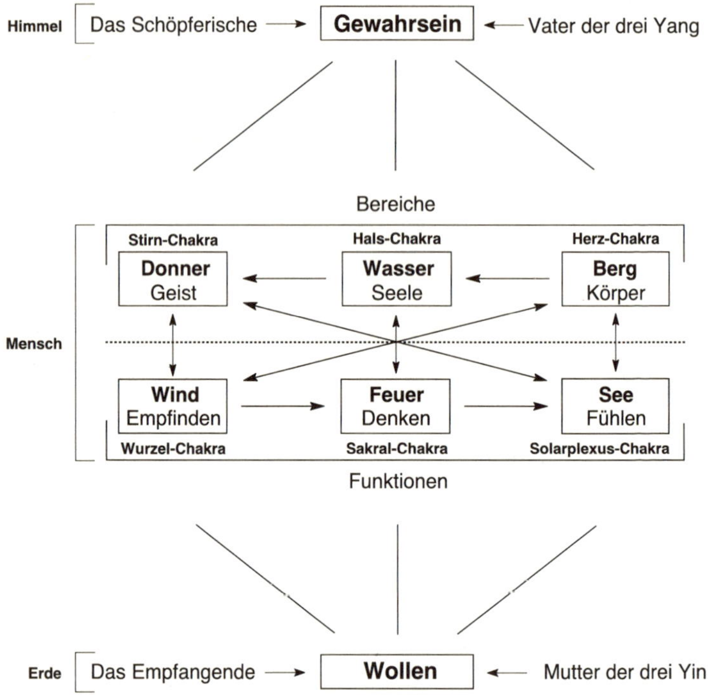

Im Menschen wie in der Natur wirken die acht Prinzipien durch die verschiedenen Ebenen in Form von Ergänzung, Harmonisierung oder in polaren Gegensätzen ausgleichend. Die grafische Darstellung zeigt den Menschen zwischen „Himmel und Erde“ und die entsprechende, stufenweise polare Anordnung der Trigramme. Der Himmel, als Gegenpol zur Erde, bildet die Grundvoraussetzung allen Bewußtseins und steht für die Vereinigung der Gegensätze aller Ebenen und des „Einswerdens mit der göttlichen Bestimmung“. Als Söhne des Himmels werden die drei Yang-Prinzipien Donner, Wasser und Berg der Reihenfolge nach den oberen Hemisphären des Menschen zugeordnet. Sie symbolisieren die dem Himmel näherstehenden Ebenen von Geist, Seele und Körper. Als dem Himmel direkt gegenüberliegend wird die Erde als Mutter der drei Yin-Prinzipien bezeichnet. Diese werden den unteren Hemisphären des Menschen zugerechnet und symbolisieren die Ebenen des Fühlens, Denkens und des Empfindens.

In dieser Reihenfolge bieten die Schwingungs- und Bewußtseinsprinzipien des I Ging eine harmonische Übereinstimmung mit den oberen und unteren Hemisphären der Energie-Felder, wie sie uns aus der Chakren-Lehre bekannt sind. Immer mehr kann man nun die Ganzheitlichkeit eines universalen Weltbildes erkennen, dessen Grundlage die acht Trigramme in ihren mannigfaltigen Erscheinungen bilden. Im Zusammenspiel dieser bewußtseinsprägenden Kräfte, wie sie durch das Auslegen der 24 Karten und der dadurch zustandekommenden Verbindung zu den 64 Hexagrammen geschaffen werden, zeigt sich eine für uns aktuelle und dynamische Lebenssituation.

Die 64 Hexagramme oder Leitprinzipien der Weltstruktur

Nach der Anordnung der acht Trigramme, die, wie wir gesehen haben, alle universalen Erscheinungen der inneren und äußeren Lebensgrundlagen beinhalten, erhalten wir durch das Kombinieren je zweier Trigramme die acht mal acht Möglichkeiten oder Wandlungsbilder der 64 Hexagramme.

Diese 64 „Pfade“ zeigen die geistigen und materiellen Qualitäten aufeinandertreffender Kräfte-Prinzipien und die sich daraus entwickelnden Wandlungs- oder Entwicklungsschritte.

Das obere Trigramm, das dem spirituellen Bereich angehört, und das untere Trigramm des Materiellen und Erdverbundenen stehen in gegenseitiger Beziehung zueinander. Gleichzeitig aber treten durch diese Verbindung auch die einzelnen Linien miteinander in Kontakt und bilden einen zusätzlichen Wirkbereich, wie er in der grafischen Darstellung auf der gegenüberliegenden Seite angedeutet wird. Dieses Aufeinandertreffen verschiedener Kräfte-Pole bewirkt den kosmischen Wandel und in Folge davon den Einfluß auf den Menschen, was sich in jedem Hexagramm stufenweise über die sechs Energie- und Entwicklungsebenen vollzieht.

Jedes Hexagramm hat eine oder manchmal zwei sogenannte „herrschende“ Linien, die durch ihre energetische Stärke und Position in Beziehung zu den anderen Linien am aussagekräftigsten sind. Eine nicht unerhebliche Rolle spielen auch die sogenannten inneren Trigramme, die unterteilt sind in das untere Kerntrigramm (UKT) der Linien zwei, drei und vier sowie das obere Kerntrigramm (OKT) der Linien drei, vier und fünf. Sie wirken als unsichtbare Kräfte im Hintergrund und beeinflussen das gesamte Zeichen von innen heraus. Diese sogenannten 64 Wandlungszustände zeigen uns also durch ihre sechs Linien ganz bestimmte und für dieses Situationsbild logische, dynamische Veränderungen, die sich von unten, der Grundlinie eins, nach oben, zur obersten sechsten Linie bewegen. Die Antwort auf unsere Frage liegt in den durch die Auswertung der Karten gewonnenen Hexagrammen der Vergangenheit, Gegenwart und Zukunft sowie den unserer Situation im speziellen entsprechenden, bewegten Linien. Sie zeigen die Hintergründe, die für unsere momentane Lebenslage von ausschlaggebender Bedeutung sind, die Auseinandersetzung damit und ihre mögliche Entwicklung.

An diesem Punkt angekommen ist es dem Menschen möglich, frei zu entscheiden, den Aussagen des I Ging gemäß zu handeln oder seinem egoistischen Wesen zu folgen. Sobald man beginnt, die Zusammenhänge der kosmischen Kräfte und deren Auswirkungen auf das Dasein zu begreifen, übernimmt man die volle Verantwortung für sein Tun. Man beginnt, sein Leben als Entwicklungsprozeß zu sehen, in dem es kein starres Gefüge von gut und böse, richtig oder falsch mehr gibt. Was geschieht, dient zum Wachstum und der Hinführung auf den mir gemäßen Weg der göttlichen Bestimmung.

Der menschliche Gen-Code und seine Übereinstimmung mit dem I Ging

Die Entdeckung der DNS (Desoxyribonukleinsäure) als Trägerin der Erbinformation durch Watson/Crick im Jahre 1953 bedeutete einen revolutionären Fortschritt, durch den erstmals auch wissenschaftlich der Beweis der Programmierung der lebenslänglichen Identität aller Lebewesen und deren „Vererbung“ erbracht wurde.

Auch der genetische Code besteht, wie die Hexagramme des I Ging, aus 64 Code-Wörtern zu je drei Buchstaben, die das gesamte Spektrum der Lebensprozesse beinhalten. Es war der Arzt Dr. Schönberger, der im Jahre 1969 ein Buch* über die Parallelen des I Ging und des menschlichen Gen-Codes veröffentlichte, durch das der Beweis der Übereinstimmung beider Polaritätsprinzipien, die uns durch die naturgegebenen Programme des Gen-Codes und der 64 Hexagramme des I Ging gegeben sind, erbracht wurde. Die Frage, ob es sich bei beiden um einen universalen Code handelt, der ein Gesetz der Natur in ihren seelischen, geistigen und körperlichen Erscheinungen beinhaltet, wird uns beschäftigen, je länger wir uns mit dem I Ging bewußt befassen und uns gleichzeitig der inneren Gewißheit dieser Wahrheit nahebringen.

---

* Martin Schönberger, „Verborgener Schlüssel zum Leben“, Scherz Verlag, 1973. In diesem Buch zeigt der Autor auf, daß die vier Hauptbestandteile der DNS, die Basen Adenin, Thymin, Guanin und Cytosin, durch eine Kombination in sogenannten „Tripletts“ untereinander bis zu $4^3 = 64$ Kombinationsmöglichkeiten haben.

Wie wir gesehen haben, sind die Leitprinzipien einer allgemeingültigen Weltstruktur in den Symbolen und Codes des I Ging vorhanden. Unsere Aufgabe besteht nun darin, mit diesen durch unser Tiefenbewußtsein, in dem alle Antworten auf unsere Fragen bereits angelegt sind, in Verbindung zu treten und die Antworten, die uns vermittelt werden, richtig zu interpretieren. Diesen in uns angelegten Weg zu erkunden und mehr und mehr in Übereinstimmung mit dem wahren Wesenskern zu gelangen, ist ein Bestreben, zu dessen Verwirklichung die Aussagen des I Ging einen tiefgehenden Beitrag leisten können.

Einführung in das dreistufige I-Ging-Karten-Set

Den Bezugspunkt des Karten-Sets zu den 64 Hexagrammen des I Ging bilden, wie sie gesehen haben, die acht Trigramme. Die ihnen zugeordneten Farben entsprechen dem Farbspektrum der Elemente im Kreislauf der Jahreszeiten des Lo Schu. Die graphischen Symbole von hellen und dunklen Kreisen, die die Linien der Trigramme symbolisieren, bilden zur einfachen Auswertung einen wichtigen Bestandteil der Karten. Ebenso die numerische Abfolge der Wandlungsphasen, deren hierarchische Platzordnung in der nachfolgenden Tabelle noch einmal gezeigt wird.

Für eine exakte Auswertung der Fragen in der Vergangenheit, Gegenwart und Zukunft wurden jedem Trigramm drei Karten zugeordnet. Das aufrechte Kreuz – Himmel –, das diagonale Kreuz – Erde – und die beiden übereinandergelegten Kreuze – Mensch.

So erhielten jeweils drei Karten pro Trigramm die gleiche Farbe, die symbolisch für deren spirituelle und materielle Eigenschaft steht. Ebenfalls in die Karten integriert wurden die Trigramm-Linien, deren entsprechendes Symbol und die dem Lo-Schu-Quadrat zugeordnete numerische Wandlungszahl. Dies dient, wie Sie später sehen werden, den schnellen Auswerten verschiedener Informationen in bezug auf unsere gestellte Frage.

Seit nunmehr 15 Jahren wird dieses dreistufige Karten-Set von mir als Schlüssel zum I Ging benutzt. Anlaß zur Herausgabe war der Tod meines langjährigen Freundes und Lehrers I-Lung, durch dessen Inspirationen, Klarsichtigkeit und Fachwissen eine sich ergänzende Chemie unserer beider Kreativität entstand.

In tiefer Ehrfurcht vor dem „Heiligen Buch der Wandlungen“, das uns zum besseren Verständnis der äußeren und inneren Lebens- und Weltzusammenhänge geschenkt wurde, hoffe ich mit diesem „Schlüssel“ vielen Menschen den Zugang zu diesem Tor der Weisheit zu ermöglichen.

Die acht Trigramme in der numerischen Wandlungsfolge des Lo Schu

1	Wasser	☵	● ○ ●	ist in der Mitte hell	blau
2	Erde	☷	● ● ●	alle sind dunkel	gelb
3	Donner	☳	● ● ○	ist unten hell	h.-grün
4	Wind	☴	○ ○ ●	ist unten dunkel	d.-grün
6	Himmel	☰	○ ○ ○	alle sind hell	weiß
7	See	☱	● ○ ○	ist oben dunkel	silber
8	Berg	☶	○ ● ●	ist oben hell	braun
9	Feuer	☲	○ ● ○	ist in der Mitte dunkel	rot

Der Zahl fünf ist, wie bereits erwähnt, kein festes Wandlungs-Element zugeordnet, da sie den Ursprung oder die Ursache aller Wandlung, die polare Urkraft – Tai Chi – darstellt.

Technik und Interpretation der dreistufigen I-Ging-Karten

Symbolik der drei unterschiedlichen Karten

Aufrechtes Kreuz – Yang-Karte

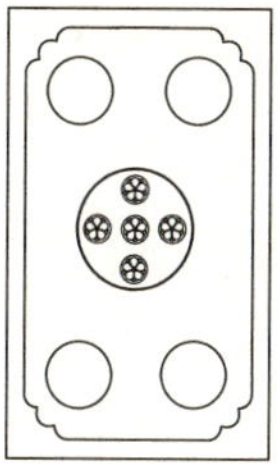

Der Himmel – Das Schöpferische
Die Quelle allen Lichts
Sein Symbol ist ein Kreis, das Zeichen für die Vergangenheit
„Das Prinzip der Inspiration"

Aufrechtes und diagonales Kreuz – Yin-Yang-Karte

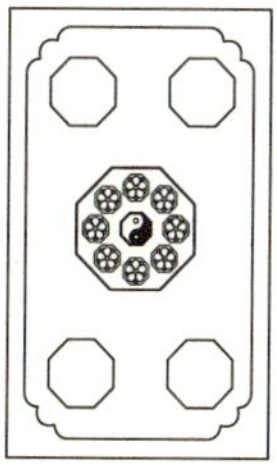

Der Mensch – schöpferisch und empfangend
Der Mittler zwischen Himmel und Erde
Sein Symbol ist ein Achteck, das Zeichen für die Gegenwart
„Das Prinzip der Transformation"

Diagonales Kreuz – Yin-Karte

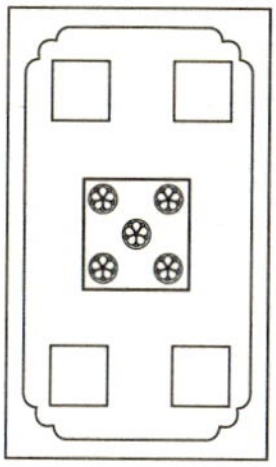

Die Erde – Das Empfangende
Das Hervorbringen der Fülle des Lebens
Sein Symbol ist ein Quadrat, das Zeichen für die Zukunft
„Das Prinzip der Manifestation"

Die schöpferischen Impulse bestimmen das gegenwärtige Handeln und Wirken des Menschen auf der Erde, was sich in der Zukunft als Ergebnis manifestiert. Das Ergebnis als Summe der Erfahrungen wiederum wirkt rückwirkend auf unsere Bewußtseinsentwicklung.

An diesem Beispiel lassen sich die Zusammenhänge und Auswirkungen der zwei Mächte Himmel und Erde auf den Menschen sehr gut erkennen. Je besser ich es verstehe, mein Handeln und Wirken in Übereinstimmung mit meinem Lebensplan zu bringen, desto feiner und wahrnehmungsfähiger wird mein Bewußtsein sich entwickeln. Je feiner und offener meine Spiritualität, desto besser verstehe ich, im Einklang mit den kosmischen Gesetzen von Himmel und Erde zu leben.

Zur Bestimmung der auf unsere Frage zutreffenden Hexagramme für die Vergangenheit, Gegenwart und Zukunft unterscheiden wir drei Karten von jeweils acht Farben der Wandlungszustände (Trigramme) des Lo Schu.

A. Aufrechtes Kreuz – Himmel *Yang-Karte*

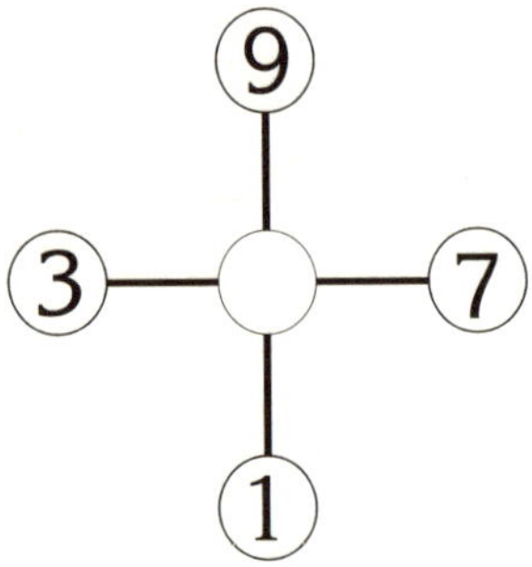

Die positiven, himmlischen und ungeraden Zahlen bilden ein Kreuz, das nach außen gerichtet ist und die göttliche Macht symbolisiert, die alles zum Guten wendet. Es wandelt das begrenzte Selbst in das unbegrenzte Intuitive. Das symbolische Zeichen, das dem aufrechten Kreuz zugeordnet wird, ist ein Kreis. Die kosmische Energie ist Yang.

B. Diagonales Kreuz – Erde *Yin-Karte*

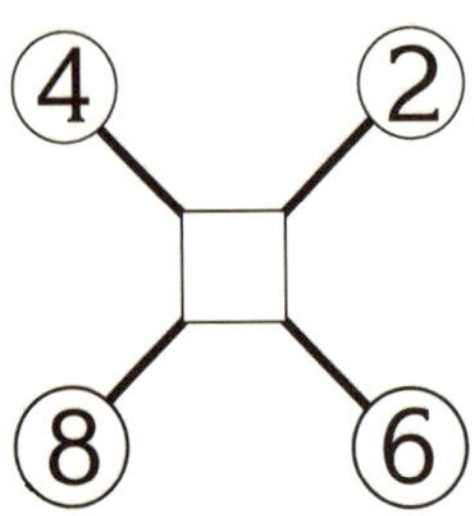

Die negativen, irdischen und geraden Zahlen bilden ein diagonales Kreuz und fallen der Erde entgegen. Ihnen fehlt der zentrale Bezugspunkt, weshalb sie nicht in der Lage sind, sich ohne die transformierende Kraft des Himmels zu wandeln. Dem diagonalen Kreuz wird die Begrenztheit und die Vergänglichkeit aller materiellen Existenz sowie die einschränkende Beschäftigung mit dem Selbst zugeschrieben. Das symbolische Zeichen, das dem diagonalen Kreuz zugeordnet wird, ist ein Quadrat. Die kosmische Energie ist Yin.

C. Vertikales und diagonales Kreuz – Mensch/Yin-Yang-Karte

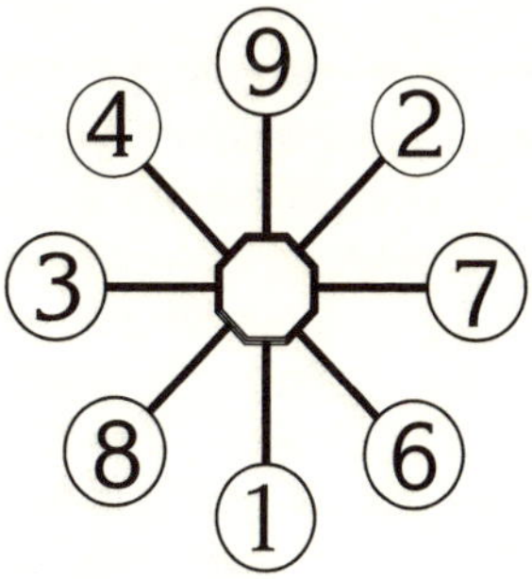

Das diagonale Kreuz der Erde – Yin – und das vertikale Kreuz des Himmels – Yang – verbinden sich miteinander. Zusammengezählt ergeben die sich gegenüberliegenden Zahlen immer die Zahl zehn, die als Zahl der Vollendung gilt. Dies ist das Symbol für die innere mystische Wahrheit und infolgedessen die Antwort auf unsere gestellte Frage. Das symbolische Zeichen, das dem übereinandergelegten aufrechten und diagonalen Kreuz zugeordnet wird, ist ein Achteck. Die kosmische Energie ist Yin und Yang.

Die übereinandergelegten Kreuze bilden nicht nur ein Achteck, sondern auch einen Kreis, der in sich das negative und positive Kreuz in Form der beiden Urkräfte Himmel/Yang und Erde/Yin vereinigt. Es stellt damit das Grundmuster der heiligen Mandalas dar und steht symbolisch für die Vergebung der Sünden im heiligen Abendmahl.

Botschaft: Die harmonische Vereinigung unserer göttlichen Bestimmung mit unserem Handeln und Wirken auf der Erde.

„Wenn man seinen Wandel pflegt
in Vermischung mit der Welt
und doch im Einklang mit dem Licht,
dann ist das Runde (Himmel) rund
und das eckige (Erde) eckig;
dann lebt man unter den
Menschen geheimnisvoll offenbar,
anders und doch gleich,
und keiner kann es ermessen;
dann bemerkt keiner unseren
geheimnisvollen Wandel.“ *

Dem wahren
Sohn des Himmels

* R. Wilhelm/C. G. Jung, 1929, zitiert aus: Franciskus Adrian, „Die Schule des I Ging“, Diederichs Verlag, 1995 (Anmerkung in Klammern vom Autor).

Funktionsweise und universale Wahrheit des I Ging

Die innere, universale Wahrheit des „Buches der Wandlungen“ ist, wie wir bereits gesehen haben, in den allgemeingültigen Symbolen und Codes vorhanden. Unsere Aufgabe besteht nun darin, mit diesen durch unser Tiefenbewußtsein in Verbindung zu treten und die Botschaften zu interpretieren, die uns übermittelt werden. Indem Sie durch Ihre Frage, und der Hilfe der zu diesen Symbolen wie ein Schlüssel passenden dreistufigen I-Ging-Karten, den Kontakt mit einer Situation herstellen, aktivieren sie die geistige Kraft ihres Unbewußten und können die bereits in ihnen angelegte Antwort auf die betreffende Situation erleuchten.

Bedenken Sie jedoch:
Das I Ging ist kein Wahrsage-Buch im herkömmlichen Sinne! Ihm liegt eine nahezu 5.000 Jahre alte, universale Wahrheit zugrunde.

Um die Wahrheit in unverfälschter und unverzerrter Form zu erhalten, ist es wichtig, das I Ging mit ruhigem Geist, innerer Achtsamkeit und Bereitschaft zu befragen und seiner uns übermittelten Weisung und Führung zu vertrauen.

Einstimmung und Vorbereitung zum Auslegen der Karten

Bevor Sie ihre Frage niederschreiben, sollten Sie zunächst herausfinden, was sie wirklich wissen wollen, d. h. sie müssen den Kern Ihres Anliegens, für das Sie Rat und Führung suchen, genau formulieren. Die richtige Formulierung einer Frage wird Ihnen eine präzise und treffende Antwort geben. Vermeiden Sie wenn möglich Ja-oder-Nein-Fragen. Verschwommene, unklare Aussagen erhalten Sie auf Entweder/Oder-Fragen und auf unbestimmte Fragen wie: „Soll ich in eine andere Stadt umziehen?“ Über den Hintergrund Ihrer Frage sollten Sie also klar umrissene Vorstellungen haben. Das I Ging zeigt das für eine Situation angemessene Verhalten und sollte, wie bereits erwähnt, nicht zu Wahrsagezwecken, sondern zur inneren Führung und Leitung herangezogen werden. Stellen Sie bei komplexeren Angelegenheiten lieber mehrere Fragen, um zu einem besseren Verständnis zu gelangen. Stellen Sie niemals eine identische Frage mehrmals. Dies würde auf einen Mangel an Vertrauen ihrerseits schließen lassen, der die zarte Verbindung zum Unterbewußten blockieren würde. Die Qualität oder Aussagekraft der Antwort hängt sehr von Ihrer inneren, klaren Verbundenheit und Ausrichtung auf den Kern ihres Anliegens ab.

Wenn sie sich für eine konkrete Frage entschieden haben, sollten Sie diese wörtlich aufschreiben, um nicht während der Befragung mit ihren Gedanken umherzuschweifen. Es ist ebenfalls von großem persönlichen Nutzen, alle I-Ging-Befragungen zu archivieren, da einem sehr oft das gesamte Spektrum der Antworten erst nach einiger Zeit und wiederholtem Nachlesen ganz verständlich wird.

Nachfolgend ein paar Anregungen zur richtigen Fragestellung:

- Was habe ich in bezug auf ... ganz besonders zu beachten?
- Welche Auswirkungen hätte ... auf mein weiteres Leben?
- Wie wäre es wenn ...?
- Wie wird sich die Situation ... in/mit ... weiterhin entwickeln?
- Was fordert das Leben im Moment von mir?
- Wie würde sich ein/der ... geistig/seelisch auf mich auswirken?
- Was habe ich in meinem Verhalten gegenüber ... zu beachten?
- Was ist von ... zu halten?
- Was wird ... für mich bringen?

Vorbereitung zur Auslegung der 24 (+1) I-Ging-Karten

Bei den 24 (+1) I-Ging-Karten handelt es sich um ein System, das uns die für unsere Lebens-Situation bewegten Linien der Hexagramme für die Vergangenheit, Gegenwart und Zukunft zeigt. (Für jedes der acht Ursprungs-Trigramme gibt es jeweils eine Yin-, eine Mensch- und eine Yang-Karte, also insgesamt 8 x 3 = 24 Karten. Die überzählige 25. Karte ist die „Tai-Chi-Karte“, die beim Auslegen der 24 I-Ging-Karten das Zentrum Ihres Universums symbolisiert.) Im Anschluß an unsere Frage notieren wir uns (am besten in einem speziell dafür angelegten Heft) folgendes graphische System, oder Sie benutzen die „Kopiervorlage für ein I-Ging-Tagebuch“ auf den Seiten 422 bis 425.

Der Kreis symbolisiert den Himmel und steht für die **Vergangenheit** (V).

Das Achteck symbolisiert den Menschen und steht für die **Gegenwart** (G).

Das Quadrat (Raute) symbolisiert die Erde und steht für die **Zukunft** (Z).

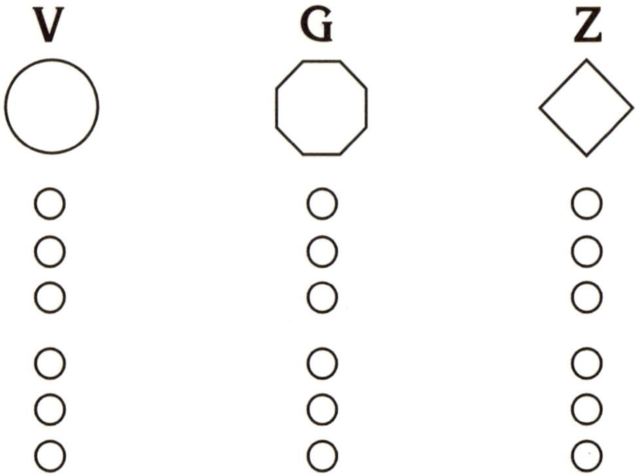

In die jeweiligen Symbole schreiben Sie die Zahl des entstandenen Hexagramms. Die unter den Symbolen dargestellten sechs kleinen Kreise symbolisieren die sechs Linien eines Hexagramms, die nach dem Auslegen der Karten, und der daraus entstandenen oberen und unteren Trigramme, durch helle (Yang-Linien) und dunkle (Yin-Linien) Punkte gekennzeichnet werden.

Datum:
Frage:

Was habe ich in meiner momentanen Lebenssituation ganz besonders zu beachten?

Schritt 1: Mischen der 24 I-Ging-Karten

Um einen festen Bezugspunkt für das Auslegen der Karten zu erhalten, müssen Sie zunächst die Tai-Chi-Karte als Zentrum vor sich hinlegen (sie darf nicht mitgemischt werden!).

Das Mischen der übrigen 24 Karten sollte in einem entspannten inneren und äußeren Zustand erfolgen. Richten sie ihre Wahrnehmung nach innen, und konzentrieren sie sich ganz auf den Kern der gestellten Frage. Versuchen sie sich ihre Frage bildhaft vorzustellen. Mischen sie die Karten mit der Bildseite nach unten so lange, bis die Konzentration auf ihre Frage nachläßt. Auf jeden Fall ist der richtige Zeitpunkt der von ihnen bestimmte. (Wichtig: Für die Beantwortung Ihrer Frage in Vergangenheit, Gegenwart und Zukunft müssen Sie die Karten nur <u>ein</u>mal mischen.)

Legen sie danach die 24 Karten in drei Stapeln (als Symbol der drei Bereiche von *Himmel*, *Mensch* und *Erde*), die nicht gleich viele Karten enthalten müssen, von oben nach unten aus und nehmen diese dann wiederum von oben nach unten als Ganzes auf.

24 Karten zu drei Stapeln ablegen　　　drei Karten-Stapel aufnehmen

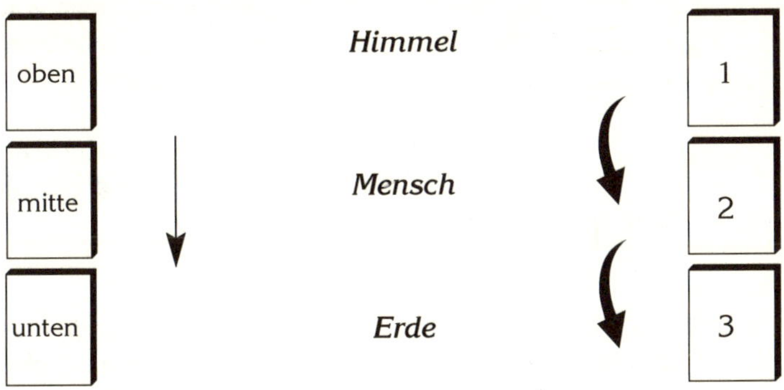

Schritt 2: Karten auslegen

Nehmen Sie die 24 I-Ging-Karten wie aufgenommen mit der Bildseite nach unten in die Hand und legen nach unten gezeigtem Muster die ersten acht Karten um die Tai-Chi-Karte herum aus.

Das Auslegen der Karten in dieser Reihenfolge entspricht sowohl der Yang-Position des aufrechten Kreuzes als auch der Yin-Position des diagonalen Kreuzes und enthüllt uns die innere Wahrheit auf unsere gestellte Frage in der:

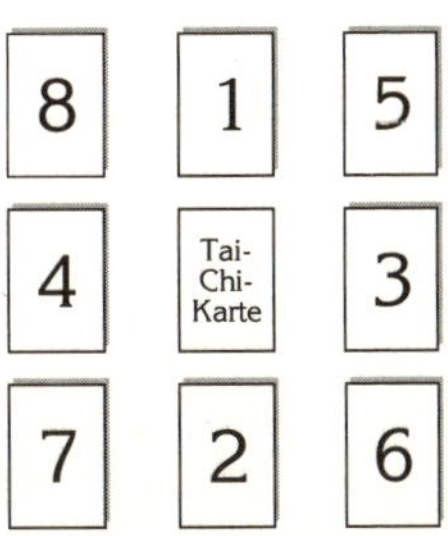

Vergangenheit	1. Mal auslegen,
Gegenwart	2. Mal auslegen,
Zukunft	3. Mal auslegen.

Schritt 3: Ablesen der Yin-Yang-Positionen

Nachdem Sie nun die ersten acht Karten in oben angeführter Reihenfolge ausgelegt haben, lesen Sie zunächst die Positionen des oberen Trigramms und danach die des unteren wie folgt ab:

A. Oberes Trigramm – Yin-Position

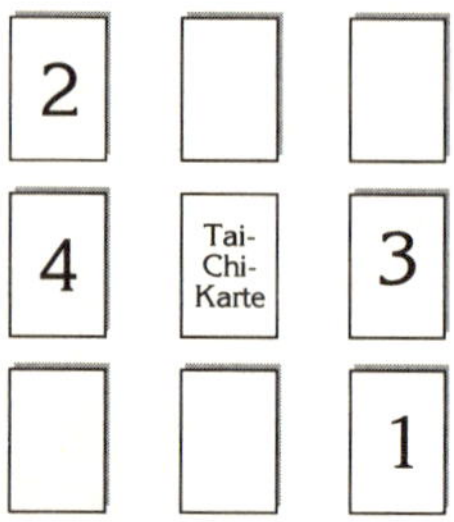

Suchen Sie unter diesen vier Karten die höchste **Yin-**(Kreis/aufrechtes Kreuz) **oder Mensch**(Achteck/aufrechtes und diagonales Kreuz)-Karte.
Ist die Yin- oder Mensch-Karte aber vom Zahlenwert her gleichwertig, dann nehmen Sie die nächst niedrigere Yin- oder Mensch-Karte.
Falls sich keine Yin- oder Mensch-Karte auf dieser Position befindet, nehmen Sie die niedrigste Yang- (Quadrat/diagonales Kreuz) Karte.

Anmerkung:
Die höchste (9) bzw. die niedrigste (1) Karte bezieht sich in ihrer Wertigkeit auf die Zahlen- bzw. Farben-Anordnung des Lo-Schu-Quadrats: Wasser = 1; Erde = 2; Donner = 3; Wind = 4; Himmel = 6; See = 7; Berg = 8; Feuer = 9.

Sehr selten kann es vorkommen, daß keines der erwähnten Auswahlkriterien vorzufinden ist, dann gelten folgende Regeln:

Für die Vergangenheit:	Die Sache ist aus der Luft gegriffen, es fehlt jegliches Fundament
Für die Gegenwart:	Die Sache macht gegenwärtig keinen Sinn
Für die Zukunft:	Die Sache hat in dieser Form keine Zukunft

Stellen Sie eine neue, noch differenziertere Frage, oder mischen Sie die Karten neu, und konzentrieren Sie sich noch stärker auf Ihre Frage.

B. Yin-Karte ablegen

Legen Sie die sich aus Ihrer Auswertung ergebende Yin-Karte rechts oben neben die ausgelegten Karten in folgender Ordnung:

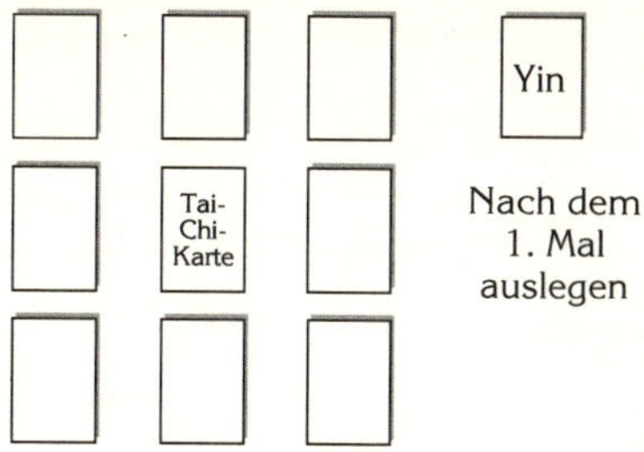

Ihre ausgelegten Karten

C. Unteres Trigramm – Yang-Position

Als zweites suchen Sie unter diesen vier Karten die höchste **Yang- oder Mensch-Karte.** Ist die Yang- oder Mensch-Karte aber vom Zahlenwert her gleichwertig, dann nehmen Sie die nächst niedrigere Yang- oder Mensch-Karte.
Falls sich keine Yang- oder Mensch-Karte auf dieser Position befindet, nehmen Sie die niedrigste Yin-Karte.

D. Yang-Karte ablegen

Legen Sie die sich aus Ihrer Auswertung ergebende Yang-Karte rechts unten neben die ausgelegten Karten wie in nebenstehender Abbildung:

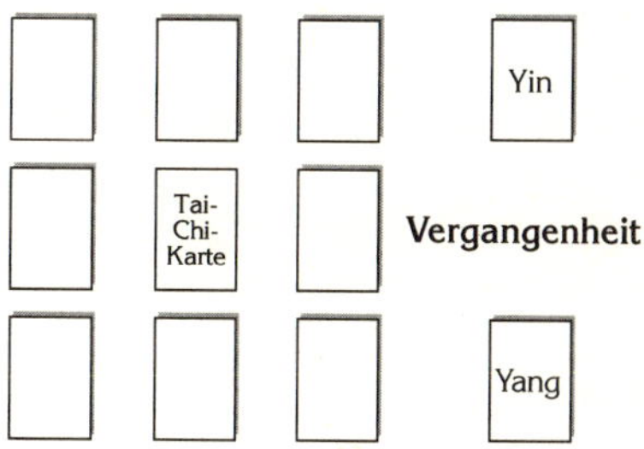

Die verbleibenden sechs ausgelegten Karten nehmen Sie im Uhrzeigersinn auf **und legen diese beiseite.**

Schritt 4: Erneutes Auslegen der Karten

Legen Sie die Karten in der angegebenen Reihenfolge insgesamt dreimal aus, was der Antwort auf Ihre Frage in der Vergangenheit, Gegenwart und Zukunft entspricht. Vergessen Sie nicht, nach jedem Auslegen die **verbleibenden** Karten **beiseite** zu legen!

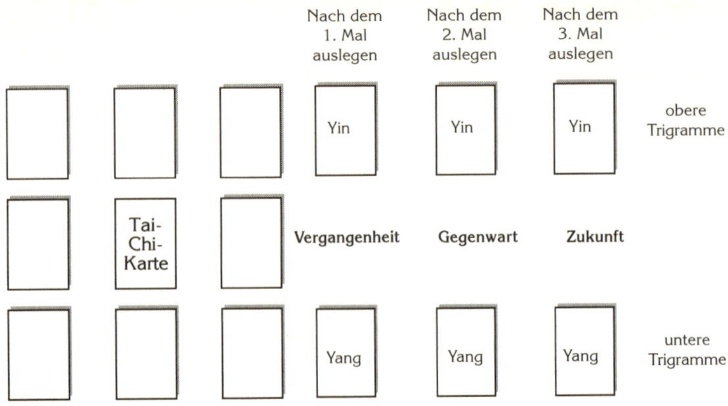

Schritt 5: Auswertung der drei Yin-Yang-Positionen

Um nun in der Verbindung des unteren und des oberen Trigramms das jeweilige Hexagramm für die Vergangenheit, Gegenwart und Zukunft abzulesen, benutzen Sie die farbige *„Tabelle zur Bestimmung der Hexagramme"* auf der Umschlagrückseite.

Suchen Sie darin einfach die Farbe der untenliegenden Karte in der linken Spalte, die Farbe der obenliegenden Karte in der oberen Spalte und lesen dann das entsprechende Hexagramm und die Seite ab, auf der es erklärt wird.
Beispiel: unten weiß (Himmel) oben rot (Feuer) = Hexagramm 14

Die weitere Vorgehensweise möchte ich Ihnen anhand eines ***Beispiels*** *in bezug auf die eingangs gestellte Frage erläutern:*

Frage: Datum

Was habe ich in meiner momentanen Lebenssituation ganz besonders zu beachten?

Schritt 6: Hexagramm-Bestimmung

Beginnen wir zunächst anhand der unter Schritt 5 genannten Tabelle mit dem Bestimmen der drei Hexagramme, wie sie sich aus der Trigramm-Situation des dreimaligen Kartenauslegens ergibt.

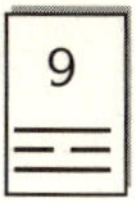
oben: rot
Zahl: 9
Feuer

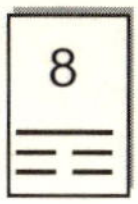
oben: braun
Zahl: 8
Berg

oben: grau
Zahl: 7
See

unten: rot
Zahl: 9
Feuer

unten: grau
Zahl: 7
See

unten: weiß
Zahl: 6
Himmel

Vergangenheit	**Gegenwart**	**Zukunft**
Hexagramm 30	Hexagramm 41	Hexagramm 43

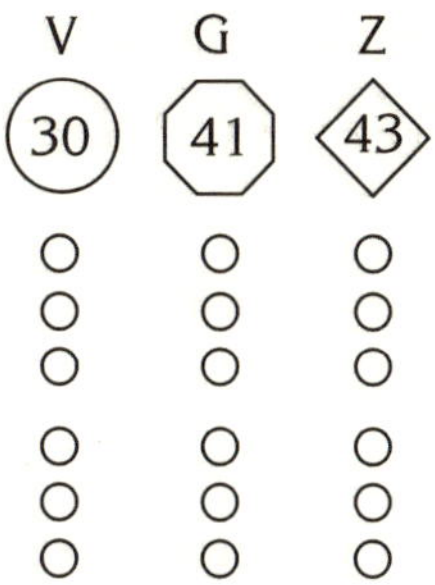

In die bereits zuvor, unter ihrer Frage, aufgemalten graphischen Symbole oder die Kopie der Vorlage von den Seiten 422 bis 425 übertragen wir die nun entstandenen Hexagramme für Vergangenheit, Gegenwart und Zukunft.

Schritt 7: Auswertung der bewegten Linien

Es folgt nun das Kennzeichnen der dunklen Yin-Punkte, die den Yin-Linien der Trigramme bzw. Hexagramme entsprechen. Diese Linien-Symbole können direkt von den Karten abgelesen werden.

Für unser Beispiel:

1. Hexagramm 30 – ***Vergangenheit***

Oben: rot, das Feuer ☲ in der Mitte dunkel
Unten: rot, das Feuer ☲ in der Mitte dunkel

2. Hexagramm 41 – ***Gegenwart***

Oben: braun, der Berg ☶ oben hell
Unten: silber, der See ☱ oben dunkel

3. Hexagramm 43 – ***Zukunft***

Oben: silber, der See ☱ oben dunkel
Unten: weiß, der Himmel ☰ alle hell

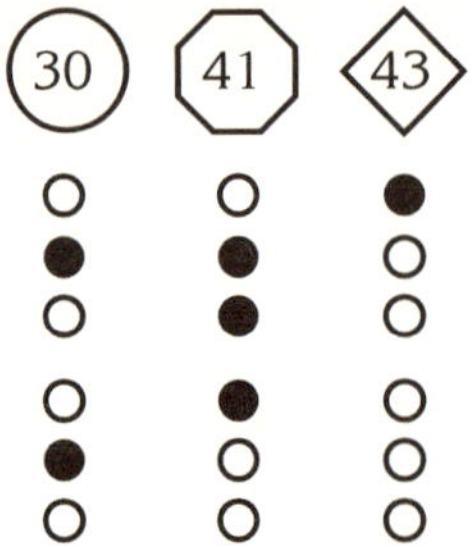

Malen Sie also in Ihrer graphischen Skizze die Yin-Punkte, wie in nebenstehendem Beispiel gezeigt, dunkel aus.

Schritt 8: Bewegte Linien bestimmen

Als letztes müssen Sie nun noch die bewegten Linien für jedes Hexagramm bestimmen.

Um die speziell auf Ihre Frage zutreffenden bewegten Linien der Hexagramme zu definieren, vergleichen Sie:

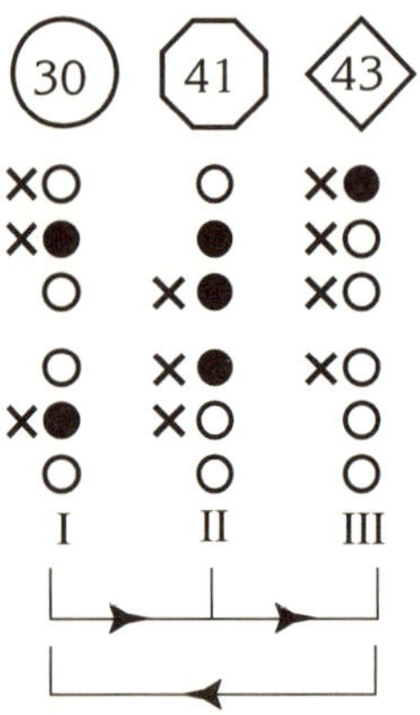

Hexagramm I (30) mit Hexagramm II (41)

und kennzeichnen zunächst die differenten Punkte bei Hexagramm II mit einem X.

Hexagramm II (41) mit Hexagramm III (43)

und kennzeichnen dann die differenten Punkte bei Hexagramm III mit einem X.

Hexagramm III (43) mit Hexagramm I (30)

Zuletzt kennzeichnen Sie die differenten Punkte bei Hexagramm I.

Indem Sie so Vergangenheit, Gegenwart und Zukunft miteinander vergleichen, erhalten Sie einen sich wandelnden Kreislauf, dessen Anfang und Ende in einem Wechselspiel von Ursache und Wirkung miteinander verbunden ist.

Für die Interpretation Ihrer ausgewerteten Hexagramme verwenden Sie die nachfolgenden Texte der „64 Pfade" oder jedes gute auf dem Markt erhältliche I-Ging-Buch.

Zum besseren Verständnis sollten Sie sich zunächst mit dem Kommentar, oder wie bei R. Wilhelm so genannt, dem Urteil und dem Bild auseinandersetzen, bevor sie die speziell auf ihre Frage bezogenen, ermittelten Linien von unten nach oben lesen.

In unserem Beispiel wären dies für das Hexagramm 30 die Linien 2-5-6; für das Hexagramm 41 die Linien 2-3-4 und für das Hexagramm 43 die Linien 3-4-5-6.

Erhalten sie in einem der Hexagramme alle Linien als bewegt, dann lesen sie nur den Kommentar bzw. die Gesamtinterpretation dieses Zeichens!

Ihre Aufgabe besteht nun darin, die ihnen durch das I Ging vermittelten Antworten unvoreingenommen und in aufrichtiger Offenheit zu interpretieren. Seien Sie ehrlich mit sich selbst und bedenken Sie, daß die Ihnen übermittelte Antwort eine Botschaft aus dem Tiefenbewußtsein ist.

Den in uns bereits angelegten Weg zu erkunden, Bekanntschaft zu machen mit allen Unebenheiten und Abgründen, in die wir uns begeben können, ist ein Abenteuer und zugleich auch der Sinn und die Aufgabe eines jeden Lebens, bei der das I Ging uns ein wertvoller und durch nichts zu ersetzender Ratgeber sein kann.

Die 64 Pfade und ihre Wandlung

Allgemeine Aussagen der Linien und Plätze eines Hexagramms

Die Grundlage eines tieferen Verständnisses der Kräftewirkungen innerhalb eines Hexagramms bilden, neben den Eigenschaften und Aussagen der Linien-Dreiheit der Trigramme, die Beziehungen der einzelnen Linien zueinander. Diese Kenntnisse tragen sehr wesentlich zum Verständnis der einzelnen Texte bei und sind gleichzeitig ein spannendes und allgemein lehrreiches Betätigungsfeld.

Ausgangspunkt der charakterlichen und vergleichenden Interpretation einzelner Linien miteinander bildet der Zustand universaler Harmonie, in dem sich alle Kräfte im idealen Gleichgewicht befinden. Ausgedrückt wird diese Situation durch die Linienkonstellation des Hexagramms 63 – Nach der Vollendung. Hier befinden sich die beiden Zeichen des Wassers und des Feuers, oder anders ausgedrückt der Seele und des Denkens, auf dem ihnen zugehörigen Platz. Die sich daraus entwickelnde Linienanordnung entspricht dem idealen Zusammenspiel der bewußtseinsprägenden Schwingungsfelder.

Hexagramm 63 – Nach der Vollendung

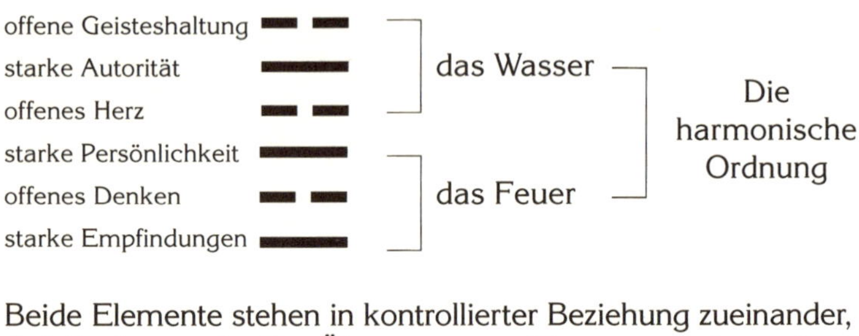

Beide Elemente stehen in kontrollierter Beziehung zueinander, so daß Kraft entsteht. Der Übergang vom Chaos zur Ordnung ist vollzogen. Es herrscht ein Zustand völligen Gleichgewichts. Alle Linien sind auf ihren korrekten Plätzen. Dies ist ein sehr günstiger Aspekt. Allein in dieser Harmonie liegt die Gefahr, aus dem Zustand der Ordnung wieder in den Zerfall zu geraten. Nur durch ausgeglichene Beständigkeit im Umgang mit den Energien läßt sich ein Rückfall in erneute Stockungszeiten vermeiden.

In allen 64 Wandlungsbildern des I Ging wird, wie Sie sehen, die spirituelle und materielle Auseinandersetzung aller Bewußtseinsbereiche auf dem Weg zur Vollendung gezeigt.

Die Entwicklungs- und Energie-Ebenen eines Hexagramms

Alle der bisher besprochenen Bereiche, Funktionen oder Energiefelder, die eine zentrale Bedeutung für die Regulation und den Ausdruck von Lebensprozessen haben, können den sechs Linien eines Hexagramms zugeordnet werden. Sie repräsentieren die energetischen Beziehungsverhältnisse der einzelnen Bewußtseinsebenen zueinander und bilden die Thematik und deren Wandlung, wie sie in den Bildern der 64 Pfade dargestellt sind. Betrachten wir zunächst die in drei Gruppen eingeteilte Hierarchie der Linien, was dem weiteren Verständnis des Folgenden dienlich sein wird.

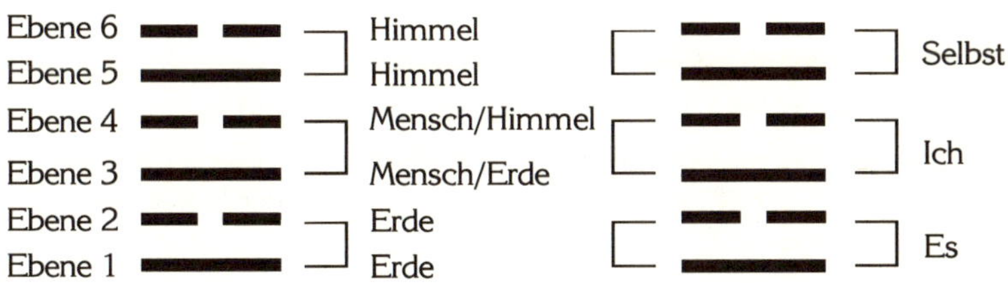

Die Gruppe Erde ist für die Funktion des Überlebens auf der materiellen Ebene zuständig: Erhaltung der Art durch Fortpflanzung, Kämpfen und Überleben, Freude an der Welt und ihren Erscheinungen.

Die Gruppe Mensch übernimmt Funktionen, die für die Entfaltung der menschlichen Existenzformen notwendig sind: Individualisierung, soziales Handeln und Denken, Analysieren.

Die Gruppe Himmel ist zuständig für die geistige und spirituelle Entfaltung eines Wesens: Selbstausdruck und Kommunikation auf allen Ebenen, Weisheit und Erkenntnis der kosmischen Ordnung und des ewigen Wandels, Leben im Einklang mit der Schöpfung.

1. Linie – Bereich Erde

Hier liegt der Eintritt in das im jeweiligen Pfad angedeutete Geschehen. Alle Möglichkeiten liegen vor einem. Es ist der Platz der Entwicklung, der Anfangsschwierigkeiten und des Ausschauhaltens.

Charakter:

———	starke Linie:	Korrektheit, Vitalität, gesunde Empfindungskraft, Standfestigkeit, Vertrauen, gute Erdung
— —	offene Linie:	Gefahr, erhöhte Aufmerksamkeit, Zurückhaltung, schwache Erdung, schwierige Ausgangsstellung

Gesellschaftlicher Platz:
Das Volk, kollektives Bewußtsein, Traditionen, niedrige Gemeinschaften, der Gemeine, das Kleinkind, die Belegschaft, der Hilfsarbeiter, die Gläubigen, Pfadfinder, Wehrpflichtige.

2. Linie – Bereich Erde

Die Angelegenheit ist bereits vorangeschritten und es werden Vorbereitungen zu weiteren Schritten unternommen. Man ist zwar über die Anfangsschwierigkeiten hinweg, steht aber noch vor der Krise des Übergangs.

Charakter:

— —	offene Linie:	Klarheit, Kontaktfreude, Lebenslust, Positivität
———	starke Linie:	Neigung zu starrem Denken, vorlaut, übereifrig, konkurrenzdenkend, rationell, analytisch

Gesellschaftlicher Platz:
Allgemein niedere Ämter, ausführende Instanzen, Hausmeisterposition, Vereine, Küche, Heim, Herd, Amtsstube, Betriebsmeister, Priester.

3. Linie – Bereich Mensch/Erde

Man steht am Übergang zu den höheren Bereichen, ist in der Mitte angekommen und will weiter voran. Die Erfolge vergangener Bemühungen, ob recht oder unrecht, werden sicht- und spürbar. Man wird danach beurteilt.

Charakter:

	starke Linie:	gereifte und dem Leben gewachsene Persönlichkeit mit tiefem Wissen, hat alle Möglichkeiten, die Dinge aktiv umzusetzen
	offene Linie:	ist vom Leben überfordert, der Situation nicht gewachsen, nervös, unruhig und labil, leicht unterzukriegen

Gesellschaftlicher Platz:
Aufsteiger, Mittelklasse, Abteilungsleiter, der Ruhelose und Suchende, Bischof, Öffentlichkeitsarbeiter, Lektor, Unterhaltungsindustrie, Darlehenswesen.

4. Linie – Bereich Mensch/Himmel

Der problematische Übergang ist durchschritten und man fragt sich, wie es weitergehen soll. Das höhere Ziel rückt näher. Kann ich es schaffen, weiter aufzusteigen, oder kann ich noch scheitern? Das Herz des Hexagramms ist erreicht, Unsicherheit tut sich auf, Achtsamkeit ist angebracht, zu Gunsten des Vollkommenen wird das Durchschnittliche geopfert.

Charakter:

	offene Linie:	Herzlichkeit im Umgang mit anderen, Einfühlungsvermögen in die Situation, weiches Herz, Rücksichtnahme, aber körperlich leicht überfordert
	starke Linie:	präsentes und stürmisches Auftreten, Neigung zu hartherzigem und sturem Benehmen, vordrängen, wichtigtun, aufdrängen.

Gesellschaftlicher Platz:
obere Mittelklasse, gehobene Gesellschaft, administrative Positionen, junge Erwachsene, höhere Angestellte, Prokuristen, in der Nähe des Meisters, Erzbischof, Major, allgemein etablierte Personen.

5. Linie – Bereich Himmel

Nach langem Wandern und Mühen ist das Ziel nahezu erreicht, man ist befähigt, nach den Impulsen der eigenen Autorität zu handeln und erhält die Bestätigung, daß die Mühe sich gelohnt hat, durch Wort und Tat ist man ein würdiges Beispiel für andere.

Charakter:

———	starke Linie:	kreative und ausdruckstarke Person mit seelischer Tiefe, verantwortungsbewußt im Handeln
— —	offene Linie:	Nachlässigkeit in der Handhabung wichtiger Unternehmungen, schwache Autorität, wankelhaft in seinen Entscheidungen, möchte gerne, hat aber nicht genügend Kraft, milde

Gesellschaftliche Stellung:
Ministerplätze in der Regierung, die rechte Hand des Chefs, Familienoberhaupt, Direktion, Verwaltungsrat, Vatikan, der Papst, der Meister, der General, die Legislative.

6. Linie – Bereich Himmel

Der höchste Platz ist erreicht, eine weitere Steigerung unmöglich, das Erreichte wird an den nächsten abgegeben, das Feld wird geräumt, man schreitet zu Neuem, Öffnung für Unerwartetes, Erweiterung in unbekannte Dimensionen.

Charakter:

— —	offene Linie:	geistige Offenheit und Flexibilität, befolgt seine spirituellen Signale, weiß um die übergeordneten Dinge, aber auch Gefahr geistiger Labilität
———	starke Linie:	engstirnig und gewaltsam, manipulative Machtausübung, Unberechenbarkeit, aber auch geistige Klarheit

Gesellschaftliche Stellung:
Die höchste geistige Instanz, Zelle im Kloster, Einsiedelei, Verwaltungsrat, würdige Nachfolger des Meisters, strategischer Platz, Ehrenmitglieder, Beiräte, Mönche, Heilige, weise Ratgeber.

Die harmonische Ordnung oder der Idealzustand der sechs Energie-Ebenen eines Hexagramms

Universale Ordnung:

Ebene 6	▬ ▬	offene Geisteshaltung	Himmel
Ebene 5	▬▬▬	starke Autorität	Himmel
Ebene 4	▬ ▬	soziale Offenheit	Mensch/Himmel
Ebene 3	▬▬▬	starke Persönlichkeit	Mensch/Erde
Ebene 2	▬ ▬	offenes Denken	Erde
Ebene 1	▬▬▬	starke Empfindungen	Erde

oder

Ebene 6	▬ ▬	empfängliches Stirn-Chakra	Himmel
Ebene 5	▬▬▬	starkes Hals-Chakra	Himmel
Ebene 4	▬ ▬	empfängliches Herz-Chakra	Mensch/Himmel
Ebene 3	▬▬▬	starkes Solarplexus-Chakra	Mensch/Erde
Ebene 2	▬ ▬	empfängliches Sakral-Chakra	Erde
Ebene 1	▬▬▬	starkes Wurzel-Chakra	Erde

Nach den grundsätzlichen Eigenschaften der einzelnen Linien eines jeden Hexagramms, folgt nun die Zuordnung spezieller Bereiche, Funktionen, Charaktereigenschaften und Energieschwingungen, die eine bewußtseinsprägende Rolle im Gesamtbild jedes Pfades bilden. Zusätzlich zu den erläuternden Texten haben Sie damit die Möglichkeit, die Zusammenhänge der Texte umfassender zu begreifen sowie diese zur Ausleuchtung Ihrer Fragen zu Rate ziehen. Tiefliegende Erkenntnisse der im Hintergrund wirkenden Kräfte können daraus gewonnen werden.

Die Trigramme

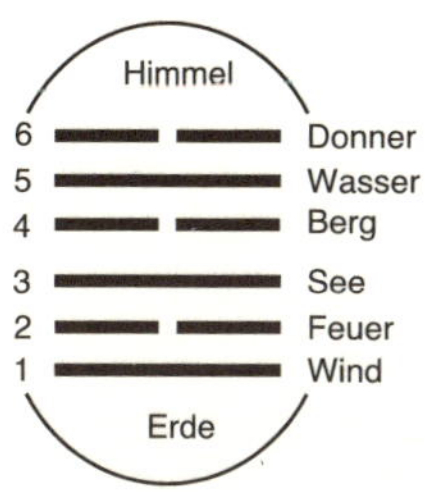

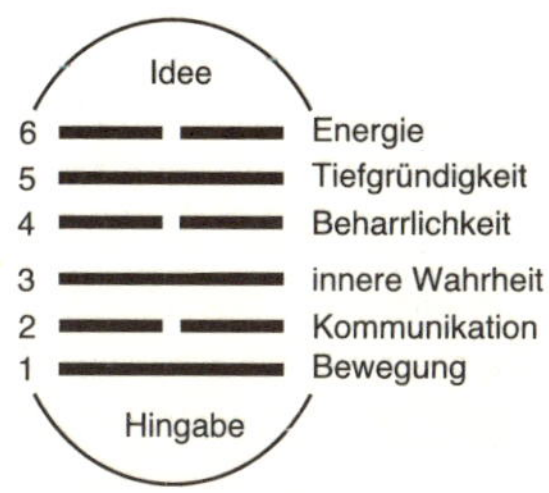

Die Bereiche und Funktionen

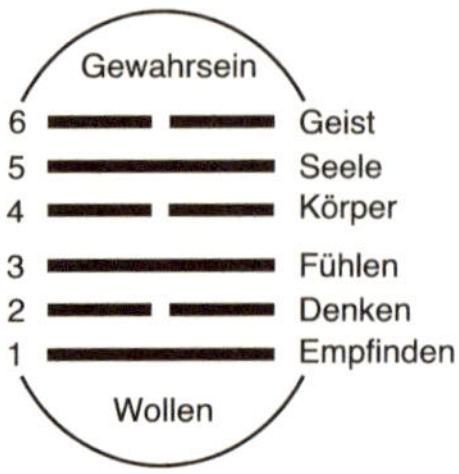

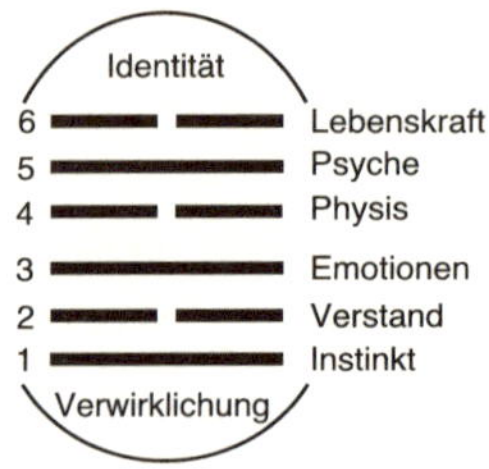

Die Chakren oder Energiefelder

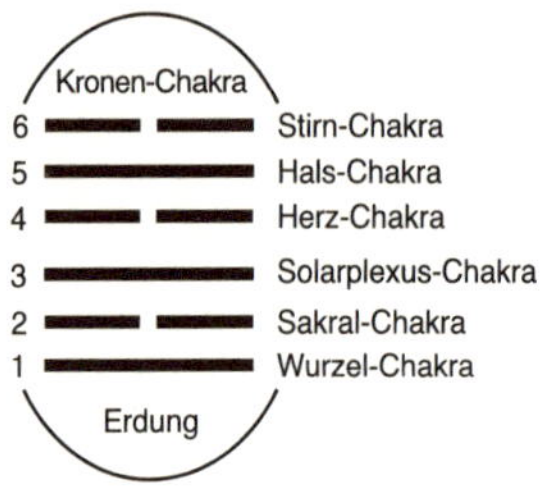

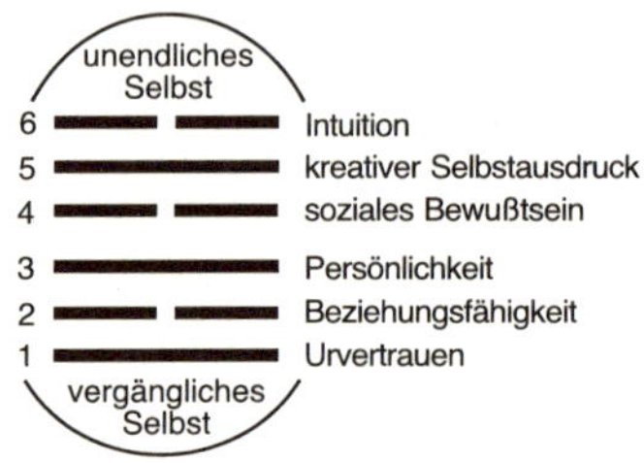

Aufbau und Zeichenerklärung der 64 Hexagrammtexte

Zum tiefergehenden Verständnis der 64 Pfade oder I-Ging-Texte, habe ich jedes Hexagramm mit zusätzlichen Informationen versehen, die links neben dem Kommentar in einer Textleiste zu finden sind. Minus- und Plus- Zeichen neben den sechs Linien beziehen sich auf deren korrekten oder inkorrekten Platz, in bezug auf die harmonische Ordnung. Dies soll aber nicht zu einer positiven oder negativen Beurteilung bestimmter Energiekonstellationen anleiten, sondern lediglich die prinzipiellen Schwerpunkte herausstellen. Alle im I Ging dargestellten Wandlungsbilder, und deshalb unser ganzes Leben, beruhen auf dem Aufeinandertreffen unterschiedlicher Schwingungen aus allen Bewußtseinsbereichen.

Mit einem speziellen Zeichen versehen, wurde die herrschende oder herrschenden Linien des Hexagramms, was auf den Einfluß hinweist, der von diesem Platz ausgeht. Desweiteren finden Sie die grafischen Symbole, die dem jeweiligen Einzeltrigramm zugeordnet sind sowie die Symbole für die entsprechenden Chakren.

Für die Kundigen auf diesem Gebiet lassen sich durch das Zusammenwirken je zweier Schwingungsfelder interessante Rückschlüsse auf die inneren Beweggründe und Zusammenhänge des dargestellten Themas finden.

Unter der Überschrift „Charakter:“ werden am Schluß noch einmal alle sechs Linien mit Charaktereigenschaften versehen, wie sie schwerpunktmäßig den Wandlungsstufen der einzelnen Hexagramme entsprechen.

Im schnellen Überblick können die Kräfteverhältnisse erkannt werden, wodurch eine weitere Hilfestellung zum Gesamtverständnis der einzelnen Liniensituationen gegeben ist. Der alles beherrschende Wesenszug des gesamten Zeichens wurde dabei besonders hervorgehoben.

Die acht Häuser oder Doppelzeichen der 64 Pfade

Die Abbildung auf der nächsten Seite zeigt die acht Doppelzeichen oder Ursprungshexagramme, wie sie den Bereichen und Funktionen des Bewußtseins zugeordnet werden. Als sogenannte Quellhexagramme bilden sie den Bezugspunkt, um den herum die Hexagramme des jeweiligen Pfades angeordnet sind.

Diesen acht Ursprungs- oder Quellhexagrammen werden also wiederum jeweils sieben Hexagramme oder hier sogenannte Pfade zugewiesen. Jedem dieser Pfade bleibt in der Folge das untere Trigramm erhalten, während sich die oberen entsprechend verändern. Als Ergebnis erhalten wir die acht mal acht Hexagramme oder Wandlungsbilder des I Ging. Unterteilt in die himmlischen Bereiche und irdischen Funktionen des Menschen können die 64 Wandlungszeichen diesen acht Quellzeichen, oder auch Häuser genannt, zugeordnet werden.

Zum besseren Verständnis wurde jeweils das übergeordnete Quellhexagramm sowie seine ihm angehörigen sieben Pfade in der gegenüberliegenden Anordnung des Ho Tu grafisch dargestellt. Auf diese Weise lassen sich die Zusammenhänge und polaren Gegensätzlichkeiten der Hexagramme innerhalb der Pfad-Familie sehr gut erkennen.

Als erstes Kernzeichen bildet das Hexagramm eins das Haus der acht himmlischen Pfade. Es zeigt uns das Prinzip des Schöpferischen in allen Energie- und Bewußtseinsbereichen sowie die Entwicklung und den Umgang mit dieser Kraft, in der Verbindung mit den übrigen sieben Trigrammen der Haus-Familie. So können wir also in jedem der acht Doppelzeichen das Kern-Prinzip jeder Bewußtseinsfunktion oder der Energieschwingung des zugehörigen Chakras erkennen sowie die ihnen entsprechende Familienstruktur.

Die acht Doppelzeichen der 64 Pfade und ihre Zuordnung zu den Bereichen und Funktionen des Bewußtseins

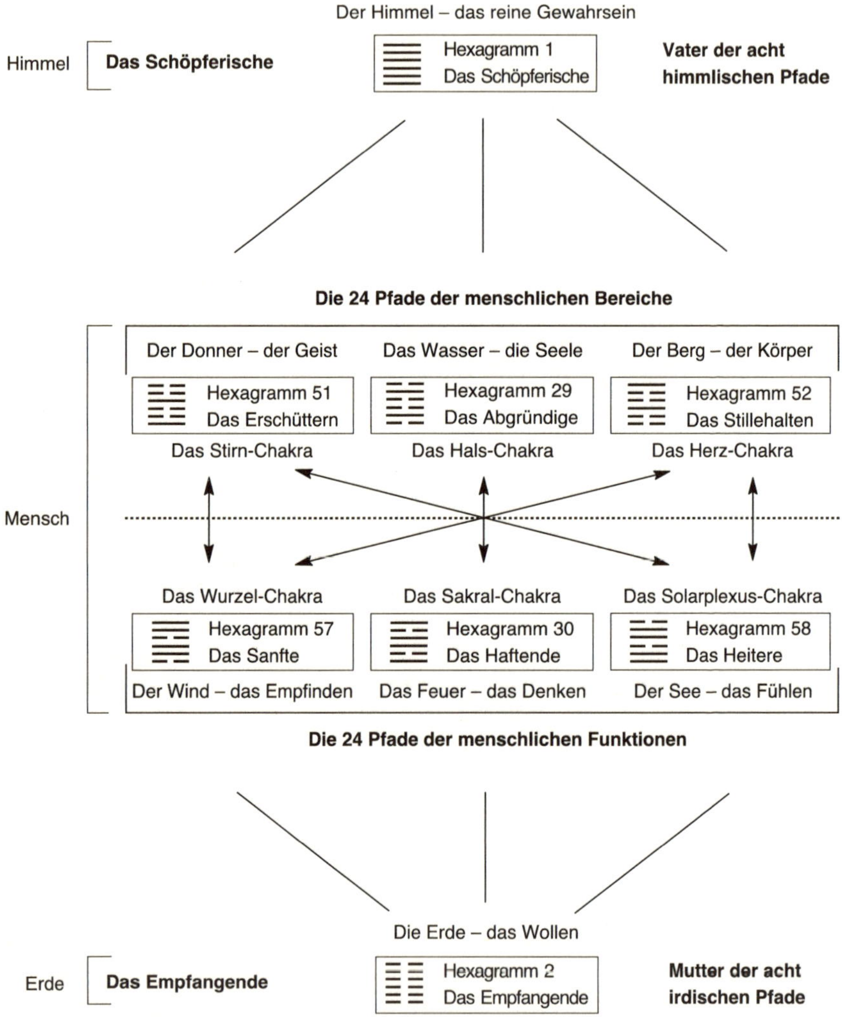

Die Grafik zeigt die acht Häuser oder Quellhexagramme, deren zugeordnete Pfade sowie die Verbindung zu den Bereichen, Funktionen und Energiefeldern der Chakren.

Die 64 Pfade der Wandlung

1. *Die acht Pfade der kosmischen Kraft*

Das Gewahrsein

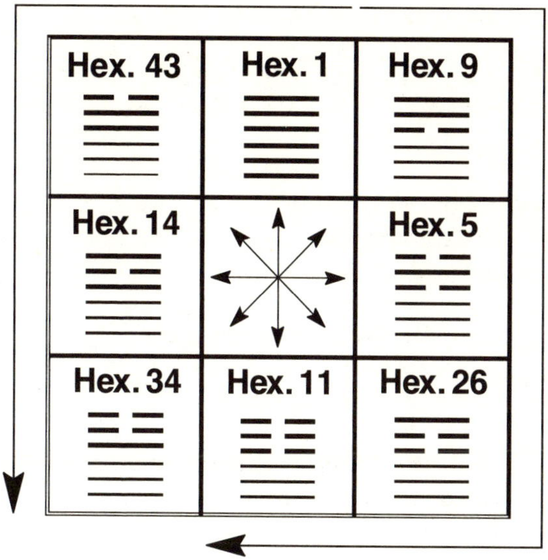

Ursprungszeichen:
Hexagramm 1: *Der Himmel – das Schöpferische*

Das Gewahrsein, das Energiefeld des Kronen-Chakras
Die kosmische Kraft

Alle Hexagramme des „Hauses der acht himmlischen Pfade" haben als Grundlage das Trigramm des Himmels. Er ist das Symbol der göttlichen Schöpferkraft, das männliche und reine Yang, der Bereich des reinen Gewahrseins, er ist das Zeichen der Strenge und Macht, das Licht und die Wahrheit, der Beginn aller Wesen und Dinge. Jeder Augenblick des Lebens, jede Vision, alles intuitive Erfassen entspringt dieser Quelle und bildet den Anfang neuer Möglichkeiten.

Einsatz und Umgang mit dieser schöpferischen Kraft bewirkt in der Verbindung mit den übrigen Trigrammen der Haus-Familie die unterschiedlichen Lebenssituationen, wie sie in den einzelnen Pfaden der Hexagramme dargestellt sind.

Wandlung durch Veränderung der oberen Zeichen

oben: **Der See** – das Heitere, das Solarplexus-Chakra
Hexagramm 43 – die Entschlossenheit
die innere Überzeugungskraft

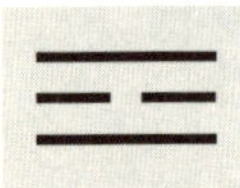

oben: **Das Feuer** – die Klarheit, das Sakral-Chakra
Hexagramm 14 – der Besitz von Großem
das himmlische Licht

oben: **Der Donner** – das Impulsive, das Stirn-Chakra
Hexagramm 34 – die große Macht
die schöpferische Vitalität

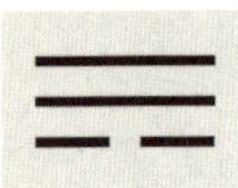

oben: **Der Wind** – das Bewegende, das Wurzel-Chakra
Hexagramm 9 – des Kleinen Zähmungskraft
das spirituelle Wachstum

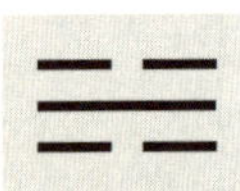

oben: **Das Wasser** – das Abgründige, das Hals-Chakra
Hexagramm 5 – das Warten
die Macht des Schicksals

oben: **Der Berg** – das Bewahrende, das Herz-Chakra
Hexagramm 26 – des Großen Zähmungskraft
die geistige Bereicherung

oben: **Die Erde** – das Empfangende, die Erdung
Hexagramm 11 – der Friede
der Himmel auf Erden

1 Das Schöpferische

Die dauerhafte Kraft

oben: **Der Himmel**

das Schöpferische
die kosmische Kraft
das Kronen-Chakra

DAS GEWAHRSEIN

unten: **Der Himmel**

das Schöpferische
die kosmische Kraft
das Kronen-Chakra

DAS GEWAHRSEIN

Charakter:

6 überheblich
5 konsequent
4 entscheidungsfähig

3 wahrhaftig
2 klarsichtig
1 willensstark

Situation:

Das Doppelzeichen des Himmels symbolisiert den Charakter und die Wirkung der einheitlich starken und erneuernden Kraft des Schöpferischen in allen Bereichen des Seins. Durch seine unaufhörliche Beständigkeit und Energie wird das Leben und die Welt gestaltet.

Kommentar:

Den Anfang jeder Gestaltwerdung bildet die schöpferische Idee, jener kreative Impuls, der die Grundlage für weitere Entwicklung schafft. Er ist die schicksalsprägende Kraft, die unaufhaltsame Erneuerungsprozesse in Gang setzt und damit tiefe Lebenserfahrungen ermöglicht. Als Ursprung alles Seienden ist der Himmel zunächst eine unpersönliche, universale und alles vereinigende Energieform. Der erste Impuls, aus dem alles Leben hervorgeht.

Er repräsentiert das göttliche Bewußtsein, das in seiner dynamischen und unermüdlichen Kraft einem reißenden Strom gleicht. In den menschlichen Wirkungsbereichen zeigt das Hexagramm die Betätigung des schöpferischen Weisen und Führers, der einheitliche Stärke in sich vereint und es versteht, das höhere Wesen der Menschen zu wecken und zu entwickeln. Eine Persönlichkeit, die durch ihr uneingeschränktes Gewahrsein seiner Selbst mutig und selbstsicher das Leben und die Welt gestaltet. Als ein überlegenes Vorbild an schöpferischer Kraft muß er diese ganz gezielt für die Ausbildung des höheren Bewußtseins sowie für die Arbeit an den menschheitsdienlichen Zielen einsetzen. Er ist das wahre Wesen des Himmels, das zwar in der Welt lebt, aber immerzu im Einklang mit den kosmischen Gesetzen handelt.

Insgesamt zeigt das Hexagramm eine große und dauerhafte Kraft, beinhaltet aber gleichzeitig auch die Gefahr der Zerstörung, was durch die starken Linien auf normalerweise schwachen Plätzen angedeutet wird. Diese Energie muß deshalb sehr weise und angemessen eingesetzt werden, um richtig zur Geltung zu kommen.

Linie 1 *Ruhighalten der schöpferischen Kraft ist eine Tugend, die von Klugheit zeugt*

Nutzen Sie Ihre instinktive Wahrnehmungsfähigkeit, um den richtigen Zeitpunkt des Handelns zu erkennen. Noch befinden Sie sich in einer Anfangsstellung, in der Ihre kreativen Fähigkeiten unbeachtet sind. Sie haben zwar die notwendige Stärke, die ein großer und schöpferischer Neubeginn erfordert, aber noch nicht den entsprechenden Einfluß, um diese planvoll einzusetzen. Auch wenn die momentane Situation nicht Ihrer tatkräftigen Gesinnung entspricht, so kommt doch die Zeit, in der sich Ihr starker Wille durchsetzen wird. Verbergen Sie Ihre Talente, und warten Sie ruhig ab, bevor Sie Ihre Kraft durch vorzeitiges Handeln verschwenden. Große und erneuernde Ziele brauchen eine stabile und unerschütterliche Grundlage.

Linie 2 *Auf innerer Stärke beruhende Kreativität bringt Erfolg*

Die Klarheit Ihrer Sichtweise, mit der Sie die Menschen Ihrer Umgebung beeindrucken, zeigt erste Erfolge. Noch sind Ihre Wirkungen auf einen kleinen Personenkreis beschränkt. Da es Ihnen aber durch Ihre positive Ausstrahlung gelingt, die Menschen ohne gewollte Mühe oder Beeinflussung zu überzeugen, wird sich Ihr Einfluß sehr bald erweitern. Um Ihr hohes Ziel zu erreichen, sollten Sie sich mit Menschen zusammentun, die Ihnen auf selbstlose und aufrichtige Weise helfen können. Auch wenn diese nicht über schöpferische Kräfte Ihrer Art verfügen, werden sie Ihnen gerne gesellschaftliche Dienste erweisen, die von großem Nutzen für Sie sind. Zeigen Sie Ihre Talente und Fähigkeiten offen, ganz so wie Sie in Ihnen vorhanden sind, und Sie werden großen Einfluß erhalten.

Linie 3 *Seien Sie vorsichtig, und bewahren Sie Ihre innere Größe*

Ihr Einflußbereich beginnt sich auszuweiten, und völlig neue Möglichkeiten des Wirkens eröffnen sich. Durch Ihr unermüdliches Planen und Agieren werden Ihre Erfolge größer, und die Menschen fallen Ihnen in Massen zu. Ihre starke Persönlichkeit und Ihr Einfallsreichtum sind faszinierend und begeistern die Menschen. Seien Sie jedoch vorsichtig, da gerade in dieser scheinbar glücklichen Situation die Gefahr der Vereinnahmung und Ausnutzung durch andere besteht, die in ihren Absichten nicht so edel sind wie Sie.

Auch Ihr eigenes Persönlichkeitsbild kann durch falschen Ehrgeiz und negative Machtausübung großen Schaden leiden. Auf dem Platz des Übergangs in höhere Dimensionen ist korrektes Verhalten und dauerndes Überprüfen der eigenen Person unerläßlich. Halten Sie sich vor Augen, daß die Menschen Ihnen vertrauen und von der inneren Wahrheit Ihrer Ziele überzeugt sind. Bleiben Sie deshalb auf Ihre hohen Ideale ausgerichtet, damit Sie Ihre Unbescholtenheit und Ihre Kräfte nicht sinnlos vergeuden.

Linie 4 *Wählen Sie die Ihrem Wesen entsprechende Betätigung*

Sie haben den Übergang in die Ebenen der höheren Berufung überschritten. Noch haben Sie die Möglichkeit zu entscheiden, ob Sie Ihre schöpferischen Kräfte der Allgemeinheit zur Verfügung stellen, oder sich zurückziehen, um Ihre eigene Persönlichkeit auszubilden und im stillen zu wirken. Überprüfen Sie Ihr inneres Wesen ganz genau, und Sie werden den richtigen Entschluß fassen. Wenn Sie dieser Gesinnung folgen, machen Sie keinen Fehler, denn Sie folgen dem richtigen Weg. Wie immer Sie sich entscheiden, der Weg zu den himmlischen Sphären in äußeren als auch in inneren Bereichen steht Ihnen offen.

Linie 5 *Ihre kreativen Aktivitäten führen zu Erfolgen für alle Menschen*

Ihre Kreativität und Ihr klares Denken geben Ihnen die Unabhängigkeit, Ihren Einfluß unbegrenzt zu erweitern. Sie stehen in Harmonie mit den Kräften des Universums und sind in der Lage, den Menschen mit Ihren weisen Ratschlägen zu helfen. Setzen Sie Ihre Fähigkeiten, verborgenes Wissen greif- und nutzbar zu machen, zum Wohle der Menschen ein. Verantwortungsbewußtsein und konsequentes Wirken im Guten werden von Ihnen gefordert. Vermeiden Sie Manipulationen und überhebliches Verhalten, und bleiben Sie Ihrer hohen Stellung entsprechend ein Vorbild für die Allgemeinheit.

Linie 6 *Hüten Sie sich vor exzessivem Verhalten*

Wenn Sie in Ihrem Bestreben, immer höher zu steigen, fortfahren, werden Sie den Kontakt mit den Menschen und damit auch die Möglichkeit, Ihre Ziele umzusetzen, verlieren. Diese überhebliche Art, Ihre Kräfte zu verschwenden, führt unweigerlich zu Ihrem Sturz. Wer nicht mehr zwischen Wahr und Unwahr unterscheiden kann, erntet Mißerfolge und gerät mehr und mehr in Isolation. Kein menschliches Wesen darf sich selbst über andere erheben. Besinnen Sie sich statt dessen auf Ihre natürlichen Fähigkeiten, und bringen Sie die Ihnen gegebenen Kräfte von nunmehr höchster Stelle aus zum Einsatz.

43 Die Entschlossenheit

Die innere Überzeugungskraft

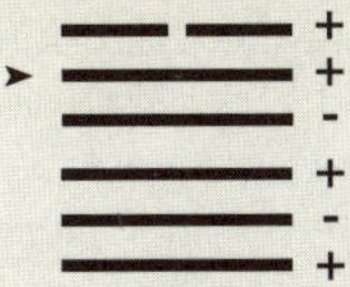

oben: **Der See**

das Heitere
die innere Wahrheit
das Solarplexus-Chakra

DAS FÜHLEN

unten: **Der Himmel**

das Schöpferische
die kosmische Kraft
das Kronen-Chakra

DAS GEWAHRSEIN

Charakter:

6 sorgsam
5 entschlossen
4 eigensinnig

3 überzeugend
2 umsichtig
1 zurückhaltend

Situation:

Die Kraft innerer Entschlossenheit (unteres Trigramm Himmel) wirkt auf die Wahrhaftigkeit des äußeren Wesens. Dies bedeutet, daß letzte negative Kräfte, die Sie bedrücken (oberste Yin-Linie,) durch gewaltlosen Kampf beseitigt werden können. Einem positiven Fortschritt steht dann nichts mehr im Wege.

Kommentar:

Das Zeichen zeigt einen nach oben geöffneten Mund, der einerseits bereit ist, spirituelle Nahrung aufzunehmen und andererseits, seiner inneren Weisheit durch Entschlossenheit Ausdruck zu verleihen. Letzte Schwachstellen oder Charakterfehler in der eigenen Person müssen dazu beseitigt werden. Da diese aber an hoher Stelle zu suchen sind, gilt es, deren Ausrottung durch die positive Kraft der inneren Überzeugung ohne Gewaltanwendung anzugehen. Diese Entschlossenheit, die sich mit dem Potential edler Fähigkeiten verbindet, muß nach außen sicht- und spürbar sein, dann bringt sie den Durchbruch zum Guten. Die Kultivierung übler Charaktereigenschaften oder auch hochstehender Gemeiner, mit denen man es zu tun hat, bedarf der tiefen Überzeugungskraft und der heiteren Zuversicht, die sich ihrer schöpferischen Qualitäten bewußt ist.

Wer die Vervollkommnung seines Wesens und damit auch seines Wirkungsbereiches anstrebt, der darf sich nicht länger durch die falschen Ansichten einflußreicher Menschen in seinen Zielvorstellungen beirren lassen. Der

Durchbruch der nach außen sichtbar werdenden Individualität erfordert das Vorangehen durch die eigene Kraft und Courage. Neue Ideen oder Anschauungen müssen durch innere Stärke genährt und aufrichtig vertreten werden. Nur durch friedliche und positive Arbeit an den Leidenschaften und schlechten Angewohnheiten können diese, ohne gewalttätige Gegenmaßnahmen zu ergreifen, beseitigt werden.

Auch im eigenen Umfeld gilt es, diese Regeln zu beachten und nicht durch direkten Angriff das Übel anzugehen, sondern durch eine heitere, aber entschiedene Haltung die Menschen zu überzeugen. In diesem Sinne wird hier der Kampf für das Gute und nicht der Streit gegen das Übel angedeutet. „Wer sich auf direkte Auseinandersetzungen mit dem Bösen einläßt, entzündet das Böse." Ziel und Aufgabe ist die Vervollkommnung und die einheitliche Stärke des eigenen Charakters sowie die Erweiterung und Entwicklung der schöpferischen Kraft in anderen. Wer sich entschlossen zeigt, den eigenen Reichtum an Wissen und Erkenntnissen an andere weiterzugeben, dient der Erfüllung des göttlichen Willens.

Linie 1 *Halten Sie Ihren Optimismus in Grenzen*

Ihr Vorhaben, schlechte Gewohnheiten in Ihnen selbst oder üble Machenschaften in Ihrer Umgebung anzugehen, ist an sich zu begrüßen, jedoch ist der Zeitpunkt noch zu früh. Ihre Absichten dürfen sich nicht in gewagten und gefährlichen Unternehmungen zeigen. Das würde Widerstände hervorrufen, denen Sie vielleicht nicht gewachsen sind. Gehen Sie nur so weit voran, wie Sie sich eines leichten Erfolges sicher sein können. Die Fehler, die sich aus der zu unbekümmerten Einschätzung einer Sachlage ergeben, könnten gleich zu Beginn einer sicherlich notwendigen Reform zu unheilvollen Rückschlägen führen. Das Vorangehen durch Unbeherrschtheit und Eile würde dem Übel, das Sie angehen wollen, eher entgegenkommen und seine Anwesenheit verstärken. Nutzen Sie Ihre instinktive Kraft zu überlegtem Vorgehen, damit nicht der übermütige Optimismus eines Anfängers den guten Absichten ein frühzeitiges Ende setzt.

Linie 2 *Eine gute Vorbereitung verhindert unliebsame Überraschungen*

Seien Sie in Ihrer Entschlossenheit unnachgiebig, aber stets wachsam auf der Hut. Da Ihnen die Struktur und das Vorgehen der feindlichen Kräfte bekannt ist, können Sie sich entsprechend darauf einrichten. Durch dieses weitsichtige Verhalten meistern Sie jede Situation und sind auf eventuelle Gefahren vorbereitet. Dies gilt sowohl für das Vorgehen gegenüber schlechten Einflüssen in Ihrer Umgebung sowie vor allen Dingen für die Beseitigung der eigenen, Schaden anrichtenden Impulsivität. Wenn Sie Ihre Klarsichtigkeit einsetzen, um weise Entschlüsse zu fassen, dann können Sie unbesorgt inmitten von Schwierigkeiten weilen. Die Menschen werden spüren, daß Ihrer Entschlossenheit, gegen das Übel anzugehen, eine innere Wahrheit zugrunde liegt und respektieren Sie.

Linie 3 *Versuchen Sie so gut wie möglich in Balance zu bleiben, und prüfen Sie Ihre Worte und Taten sehr genau*

Sie stehen in direkter Verbindung mit Widersachern *(oberste Linie)*, die Ihren Durchbruch behindern. Dies können sowohl Widrigkeiten in Ihrem täglichen Umfeld sein als auch alte Anschauungen und Meinungen, die Sie durch neue Ideen und Verhaltensweisen ersetzen wollen. Zeigen Sie in Ihrer Vorgehensweise kompromißlose Entschlossenheit, aber ohne direkte Konfrontation. Sich auf einen gewaltsamen Kampf einzulassen würde zu großer Unruhe und heftigen Auseinandersetzungen führen. Gehen Sie deshalb mit selbstbewußter Freundlichkeit an die Arbeit. Auch wenn ein derartiges Vorgehen von Ihren Mitmenschen nicht verstanden wird, so müssen Sie doch Ihrer inneren Überzeugung treu bleiben und dieses Problem auf dem von Ihnen als recht erkannten Wege lösen. Kontrollieren Sie Ihre Neigung, unüberlegt über Dinge oder Pläne zu sprechen, denen noch die konkrete Grundlage fehlt. Da Sie zwar große Fähigkeiten haben, Ihre Worte und Taten aber oft falsch verstanden werden, wird man sich gegen Sie wenden. Lassen Sie sich dadurch nicht beirren, sondern bleiben Sie Ihren Grundsätzen treu. So werden Sie Ihr Ziel erreichen.

Linie 4 *Sie sind zu eigensinnig und nicht willens, die Ansichten und Ratschläge anderer anzunehmen*

Sie befinden sich in großer Unruhe, was durch die Art und Weise bedingt ist, wie Sie den Hindernissen begegnen, die sich Ihrem entschlossenen Voranschreiten in den Weg stellen. Mit Eigensinn und Sturheit versuchen Sie, Ihre Ansichten und Vorhaben durchzusetzten, anstatt sich zurückzunehmen und mit Geschick und Diplomatie diese schwierigen Zeiten zu überwinden. Dies alles ist Ihnen bewußt, und trotzdem handeln Sie nicht danach. Sich führen zu lassen fällt Ihrem vorwärtsdrängenden Charakter sehr schwer und führt zu Auseinandersetzungen und inneren Konflikten. Wenn Sie weise sind, dann nehmen Sie die Verhaltenshinweise, die zur Änderung dieser Situation führen, an und setzen statt dessen Ihre Erfahrungen auf unaufdringliche Weise zum Wohle eines größeren Zieles ein.

Linie 5 *Sie benötigen äußerste Entschlossenheit, um feindliche Einflüsse aufzustöbern und zu beseitigen*

Die unmittelbare Nähe eines einflußreichen und hochstehenden Widersachers mit schlechtem Einfluß läßt Sie in Ihrer Entschlossenheit wankend werden. Da Sie in Verbindung mit diesem stehen, ist große Zielgerichtetheit und überlegte Gründlichkeit zu dessen Beseitigung notwendig. Lassen Sie sich nicht von Ihrer Überzeugung und dem beschrittenen Weg der Erneuerung abbringen. Solange diese negativen Kräfte nicht vollständig eliminiert sind, können Sie jederzeit wieder an die Macht gelangen. Besonnenheit und Charakterstärke sind die Mittel, die im Umgang mit ablehnenden und negativen Reaktionen Ihnen gegenüber angebracht sind. Sie erfahren dadurch einen Kraftgewinn der Ihren Entschluß, die eigene Wahrheit nach außen zu leben und zu äußern, stark und kristallklar erscheinen läßt.

Linie 6 *Wenn Sie sich isoliert fühlen, dann haben Sie die Grenzen Ihrer ansonsten korrekten Verhaltensweise überschritten*

Die Beseitigung von Gegnern oder Hindernissen, die einer schöpferischen Neuorientierung entgegenwirken, erfordert Ihre gesamte Aufmerksamkeit. Lassen Sie in Ihrer Sorgsamkeit nicht nach, sonst könnte durch diese Nachlässigkeit neues Übel aus den verbliebenen Keimen entstehen. Sie haben zwar durch Ihre eigenen Bemühungen eine hohe Stellung erreicht, das ist aber kein Grund, sich überlegen zu fühlen. Wenden Sie sich statt dessen den höheren Kräften des Himmels zu, von denen Sie jederzeit Hilfe zur Führung erhalten, und teilen Sie Ihre Erfahrungen und Ihr Wissen mit Menschen, die wie Sie auf dem Weg des Suchenden sind. Ihre Glaubwürdigkeit wird sich dadurch verstärken. Gerade die Arbeit am eigenen Charakter ist ein wichtiger Bestandteil der Erneuerung und der Individuation, die nur durch die harmonische Übereinstimmung mit den kosmischen Lebensgesetzen erreicht werden kann.

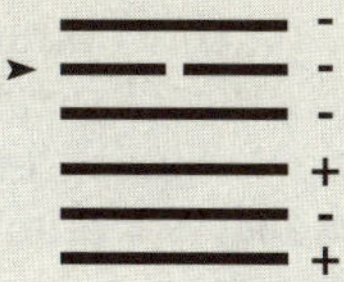

oben: **Das Feuer**

das Haftende
die Klarheit
das Sakral-Chakra

DAS DENKEN

unten: **Der Himmel**

 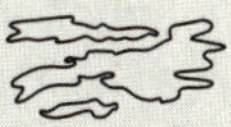

das Schöpferische
die kosmische Kraft
das Kronen-Chakra

DAS GEWAHRSEIN

Charakter:

6 starke Geisteskraft
5 bescheiden
4 beharrlich

3 großzügig
2 klarsichtig
1 zurückhaltend

14 Der Besitz von Grossem
Das himmlische Licht

Situation:

Die Klarheit des Feuers vereinigt sich mit der schöpferischen Kraft des Himmels. Dies ist das Zeichen des himmlischen Lichts, das die Aufgabe hat, den Menschen den göttlichen Schöpfungsplan bewußt zu machen. Geistige Klarheit und Charakterstärke sind die Voraussetzungen, um dieses Licht auf Erden leuchten zu lassen.

Kommentar:

Der große Besitz, wie er im Hexagramm 14 angesprochen wird, nimmt nicht vorrangig Bezug auf den materiellen Reichtum, sondern vielmehr auf die Kraft charismatischer Ausstrahlung, die es vermag, in die Herzen der Menschen einzudringen. Es ist das „Licht des Himmels“, dessen Eigenschaft durch einen Edlen verkörpert wird, der durch seine wahrhaftige und klarsichtige Art die Menschen positiv beeinflußt. Die einzige schwache Linie auf normalerweise starkem Platz *(Linie 5)* bringt zum Ausdruck, daß man trotz geehrter und einflußreicher Stellung bescheiden in seinem Verhalten bleiben muß. Zurückhaltung und das Vermeiden von Überheblichkeit sind die Voraussetzungen, durch die man das volle Vertrauen der Menschen gewinnen kann. Als „Beleuchter der himmlischen Bühne“ ist man im Besitz einer inneren Stärke und Wahrhaftigkeit, deren Quelle die schöpferischen Kräfte sind, die es richtig umzusetzen gilt.

Das Denken *(Feuer)* erfüllt hier die Aufgabe der Gewahrwerdung des höheren Selbst *(Himmel)*. Das erfordert ein Zurücknehmen der rationalen Verstandesbetätigung zugunsten der höheren Kräfte und inneren Werte. Die Nahrung des Feuers ist nicht die Materie, die es verzehren kann. Seine Leuchtkraft entsteht durch das ewige Licht des Göttlichen *(was seine Übereinstimmung mit der kosmischen Ordnung zeigt)*. Die Aufgabe, das himmlische Licht leuchten zu lassen, ist keine einfache. Nur durch uneigennützige Bescheidenheit wird man das Vertrauen derer gewinnen, die man beeinflussen will. Das Zeichen zeigt eine allgemein erfolgreiche Betätigung, besonders aber in gesellschaftlich-kulturellen Angelegenheiten. Obwohl der Besitz von Großem also insgesamt eine äußerst günstige Situation darstellt, ist es dennoch von der konsequenten Arbeit an den schlechten Charaktereigenschaften der eigenen Person abhängig, ob man in der Lage ist, dieser Aufgabe dauerhaft gerecht zu werden.

Die kosmische Übereinstimmung beider Zeichen wird auch durch die Stellung zum Ausdruck gebracht, die sie im frühen und späten Himmel des I Ging einnehmen. Unter diesem Aspekt betrachtet übernimmt das Feuer die schöpferischen Eigenschaften in der materiellen Welt, indem es das Dunkle *(Schwache)* erleuchtet. Hier zeigt sich auch der Unterschied zur Verbindung des Feuers mit der Erde. Während dort ein Edler sein Licht benutzt, um durch die Dunkelheit menschlicher Schwächen zu leuchten, wird hier eine charismatische Persönlichkeit gezeigt, die, im inneren Wesen selbst von den schöpferischen Kräften des Himmels beseelt *(UKT Himmel)*, ihr Augenmerk auf die kulturellen Angelegenheiten in der Gesellschaft richtet. Diese spirituelle Reife ist es, die Sie in all Ihren Unternehmungen wahrhaftig erscheinen läßt *(OKT See)*.

Linie 1 *Hüten Sie sich vor schädlichen Beziehungen*

Auch ein Mensch, der dazu auserkoren ist, das Licht des Himmels leuchten zu lassen, kann am Beginn seines Weges den irdischen Anziehungen allzusehr verfallen. Um diesen Versuchungen zu widerstehen, muß man sich innerlich der möglichen Gefahren ganz bewußt sein. Üben Sie Selbstdisziplin, damit Sie sich darüber im klaren werden, was Sie erreichen wollen, und vermeiden Sie allgemein Verhaltensweisen oder Beziehungen zu Menschen, die für Ihre Entwicklung schädlich sind. Wenn Sie dazu noch bescheiden in Ihrem Auftreten sind, wird dies bei der Überwindung der noch vor Ihnen liegenden Hürden sehr behilflich sein.

Linie 2 *Sie sind fähig, universale Ziele zu verfolgen*

Die Zeit, Ihren großen spirituellen Reichtum einzusetzen, ist nun gekommen. Sie sind sich der Schwere der Aufgaben bewußt, die vor Ihnen liegen, und sind dank Ihrer schöpferischen Kraft dazu in der Lage, diese zu tragen. All Ihre Pläne lassen sich nun in die Tat umsetzen, und Sie werden allgemein großen Einfluß bekommen. Wohin Sie auch gehen, was immer Sie auch unternehmen, der Erfolg bleibt nicht aus. Durch Ihr sprühendes und zugleich bescheidenes Wesen werden hilfreiche Menschen angezogen, die Ihnen zur Seite stehen und Sie bei Ihren ehrgeizigen Unternehmungen unterstützen.

Linie 3 *Teilen Sie Ihre überlegenen Begabungen mit der Allgemeinheit*

Seien Sie sich bewußt, daß Ihre großen geistigen Fähigkeiten sowie Ihr materieller Besitz nicht für Sie alleine bestimmt sind, sondern zu Gunsten der Gemeinschaft sinnvoll eingesetzt werden müssen. Ihre außergewöhnliche Begabung kann nur durch Einbeziehung und Teilen ihre Früchte tragen. Überprüfen Sie deshalb Ihr Verhältnis gegenüber Besitz, der bei schwachem Charakter großen Schaden anrichten kann. Wenn Sie Ihre überlegene Stellung dazu benutzen wollten, Kontrolle oder egoistische Macht über andere auszuüben, würde sich dieses falsche Verhalten gegen Sie selbst richten. Seien Sie großzügig im Teilen Ihres geistig-materiellen Besitzes, und die Unterstützung anderer Menschen wird Ihnen gewiß sein.

Linie 4 *Durch umsichtiges Verhalten können Fehler vermieden werden*

Auch wenn Ihnen Ihrer Stellung gemäß eine Führungsrolle zusteht, dürfen Sie diese nicht zu manipulativen Zwecken mißbrauchen. Halten Sie sich uneingeschränkt an Ihre wahrhaftigen Charaktereigenschaften, damit Sie das richtige Verhältnis gegenüber Reichtum und Macht nicht verlieren. Durch Drohgebärden und Besitzansprüche gegenüber anderen werden Sie unglaubwürdig und können außerdem in nicht unerhebliche Schwierigkeiten geraten. Halten Sie sich zurück, und besinnen Sie sich auf Ihre Fähigkeiten, Situationen richtig einzuschätzen, damit grobe Fehler vermieden werden können.

Linie 5 *Achtung und Vertrauen werden Ihnen entgegengebracht*

Durch Ihre bescheidene und aufrichtige Art ist es Ihnen gelungen, die Menschen anzuziehen. Ihr Idealismus, Ihr Verantwortungsbewußtsein und Ihre innere Weisheit haben dazu geführt, daß Ihre Führungsrolle anerkannt wird. Da Sie es dank Ihres angepaßten Auftretens verstehen, in die Herzen der Menschen zu gelangen, wird man Ihnen aufrichtig zugetan sein. Doch seien Sie vorsichtig. Ihr mildes und nachgiebiges Verhalten könnte leicht ausgenützt werden. Etwas mehr Autorität wäre angebracht. Bleiben Sie ganz einfach Ihrem starken und klaren Leitbild treu, und Ihre schöpferische Quelle bleibt Ihnen erhalten.

Linie 6 *Sie werden vom Himmel gesegnet*

Ihr klares und wahrhaftiges Denken wird durch die himmlischen Kräfte unterstützt. Dies bedeutet, daß all Ihre Unternehmungen unter dem Segen des Himmels stehen. Trotz Ihrer hohen Position verstehen Sie es, den anderen Menschen vertrauensvoll und unvoreingenommen entgegenzugehen. Ihre Wahrhaftigkeit und Ihre hilfsbereite Art sind eine Bereicherung für Ihre Umwelt. Bleiben Sie weiterhin bescheiden und verwalten Sie Ihre großen geistigen und materiellen Güter zum Wohle aller Menschen.

34 Die grosse Macht

Die schöpferische Vitalität

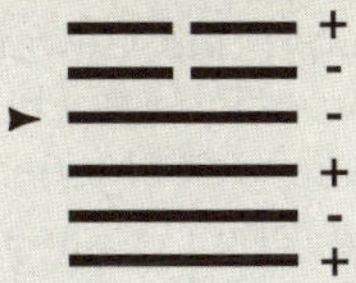

oben: **Der Donner**

das Erschüttern
die Vitalität
das Stirn-Chakra

DER GEIST

unten: **Der Himmel**

das Schöpferische
die kosmische Kraft
das Kronen-Chakra

DAS GEWAHRSEIN

Charakter:

6 dickköpfig
5 loyal
4 entschlossen

3 manipulativ
2 klardenkend
1 ungestüm

Situation:

Die elektrische Kraft des Donners vereinigt sich mit dem schöpferischen Potential des Himmels. Der impulsive und aufrüttelnde Charakter steht im Dienst der einheitlichen Stärke des Himmels. Durch die Verbindung der zwei energiestarken Zeichen bildet sich eine machtvolle Situation. Diese große Macht ist das Mittel, das Gerechtigkeit und allgemeine Ordnung zu schaffen vermag.

Kommentar:

Die impulsive Geisteskraft, wie sie durch das obere Trigramm des Donners repräsentiert wird, ist sehr stark. In Verbindung mit dem unteren Zeichen des Schöpferischen entwikkelt sich eine gewaltige Energie, die in ihrer Wirkung auf das Gute ausgerichtet ist. Obwohl hier primär die Kraft innerer Werte angesprochen wird, äußert sie sich neben der festen Entschlossenheit auch in der körperlichen Vitalität. Der Umgang mit dieser Energie muß zum Wohle und Segen der Allgemeinheit erfolgen und erfordert absolute Korrektheit und Disziplin. Die überschießende Bewegung, die durch diese Kraftkombination entsteht kann, wenn sie nicht sinnvoll koordiniert wird, alles ins Verderben stürzen. Die geistige Vitalkraft steht über dem reinen Gewahrsein des Himmels und bringt dessen machtvollen Charakter zur Entfaltung. Wer eine derartige Bereicherung seiner Willenskräfte erfährt, hat zunächst die Verpflichtung, sein wahres Selbst *(OKT See)* kritisch zu überprüfen, bevor er diese Macht zum Einsatz bringt.

Um diese große spirituelle Kraft aufbauend und ordnend einsetzen zu können, ist innere Größe und ein ausgeprägter Sinn für Gerechtigkeit notwendig. Das Unterscheidungsvermögen zwischen Macht und Gewalt wird zum Prüfstein der wahren Charakterstärke. Körperliche Machtdemonstration oder kompromißlose Durchsetzung der eigenen Interessen sind Verhaltensweisen, wie sie ein lustbetonter Aggressor an den Tag legt. Dies sind die falschen Mittel und Wege, um allgemeinen Fortschritt zu bewirken und führen zu inneren und äußeren Widerständen und allgemeinen Mißerfolgen. Nur der bewußte Umgang mit diesen Kräften ermöglicht es, das innere Sein mit dem äußeren Leben in Einklang zu bringen.

Wer aber den richtigen Anlaß und Zeitpunkt erkennt, diese vitale Energie zum Wohle der Allgemeinheit einzusetzen, wird große Erfolge auf dem Weg der spirituellen Meisterschaft erringen.

Linie 1 *Ungestümes Voranschreiten führt zu falschen Ergebnissen*

Ihre machtvolle Energie ist zwar vorhanden, Sie befinden sich jedoch noch ganz am Anfang der Durchführung Ihrer Pläne. Wenn Sie Ihr Energiepotential dafür einsetzen, um durch aggressives und gewaltsames Vorgehen Ergebnisse zu erzielen, werden Sie scheitern. Dieses ungestüme Voranschreiten ohne Plan und Ziel wird Sie nicht zum erwünschten Ergebnis führen. Versuchen Sie deshalb nicht, Fortschritte in Ihren Bemühungen oder Ihrer eigenen Entwicklung durch Hast und Unruhe zu erzwingen. Das Erreichen eines großen Zieles, wo auch immer dieses angesiedelt ist, setzt überlegtes und stabiles Voranschreiten voraus. Warten Sie den richtigen Zeitpunkt ab, und handeln Sie gemäß den höher gesteckten Zielen.

Linie 2 *Fortschritt im Guten schafft aufrichtige Beziehungen*

Auch wenn Sie in Ihren Vorhaben mit der Verwirklichung Ihrer Pläne vorankommen, sollte bei allen Handlungen das innere Gleichgewicht von Energie und Weichheit spürbar sein. Der geringe Widerstand der Ihnen entgegengebracht wird, sollte Sie nicht dazu veranlassen, übermütig Ihre Kraft zu beanspruchen. Ihre Vorhaben sollten den Menschen Fortschritte im Guten bringen. Seien Sie sich darüber im klaren, daß Sie einen großen Einfluß auf Ihre Umgebung ausüben, durch den aufrichtige und kreative Beziehungen entstehen können. Deshalb ist ein sorgfältiger und überlegter Einsatz des Kräftepotentials von dauerhaftem Erfolg begleitet.

Linie 3 *Bleiben Sie in Ihrer inneren Kraft*

Durch unnötige demonstrative Machtspiele werden Sie in Schwierigkeiten verwickelt, aus denen Sie sich letztendlich nur schwer befreien können. Hier ist das Voranschreiten einer charakterschwachen Persönlichkeit gezeigt, die versucht, mit allen Mitteln das Ziel zu erreichen. Ihre Kräfte werden sich erschöpfen und dauerhafter Erfolg kann nicht mehr erwartet werden. Nehmen Sie sich zurück und vermehren Sie ihre innere Kraft, indem Sie Ihre schöpferischen Fähigkeiten weiter ausbilden. Ein Mensch, der von wahrem Wissen und großem Mut durchdrungen ist, hat eine solche Zur-Schau-Stellung der Macht nicht nötig.

Linie 4 *Ihre vitale Kraft sollte dem Allgemeinwohl dienen*

Sie haben erkannt, daß der falsche Einsatz von Macht Sie in Umstände verwickelt hat, die Sie eher am Vorankommen gehindert haben. Schrittweise haben Sie durch Anwendung Ihrer Kenntnisse und beharrliches Arbeiten Ihre Schwierigkeiten überwunden. Sowohl die Unstimmigkeiten in Ihrem Umfeld, die durch Ihr eigenes Fehlverhalten entstanden sind, als auch die damit verbundenen Mängel in Ihrer Persönlichkeit. Sie können nun kraftvoll voranschreiten und haben gelernt, daß äußerliche Machtdemonstration zu inkorrekten Ergebnissen führt. Nachdem Sie Ihr falsches Verhalten korrigiert haben, sollten Sie nun Ihre schöpferische Vitalität für ehrenvolle Zwecke des Allgemeinwohls einsetzen. Ihrem weiteren Vorankommen steht dann nichts mehr im Wege. Dieser Aufstieg bedeutet sowohl Erfolg in Ihren Unternehmungen als auch die Erkenntnis, daß Macht nicht mit Gewalt zu verwechseln ist.

Linie 5 *Weichheit nach außen schafft Vertrauen*

Jegliches sture oder arrogante Verhalten ist nun nicht mehr angebracht. Ihre innere Stärke äußert sich durch Weichheit nach außen. Sie brauchen Ihre Kräfte nicht mehr zu beweisen und können nun ganz unvoreingenommen die Dinge in Ihrer Umwelt betrachten. Seien Sie offen für die Bedürfnisse und Anregungen der Menschen, und viele positive Ergebnisse werden herbeigeführt. Sie werden Anerkennung finden, da Sie es durch Ihre einfühlsame Art verstehen, neue Wege und Lösungen aufzuzeigen und damit Ordnung in chaotische Zustände zu bringen. Besinnen Sie sich auf die Kraftquelle in Ihrem eigenen Innern, damit Ihre Führungsqualitäten nicht ins Wanken geraten. Auch ein Meister des spirituellen

Weges bezieht seine Kräfte, die er ausgewogen verwalten muß, aus dem unendlichen Selbst des Himmels.

Linie 6 *Versuchen Sie nicht, mit dem Kopf durch die Wand zu gehen.*

Wenn Sie auf Widerstände stoßen, neigen Sie dazu, mit dem Kopf durch die Wand zu gehen. Menschen, die Ihre Kraft auf solch übermäßige Art einzusetzen versuchen, machen sich unbeliebt. Dieses Vorgehen entspricht nicht dem korrekten Verhalten Ihrer Stellung und Entwicklung, sondern führt dazu, daß Ihnen keine Unterstützung mehr gewährt wird. Sie verschließen sich den höheren Kräften sowie der Hilfe Ihrer Mitmenschen. Im Vertrauen auf Ihre große Macht haben Sie sich zu weit vorgewagt. Damit sind Sie in eine Lage geraten, die Ihnen selbst nicht mehr gefällt. Ihre Schwierigkeiten nehmen kein Ende. Beruhigen Sie sich, und versuchen Sie loszulassen. Durch weiteres unnachgiebiges Vorgehen kann kein Ausweg aus Ihrer festgefahrenen Lage gefunden werden. Vermindern Sie statt dessen Ihre äußeren Aktivitäten und ziehen Sie sich zurück. Sie werden erkennen, daß der unkontrollierte und egoistische Einsatz vitaler Kraft selbstzerstörerische Folgen nach sich zieht. Aus dieser Erkenntnis heraus können Sie Ihre Fehler korrigieren und werden in Zukunft wissen, wie Sie sich richtig zu verhalten haben.

9 Des Kleinen Zähmungskraft

Das spirituelle Wachstum

oben: **Der Wind**

das Sanfte
die Energie
das Wurzel-Chakra

DAS EMPFINDEN

unten: **Der Himmel**

das Schöpferische
die kosmische Kraft
das Kronen-Chakra

DAS GEWAHRSEIN

Charakter:

6 impulsiv
5 zuverlässig
4 einfühlsam

3 vorwärtsdrängend
2 umsichtig
1 grundsatztreu

Situation:

In der Verbindung dieser beiden Prinzipien wird zum Ausdruck gebracht, daß die sicht- und spürbare Umsetzung kreativer Eigenschaften eingeschränkt wird. Die schöpferischen Aspekte des Himmels, wie sie durch das untere Trigramm dargestellt sind, werden an ihrer ungehinderten Ausbreitung behindert. Ein kleines, aber dauerhaftes Hindernis (Linie 4) blockiert hier den Weg zu einheitlicher Stärke.

Kommentar:

Waren es bei Hexagramm 34 die dynamischen Kräfte, die aufbauend und ordnend zum Einsatz kamen, so wird nun im Hexagramm 9 die kontinuierliche Entwicklung durch Verfeinerung der Materie gezeigt. Das obere Trigramm des Windes, das seiner Natur nach Veränderung durch sanfte Durchdringung bedeutet, bewirkt, daß jetzt dichte Wolken *(Linie 4)* über dem klaren Himmel aufgezogen sind. Die nach oben steigenden schöpferischen Kräfte werden in ihrer ausbreitenden Bewegung behindert. Eine Änderung dieser blockierten Situation wird nur durch sanftes und kontinuierliches Vorgehen erreicht werden können.

Die Struktur des Zeichens zeigt starke emotionale und geistige Kräfte, zwischen denen sich die schwache Form befindet *(Linie 4, Körper)*, auf die Rücksicht genommen werden muß. Es sind die Blockaden in der eigenen Person sowie die Beschränkung durch Hindernisse in der Außenwelt, die der Vollendung im Wege stehen. Da eine einheitliche Umsetzung der starken Kräfte im Moment nicht möglich ist, kann man nur im kleinen, durch sanftes Vorgehen, wirken. Veränderungen durch Bewegung, wie sie durch diese starke Konstellation angedeutet werden, müssen zum richtigen Zeitpunkt und auf die passende Art und Weise geschehen. Hier sind die Beschränkungen innen wie außen zu beharrlich, als daß sie mit energischen Maßnahmen beseitigt werden könnten.

Änderungen im kleinen, daß Vertiefen und Ausarbeiten neuer Ideen, sind die Vorarbeiten für späteren Erfolg. Man sollte sich darüber im klaren sein, daß größere Wirkungen trotz des großen Kräftepotentials nicht ohne weiteres zu erwarten sind. Zurückhaltung und Gelassenheit in allen Lebensbereichen schaffen die Situation für weiteren Fortschritt.

Wie die aufgezogenen Wolken das einheitlich klare und tiefe Wesen des Himmels bedecken, so sind auch bei der Verkörperung der wahren Persönlichkeit noch Nachlässigkeiten zu beseitigen. Darum gilt es, die im Verborgenen leuchtenden *(OKT Feuer)* schöpferischen Qualitäten durch einfühlsame Veränderung *(Verfeinerung)* des äußeren Erscheinungsbildes sichtbar und für andere eindeutig zu machen.

Linie 1 *Bleiben Sie auf dem von Ihnen als recht erkannten Weg*

Vertrauen Sie Ihren instinktiven Kräften, und Sie werden erkennen, daß durch energisches Vorwärtsdrängen die vor Ihnen liegenden Hindernisse nicht beseitigt werden können. Bleiben Sie deshalb Ihren inneren Grundsätzen treu, und beobachten Sie sich und Ihre Umgebung ganz genau. Auf diese Weise können Sie die Widerstände und Blockaden erkennen, die dem Durchbruch Ihrer schöpferischen Fähigkeiten im Wege stehen, und sich entsprechend vorbereiten. Dieses Verhalten zeigt wahre innere Größe und steht in Übereinstimmung mit den gegebenen Umständen.

Linie 2 *Versuchen Sie nicht alleine voranzudrängen, sondern bleiben Sie in Kontakt mit den anderen*

Im vollen Bewußtsein seiner Rechte will man in der eigenen Entwicklung vorankommen. Dies ist natürlich ein ehrenvolles Anliegen. Am Beispiel anderer, gleichgesinnter Menschen können Sie jedoch erkennen, daß sich auf dem vor Ihnen liegenden Weg Hindernisse befinden. Deshalb gilt es, durch Umsichtigkeit und Zurückhaltung, das geeignete Vorgehen zu planen. Vertrauen Sie

Ihrer guten Intuition, und Sie werden die richtige Vorgehensweise erkennen. Bis dahin sollten Sie sich darauf konzentrieren, Ihre zwischenmenschlichen Beziehungen zu festigen, die in Zeiten der Beschränkung ebenfalls zu leiden haben. Sprechen Sie mit Ihren Mitmenschen auf disziplinierte Art und Weise über Ihre Vorstellungen, und zeigen Sie Ihre schöpferische Stärke, um Ihr Ansehen zu verbessern.

Linie 3 *Unterschätzen Sie die vor Ihnen liegenden Widerstände nicht*

Sie haben sich vorgenommen, das vor Ihnen liegende Hindernis gewaltsam zu überwinden. Jedoch haben Sie sich in der Hartnäkkigkeit der Angelegenheit gründlich getäuscht. Sie sollten sich den Umständen entsprechend diplomatisch verhalten, was Ihrem unnachgiebigen Charakter jedoch widerstrebt. Dieses Vorgehen ist sehr unklug, und Sie werden sich unangenehmen, persönlichen Zurechtweisungen unterziehen. Die Fehler, die Sie in diese mißliche Lage gebracht haben, liegen in Ihrem eigenen Benehmen und sollten nicht bei anderen gesucht werden. Wenn Sie auf diese Weise Ihre Mitmenschen weiterhin zu überrumpeln versuchen, um in Ihrer eigenen Entwicklung nach oben zu kommen, werden Sie in äußerst unangenehme Situationen verwickelt, die zu streitigen Auseinandersetzungen führen. Wie wollen Sie Ihren kreativen Fähigkeiten glaubhaft Ausdruck verleihen, wenn Sie sich solchermaßen unbeliebt machen? Innere Stärke braucht äußere Bereitschaft, um zur vollen Geltung zu kommen. Dies können Sie bei Ihrem Verhalten allerdings nicht erwarten. Besinnen Sie sich auf das rechte Maß, und Sie werden zu Ihrem Kraftzentrum zurückfinden. Wenn man, wie Sie es tun, alles und jeden im eigenen Sinne zu beeinflussen und zu kontrollieren versucht, verfehlt man seine Aufgabe, dauerhaften Fortschritt zu erzielen.

Linie 4 *Seien Sie ehrlich bemüht, und folgen Sie den Signalen des Herzens*

Es ist keine leichte Aufgabe, starke und vorwärtsdrängende Kräfte so zu lenken, daß Sie einem vertrauen. Man wird mit Vorurteilen und Mißtrauen konfrontiert, und selbst härtere Auseinandersetzungen sind zu befürchten. Ist man jedoch ehrlich bemüht, seiner inneren Wahrhaftigkeit Ausdruck zu verleihen werden einem auch die schwer zu Beeinflussenden ihr Vertrauen schenken. Alle Befürchtungen oder ablehnenden Widerstände werden sich auflösen.

Auch bei der Zähmung der überaktiven Kräfte innerhalb der eigenen Person ist es gut, wenn man auf seine Herzensqualitäten vertraut, so daß man sich selbst vor streßbedingter Überforderung schützen kann.

Linie 5 *Die vertrauenswürdige und starke Kraft Ihrer Autorität schafft Verbundenheit*

Ihre Zuverlässigkeit und Ihre brillanten Fähigkeiten haben zu einer treuen und hingebungsvollen Ergebenheit der anderen geführt. Die Kraft der inneren Wahrheit ist so stark, daß sie die Menschen in ihrem ganzen Wesen positiv beeinflußt. Dies schafft feste und von Herzen kommende Verbundenheit in gegenseitiger Ergänzung. Die Führungsrolle, zu deren Verwirklichung Sie hart an sich gearbeitet haben, wird nun von allen neidlos anerkannt. Wenn Sie Ihre Erfolge und Ihren ganzen Erfahrungsschatz mit den Menschen teilen, werden Sie ein hohes Ansehen erlangen. Die Freude, die aus solcher Verbundenheit entsteht, setzt wahre Entwicklung in Gang. Das Erreichen des hohen Zieles wird hier in Aussicht gestellt.

Linie 6 *Entspannen Sie sich, und schränken Sie Ihre Aktivitäten ein*

Sie haben Ihr hohes Ziel durch sanften, aber beharrlichen Krafteinsatz erreicht. Wollten Sie nun aber in voller Sicherheit Ihres Erfolges immer weiter voranschreiten, würden Sie einen gefahrvollen Weg beschreiten. Die bereits überwundenen Hindernisse würden durch dieses Verhalten wieder auf Sie aufmerksam und begännen erneut, ihre negativen Kräfte auf Sie zu richten. Bemühen Sie sich deshalb beständig um innere Vollkommenheit, um damit Ihren Charakter und Ihre Stellung zu stärken. Wenn Sie in diesen Bemühungen nachlassen, werden sich die gegnerischen Kräfte erneut durchsetzen und alles, was Sie gewonnen haben, gerät wieder in Bedrängnis. Begnügen Sie sich also zunächst mit dem Erreichten, und stabilisieren Sie Ihre Stellung, indem Sie sich entspannen und Ihre Aktivitäten einschränken.

5 Das Warten

Die Macht des Schicksals

Situation:

Die Verbindung der beiden Prinzipien zeigt die Begegnung und den Umgang mit gefahrvollen und gleichzeitig schicksalsprägenden Situationen, wie sie durch das obere Trigramm (Wasser) *dargestellt sind. In der inneren Gewißheit und starken Überzeugung, daß der Weg zur Überwindung dieser Gefahren sich rechtzeitig eröffnen wird, verbringt man sein Leben in positiver Heiterkeit und sorgt für die Stärkung von Körper* (Linie 4) *und Geist* (Linie 6).

Kommentar:

Der Regen symbolisiert sowohl die befruchtende und beseelende Kraft des Wassers als auch dessen gefährliche und schicksalsgeprägte Eigenschaften. Durch das Zusammenwirken der beiden Prinzipien wird zum Ausdruck gebracht, daß die schöpferischen Himmelskräfte *(UT)* in ihrer aufsteigenden Bewegung auf Gefahren treffen *(OT)*. Diese Gefahren gilt es durch das richtige Verhalten zu überwinden. Zwar sind bereits dicke, schwarze Wolken am Firmament aufgezogen *(schwache Linien)*, aber noch ist die Zeit des fruchtbaren Regens, der allen Wesen Nahrung bringt, nicht gekommen. Der ganz natürlichen Erfüllung dieses „Schicksals" entsprechend, verharrt man deshalb in heiterer Gelassenheit, bis die Gefahren, dargestellt durch den fallenden Regen, vorüber sind. Die Gewißheit, daß sich alles zur rechten Zeit erfüllen wird, ist das sichtbare Zeichen innerer Stärke und Wahrhaftigkeit, die sich vor Gefahr nicht fürchtet, sondern warten kann, bis sie sich wie ein Regenschauer von alleine löst.

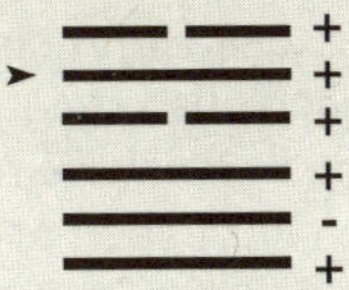

oben: **Das Wasser**

das Abgründige
das Geheimnisvolle
das Hals-Chakra

DIE SEELE

unten: **Der Himmel**

das Schöpferische
die kosmische Kraft
das Kronen-Chakra

DAS GEWAHRSEIN

Charakter:

6 intuitiv
5 überlegt
4 anpassungsfähig

3 eigenmächtig
2 umsichtig
1 standfest

Durch den fallenden Regen, der ein gesteigertes Wachstum in der Natur bewirkt, werden die fruchtbaren Kräfte des Himmels zum Ausdruck gebracht. Das Schöpferische, das nach oben steigt, kommt dem Wasser, das nach unten fällt, entgegen. Beide verbinden sich und bilden die beseelende Kraft, die alles am Leben erhält. Dies ist der natürliche Weg gegenseitiger Anziehung, in der beide Prinzipien ihre Bestimmung finden. Alles Leben ergibt sich dem Schicksal des Wartens, um mit untrüglichem Instinkt die lebenspendende Energie des Wassers zu empfangen

So ist es auch in bestimmten Zeiten der Persönlichkeitsentwicklung wichtig, sich den Schicksalsläufen anzupassen und nicht durch Ungeduld oder übermäßigen Kraftaufwand Widerstand zu leisten. Viel eher gilt es, in vollem Vertrauen auf das Rechte und Gute, geduldig und in heiterer Zuversicht zu verharren, bis sich der Weg zur Überwindung der Hindernisse zeigt. Dieses überlegte und geduldige Erwarten ist verbunden mit der inneren Gewißheit, daß sich die Schicksalsläufe, weil sie den himmlischen Kräften der Vollendung unterliegen, zur rechten Zeit erfüllen werden.

Wo und auf welche Weise das Warten ausgeübt wird, zeigt einen wichtigen Aspekt des seelischen Reifeprozesses. Der fallende Regen *(die seelische Erlösung)*, der für den bereits angelegten *(Schicksals-)* Weg der Persönlichkeit steht, zeigt uns auf welche Weise man diesem entsprechen kann. Noch gibt sich das Schicksal nicht zu erkennen. Deshalb ist das unerschütterliche Vertrauen und die innere Klarheit, mit der man diesem entgegensieht, der richtige Weg zum Gelingen. Diese Sicherheit ist es, die zur Überwindung der vor einem liegenden Gefahren führt. Deshalb verbringt der Edle die Zeit des Wartens in Geselligkeit und heiterer Zuversicht, um seinen Körper und seinen Geist zu stärken, damit er vorbereitet ist, wenn die Zeit sich erfüllt.

Anmerkung:
Die menschliche Seele als schicksalsprägende Kraft ist dargestellt durch das Trigramm des Wassers. Ungreifbar und abgründig geheimnisvoll, offenbart sie sich als Trägerin unseres Lebensauftrages, dessen Erfüllung sich durch das richtigen Verhalten zur rechten Zeit bestimmt. Hier tritt Sie in Verbindung mit dem höheren Selbst des schöpferischen Prinzips, was durch das Trigramm des Himmels symbolisiert wird. Die Übereinstimmung dieser beiden Kräfte zu erlangen, erfordert das Vertrauen und die gleichzeitige Gewißheit, daß man seine Wege erkennt und danach lebt und handelt.

Linie 1 *Lassen Sie sich nicht durch ungewisse Vorahnungen in Aufregung versetzen*

Sie ahnen, daß eine Gefahr auf Sie zukommt, deren Umfang und Auswirkung nicht zu ermessen ist, und lassen sich dadurch in innere Aufregung versetzen. Trotzig gegen etwas anzugehen, dessen Existenz und Charakter sich nur durch Kleinigkeiten und vage Vorahnungen äußert, wäre sehr unklug. Lassen Sie sich nicht beirren, sondern beobachten Sie aufmerksam den Lauf der Dinge. Behalten Sie die Normalität des täglichen Lebens bei, und schonen Sie Ihre Kräfte für spätere Einsätze. Es gibt keinen Grund zu solch gesteigerter Unruhe. Vertrauen Sie Ihren gesunden Empfindungen, und bleiben Sie wachsam.

Linie 2 *Sie werden erfolgreich sein, wenn Sie sich umsichtig und besonnen verhalten*

Um Ihre Ziele zu erreichen sind Sie bereit, auch größere Gefahren auf sich zu nehmen. Dies ist ein Wagnis, das die Mißgunst anderer auf Sie zieht. Man wird sich, aus Unverständnis über Ihr Vorhaben, durch übles Gerede gegen Sie wenden. Verhalten Sie sich ruhig, und lassen Sie sich nicht auf gehaltlose Diskussionen ein. Sie können nicht erwarten, daß die Menschen Ihre risikoreichen Pläne verstehen. Vertrauen Sie deshalb weiterhin Ihren starken schöpferischen Kräften, und warten Sie auf eine zeitgemäße Gelegenheit, Ihre Tat zu vollbringen. Bedenken Sie aber dennoch, daß, wer sich ohne Vorbereitung zu nahe an eine Gefahr heranwagt, leicht von ihr überwältigt wird. Durch dieses besonnene Verhalten wird es sich später erweisen, daß Ihre Pläne zum gewünschten Erfolg gebracht werden können.

Linie 3 *Sie sind in unmittelbarer Nähe der Gefahr. Seien Sie äußerst wachsam*

Anstatt außerhalb der Reichweite der Gefahr zu warten, haben Sie sich in Ihre unmittelbare Umgebung begeben. Befürchtungen und aufkommende Panik haben Sie zu voreiligem Handeln veranlaßt. Ihre Kräfte sind jedoch nicht ausreichend, um die vor Ihnen liegenden Schwierigkeiten in einem Zug zu überwinden. Infolge davon haben sie es nur bis zum Rande dessen geschafft, was Sie überwinden wollten. Durch dieses eigenmächtige und unüberlegte Verhalten haben Sie Ihre Gegner auf sich aufmerksam gemacht. Schutzlos sind Sie deren Angriffen ausgeliefert. Seien Sie äußerst vorsichtig und wachsam, sonst sind auch schwerere Verletzungen nicht auszuschließen.

Achten Sie ganz besonders auf Ihre körperliche Verfassung, die für eine solch gewaltsame Vorgehensweise nicht stark genug ist. Ein Zusammenbruch, durch den Sie handlungsunfähig wären, könnte die Folge sein.

Linie 4 *Durch Anpassung können Sie sich aus der gefährlichen Lage retten*

Es ist, wie wenn Sie in eine tiefe Grube gefallen wären. Sie befinden sich inmitten der größten Schwierigkeiten, und nach allen Richtungen ist Ihnen der Ausweg versperrt. Ihre eigene Kraft reicht nicht aus, um erfolgreich gegen die herrschenden Gefahren anzugehen. Da Sie jedoch nachgiebig genug sind und sich der Situation anzupassen verstehen, können Sie es schaffen, sich aus dieser Lage zu befreien. Für dauerhafte Erfolge kommt es allerdings sehr darauf an, wie Sie es angehen, an Ihren Charakterschwächen zu arbeiten. Diese selbstverschuldete Situation sollte Ihnen gezeigt haben, daß Fortschreiten unweigerlich mit Warten-Können verbunden ist. Wer voreilig zur falschen Zeit nach vorne stürmt, bringt sich in Schwierigkeiten und gefährdet ein gutes Gelingen.

Um zukünftig solch ausweglose Lagen zu verhindern, müssen Sie sich selbst überprüfen und lernen, die Schicksalsläufe, die sich auf dem Weg zu Ihren Zielen zeigen, zu verstehen und durch Handeln zur rechten Zeit in Übereinstimmung mit diesen zu gelangen. Befinden Sie sich erst mitten in der Gefahr, so bleibt nichts anderes übrig, als durch Verharren auf das Ende dieser Zeiten zu warten. Alle Schwierigkeiten lösen sich früher oder später von selbst, aber wenn Sie keine klaren Konsequenzen aus diesem Verhalten ziehen, werden Sie immer wieder in solch ausweglose Situationen hineingeraten.

Linie 5 *Genießen Sie die momentane Ruhe, und handeln Sie erst, wenn die Zeit gekommen ist*

Sie haben sich aus der unmittelbaren Gefahrenzone herausbegeben und können sich nun eine Erholungspause gönnen, die Sie zur allgemeinen Stärkung Ihrer Kräfte nutzen sollten. Verschaffen Sie sich einen Überblick über Ihre Lage, und versuchen Sie sich zu entspannen. Es sollte Ihnen bewußt sein, daß Sie diesen Augenblick der Ruhe zwar genießen können, jedoch das Ziel der Bemühungen nicht aus den Augen verlieren dürfen, um im richtigen

Moment entschlossen zu handeln. Diese Art des Wartens ist ein Zeichen wirklicher innerer Stärke und basiert auf der Gewißheit, daß die angestrebten Ziele erreicht werden können. Erfolgreiches Gelingen ist vom richtigen Handlungszeitpunkt abhängig, weshalb schöpferische Pausen sehr wichtig sind, um sich für die neuen Auseinandersetzungen zu wappnen. Eine klare und überlegene Persönlichkeit weiß, was wann zu tun ist und entspricht dadurch ihrem Schicksal. Dieses reife Verhalten ist die stabile Grundlage für spätere Erfolge.

Linie 6 *Vertrauen Sie Ihren Intuitionen, und Sie werden die richtige Lösung finden*

Sie befinden sich auf dem äußersten Höhepunkt der Gefahr. Die Zeit des Wartens ist vorüber, und auch wenn Sie alles in Ihren Kräften stehende getan und sich richtig verhalten haben, sind die Schwierigkeiten nicht gebannt. Sie sind nahe daran zu verzweifeln, und eine allgemeine Hoffnungslosigkeit breitet sich aus, weil ein Ausweg nicht erkennbar ist. Aus dieser Ergebenheit in die herrschende Situation, kommt die Rettung. „Wenn die Gefahr am größten, ist das Heil am nächsten." Menschen oder Ideen treten in Ihr Leben, denen Sie zunächst Ablehnung entgegenbringen. Vertrauen Sie diesen „ungebetenen Gästen", denn durch sie könnte sich ein Ausweg aus den Gefahren zeigen.

Gemeint sind hier die schöpferischen Geisteskräfte des Himmels, die sich Ihnen durch Eingebungen offenbaren. Auch von außen kann durch Einwirkung Hilfe auf Sie zukommen, die Ihnen Wege und Lösungsmöglichkeiten zeigen kann. Vertrauen Sie diesen Ideen oder Menschen, und Sie werden sehen, daß sich alles zum Guten wenden wird. Sehr oft erkennen wir das richtige Verhalten erst in ausweglos erscheinenden Situationen. Man ist sich seiner Sache zwar sicher, hat aber erkannt, daß man zur eigenen Rettung nichts mehr tun kann als abzuwarten. Erst durch diese völlige Loslösung und innere Gewißheit des Rechten geben sich die heilbringenden Kräfte zu erkennen, und eine echte Wendung tritt ein.

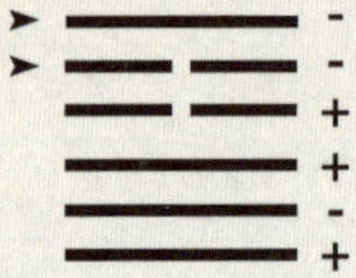

oben: **Der Berg**

das Stillehalten
die Beharrlichkeit
das Herz-Chakra

DER KÖRPER

unten: **Der Himmel**

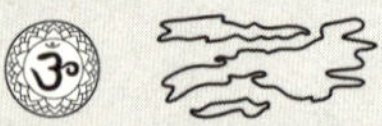

das Schöpferische
die kosmische Kraft
das Kronen-Chakra

DAS GEWAHRSEIN

Charakter:

6 weise
5 gewissenhaft
4 besonnen

3 wahrhaftig
2 selbstbeherrscht
1 hektisch

26 DES GROSSEN ZÄHMUNGSKRAFT

DIE GEISTIGE BEREICHERUNG

Situation:

Die dynamischen Kräfte des Himmels treffen in Ihrer aufwärtssteigenden und vorwärtsdrängenden Bewegung auf die bezähmende Beharrlichkeit, wie sie durch das obere Trigramm des Berges dargestellt wird. Eine Energiekonzentration durch Ansammlung findet statt. Diese angehäufte innere Kraft kommt zum gezielten Einsatz, weil sie durch die höheren Bereiche (Linie 6) verfeinert und gelenkt wird.

Kommentar:

Das Sammeln und Kanalisieren starker und vorwärtsdrängender Kräfte führt zu tiefen Reifungsprozessen innerhalb der Persönlichkeit und kann bei allen zielgerichteten Handlungen von ausschlaggebender Bedeutung sein. Große Erfolge, wie sie durch kontrollierten Krafteinsatz errungen werden, sind das Ergebnis eines ausgeglichenen Verhaltens von Engagement und Zurückhaltung. Nicht das Ziel als solches steht im Vordergrund, sondern der Weg, der dorthin führt. Obwohl die Hemmung starker und vorwärtsdrängender Kräfte oft als hinderlich, ja sogar als frustrierend empfunden wird, ist dieser Vorgang die wichtigste Grundlage höherer Reifungsprozesse.

Erst durch das Anreichern oder „Schwängern" der unkultivierten Kräfte mit allgemeinem Wissen, der Auseinandersetzung mit Worten *(philosophische Erkenntnisse)* und Taten *(historische Ereignisse)* der Menschheitsgeschichte sowie das bewußte Verwerten der eigenen Lebenserfahrungen kann die Schwelle bloßer Triebhaftigkeit überschritten und eine Verfeinerung durch Vergeistigung erreicht werden. Der Mensch erhält Format.

Gerade der innere Erfahrungsschatz der Gefühlswelt erweist sich dabei als Quelle der Kraft, die zur Individualisierung des angelernten Wissens sowie zur Stärkung der eigenen Haltung eingesetzt werden kann. Gelingt es, dieses potentielle Wissen in Übereinstimmung mit der eigenen Seele zu bringen und in das aktive Leben zu integrieren, dann ist man auf dem Weg, den dornenreichen Pfad der Selbstfindung zu überschreiten. Das Resultat dieses langen Entwicklungsprozesses ist die gereifte und strahlende Persönlichkeit *(Linie 5)* von Format, die im besten Falle *(Linie 6)* Zugang zu den „Schätzen des Himmels" erhält.

Spirituelles Wachstum auf der einen Seite, aber auch materielle Erfolge in der Außenwelt, können durch den gezielten Einsatz dieser gereiften Energiereserven erreicht werden. Hält man die angesammelte, aktive Kraft jedoch gewaltsam zurück, so führt dies zu starkem innerem Druck und in Folge davon zu unkontrollierten Gefühlszusammenbrüchen. Jede überzogene Kraftansammlung, die sich nicht durch bewußte Aktivität verwirklichen kann, richtet sich gegen die eigene Person und erzeugt große Unruhezustände.

Linie 1 *Lassen Sie sich nicht bedrängen, sondern verweilen Sie auf Ihrem Platz*

Auch wenn Sie sich durch die angesammelten Kräfte ermutigt und stark genug fühlen, um mächtig voranzuschreiten, sollten Sie unbedingt auf Ihrem Platz verweilen. Sie könnten durch Mächte außerhalb Ihres Einflußbereiches abrupt zurückgehalten werden. Angesichts dieser Behinderungen wäre es von Vorteil, wenn Sie innehalten und warten, anstatt gegen Widerstände anzugehen, die Sie in die Schranken verweisen. Auch wenn es Sie drängt, etwas zu tun und voranzuschreiten, ist Ihr Wirkungsfeld zum jetzigen Zeitpunkt nicht zu erweitern. Arbeiten Sie statt dessen weiter an der Vervollkommnung Ihrer eigenen Person, und der richtige Zeitpunkt für den Einsatz Ihrer angesammelten Energie wird kommen. Diese Zurückweisung hektischer und rücksichtsloser Aktivität dient der charakterlichen Verfeinerung des Wesens und wird Ihnen später zugute kommen.

Linie 2 *Bewahren Sie Ihre Selbstbeherrschung, und gehen Sie keine Wagnisse ein*

Wer voranschreiten will, muß beweglich sein. Es ist, wie wenn Ihr Fortbewegungsmittel auseinandergefallen wäre oder Ihre Beine den Dienst versagten. Unter diesen Umständen ist ein weiteres Vorankommen nicht mehr möglich. Fügen Sie sich diesen Tatsachen, und vermeiden Sie weitere Konflikte, indem Sie sich der Situation anpassen und im Hintergrund bleiben. Durch Ihre klare Verstandeskraft wird zwar ein starker Wille erzeugt, der sich aber nicht in Übereinstimmung mit der schwachen Präsenz Ihrer Person befindet. Ein bloßer Einsatz der Willenskräfte wäre ein Wagnis, das Ihr angesammeltes Energiepotential erschöpfen würde. Durch diese Selbstbeschränkung wächst Ihre Kraft, die Sie für späteren, energischen Fortschritt benötigen.

Linie 3 *Bleiben Sie Ihren eigenen Zielen treu*

Die Hemmnisse weichen, und der bis jetzt behinderte Weg beginnt sich zu öffnen. Die Kraft Ihrer Persönlichkeit bewirkt, daß andere Menschen sich mit Ihnen verbinden. Bauen Sie aber nicht zu sehr auf das Vertrauen gegenüber Ihren Helfern, sondern bleiben Sie Ihren hohen Zielen der Vervollkommnung dessen, was Sie erreichen wollen, treu. Bauen Sie auf Ihre schöpferischen Kräfte und Ihr gutes Einfühlungsvermögen, und Sie werden ungehindert vorankommen. Trotzdem sollten Sie Ihren eingeschlagenen Kurs wachsam überprüfen, um nicht etwa verborgene Gegner zu übersehen. Wenn Sie sich in dieser Richtung korrekt verhalten und Ihre Kräfte sinnvoll zum Einsatz bringen, können Sie sehr viel erreichen.

Linie 4 *Verfeinern Sie Ihre angesammelten Energien*

Sie müssen Ihre starken und vorwärtsdrängenden Triebkräfte hemmen, um unnötigen Konfrontationen auszuweichen. Diese disziplinarischen Maßnahmen dienen letztendlich Ihrem kultivierten Auftreten und verhindern einen fehlgeleiteten und frühzeitigen Krafteinsatz, der erheblichen Schaden anrichten könnte. Auch die Verantwortungen, die in Ihrem äußeren Wirkungsbereich auf Ihnen liegen, erfordern einen gezielten Krafteinsatz. Wenn Sie ein hohes Amt begleiten, werden Sie damit beschäftigt sein, Machtbestrebungen und intrigantes Verhalten Ihrer Mitarbeiter diplomatisch zu unterbinden. Ihre eigenen Erfahrungen, sowie die Erfahrungen im

Umgang mit Menschen, werden Ihnen behilflich sein, diese Situationen zu meistern. Der Erfolg für Ihre ganzen Anstrengungen ist Ihnen sicher.

Linie 5 *Lenken Sie Ihre ungestümen Kräfte in eine positive Richtung*

Jetzt gilt es, die Ursachen des ungestümem Vorandrängens in der eigenen Person zu beseitigen. Gehen Sie dabei gewissenhaft und umsichtig vor, und vermeiden Sie gewaltsame Unterdrückungsmaßnahmen. Es sind die niederen Instinkte und Triebe, die ihre Machtansprüche geltend machen. Diese gilt es zu beschneiden, um ihre Wildheit unter Kontrolle zu bringen. Wer den Himmelsweg erlangen will, muß seinen triebhaften Dschungel kultivieren und urbar machen. In diesem Fall ist das Eindämmen und Kanalisieren der starken Vitalkräfte das richtige Mittel, das einem genußgierigen Auskosten Ihrer Stellung entgegenwirken kann und die Seele vor dauerhaftem Schaden bewahrt. Auch die Besitzgier und Herrschsucht der Menschen allgemein, kann durch klare Richtlinien und überzeugende Konzepte in eine positive Richtung gelenkt werden. Bleiben Sie in Ihren Bestrebungen beharrlich, und nutzen Sie Ihre gute Intuition, damit die unkontrollierten Kräfte zum gezielten Einsatz kommen, und Sie werden Ihr Ziel erreichen.

Linie 6 *Der Meister des Himmelsweges gestaltet die Welt*

Der Herr des Berges, wie er durch den oberen starken Yang-Strich dargestellt wird, hat alle Hemmnisse überwunden. Er ist den Weg der Läuterung gegangen, und durch seine große angesammelte Kraft ist er imstande, „selbst den Sternen zu befehlen". Der Meister des Himmelsweges kennt die Gesetze des Universums und kann diese zum Wohle der Menschheit zum Einsatz bringen. Ein Charakter mit hoher und edler Gesinnung, geformt und entwickelt durch jahrelange Einweihung und Schulung in die kosmischen Gesetze, wird nun in die Welt hinaus entlassen, um an ihrer Gestaltung mitzuwirken. Sein dynamischer Mut ist das Ergebnis konzentrierter und hochentwickelter Geisteskräfte, die ihm den Weg in alle Himmelsrichtungen öffnen.

11 Der Friede

Der Himmel auf Erden

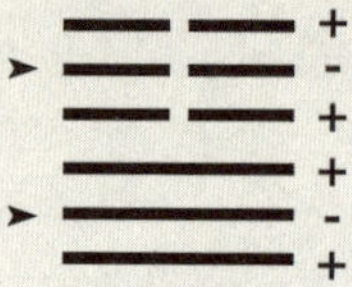

oben: **Die Erde**

das Empfangende
die Hingabe
die Materialisation

DAS WOLLEN

unten: **Der Himmel**

 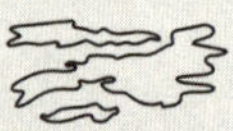

das Schöpferische
die kosmische Kraft
das Kronen-Chakra

DAS GEWAHRSEIN

Charakter:

6 geistig labil
5 bescheiden
4 einfühlsam

3 grundsatztreu
2 aufrichtig
1 standhaft

Situation:

Die Vereinigung von Himmel und Erde steht im Zeichen des Hexagramms 11 exemplarisch für die Harmonie des männlichen und des weiblichen Prinzips. Diese natürliche und ausgleichende Verbindung bewirkt in allen Lebens- und Bewußtseinsbereichen einen harmonischen Entwicklungsprozeß.

Kommentar:

Die Zeit des Himmels auf Erden, entsteht durch die harmonische Verschmelzung des Schöpferischen und des Empfangenden und begünstigt allgemeine Wachstumsprozesse. Sowohl in der Natur als auch bei der Persönlichkeitsentwicklung, bewirkt das ausgeglichene Zusammenspiel dieser beiden Kräfte eine Zeit der Erneuerung und Reifung. Das Starke hilft hier dem Schwachen, und das Schwache ist zur Zusammenarbeit bereit. Durch diese harmonische Übereinstimmung entsteht Einheit und Frieden in den äußeren und inneren Lebensbereichen. Menschen, die ein Gleichgeweicht dieser beiden Anteile in sich ausgebildet haben, werden zu weisen und edelmütigen Führern der Menschheit.

Gesellschaftspolitische und zwischenmenschliche Diskrepanzen nehmen nun ein Ende. Neue Beziehungen entstehen, Friedensprozesse, denen lange und zähe Verhandlungen vorausgegangen waren, finden in dieser unvoreingenommenen Atmosphäre einen harmonischen Abschluß. Gegenseitiger Neid und Mißgunst können überwunden werden, eine Zeit des ausgeglichenen Gebens und Nehmens beginnt.

Wer sich durch Hingabe dafür einsetzt, den Geist des Himmels auf die Erde zu bringen, schafft Frieden und Wohlstand für die Allgemeinheit. Neue Ideen und deren Umsetzung stoßen auf die Zustimmung in allen Teilen der Gesellschaft. Sowohl in geschäftlichen als auch in privaten Unternehmungen führt eine konstruktive Zusammenarbeit zu gegenseitigen Erfolgen und großen Gewinnen für alle Beteiligten. Zeiten, in denen der Himmel auf Erden herrscht, sind durchdrungen vom Geist der Wahrhaftigkeit. Fast mühelos können marode Strukturen erneuert werden. Lange unterdrückte innere Wahrheiten drängen sich ins Bewußtsein und lösen eine beeindruckende Persönlichkeitsentwicklung aus.

Die Ruhe, die sich nach außen zeigt, ist das Ergebnis eines harmonischen Energiegleichgewichtes im Innern *(UKT See/OKT Donner)*. Kreativität und Hingabe, Gerechtigkeit und Liebe, äußere Ruhe und innere Stärke; erst durch das Zusammenwirken dieser sich ergänzenden Kräfte werden die Grundlagen bedingungsloser Akzeptanz und All-Liebe geschaffen. Sowohl die harmonische Partnerschaft zwischen Mann und Frau als auch das Gleichgewicht der männlichen und weiblichen Anteile in allen Menschen *(Yin und Yang)* sind die Basis für Harmonie, natürliches Wachstum und letztendlich für den Frieden der Welt.

Linie 1 *Sie treffen auf Gleichgesinnte, die sich voller Begeisterung mit Ihnen zusammentun*

Zieht man einen Wurzelstock aus der Erde, folgen ganz automatisch viele schwächere Triebe nach. So ist es auch mit einem Tüchtigen, der in die Welt hinauszieht, um etwas zu leisten. Da er in seinen ganzen Bemühungen auf das Wohlergehen und die sozialen Belange der Menschen ausgerichtet ist, fühlen sie sich ganz natürlich zu ihm hingezogen. Ganz allgemein wird ihm ein inniges Vertrauen entgegengebracht, und man ist gerne zur Zusammenarbeit bereit. Seine edle Gesinnung und seine hohen Ziele, von denen er ganz durchdrungen ist, bringen ihm Ruhm und Ansehen.

Als äußeres Zeichen seiner inneren Harmonie wird er von einem Freundes- und Menschenkreis umgeben, der ebenso an der Entfaltung kultureller Blütezeiten arbeitet und eine harmonische Stütze für ihn ist. Trotz dieser glücklichen Umstände muß er sich immerzu bewußt sein, welche große Verantwortung durch eine solche Stellung auf ihm lastet.

Linie 2 *Vorurteilsloses Verhalten fördert die Chancengleichheit*

Aufrichtigkeit und Neutralität in Ihrem Verhalten gegenüber den Menschen können verhindern, daß sich eine Parteienschaft gleichgesinnter Charaktere bildet, die einer unvoreingenommen Verbundenheit mit allen Menschen im Wege steht. Gerade das Wissen und die Erfahrung, daß alle Wesen im Schöpfungsplan ihre Bestimmung haben und deshalb ohne Vorurteile mit in Ihre Unternehmungen einbezogen werden sollten, ist eine der Grundlagen zur Entwicklung des Friedens in der Welt. Auf diese Weise stehen die Eigenschaften des Dienens und des Herrschens im Gleichgewicht und führen nicht zu egoistischen Auseinandersetzungen, wie sie sehr oft zwischen Menschen hoher und niedriger Stellungen gefördert werden. Vermeiden Sie also jede Handlung, die zu Instabilitäten in Ihren zwischenmenschlichen Beziehungen führen könnte. Im Bewußtsein dieses ausgeglichenen Verhaltens können Sie nun voranschreiten und Ihre Pläne verwirklichen.

Linie 3 *Bleiben Sie in Ihrer inneren Harmonie, auch wenn die Dinge sich verändern*

Ein Wendepunkt tritt ein. Die irdischen Gesetze der Wandlung beginnen sich zu zeigen. Was zuvor im Aufstieg und Wachstum begriffen war, beginnt nun abzunehmen. Sie müssen verstehen, daß es kein unbegrenztes Gedeihen gibt und daß auf jeden Höhepunkt der Abstieg folgt. Dieses Bestreben nach Ausgleich können Sie in jedem lebenden Organismus beobachten. Auch der Friede kann, wenn er wie hier den Zenit seiner Entwicklung überschritten hat, gestört werden. Dies ist ein natürlicher Vorgang und sollte Sie nicht aus der Ruhe bringen. Seien Sie aber vorausschauend in bezug auf nahende Veränderungen oder negative Einflüsse, und Sie können eventuelle Verhaltensfehler vermeiden. Bleiben Sie Ihren Grundsätzen treu, und lassen Sie sich nicht durch äußere Stimmungen beirren. Auch unter schwierigen Umständen sind Sie damit in der Lage, den inneren und äußeren Frieden zu bewahren. Geben Sie den negativen Einflüssen allgemein keinen Handlungsspielraum, sondern bleiben Sie in der Kraft Ihrer inneren Wirklichkeit. Wer sich auch unter schwierigen Bedingungen nicht beirren läßt, sondern seinen Grundsätzen treu bleibt, kann ohne Sorge sein Glück genießen.

Linie 4 *Bewahren Sie Ihre innere Ruhe, und gehen Sie den Menschen entgegen*

Sie sind in Bereiche eingedrungen oder mit Menschen zusammengekommen, mit denen Sie zuvor nicht direkt zu tun hatten. Jedoch stellen Sie fest, daß die Ideen und die wahrhaftige Gesinnung der Ihrigen entspricht. Da es sich jetzt um Zeiten des gegenseitigen Vertrauens handelt, kann sich daraus eine echte Gefühlsübereinstimmung entwickeln. Sie befinden sich jedoch in der Position des Schwächeren, deshalb ist Ihr korrektes Verhalten entscheidend für das weitere Gelingen. Wenn Sie innerlich rein bleiben und Ihren Überzeugungen fest vertrauen, werden daraus glückliche Verbindungen entstehen.

Linie 5 *Entgegenkommendes Verhalten bewirkt harmonische Zusammenarbeit*

„Wer wahrhaftig herrschen will, muß dienen." Wenn Sie sich diese Weisheit zu Herzen nehmen, indem Sie Bereitschaft zeigen, anderen Menschen entgegenzukommen und ihnen Kompetenzen und Verantwortung zu übertragen, verhalten Sie sich ganz neutral, sowohl höher stehenden Menschen als auch den Ihnen geistig verwandten gegenüber. Versuchen Sie also, sich den Bedürfnissen Ihrer Umgebung anzupassen. Auf diese Weise vereinigen sich Kraft und Weichheit zu einem ausgewogenen Energiegleichgewicht, aus dem sich harmonische, friedvolle Partnerschaften und erfolgreiche Geschäftsverbindungen entwickeln. Durch dieses unparteiische Verhalten können Sie unbehindert Ihre Ziele erreichen.

Inhaltlich wird hier die Anpassungsfähigkeit zur Vermeidung von Unstimmigkeiten gezeigt, die wesentlich zum inneren und äußeren Frieden beiträgt.

Linie 6 *Durch Ihre Labilität können Sie den Zeitansprüchen nicht gerecht werden und erleiden Verluste*

Sie sind in Ihren Bemühungen, Verhältnisse des Friedens zu schaffen, nachlässig und unachtsam geworden. Trotz Ihrer scheinbaren Bemühungen ist es Ihnen nicht gelungen, sich den sich verändernden Zeiten anzupassen und Ihre Fähigkeiten entsprechend einzusetzen. Die Gefahren äußeren Unfriedens liegen in der eigenen Person begründet. Sie haben es ganz einfach versäumt, Ihre Kenntnisse und Begabungen richtig einzusetzen. Das ist der Grund, weshalb Ihre Botschaften jetzt auf Unverständnis stoßen. Wenn Sie trotz allem weiterhin versuchen, Ordnung zu schaffen, wird man Sie demütigen. Es ist an der Zeit, Ihren eigenen Charakter zu überprüfen. Wer Frieden schaffen will, braucht selbst innere Harmonie. Nehmen Sie sich deshalb zurück, und versuchen Sie nicht, etwas gewaltsam zu erzwingen. Gewalttätigkeit nach außen und gegen sich selbst ist kein Weg, Frieden zu erlangen. Wenden Sie sich statt dessen Ihrer Familie und Ihrem Freundeskreis zu, und versuchen Sie, den Frieden im Kleinen zu stabilisieren.

2. *Die acht Pfade der Hingabe*

Das Wollen

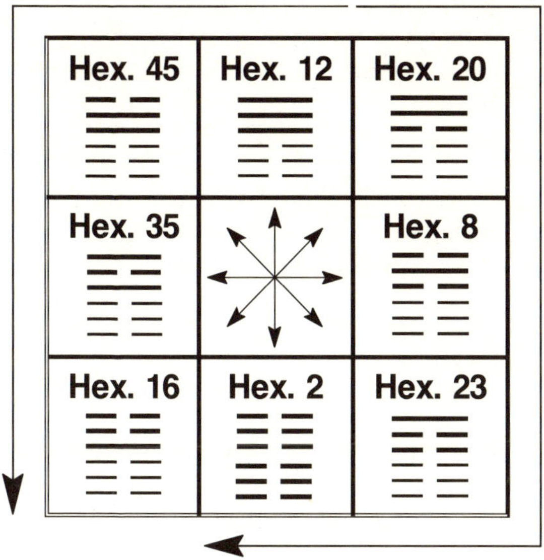

Ursprungszeichen:
Hexagramm 2: *Die Erde – das Empfangende*

Das Wollen, die Materialisation aller Energien
Die unvoreingenommene Hingabe

Alle Hexagramme des „Hauses der acht irdischen Pfade" haben das Trigramm der Erde als Grundlage. Sie ist das Urbild der Hingabe und der uneingeschränkten Offenheit, das reine Yin und mütterlich Weiche, das Wollen. Sie ist die Form und das Zeichen für Reife und natürliche Sparsamkeit. Kun – die Erde – symbolisiert sowohl das Weibliche an sich als auch die weiblichen Aspekte in allem lebenden Sein. Alles Schöpferische, jeder Neubeginn erfordert sowohl die Unvoreingenommenheit, Neues anzunehmen als auch die Bereitschaft, neue Wege zu gehen.

Erst durch den harmonischem Einklang beider Prinzipien lebt der Mensch aus und in seinem Kräfte-Zentrum, im harmonischen Einklang mit Yin und Yang.

Wandlung durch Veränderung der oberen Zeichen

☰ oben: **Der Himmel** – das Erneuernde, das Kronen-Chakra
Hexagramm 12 – Die Stockung
das mangelnde Einvernehmen

☱ oben: **Der See** – das Heitere, das Solarplexus-Chakra
Hexagramm 45 – Die Sammlung
die freudige Bereitschaft

☲ oben: **Das Feuer** – die Klarheit, das Sakral-Chakra
Hexagramm 35 – Der Fortschritt
die lichtvollen Erkenntnisse

☳ oben: **Der Donner** – das Impulsive, das Stirn-Chakra
Hexagramm 16 – Die Begeisterung
die harmonische Übereinstimmung

☴ oben: **Der Wind** – das Bewegende, das Wurzel-Chakra
Hexagramm 20 – Die Betrachtung
die spirituelle Vervollkommnung

☵ oben: **Das Wasser** – das Abgründige, das Hals-Chakra
Hexagramm 8 – Das Zusammenhalten
die fruchtbare Vereinigung

☶ oben: **Der Berg** – das Bewahrende, das Herz-Chakra
Hexagramm 23 – Die Zersplitterung
der sittliche Zerfall

12 Die Stockung

Das mangelnde Einvernehmen

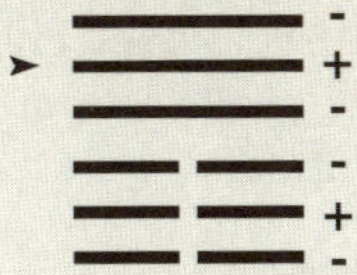

oben: **Der Himmel**

das Schöpferische
die kosmische Kraft
das Kronen-Chakra

DAS GEWAHRSEIN

unten: **Die Erde**

das Empfangende
die Hingabe
die Materialisation

DAS WOLLEN

Charakter:

6 idealistisch
5 selbstbewußt
4 besonnen

3 beschämt
2 anpassungsfähig
1 zurückhaltend

Situation:

Die Erde, deren Eigenschaft die Hingabe ist, befindet sich unter dem Zeichen des Schöpferischen, dessen Kraft nach oben strebt. Beide Urprinzipien befinden sich im Gegensatz und streben auseinander, weshalb keine fruchtbare Einwirkung erreicht werden kann.

Kommentar:

Schwäche im Innern *(UT Erde)* und Stärke im Äußeren *(OT Himmel)* bedeutet, daß an sich positive Eigenschaften und innere Werte zugunsten äußerer Kraftprahlereien zurückgedrängt werden. Die Gemeinen steigen auf und versuchen, den Platz der Edlen einzunehmen. Es besteht ein Mangel an gegenseitigem Einvernehmen, so daß jede kreative Entwicklung zum Erliegen kommt. Sei es im öffentlichen, beruflichen oder im privaten Leben – überall herrschen Mißverständnisse und gegenseitige Ablehnung. Für den Edlen, der das Rechte will und es gut meint, ist dies eine sehr ungünstige Zeit des Wirkens.

Mehr und mehr werden einflußreiche Positionen von Menschen mit niedriger Gesinnung besetzt. Unter solchen Verhältnissen ist eine sinnvolle und brauchbare Kommunikation nahezu unmöglich. Der Edle, der sich von dem Treiben der Gemeinen fernhalten will und nicht nach äußerer Anerkennung und Glanz trachtet, wahrt seine guten Eigenschaften, indem er sich in die Verborgenheit zurückzieht.

Innerhalb der Persönlichkeitsstruktur nehmen im Hexagramm 12 die negativen Eigenschaften wie Geltungsdrang, Machtwille, Neid und Eifersucht das Ruder in die Hand und verdrängen die edlen Qualitäten höherer Kräfte. Einer natürlichen Gesetzmäßigkeit entsprechend kann das Niedere aber niemals aus sich selbst heraus bestehen und wird letztendlich vom Guten überwunden.

Linie 1 *Nachgiebigkeit bringt Erfolg*

In Zeiten, in denen ein Wirken ohne Aufgabe der inneren Werte nicht mehr möglich ist, sollten sie sich mit den anderen Gleichgesinnten aus der Öffentlichkeit zurückziehen. Durch dieses Verhalten schützen Sie Ihre Persönlichkeit vor beschämenden Auseinandersetzungen und können sich gleichzeitig in der Verborgenheit, zusammen mit ihren Gefährten, den zukünftigen Aufgaben einer gerechteren Sache widmen. Diese Nachgiebigkeit durch rechtzeitigen Rückzug bringt ihnen späteren Erfolg im höheren Sinne.

Linie 2 *Stärkung der inneren Grundsätze schützt vor Fehlern*

Auch wenn die Gemeinen in der Mehrzahl sind, bleibt der Edle doch standhaft seinen Grundsätzen treu und paßt sich den Umständen durch Zurückhaltung an. Er kann dem Treiben nur zuschauen, aber nicht einschreiten. Durch seine integre Art gelingt es ihm jedoch, die Rechtschaffenen auf seine Seite zu ziehen, wodurch seine inneren Grundsätze gestärkt werden.

Linie 3 *Beschämung führt zur Besserung*

Der Geringe wird sich seiner fragwürdigen Methoden und üblen Absichten bewußt und fühlt, daß er sich zu unrecht in einer verantwortungsvollen Position befindet. Er schämt sich im stillen und bedauert diese Irrtümer. Wenn auch noch keine echte Wendung nach außen sichtbar ist, so führt diese Erkenntnis dennoch zur Besserung.

Linie 4 *Handeln Sie im Einklang mit den Gesetzen des Himmels*

Eine umsichtige Persönlichkeit, die im Einklang mit den kosmischen Gesetzen handelt, ist dazu berufen, wieder Ordnung und Fortschritt in die Stockungsverhältnisse zu bringen. Jedoch gilt es, sich nicht als bloßer Anführer aufzudrängen, sondern in allem Tun seine Übereinstimmung mit den höheren Kräften zu wahren.

Linie 5 *Indem man auseinanderstrebende Kräfte zusammenhält, festigt man seinen Erfolg*

Alle Mißgeschicke neigen sich dem Ende zu. Ein selbstbewußter Mensch mit großen Fähigkeiten setzt sich durch und schaffte eine neue Ordnung des Friedens. Noch immer drohen jedoch große Gefahren und man sollte vorsichtig sein, seine Kräfte und Fähigkeiten zusammenzuhalten. Um den errungenen Erfolg zu sichern ist es richtig, bewährte und zuverlässige Mitarbeiter durch gemeinsame Anstrengungen an sich zu binden. Damit ist es möglich, den Erfolg zu festigen und eine stabile Grundlage für die neuen Friedenszeiten zu schaffen.

Linie 6 *Die starke Kraft hoher Ideale verhindert eine neue Stockungszeit*

Der Zyklus der Stockungszeiten geht zu Ende. Nun zeigen sich neue Möglichkeiten, wieder Zeiten des Fortschritts und des Friedens zu schaffen. Die starke Kraft hoher Ideale übernimmt das Zepter und führt das Ende niedriger Zeiten herbei. Dies geschieht allerdings nicht von alleine, sondern ist verbunden mit Anstrengung und Energieeinsatz, so daß die neue Ordnung auch gesichert und bewahrt werden kann.

45 Die Sammlung
Die freudige Bereitschaft

Situation:

Anders als beim Hexagramm 8, wo das Wasser seine fruchtbare Essenz über die Erde vergießt und dadurch neues Leben erweckt, ist es hier das tiefe Meer, das als Sammelbecken des Wassers seine Kraft potenziert. Aus allen Richtungen strömt es zusammen, um sich dort zu sammeln.

Kommentar:

Die große und tiefe Wasserfläche des Sees *(Welt der Gefühle)* symbolisiert Wahrhaftigkeit und Charakterstärke, das Trigramm der Erde die Menschen, die herbeiströmen, um sich für gemeinsame Ziele zu versammeln. Um dieser Aufgabe, der Vereinigung von Menschen, gerecht zu werden, bedarf es der Kraft innerer Wahrheit, verbunden mit der freudigen Hingabe an die Sache. Nur starke, in sich gefestigte Persönlichkeiten können solche Bedingungen erfüllen. Selbstüberprüfung und klare Kenntnisse der Ziele und deren Verwirklichung sind die Anforderungen, die bei der Ausführung sozial verbindender Aufgaben erfüllt werden müssen. Wer als Quell der Ernährung viele Menschen um sich versammelt, muß sich dabei auf höhere Wahrheiten berufen und jegliches egoistische Aufbegehren von vornherein erkennen und ausschalten. Auf welche menschlichen Bereiche dieser Magnetismus auch immer seine Anwendung findet, es bedarf dreier Faktoren, die zur Einigung größerer Gemeinschaften nötig sind: die religiös-spirituellen Kräfte *(innere Wahrheit)*, das soziale Interesse und die Hingabe an die Sache.

Auch bei der Ausbildung der eigenen Persönlichkeit bedarf es bestimmter bewußt-

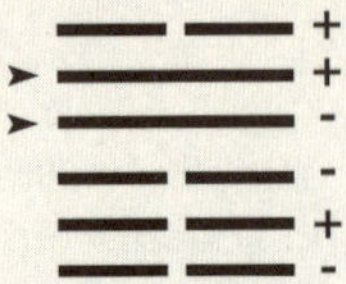

oben: **Der See**

das Heitere
die innere Wahrheit
das Solarplexus-Chakra

DAS FÜHLEN

unten: **Die Erde**

das Empfangende
die Hingabe
die Materialisation

DAS WOLLEN

Charakter:

6 weise
5 beständig
4 uneigennützig

3 unzufrieden
2 kommunikativ
1 beeinflußbar

seinsprägender Eigenschaften, um in sich selbst Sammlung zu verwirklichen. Dies wird im strukturellen Aufbau der beiden Trigramme See und Erde sehr gut dargestellt. Die fünfte Linie, die seelische Tiefe einer in sich gefestigten Autorität symbolisiert, wird unterstützt von der Linie der sozialen Bewußtheit. Das einheitliche Zusammenwirken dieser beiden Kräfte, verbunden mit der freudigen Bereitschaft, bildet die Grundlage einer bewußtseins- und menschenverbindenden Zielsetzung.

Sozialpolitisch betrachtet finden sich diese vereinigenden Kräfte in der Person eines Staatsoberhauptes mit hohen ideellen Ansprüchen und seiner rechten Hand, der als Minister des Sozialwesens *(vierte Linie)*, Herzlichkeit und wahrhaftiges soziales Engagement zeigt, wieder. Diese moralische Kraft ist es, die einer Zerstreuung entgegenwirkt und die Bereitschaft der Menschen zur Vereinigung und gegenseitiger Hilfe fördert. Liegt den Worten und Taten eine innere Wahrheit zugrunde, so werden selbst größere Opfer gern erbracht, um das gemeinsame Ziel zu erreichen.

Linie 1 *Wenn Sie aufrichtigen Anschluß suchen, sollten Sie um Hilfe bitten, die Ihnen auch gewährt wird*

Es besteht ein aufrichtiges Verlangen, sich einem Menschen anzuschließen, den man bewundert und dessen Grundsätze man sich zu eigen machen will. Jedoch wird dieses Vorhaben durch negative Einflüsse der Umgebung erschwert. Auch andere, die bereits vor einem sind, wollen in den Kreis der Gemeinschaft dieses Menschen gelangen. Man ist verunsichert, ergreift aber dann die Initiative und erbittet Hilfe, die einem auch gewährt wird.

Normalerweise bietet die vierte Linie der sozialen Belange der ersten Linie ihre Hilfe an. Dies wird jedoch in der bestehenden Konstellation durch zwei weitere um Hilfe bittende schwache Linien erschwert. Ein schwieriger und instabiler Ausgangspunkt, der nur dadurch geändert werden kann, daß man selbst die Initiative ergreift und um direkte Hilfe *(sozialen Beistand)* bittet, damit man Aufnahme findet.

Linie 2 *Zwanglose Vereinigung ist die beste Voraussetzung für harmonische Übereinstimmung*

Bleiben Sie unvoreingenommen, was den Anschluß an eine Gemeinschaft und deren Leitung betrifft. Übergeordnete Kräfte sind am wirken und führen die zueinander passenden Menschen zusammen. Diesen Anziehungskräften sollten Sie nachgeben, auch wenn Sie im ersten Moment glauben, es sei nicht das Richtige. Was ganz zwanglos durch innere Übereinstimmung zusammenkommt, erfüllt die beste Voraussetzung zur Bildung einer harmonischen Gemeinschaft mit gemeinsamen Zielen. Selbst wenn sie nicht die oberste Position einnehmen, so können sie doch einen beachtlichen Beitrag zum Aufbau und der Erweiterung des Gruppengeschehens leisten. Indem sie auf diese Art und Weise ihre Kräfte zugunsten der Gemeinschaft und deren leitendem Oberhaupt einsetzen, werden Sie erfolgreich sein und gleichzeitig Ihre persönliche Entwicklung festigen.

Linie 3 *Um Ihre Sehnsucht nach Gemeinschaft zu befriedigen, müssen Sie zu ungewöhnlichen Maßnahmen greifen*

Ihre Sehnsucht, sich einer Gemeinschaft anzuschließen und Ihre Fähigkeiten einzubringen, ist sehr groß. Jedoch stellen sie fest, daß sich um Sie herum bereits alle zusammengeschlossen haben und Sie ganz alleine dastehen. Wollten Sie dennoch versuchen, Zutritt zu einer Gemeinschaft zu erlangen, würde man sie zurückweisen, und Beschämung wäre die Folge. Sie könnten versuchen, sich einer einflußreichen Person innerhalb der Gruppe anzuschließen, um dadurch Aufnahme in den Kreis zu finden. Zwar haben Sie als Außenseiter keinen einfachen Ausgangspunkt, innerhalb einer gefestigten Gruppe mitzuwirken, jedoch ist dieses Vorgehen durchaus legal.

Linie 4 *Uneigennützige Arbeit an gemeinsamen Zielen ist von großem Erfolg begleitet*

Da sie in Übereinstimmung mit ihrem Vorgesetzten *(fünfte Linie, als seelische Inspiration)* handeln und selbst eine starke hierarchische Stabilität besitzen, sind sie in der Lage, andere Menschen um sich zu sammeln und für die Zusammenarbeit an größeren Zielen des Wohlstands und des Friedens zu gewinnen. Durch das gute Einvernehmen mit Ihrer übergeordneten Stelle sind Sie mit den dazu nötigen Kompetenzen ausgerüstet. Bleiben Sie aber bestrebt, diese nicht für Sondervorteile auszunutzen, sondern für das soziale Wohlergehen der Gemeinschaft einzusetzen.

Linie 5 *Wenn Sie das Vertrauen Ihrer Mitmenschen gewinnen wollen, müssen Sie innerlich beständig sein*

Als starke und einflußreiche Persönlichkeit besitzen Sie zwar das Potential, eine Führungsrolle innerhalb der Gemeinschaft zu übernehmen, aber nicht jeder wird Ihren idealistischen Fähigkeiten wahrhaftig vertrauen. Versuchen Sie deshalb, Ihre kreativen Vorstellungen mit den sozialen Belangen der Menschen in Übereinstimmung zu bringen, und Sie können dieses Mißtrauen allmählich überwinden. Die Begabungen, die notwendig sind, um ein solch großes Sozialwesen zu lenken, sind zwar vorhanden, jedoch bedarf es der dauernden inneren Beständigkeit, die um das Wohl der anderen bemüht ist, um dieser hohen Stellung gerecht zu werden.

Linie 6 *Wer in der Außenwelt keine Leistung vollbringen kann, der sollte seinen Blick nach innen richten*

Wer in seinen besten Absichten verkannt wird und keinen Anschluß an eine Gruppe finden kann, der sollte seinen Blick nach innen richten, um der Bedeutung der Situation näher zu kommen. Nicht jeder Mensch ist dazu bestimmt, durch Wirken im Äußeren seinen Beitrag für die Gemeinschaft zu leisten. Wer in der Außenwelt keine großen Leistungen vollbringen kann, wird in seinem Streben nach Selbstverwirklichung innere Einigkeit erzielen und damit als Vorbild an Weisheit der Gemeinschaft im höheren Sinne dienlich sein.

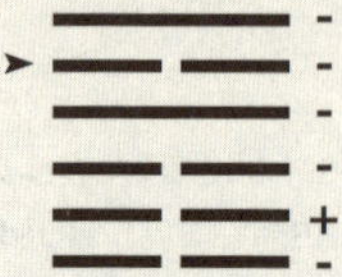

oben: **Das Feuer**

das Haftende
die Klarheit
das Sakral-Chakra

DAS DENKEN

unten: **Die Erde**

das Empfangende
die Hingabe
die Materialisation

DAS WOLLEN

Charakter:

6 streng
5 loyal
4 manipulativ

3 wahrhaftig
2 aufrichtig
1 geduldig

35 Der Fortschritt

Die lichtvollen Erkenntnisse

Situation:

Das Zeichen des Feuers, das sich über der Erde befindet, steht symbolisch für das helle und klare Licht der Sonne, deren Energie alles Leben zum Erblühen bringt.

Kommentar:

Das Trigramm des Feuers steht für das Bewußtsein und die Klarheit der Gedanken, das Zeichen der Erde für das Volk oder die Menschen. Durch die Verbindung der beiden wird zum Ausdruck gebracht, daß diese durch die lichtvollen Erkenntnisse eines Edlen geführt werden. Grundlage der Verkörperung einer solch brillanten Eigenschaft ist die innere Bereitschaft *(das Wollen)*, diese ganz bewußt für den sozialen Fortschritt der Menschen einzusetzen. Erkenntnisse entstehen durch die Klärung *(Anhaften des Feuers)* übergeordneter Zusammenhänge und werden durch die Kraft der Gedanken verständlich gemacht. Diese Prozesse der Bewußtmachung universaler Zusammenhänge können ihre Wirkung nach außen nur dann entfalten, wenn man gewillt ist, die daraus gewonnenen Einsichten für sich selbst anzunehmen und daran zu wachsen.

Da man aber in Übereinstimmung mit seinem höheren Selbst handelt, bleibt man sich dieser Abhängigkeit bewußt. Ohne einen Gedanken daran zu verlieren, seinen machtvollen Einfluß zu egoistischen Zwecken auszunutzen, sollen diese Fortschritt bringenden Eigenschaften zum Wohle der Menschen und der Entfaltung der eigenen Persönlichkeit eingesetzt werden. Die Zeit ist günstig, und man befindet sich in der richtigen Position, die

Dinge klar und deutlich zu erkennen und ist sich gleichzeitig seiner sozialen und gesellschaftlichen Stellung bewußt. Nach langen, dunkeln Nächten des Zweifelns und der Unsicherheit erstrahlt nun alles in neuem Licht. Man sieht alte Sachen neu und damit bewußter. Indem man diese Erkenntnisse mit den Menschen teilt, gewinnt man Einfluß und trägt zum allgemeinen Fortschritt bei, der allen zugute kommt. Durch Loyalität und aufrichtige Hingabe erhält man die Unterstützung sowohl höhergestellter als auch gleichgesinnter Menschen. Kommunikation mit den Menschen und das Wissen um deren Bedürfnisse sowie die Abstimmung mit Vorgesetzten und den eigenen Lichtkräften bilden die Grundlage für allgemeine und persönliche Erweiterung. In dieser Art der Erkenntnisvermittlung findet sich der übergeordnete Aspekt des Fortschritts, der als Dienst am Nächsten zur allgemeinen Bewußtseinserweiterung beiträgt.

Linie 1 *Achten Sie auf Ihren persönlichen Wert*

Es besteht der aufrichtige Wunsch nach Entwicklung und Fortschritt. Jedoch stoßen Sie auf Widerstand, da die Menschen, denen Sie Erkenntnisse vermitteln wollen, entweder ungeeignet für ihre Botschaften sind oder ihnen ganz einfach kein Vertrauen entgegenbringen. Auch wenn Sie dadurch eine Zurückweisung erfahren, sollten Sie nicht zuviel Eifer oder Mühe aufwenden, diesen Menschen zu gefallen. Bleiben Sie geduldig und korrekt, und übersehen Sie solcherlei Schwächen, indem Sie sich auf Ihren persönlichen Wert berufen.

Linie 2 *Aufrichtigkeit und beharrliches Verweilen beim Rechten und Guten führt zum Gelingen*

Man erkennt, daß noch viele Dinge getan werden müssen, wird jedoch daran gehindert, mit den höher gestellten Kräften oder Vorgesetzten, zu denen eine innere Beziehung besteht, in Kontakt zu treten. Es scheint so, als ob sich nichts bewegen würde. Obwohl Sie ohne Zuspruch von oben sind, sollten sie trotzdem beharrlich dem Rechten und Guten folgen. Auf Dauer werden ihre Qualitäten von maßgeblicher Stelle erkannt.

Exemplarisch wird hier die Förderung eines wertvollen, aber unerkannten Menschen durch eine Dame der Gesellschaft mit mütterlichen Eigenschaften *(fünfte Linie)* gezeigt, die – wie sehr oft in der Geschichte – beim ersehnten Durchbruch nach oben behilflich sein kann *(weibliche Gefühlsübereinstimmung besteht zwischen der zweiten Linie Yin = korrekt aber traurig und der fünften Linie Yin = loyal mit Sinn für Gerechtigkeit).* Da also eine echte gegenseitige Zuneigung besteht, werden ihre Aufrichtigkeit und Grundsatztreue belohnt werden.

Linie 3 *Die Menschen werden von Ihrer Ausstrahlung automatisch angezogen*

Sie befinden sich inmitten der menschlichen Gemeinschaft, aus der Ihnen Vertrauen und Zustimmung entgegengebracht werden. Da Sie es verstehen, in Übereinstimmung mit den höheren Kräften *(Vorgesetzten)* zu handeln, gelingt es Ihnen, die Menschen mit auf Ihren Weg zu bringen. Durch dieses allseitige Einvernehmen werden Sie erfolgreich sein, und alle Beteiligten können ihren Nutzen daraus ziehen. Dieser allgemeine Fortschritt geht einher mit der Entwicklung des eigenen Charakters, der für die Erfüllung erleuchteter Aufgaben – wie sie durch das vor Ihnen liegende Trigramm des Feuers auf sie zukommen werden – bereit sein sollte.

Linie 4 *Lichtscheue Machenschaften bringen Sie unweigerlich zu Fall*

Sie sind zwar ehrgeizig, aber gleichzeitig auch manipulativ. Ihre Absichten, sich durch Ihre Stellung Vorteile zu erschleichen, beinhaltet große Risiken, da dieses Verhalten eines Tages aufgedeckt wird und Sie dadurch in eine mißliche Lage geraten. Selbst wenn Sie damit eine höhere Stellung einnehmen würden, so könnten Sie diese aufgrund Ihrer mangelnden Führungsqualitäten nicht behaupten. Neid und Mißgunst Ihrer Mitmenschen würden Ihnen übel zusetzen. Sich durch lichtscheue Machenschaften zu bereichern, um dadurch eigennützige Fortschritte zu erreichen, bringt Sie unweigerlich zu Fall. Mit solchen fragwürdigen Methoden der Bereicherung, die den Anschein von Kompetenz erwecken sollen, läßt sich ein stabiler und korrekter Fortschritt nicht erreichen. An diesem Punkt der Erkenntnis angekommen, ist es vielmehr ihre Aufgabe, sich mit aufrichtiger Teilnahme den sozialen Belangen der Menschen zuzuwenden. Eine liebevolle Akzeptanz der eigenen Person durch Ausbildung der Herzenseigenschaften wird ihnen dabei behilflich sein und ganz erheblich zum persönlichen Fortschritt beitragen.

Linie 5 *Nehmen Sie sich Gewinn und Verlust nicht zu Herzen*

Durch die Ausbildung edler Charaktereigenschaften haben sie große Fortschritte gemacht und eine maßgebende Stellung eingenommen. Ihrer hohen Position messen Sie keine allzu große Bedeutung bei, so daß auch gelegentlich auftretende Unsicherheiten oder Vorwürfe, Sie hätten sich die Gunst der Zeit besser zunutze machen sollen, keinen Einfluß auf Ihre rechtschaffenen Absichten haben. Sie zeigen aufrichtige Anteilnahme gegenüber förderungswürdigen Eigenschaften und Talenten in den Menschen und sind gleichzeitig offen gegenüber geistigen Impulsen, die jeglichem Fortschritt zugrunde liegen. Sie haben sich in einem höheren Sinne von Gewinn und Verlust gelöst und erfreuen sich ganz einfach an dem Erreichten.

Linie 6 *Penetrantes Missionieren stößt auf Widerstände*

Weiteren Fortschritt durch kompromißloses und gewaltsames Vorgehen zu erzwingen, führt zu beschämenden Auseinandersetzungen und in erweitertem Sinne sogar zu feindlichen Maßnahmen, die alle bisher erreichten Ergebnisse zunichte machen. Die Zeit für Besserungen und reibungslosen Aufstieg im Äußeren ist verstrichen. Richten Sie statt dessen ihre Bestrebungen auf die eigene Person, und Sie können mit bedauerlichen Charakterfehlern einmal gründlich aufräumen. Wenn Sie diese Schwächen erkannt haben und sie als Maßstab für den allgemeinen Fortschritt nehmen, können Sie den Kampf für die hohen Ideale wieder aufnehmen. Wer aber als Dauerprediger allein darauf aus ist, die anderen und sich selbst gewaltsam zu missionieren, stößt dabei sicherlich auf große Widerstände. Jeder Mensch muß an sich selbst arbeiten, um sich weiter zu entwickeln. Alles, was über Erkenntnisvermittlung hinausgeht, trägt den bitteren Beigeschmack von Bekehrung und manipulierter Abhängigkeit und wirkt deshalb wahrem Fortschritt entgegen.

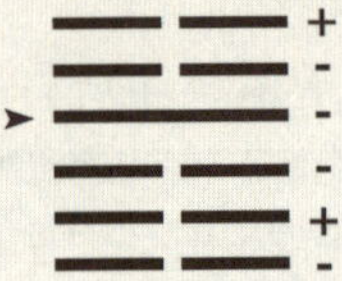

oben: **Der Donner**

das Erregende
die Aktivität
das Stirn-Chakra

DER GEIST

unten: **Die Erde**

das Empfangende
die Hingabe
die Materialisation

DAS WOLLEN

Charakter:

6 verblendet
5 zwanghaft
4 begeisternd

3 labil
2 selbständig
1 prahlerisch

16 Die Begeisterung

Die harmonische Übereinstimmung

Situation:

Die Bewegung verursachende Kraft des Donners steht über der Erde und wird von ihr in den Dienst genommen. Wo Aktivität und Hingabe auf diese Art zusammenwirken, entsteht mitreißende Begeisterung. Erweckung und gesteigertes Wachstum sind die Folge dieser harmonischen Übereinstimmung.

Kommentar:

Der Donner als impulsive Kraft des Schöpferischen tritt hier als übergeordnete Instanz in Erscheinung, deren Eigenschaft die harmonische Übereinstimmung aller natürlichen Abläufe nach der Regel des geringsten Widerstandes ist. Dieser Vorgang ist vergleichbar mit der impulsiven Energiefreisetzung eines erschütternden Urschreies, der alle aufgestauten Energien zum harmonischen Fließen bringt und damit die Entfaltung der Materie durch natürliche Bewegung auslöst. In der Verbindung dieser beiden Zeichen wird die Einheit der Materie und der schöpferischen Geisteskraft verkörpert. Die einzige starke Linie auf normalerweise schwachem Platz zeigt eine Persönlichkeit mit engagiertem sozialen Interesse, die durch ihre aufrichtige und herzliche Art diesen Grundsätzen entgegenkommt. Vorrangig sind es die Impulse des Herzens – wie sie z. B. in den Klängen der Musik oder den rhythmischen Bewegungen des Tanzes so klar zum Ausdruck gebracht werden –, die alle Spannungen lösen und Erleichterung schaffen. Diese Fähigkeit, die mystische Berührung der himmlischen mit der irdischen Welt in Szene zu setzen, ruft eine aufrichtige Begeisterung hervor, die alle Wege öffnet, um neue Ideen erfolgreich zu realisieren. Im Wissen um die sozialen Belange der Gesellschaft versteht es dieser geistvolle Pionier, mit seinen stimulierenden Ideen die Menschen in begeisterte Übereinstimmung mit gemeinsamen Zielen und Werten zu bringen und damit positive Entwicklungsprozesse auszulösen.

Wer aber Neuerungen oder allgemeingültige Gesetze einführen will, kann dies nur im Einklang mit den herrschenden Empfindungen der Menschen tun, um nicht Unzufriedenheit oder drückende Spannungsverhältnisse zu schaffen. Die dadurch hervorgerufene begeisterte Stimmung darf nicht zu manipulativen oder politisch-ideologischen Zwecken mißbraucht werden. Bei der Ausbildung der eigenen Persönlichkeit gilt es, auf die Stimme des Herzens zu hören und nicht durch Druck gewaltsam seelische Harmonie herbeizuführen.

Linie 1 *Sie versuchen den Erfolg anderer für sich persönlich auszunutzen, was von Übel ist*

Sie irren sich, wenn Sie glauben, daß Ihre Beziehungen zu höherstehenden Persönlichkeiten ihrer eigenen schwachen Stellung von persönlichem Nutzen sein könnten. Ihre Art, mit dem Ruhm und den Kenntnissen anderer zu prahlen, als seien es Ihre eigenen, wird Sie eher in eine mißgünstige und unheilvolle Lage bringen. Weil Ihnen selbst das nötige Vertrauen fehlt, bilden Sie sich ein, daß Sie am Erfolg anderer partizipieren können, wenn Sie sich nur an deren Rockzipfel hängen. Mit dieser egoistischen Absicht, andere Menschen für sich zu begeistern, werden Sie nichts erreichen. Begeisterung muß aus wahren Motiven und innerer Harmonie heraus eine allgemein ansteckende Wirkung verbreiten, sonst führt sie zu unangenehmen Überraschungen.

Linie 2 *Lassen Sie sich nicht aus Haltlosigkeit zu leerer Begeisterung hinreißen*

Während andere sich voller Begeisterung von vergänglichen Mode- und oberflächlichen Kulturerscheinungen blenden lassen, bleiben Sie standhaft Ihren Grundsätzen treu. Mit diesem Verhalten können Sie Ihre inneren Werte verfeinern und Ihre Selbständigkeit bewahren. Sich aus Haltlosigkeit oder innerer Leere zu Begeisterung hinreißen zu lassen, schmälert die eigene Entwicklung und letztendlich auch die Möglichkeit, seine eigenen Fähigkeiten überzeugend zum Ausdruck zu bringen. Halten Sie sich deshalb von blindem Begeisterungstaumel fern, und vertreten Sie Ihre eigenen Ziele und Anliegen weiterhin sachlich und klar.

Linie 3 *Versuchen Sie nicht, sich der Eigenverantwortung zu entziehen, sondern bewahren Sie Ihre Selbständigkeit*

Voller Begeisterung schauen Sie wie ein hilfloses Kind zu einer höherstehenden Persönlichkeit auf und hoffen, deren Gunst zu erlangen. Weil Sie selbst nicht die Energie aufbringen, all die Dinge zu erreichen, die jene Persönlichkeit für Sie verkörpert, erwecken Sie den Eindruck von Begeisterung, um dadurch am Reichtum teilzuhaben. Dies ist eine bequeme Art, sich der Eigenverantwortung zu entziehen und gleicht dem unreifen Verhalten eines Jüngers zu Füßen des Meisters, der sich einbildet, Ansprüche erheben zu können, nur weil er sich in dessen Umgebung befindet. Seien Sie vielmehr darauf bedacht, Ihre Selbständigkeit nicht zu verlieren und versuchen Sie, den richtigen Moment des Handelns und der Annäherung zu erkennen.

Linie 4 *Begeisternde Motive wirken ansteckend*

Wessen begeisternde Motive aus dem Herzen kommen und ganz wahrhaftig und ohne Zweifel sind, der wird die Menschen anziehen und sie zur Mitarbeit an großen Zielen stimulieren. Sie sind der zündende Anreißer mit Schwungkraft und hoher Gesinnung, der es versteht, die Menschen anzuregen, ihre Fähigkeiten zu entwikkeln und in Ihren Dienst zu stellen. Ihr Aktionsradius wird dadurch erheblich erweitert, und Großes kann erreicht werden. Die Kraft dieser Begeisterung kann so überwältigend sein, daß sie wahre Massenhysterien auslöst. Eine große Verantwortung liegt in dieser Stellung, die zum einen für gute, den Menschen dienliche Ziele genutzt werden kann, aber auch zu unedlen Zwecken des Eigennutzes, der viele ins Verderben stürzt.

Linie 5 *Der zwanghafte Versuch, andere zu beeinflussen, setzt Sie unter seelischen Druck*

Sie leiden unter starkem seelischen Druck, der dadurch zustande kommt, daß Sie glauben, Ihr Bedürfnis nach Harmonie sei nicht umfassend genug befriedigt. Anstatt anzuerkennen, daß es Ihre Stärke ist, harmonischen Einklang durch die aufrichtige Kraft Ihres Herzens zu erreichen, sind Sie damit beschäftigt, andere zu beeinflussen, um Ihren Mangel an autoritärer Überzeugungskraft auszugleichen. Sie fühlen echten Schmerz über diese Schwäche und glauben, durch harte Arbeit oder dem andauernden Lösen von irgendwelchen Problemen die Menschen auf sich aufmerksam zu machen. Diese Art, Begeisterung in anderen zu wecken oder sich selbst permanent zu stimulieren, wird Sie kaum zum Aufatmen kommen lassen. Aber auch dies hat sein Gutes, denn Sie können daran erkennen, daß absolute Harmonie nicht durch leere Begeisterung erreicht werden kann und vermeiden damit Schlimmeres.

Linie 6 *Korrigieren Sie Fehler in Ihrer eigenen Haltung, anstatt immer höher hinaus zu wollen*

Durch den Freuden- und Begeisterungstaumel vergangener Zeiten benebelt, wollen Sie immer höher hinaus. Jedoch gibt es weder Motive noch besteht die Anforderung, und bloße Selbstgefälligkeit wird ohne Resonanz bleiben. Lassen Sie von diesem ziellosen Verhalten ab, und kehren Sie zurück auf den Boden der Realität. Diese Ernüchterung gibt Ihnen die Möglichkeit, Fehler in Ihrer Geisteshaltung auszubessern und von neuem zu beginnen.

20 DIE BETRACHTUNG

DIE SPIRITUELLE ENTWICKLUNG

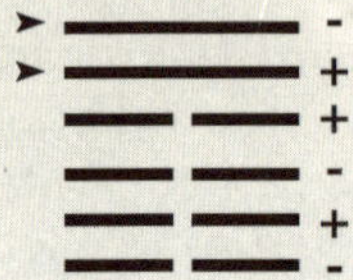

oben: **Der Wind**

das Sanfte
die Energie
das Wurzel-Chakra

DAS EMPFINDEN

unten: **Die Erde**

das Empfangende
die Hingabe
die Materialisation

DAS WOLLEN

Charakter:

6 weise
5 seelisch reich
4 weitblickend

3 selbstkritisch
2 kurzsichtig
1 unaufgeklärt

Situation:

Der Wind, dessen Wesen die sanfte Durchdringung ist, weht über die Erde. Weisheit und seelischer Reichtum beherrschen das Hexagramm von oben (fünfte und sechste Linie). Es ist der Atem Gottes, der im Sinnbild des Windes die Erde (die Menschen) durchdringt und sie zur Vervollkommnung anregt.

Kommentar:

Durch Betrachten der Lebensvorgänge von außen sowie der kontemplativen Versenkung nach innen gewinnt man die Erkenntnisse über die Zusammenhänge des universalen Weltgeschehens. Denn bevor man auf andere einwirken kann, ist es wichtig, die Sachlage und die Richtung der Entwicklung zu erkennen. Deshalb macht sich der Berufene auf den Weg und verschafft sich durch Reisen in andere Länder einen Überblick über die Sitten und Gebräuche sowie der religiösen Ansichten der Menschen. Aber nicht alleine durch das Betrachten in der Außenwelt, auch durch Rückzug in die Abgeschiedenheit außerhalb des Geschehens, werden durch das innere Schauen die Kenntnisse über das Wesen und Wirken der göttlichen Kräfte verfeinert. Für einen Weisen, der dazu berufen ist, den Menschen die kosmischen Gesetze nahezubringen, ist diese Art der umfassenden Betrachtung der richtige Weg zur sichtbaren Verwirklichung durch die eigene Person. Wer auf eine solche Weise Vervollkommnung durch die höheren Mächte erfährt, hat großen Einfluß auf die Menschen und deren spirituelle Entwicklung.

Die Bereitschaft zur Hingabe vorausgesetzt, öffnet sich der Mensch den Signalen des höheren Selbst, dessen sanfte Kraft bis in die Tiefen des Unbewußten dringt. Es, Ich und Selbst werden ins richtige Verhältnis gebracht und handeln in kosmischer Übereinstimmung. Die Wandlung vom Materiellen ins Geistige ist das sichtbare Zeichen der göttlichen Kraft.

Linie 1 *Unschuldiges Betrachten entspricht dem Stand Ihrer Entwicklung*

Aus der Ferne betrachtet kann man die Dinge nur sehr oberflächlich erkennen. Ihnen fehlen die Begabung und die Mittel, die man braucht, um die tieferen Zusammenhänge zu erkennen. Dies liegt am Stand Ihrer inneren Entwicklung und gleicht der unerfahrenen Art der Betrachtung eines Jugendlichen. Solange Sie mit dieser unaufgeklärten Betrachtungsweise den Rahmen Ihres Wirkens nicht überschreiten, können Sie keinen Schaden anrichten. Für einen reifen und höher entwickelten Menschen aber wäre diese Art der oberflächlichen Sichtweise von Übel. Er darf sich nicht mit bloßem Betrachten der Situation begnügen, sondern muß die übergeordneten Zusammenhänge verstehen und auf sein Leben anwenden.

Linie 2 *Vermeiden Sie Geheimniskrämerei, und versuchen Sie, die Dinge über den Tellerrand hinaus zu betrachten*

Wenn man die Welt wie ein schüchternes Kind nur durch den geöffneten Türspalt betrachtet, so zeugt dies entweder von Ängstlichkeit oder der engstirnigen Sichtweise eines begrenzten Alltagsmenschen. Dieses vorab neugierige Orientieren ist zwar für einen unerfahrenen Anfänger angebracht, aber nicht für einen Suchenden, der die Weltzusammenhänge erkennen und im öffentlichen Leben wirken will. Wenn dies Ihr Ziel sein sollte, dann müssen Sie lernen, die Dinge über den Tellerrand hinaus nicht nur auf die eigene Person bezogen zu betrachten. Vermeiden Sie auf jeden Fall Geheimniskrämerei, und schärfen Sie ihren Blick für die Beweggründe der anderen Menschen.

Linie 3 *Betrachten Sie sich selbst, und Sie werden die Richtung des weiteren Vorgehens finden*

Um in Ihrer Entwicklung weiter voranzukommen, sollten Sie nun Ihren Blick auf die eigene Person werfen. Betrachten Sie Ihr Leben und was Sie bis dahin bewirkt haben. Die Selbsterkenntnis, die Sie aus dieser Reflektion gewinnen, wird Ihnen die Richtung des weiteren Vorgehens zeigen. Es eröffnen sich neue Aspekte für Ihre persönliche Lebensgestaltung, und Sie müssen durch diese kritische Selbstüberprüfung erkennen, ob Sie den höheren Anforderungen gewachsen sind. Analysieren Sie wachsam die Wirkungen, die von Ihnen auf Ihre Umwelt ausgehen, denn nur diese werden Ihnen zeigen, ob Sie dem alten Kurs treu bleiben sollten, oder weiter voranschreiten können. Wenn Sie aber bereit sind, den begrenzten eigenen Standpunkt des Ich aufzugeben, um sich statt dessen übergeordneten Wahrnehmungen zuzuwenden, werden Sie Ihrer Persönlichkeit mehr und mehr Ausdruck verleihen.

Linie 4 *Stellen Sie Ihre Fähigkeiten in den Dienst der Öffentlichkeit*

Die sozialen Belange der Gesellschaft sind Ihnen bekannt, und Sie wissen sehr genau, was zu tun ist, um allgemeines Wachstum zu bewirken. Stellen sie Ihre Fähigkeiten in den Dienst der Öffentlichkeit, und Sie können bedeutsamen Einfluß ausüben. Achten Sie dabei auf Ihre Unabhängigkeit, und bewahren Sie Ihr hohes Verständnis für eine übergeordnete Betrachtungsweise. Auch bei der Bewußtseinsbildung ist es nun möglich, durch meditative Hinwendung Zugang zu den Schattenseiten Ihres Charakters zu bekommen und diese zu reinigen und zur Entwicklung über das eigene Ich hinaus, zum höheren Selbst zu führen.

Linie 5 *Seien Sie zu dauernder Selbstprüfung bereit*

Wer eine hohe Stellung einnimmt und große Verantwortung trägt, der ist zu dauernder Selbstprüfung verpflichtet. Nur wenn die Wirkungen, die man bei anderen erzielt, gut sind, kann man zufrieden sein und wird keine Fehler begehen. Diese Wirkungen sind das Resultat von seelischem Reichtum und einer starken kreativen Autorität, die sich nicht selbst überschätzt. Auf dieser hohen Stufe der Betrachtung regiert das Ich als Ausdruck des höheren Selbst. Ein Mensch mit weit entwickeltem philosophischem Gedankengut, der seine ganzen Kenntnisse zum Wohle der Menschen einsetzt.

Linie 6 *Richten Sie Ihren Blick nach Innen, und Sie werden die Gesetze des Lebens erkennen*

Sie stehen außerhalb jeglicher Ichbezogener Betrachtung und sollten jetzt Ihren Blick auf das innere Wesen richten. An dieser höchsten Stelle der Betrachtung vereinigen sich die irdischen mit den kosmischen Idealen. Frei von allen weltlichen Rangeleien und den Problemen des eigenen Ego können Sie nun die Gesetze des Lebens erkennen und andere Menschen zu Handlungen inspirieren, die sie auf dem Weg zu Ihrer eigenen Vollkommenheit voranbringen.

8 Das Zusammenhalten

Die fruchtbare Vereinigung

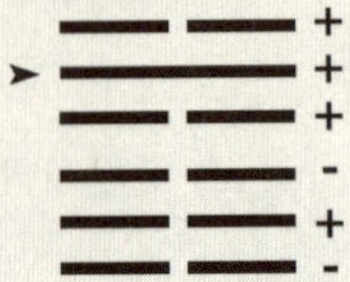

oben: **Das Wasser**

das Abgründige
das Befruchtende
das Hals-Chakra

DIE SEELE

unten: **Die Erde**

das Empfangende
die Hingabe
die Materialisation

DAS WOLLEN

Charakter:

6 zögerlich
5 gerecht
4 beharrlich

3 ausgeglichen
2 aufrecht
1 empfindsam

Situation:

Das Wasser und die Erde vereinigen sich hier. Das Zeichen der himmlischen Einwirkung. Fruchtbare Prozesse nehmen ihren Anfang. Die Keime neuen Lebens werden gesetzt. Der Regen, die himmlische Essenz, wirkt auf die Materie und kehrt wieder zum Himmel zurück. Ein harmonischer Kreislauf von Geben und Nehmen beginnt.

Kommentar:

Die Erde ist bereit, die Keime neuen Lebens zu empfangen. Durch diese Hingabe entsteht Einheit. Das Wasser, dessen Fähigkeit es ist, in verborgene Dinge einzudringen, bringt neues Leben hervor. So ist es auch mit einer Persönlichkeit, deren herausragende Eigenschaft es ist, verborgenen Dingen eine Seele einzuhauchen und dadurch zu neuem Leben zu erwecken. Wie das Wasser in einem zentralen Sammelpunkt zusammenfließt, so zieht dieser edle Charakter die gleichgesinnten Menschen an und läßt sie zu einer Gemeinschaft zusammenwachsen. Wer aber als Mittelpunkt einer solchen Vereinigung eine Führungsrolle übernehmen will, der muß sich der Verantwortung bewußt sein, die eine solche Stellung mit sich bringt und sich einer tiefgehenden Selbstprüfung unterziehen. Innere Größe und Bescheidenheit sind die wichtigsten Merkmale, wenn man dabei erfolgreich sein will. Der Verkehr mit den Menschen einer Interessengemeinschaft muß von Gleich zu Gleich geschehen, was bedeutet, daß alle persönlich-egoistischen Motive über Bord geworfen werden müssen. Gerade ein geistiger Führer der Menschen muß sich bewußt sein, daß er, wie alle, ein Teil der sozialen Gesellschaftsordnung ist, um nicht der Eitelkeit oder gar des Größenwahns zu verfallen.

Nur wenn die Menschen *(das Wollen)* in Übereinstimmung mit ihrer beseelenden Kraft stehen, beginnt die Einheit der Gemeinschaft, sich zu entwickeln. Ob dies die Möglichkeit betrifft, innerhalb einer Gruppe eine einflußreiche Stellung einzunehmen oder ob es die Ausbildung der eigenen Persönlichkeit betrifft, immer ist es wichtig, den richtigen Zeitpunkt zum Handeln zu finden. Besteht weder die innere Bereitschaft noch die passende Gelegenheit, fruchtbares Gedankengut zum Blühen zu bringen, wird man von der Gemeinschaft entweder ausgeschlossen oder findet niemanden, der einem zuhört. Wo aber ein wirklicher Sammlungspunkt vorhanden ist, da entsteht Einheit durch Zusammenhalt. Beziehungen entstehen und festigen sich, andere Menschen schließen sich an. Gemeinsame Interessen führen zu fruchtbarer Gruppendynamik, deren geistiger Mittelpunkt eine kreative Persönlichkeit ist, die in ihrem Wesen freundlich und unabhängig die Menschen ermuntert, ihrem wahren Wesen zu entsprechen.

Ganz dem Beispiel dieses Intuitiven Charakters folgend, ist es auch bei den Impulsen, die von der eigenen Seele ausgehen. Fruchtbare Prozesse, die durch einheitliches Zusammenwirken aller Energieebenen entstehen, können nur wirksam werden, wenn man die „Qualitäten" jeder Ebene akzeptiert und als Teil eines großen Ganzen betrachtet. Nur durch dieses Annehmen *(sich selbst akzeptieren)* und wohlwollendes Kooperieren kann sich eine Einheit entwickeln, deren zentraler Pol die inspirierende Kraft der Seele ist.

Linie 1 *Wer aufrichtig Zusammenhalt sucht, wird erfolgreich sein*

Ein ursprüngliches und aufrichtiges Streben nach Zusammenhalt ist die beste Grundlage, um Beziehungen zu knüpfen. Ohne große Worte, nur durch die Kraft der Ehrlichkeit, ziehen Sie andere Menschen und allgemein günstige Einflüsse zu sich heran. Eine unvoreingenommene Offenheit bringt unerwarteten Erfolg.

Linie 2 *Bevor Sie sich anschließen, sollten Sie sich selbst überprüfen*

Sie wurden von hoher Stelle aus zum Wirken aufgefordert. Kommen Sie diesem Verlangen nur nach, wenn der Anschluß Ihrem innersten Wesenskern entspricht. Zusammenschluß muß freiwillig und aus innerer Überzeugung zustande kommen. Dann ist er glückverheißend. Eine offene und gleichzeitig würdevolle Haltung ohne Voreiligkeit ist deshalb der richtige Weg einer beginnenden Vereinigung.

Hier ist der Platz des Denkens und der zwischenmenschlichen Beziehung, der seiner Art nach korrekt ist. Eine direkte Verbindung zur seelischen Ebene *(fünfte Linie)* besteht, deren Impulse Einfluß auf die Art der Konversation und des Verhaltens nimmt. Dies entspricht zwar der natürlichen Ordnung der Vereinigung, jedoch können diese auch zerstörerische und negative Auswirkungen auf die gesamte Persönlichkeitsstruktur haben.

Linie 3 *Sie gehören dem falschen Kreis von Menschen an*

Ihr falsches Streben nach Zusammenhalt hat Sie in einen Kreis von Menschen geführt, deren ganze Bestrebungen sich in oberflächlichen Angelegenheiten erschöpfen. Dieser Gesellschaft fehlt der direkte Bezugspunkt zum Zentrum des Zusammenhaltens. Entscheiden Sie also selbst, ob Sie an derartigen Verbindungen Freude haben. Auf jeden Fall sollten Sie sich nicht zu falscher Vertraulichkeit hinreißen lassen, sondern Ihrer inneren Überzeugung treu bleiben. Damit schaffen Sie die Grundlage für spätere Beziehungen zu ihresgleichen.

Charakterlich wird hier eine schwache Persönlichkeit dargestellt, die sich einer Gemeinschaft anschließen will oder auch innere Einheit sucht, jedoch der Gefahr unterliegt, von den falschen Menschen oder geistigen Zielvorstellungen in Beschlag genommen zu werden. Im Streben nach Führung und Zusammenhalt verfällt sie unfruchtbaren Vorstellungen und erschöpft sich in Handlungen, die zu dauernden Problemen führen. Sich dem Rat umsichtiger Menschen zu öffnen, wäre in diesem Fall von Vorteil.

Linie 4 *Vergessen Sie Ihre eigenen Fähigkeiten nicht*

Sie haben den direkten Anschluß an die führende Kraft oder Persönlichkeit gefunden, die als Mittelpunkt der Gemeinschaft den Zusammenhalt bewirkt. In bescheidener, aber beharrlicher Weise können Sie Ihre Loyalität zum Ausdruck bringen, ohne dabei ihre eigenen Fähigkeiten zu vergessen. Achten Sie ganz einfach auf zwanglose und freie Kameradschaft, und Sie werden keinen Fehler begehen.

Linie 5 *Echter Zusammenhalt entsteht durch die Kraft hoher Ideale*

Eine korrekte, ja majestätische Persönlichkeit mit lockerem Führungsstil wird von den Menschen als Mittelpunkt der Vereinigung angenommen. Von seiten aller Teilnehmer besteht ein ungezwungenes Zutrauen, was daraus resultiert, daß dieser Edle es versteht, an sich schwierige und mühevolle Angelegenheiten mit Leichtigkeit und Eleganz zu lösen. Seine natürliche Anziehungskraft wird bestimmt durch reife Führungsqualitäten und dem Regime einer milden Ordnung. Durch seine Unabhängigkeit und überlegte Zurückhaltung bildet sich eine freiwillige Verbundenheit derer, die sich um ihn gruppieren. Nichts geschieht gewaltsam, und jeder kann seine Gesinnung entsprechend seiner Fähigkeiten offen zeigen. Die Basis jeder fruchtbaren Vereinigung sollte der freiwillige und spontane Zusammenhalt sein, dessen Bezugspunkt die Kraft hoher Ziele ist.

Auch bei den Kräftewirkungen innerhalb der Bewußtseinsebenen sind es die tiefen, reinen und inspirierenden Signale der Seele *(Wasser)*, die großartige Entwicklungsprozesse der Person *(Erde)* bewirken. Sie ist das Zentrum der kreativen Impulse des höheren Selbst und bewirkt fruchtbares Sein.

Linie 6 *Schaffen Sie in sich selbst Einheit*

Sie sind zwar auf der Suche nach Anschluß, aber wollen selbst nichts dazu beitragen. Durch Ihr zögerliches und unklares Verhalten stehen Sie nun außerhalb jeglicher fruchtbarer Einheit auf ausgestoßenem Platze. Solange Sie nicht in der Lage sind, in sich selbst Einheit zu schaffen, werden Sie zu Verbindungen oder gar der Absicht, andere führen zu wollen, unfähig sein. Als Außenseiter, der Sie sind, sollten Sie nicht versuchen, krampfhaft Zusammenhalt zu schaffen. Katastrophale Ergebnisse wären die Folge.

Überprüfen Sie sich selbst, und finden Sie heraus, welche Kräfteverhältnisse bei Ihnen am wirken sind. Wenn Sie es lernen, die Führung Ihrer eigenen Person zu übernehmen, können Sie die Kräfte miteinander in Einklang bringen und schaffen damit die Grundlage, wie sie für eine friedliche Vereinigung in einer organischen Gemeinschaft notwendig ist.

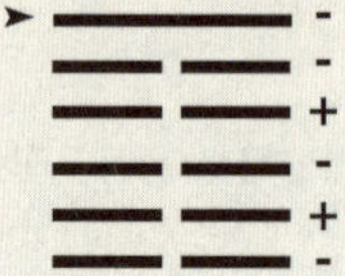

oben: **Der Berg**

das Stillehalten
die Beharrlichkeit
das Herz-Chakra

DER BERG

unten: **Die Erde**

das Empfangende
die Hingabe
die Materialisation

DAS WOLLEN

Charakter:

6 mutig
5 anziehend
4 verletzlich

3 labil
2 isoliert
1 unsicher

23 Die Zersplitterung

Der sittliche Zerfall

Situation:

Der Berg, das symbolische Zeichen der himmlischen Kraft, ruht auf der Erde. Die Struktur des Hexagramms stellt ein Haus dar, dessen ehemals gesunder Untergrund geschwächt ist und nur durch ein stabiles Dach zusammengehalten wird. Nicht greif- und sichtbare Elemente haben die tragenden Mauern langsam und heimlich unterhöhlt. Wird nun das Dach zum Auseinanderbrechen gebracht, fällt das Haus in sich zusammen.

Kommentar:

Die dunklen Yin-Linien sind in der Mehrheit und versuchen, den letzten starken Yang-Strich zu vertreiben. Menschen mit niedriger Gesinnung sind im Begriff, mit heimlichen und subtilen Methoden den hochstehenden Edlen zu vertreiben und dessen Platz einzunehmen. Dieser individuelle Außenseiter, der aus höherer Sicht die Struktur der Gesellschaft betrachtet, stellt eine potentielle Gefahr für die eingeschworene Gemeinschaft dar. Er sieht sich massiven Angriffen und Bedrohungen der Massen ausgesetzt, und man versucht ihn zu Fall zubringen. In Zeiten des Ungleichgewichtes hoher Ideale und niedriger Machenschaften ist eine schöpferische Handlung unmöglich. Solange hier der Aufstieg und die Vorherrschaft von inkompetenten, schlecht gesinnten Menschen die Situation bestimmt, ist es für den Edlen von Vorteil, ruhig zu bleiben und sich anzupassen. Nicht durch gewaltsames und rebellisches Vorgehen gegen diese Mißstände lassen sich Änderungen herbeiführen, sondern durch vorsichtiges und motivierendes Auftreten gegenüber den anderen. So gilt es in dieser Zeit des Zerfalls, unermüdlich geistige Stärke zu bewahren und die visionären Vorstellungen einer neuen Gesellschaftsstruktur weiter auszuarbeiten und durch einfühlsames und hingebungsvolles Beeinflussen ein neues Bewußtsein in den Köpfen der Menschen zu wecken. Nur auf diese Weise läßt sich eine umfassende Erneuerung erreichen, die auf jede Zeit der Abnutzung alter Ideale und sozialer Strukturen unwillkürlich folgt. Am Höhepunkt des sittlichen Zerfalls angekommen, beginnt sich genauso subtil, wie die niederen Elemente sich eingeschlichen haben, eine Umkehr zu neuen gesellschaftlichen Wertvorstellungen zu zeigen. Die Materie wandelt sich zu Kraft, das beeinflußbare Massige wandelt sich zum Schöpferisch-Individuellen.

Auch bei den niederen Eigenschaften des eigenen Charakters, die, wie in der Außenwelt im Großen, zunehmend die gesamte Persönlichkeitsstruktur unterhöhlen, kann nur durch Stärkung der Instinktgrundlage eine Läuterung erreicht werden. Ohne ein starkes und gesundes Urvertrauen sind alle strukturellen Erneuerungsversuche auf Sand gebaut. Um diesen Wandel in der Ich-Struktur zu vollziehen, ist es notwendig, den geistigen Kräften oder dem „göttlichen Kind" die Hand zu reichen. Ein Wiederaufleben der krankhaften Wesenszüge kann dadurch verhindert werden.

Linie 1 *Die Gefahr nähert sich dem eigenen Bett. Die Standhaftigkeit des Edlen wird langsam untergraben*

Sie sind in Gefahr, von verwerflichen Personen mit übelster Gesinnung von ihrem angestammten Platz vertrieben zu werden. Ganz heimlich kommen sie heran und beginnen, mit subtilen Methoden die Situation zu unterhöhlen. Symbolisch wird dies durch das Ansägen der Beine des Bettes, auf dem der Edle ruht, zum Ausdruck gebracht. Die Erholungsstätte des „Ich" wird durch Einstürzen des Bettkastens beschädigt. Die niederen Elemente versuchen, die Standhaftigkeit des Edlen zu untergraben, um damit das weitere Fortschreiten zu verhindern. Noch ist ihr Einfluß auf Wirkungen im Kleinen beschränkt. Die Weichen zur weiteren Vergiftung der Atmosphäre sind aber bereits gestellt. Unter diesen unheilvollen Vorzeichen läßt sich für den aufrechten Menschen nichts anderes tun, als zu warten.

Auf die Bewußtseinsstruktur der eigenen Person bezogen bedeutet dies, daß niedere Stimmungen und Triebinhalte sich durch erste Vorzeichen zu zeigen beginnen. Die vermehrten schlechten Träume und das allgemein nachlässig gewordene Verhalten sollten zur Vorsicht mahnen, werden aber ins Unbewußte verdrängt.

Linie 2 *Ihre Ruhe wird gestört. Versuchen Sie, durch geschicktes Ausweichen zu entkommen*

Von allen Seiten werden Sie durch üble Machenschaften gerissener Intriganten bedrängt. Die Gefahr nähert sich bereits dem eigenen Leib. Im Gegensatz zur vorherigen Situation wird hier bereits der Rahmen des Bettes beschädigt. Die Ruhe wird dadurch empfindlich gestört. Das Ziel der Gemeinen ist es, jede korrekte Standhaftigkeit des Guten zunichte zu machen. Rechnen sie nicht mit Verbündeten, sondern versuchen Sie durch geschicktes Ausweichen zu entkommen. Sie können sich nicht gegen die vielen Übel zur Wehr setzen, ohne dabei ernsthaften Schaden zu erleiden. Mit rebellischem und demonstrativem Verhalten reizen Sie das Schlechte zu vermehrtem Angriff.

Die Aufweichung der Persönlichkeitsstruktur zeigt hier bereits ein deutliches Muster. Die davon Betroffenen wollen diese Situation jedoch nicht wahrhaben. Vielmehr wird versucht, diesen dekadenten Anzeichen den Stempel einer ästhetischen Form aufzudrücken *(Berg)*.

Linie 3 *Ergreifen Sie die Gelegenheit, die Trennung vom Guten zu überwinden*

Sie befinden sich mitten unter den Menschen, die nach Zersplitterung trachten und sind gewillt, nicht länger dem ruchlosen Weg dieser verdorbenen Elemente zu folgen. Sie haben eine innere Beziehung zu einem hochstehenden und geistig überlegenen Menschen entwickelt. Wenn Sie diesen rettenden Strohhalm ergreifen, können Sie weitere Irrtümer vermeiden und die Trennung vom Guten überwinden. Sie werden sich durch diesen Entschluß vielleicht isoliert fühlen und die Genossen der alten Tage vermissen. Seien Sie deshalb ganz besonders vorsichtig, um nicht von den abtrünnigen Tendenzen der Mehrheit wieder beeinflußt zu werden. Gerade auf der Stufe des Übergangs bedarf es der Stärke einer gereiften Persönlichkeit, was durch die schwache Linie auf normalerweise starkem Platz aber nicht gegeben ist.

Es besteht zwar eine direkte Beziehung zu höheren Kräften *(sechste Linie)*, jedoch sind die Kräftewirkungen der beiden vertauscht. Die Gefahr der Beeinflussung durch die eigenen niederen Charaktereigenschaften ist deshalb ein Thema, dessen Sie sich immerzu bewußt sein sollten.

Linie 4 *Die Ruhestätte bricht auseinander*

Das Unglück ist auf seinem Höhepunkt angekommen und greift schon den Körper an. Sie sind der Gefahr schutzlos ausgeliefert. Niemand ist bereit, Ihnen zu helfen. Selbst die Ruhestätte – der letzte Zufluchtsort – bricht auseinander und verletzt den darin Liegenden. Sowohl von außen als auch von innen sind Sie aufs höchste bedroht. Ob dies Ihr Unterbewußtsein ist, was sich nicht länger betrügen läßt oder die Sie umgebenden dunklen Elemente, die Sie vernichten wollen – Sie stehen kurz vor dem Fall und benötigen außergewöhnliches Geschick, um nicht vollends in den Sog des Schlechten zu geraten. Die Überwindung dieser dramatischen Situation hängt von Ihnen selbst ab. Sie sollten sich einem kompetenten Gegenüber anvertrauen.

Linie 5 *Höhere Kräfte bringen die Wandlung zum Besseren*

Das Ende der Zersplitterung beginnt sich zu zeigen. Sie befinden sich in unmittelbarer Nähe eines starken Kraftfeldes *(sechste Linie)*. Eine Wandlung zum Besseren vollzieht sich. Ihrer Stellung entsprechend besitzen Sie eine starke Anziehungskraft, wodurch die Schwachen sich freiwillig Ihrer Führung unterwerfen und damit ebenso in das Umfeld des Guten gelangen. Gegensätzliche Kräfte verbinden sich zu gemeinsamem Nutzen. Die Gunst Ihres Vorgesetzten *(geistige Gesinnung)* ist Ihnen sicher, und alles, was zuvor in Auflösung war, beginnt sich zurechtzuziehen.

Durch die intuitiven Impulse der geistigen Kräfte angeregt *(sechste Linie)*, kommen die instinkthaften Bereiche unter den Einfluß der befruchteten seelischen Energie und beginnen, der krankhaft zusammengehaltenen Struktur neuen Halt zu geben. Das zuvor baufällige Gemäuer *(Unterbewußtseins-Ebene)* kann sich zu einem stabilen und hell erleuchteten Palast entwickeln.

Linie 6 *Sie sind den höheren Signalen gefolgt und finden wieder Unterstützung durch die Menschen*

Die Zeiten der Unordnung sind vorüber. Die dunklen Mächte haben keinen Einfluß mehr und werden letztendlich an ihrer eigenen Bosheit zugrunde gehen. Gesiegt hat der Keim des Guten, der nun Früchte trägt und sich vermehrt. Die Bereitschaft, den höheren Signalen ein offenes Ohr zu schenken, hat dazu geführt, daß man sich aus dem Sog der Gemeinen herausgearbeitet hat *(das Unbewußte)*. Der Edle hat seine ihm verwandten Menschen wiedergefunden und gelangt erneut zu Einfluß. Getragen von der allgemeinen Gesinnung kann er sich der vollen Unterstützung der Menschen sicher sein. Den niedrigen und dunkeln Elementen ist die Existenzberechtigung entzogen. Ihr Haus *(die verdorbene Struktur des Unbewußten)*, das ohne feste Verbundenheit nach unten und nach oben nicht bestehen kann, stürzt ein.

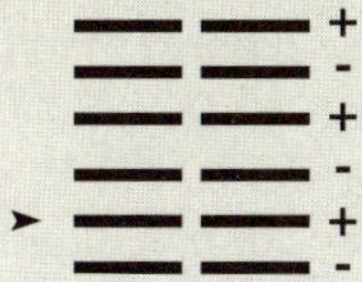

oben: **Die Erde**

das Empfangende
die Hingabe
die Materialisation

DAS WOLLEN

unten: **Die Erde**

das Empfangende
die Hingabe
die Materialisation

DAS WOLLEN

Charakter:

6 überheblich
5 demütig
4 zurückhaltend

3 geduldig
2 vorurteilslos
1 sorgfältig

2 DIE ERDE

DIE UNVOREINGENOMMENE HINGABE

Situation:

Das Zeichen der Erde, das aus lauter geteilten dunklen Linien besteht, zeigt die uneingeschränkte Offenheit und Hingabe in allen Bereichen des Seins. Es ist das Feld der Verwirklichung, der vollkommene Gegenpol der schöpferischen Kraft.

Kommentar

Das reine Yin des Empfangenden und das reine Yang des Schöpferischen zeigen in der Struktur ihrer Kräfte eindeutige charakteristische Merkmale. Jedes ist seiner Eigenschaft nach gleichwertig vollkommen, keines der beiden kann aber ohne das andere existieren. Da sie in ihrer Einmaligkeit gleichrangig sind, bekämpfen sie sich nicht, sondern bilden eine gegenseitige Ergänzung. Waren es im Zeichen des Schöpferischen die kreativen, erneuernden Kräfte, so symbolisiert die Erde das Prinzip der Hingabe und der ungeteilten Aufmerksamkeit gegenüber der Fülle des Lebens. Sie ist das Bild des ewig Weiblichen, der Anima und der Frau im Manne. Nicht das Ergreifen der Initiative ist ihre ursprüngliche Eigenschaft, sondern die Bereitschaft und das großzügige Unterstützen. Alle Qualitäten wie Offenheit, Geduld, Reife, Demut, Gestalten, Geben, Schenken, Passivität, Sinn für Ästhetik und Sich-führen-Lassen, bezeichnen sehr charakteristisch all jene Eigenschaften, die der schöpferischen Kraft ein Erscheinungsbild verleihen.

Betrachtet man das Hexagramm der Erde genau, so wird man feststellen, daß es in der Mitte von einer großen Furche durchzogen wird. Es ist der Kanal der göttlichen Offenbarung durch den die Einwirkung des schöpferischen ermöglicht wird. Das Schöpferische wirkt im Empfangenden und kehrt, nachdem das Leben angeregt ist, zu seinem Ursprung zurück. Alles Reifen, Gebären und Entwickeln ist die Aufgabe der Erde. Hier findet das höchste Gesetz der Natur seine Anwendung. Zeugen und Gebären, Kreativität und Hingabe, Kraft und Form. Beides entspricht seiner Art und nichts widerstrebt einander.

Auf die menschlichen Verhältnisse übertragen gilt es, seine Haltung dieser Gesetzmäßigkeit anzupassen. Um ein Vorhaben zur Reife zu bringen, muß man sich den schöpferisch-kreativen Impulsen öffnen und sich vertrauensvoll führen lassen. Sowohl bei den Beziehungen der Menschen untereinander als auch bei der Entwicklung der Persönlichkeit ist es wichtig, sich frei zu machen von jeglicher Zwangsvorstellung und innerem Druck. Durch diese innere Aufnahmebereitschaft entwickelt sich eine äußere Produktivität von großem Nutzen. Man arbeitet, um zu vollenden, was die Lage erfordert und beklagt sich nicht. Aktivität, die sich aus einer offenen Haltung entwickelt, entspricht der natürlichen Ordnung der Einwirkung und der Entwicklung. Die schöpferische Kraft wird zur vollendeten Form. Wer seine Kräfte unter diesem Blickwinkel zum Einsatz bringt, wird die reifen Früchte ernten.

Die Thematik, wie sie im Bild des schöpferischen Männlichen und des empfangenden Weiblichen dargestellt wird, zeigt das grundlegende Prinzip unserer allgemeinen und spezifischen Lebensauseinandersetzung. Sie bezieht sich auf das Gleichgewicht der Kräfte von Yin und Yang, männlich und weiblich, dem Erneuernden und dem Bewahrenden, dem Einwirken von Kraft und dem Gebären der Form. Gleichsam symbolisieren diese beiden die für unser Leben und Wirken größte Herausforderung des Kräftegleichgewichtes. Reduziert auf das Wissen der Beziehungen von Yin und Yang, sind all die zwischenmenschlichen Auseinandersetzungen sowie die geschlechterspezifischen Probleme unserer Gesellschaft auf dieses Ungleichgewicht zurückzuführen.

Überall da, wo ein einseitiges Kräftepotential herrscht, entsteht Kampf und Konfrontation. Dies gilt auch innerhalb der bewußtseinsbildenden Kräfte der eigenen Persönlichkeitsstruktur. Wo das Yin des Weiblichen im Übergewicht steht, da herrscht Erschlaffung, Zerbrechlichkeit und Faulheit. Hat das Yang des Männlichen die Oberhand, entsteht Gewalt, Manipulation und unbeherrschte Überaktivität. Seiner natürlichen Eigenschaft entrissen und krankhaft manipuliert, haben wir die Folgen dieser Entfremdung sicht- und spürbar zu tragen. Falsch verstandene Gleichberechtigung führt zu abweichenden geschlechtstypischen Handlungen, deren Tendenz auf eine eher feindliche als harmonisch sich ergänzende Entwicklung schließen läßt.

Verleugnet das Weiblich-Hingebende seine matrikuläre Geschlechtsrolle, so entartet es zum Mannweib und verläßt das ihr innewohnende Gesetz der fraulichen Empfänglichkeit. Das Transformieren schöpferischer Kraft setzt eine unvoreingenommene und offene Haltung voraus, um dieser eine vollendete Form zu geben. Ebenso verhält es sich mit dem Wahn der falschen Männlichkeit, dessen Auswirkungen sich in allen Gesellschafts- und Charakterstrukturen sehr deutlich bemerkbar machen. Im Streben nach Offenbarung der männlichen Kraft entwickelt sich eine Situation, die von materieller Überbetonung und körperlicher Macht geprägt ist.

Linie 1 *Durch Flexibilität können Sie sich rechtzeitig auf beginnende Verschlechterungen einstellen*

Hier, auf der untersten Stufe der materiellen Ausdehnung, wird die Situation vor dem Beginn jeglichen Wachstums dargestellt. Ein schwacher Instinkt ist keine Grundlage für eine fruchtbare Entwicklung. Die göttliche Einwirkung als Voraussetzung jeder Ausdehnung hat nicht stattgefunden. Aufgrund dessen gibt es keine Frucht, die zum Austragen gebracht werden kann. Dies sind erste Anzeichen des Zerfalls, und Sie werden sehr viel Geduld benötigen, bis sich aus Ihren Gedanken und Ideen reife Früchte entwikkeln. Deshalb gilt es vorzubeugen und die Merkmale des Verfalls durch sorgfältige Beobachtung rechtzeitig zu erfassen. Seien Sie flexibel, und stellen Sie sich auf Veränderungen ein, so entgehen Sie der drohenden Gefahr der Vereinsamung und Gefühlsverarmung. Hingabe ohne schöpferische Kreativität, Form ohne Kraft, Materie ohne Energie ist dem Untergang geweiht.

Linie 2 *Auch ohne äußeres Handeln werden Ihre Angelegenheiten gedeihen*

Das Empfangende richtet sich nach den Eigenschaften des Schöpferischen. Dieser Art liegt eine physikalische Gesetzmäßigkeit zugrunde, die besagt, daß aus einer geraden Linie alle Formen entstehen. Jede dieser Formen hat spezifische Eigenschaften, denen sie ihrer Natur gemäß ganz selbstverständlich entspricht. Ohne Falschheit, still und vorurteilslos gilt es nun, auf der Basis der natürlichen Gesetzmäßigkeiten, den Kräften des Himmels zu folgen. Halten Sie sich der Situation entsprechend zur Verfügung, und führen Sie von oben erhaltene Anordnungen pflichtgemäß aus. Sie können frei sein von Bedenken oder Zweifeln und sollten nicht meinen, daß nur, was aus eigener Aktivität heraus getan wird, auch geschieht. Indem Sie Ihre daraus gewonnenen Erfahrungen in den Dienst der Allgemeinheit stellen, entsprechen Sie den schöpferischen Gesetzen, und der Erfolg wird sich ganz natürlich einstellen.

Linie 3 *Entsprechen Sie ganz den natürlichen Anforderungen, und stellen Sie Ihr Licht unter den Scheffel*

Trotz Ihrer bemerkenswerten Talente sollten Sie sich zurückhalten und durch Bescheidenheit und ohne äußere Beeinflussung Ihre Fähigkeiten und charakterlichen Vorzüge in der Stille zum Reifen bringen. Überlassen Sie den Glanz und die Anerkennung den anderen Menschen. Auch wenn Sie im Moment nicht aktiv in der Öffentlichkeit wirken können, so werden dennoch die Früchte der Verfeinerung eines geduldigen Wesens und der beharrlichen Arbeit an den Ihnen zugewiesenen Aufgaben fruchtbare Ergebnisse bringen. Arbeiten Sie nicht des äußeren Erfolges wegen, sondern entsprechen Sie ganz den natürlichen Anforderungen durch Hingabe, und Sie werden Vervollkommnung erreichen.

Linie 4 *Zeigen Sie sich verschlossen gegenüber schädigenden Einflüssen*

Ihnen steht eine schwierige Zeit bevor, die äußerste Vorsicht und Zurückhaltung erfordert. Mächtige Gegner, die Ihre Art nicht oder falsch verstehen, stehen Ihnen gegenüber. Sie sollten sich diesen schädigenden Einflüssen nicht vorschnell aussetzen. Lehnen Sie jedes Angebot von dieser Seite ab, sonst übernehmen Sie Verpflichtungen, die nicht Ihrem inneren Wesen entsprechen. Bleiben Sie unbeteiligt und verstecken Sie Ihr Wissen, indem Sie sich verschließen. Diese intelligente Art der Zurückhaltung wird Ihnen zwar kein Lob einbringen, aber zumindest entspricht sie den Anforderungen der Zeit und bewahrt Sie vor Schaden.

Linie 5 *Charakterliche Qualitäten verleihen dem äußeren Leben Glanz*

Gelb ist die Farbe der Mitte und des Maßes. Wer in erhobener, aber abhängiger Stellung berufen ist zu wirken, sollte dies mit Bescheidenheit tun, die den persönlichen Wert nach außen nicht zur Schau stellt. Vielmehr ist es wichtig, daß Sie Ihrem Wesen durch die Qualität Ihrer Arbeit äußere Schönheit verleihen. Durch dieses Verhalten werden Sie eine Erhöhung erfahren, wie sie nur einem innerlich reinen und edlen Charakter zuteil werden kann.

Linie 6 *Durch Ihr anmaßendes Verhalten werden Sie in heftige Auseinandersetzungen verwickelt*

Sie haben versucht, entgegen Ihrem inneren Wesenskern eine machtvolle Stellung an sich zu reißen. Sie besitzen weder die Autorität, die eine solche Position erfordert, noch ist es Ihre Aufgabe, sich in höhere Angelegenheiten auf diese anmaßende Art und Weise einzumischen. Dieser Versuch endet mit heftigsten Auseinandersetzungen und gegenseitiger Verletzung.

Sinnbildlich wird hier auch die Auseinandersetzung zweier sich normalerweise ergänzender Kräfte gezeigt. Das empfangende Yin versucht gewaltsam in die Sphäre des schöpferischen Yang einzudringen und es seiner angestammten Eigenschaften zu berauben. Mißachtet das Weiblich-Hingebende seine innere Struktur, indem es durch rivalisierendes Verhalten der natürlichen Gesetzmäßigkeit entgegenwirkt, so entartet es zu einem militanten Zwitterwesen, das in konstantem Konflikt mit seinem höherem Selbst erheblichen körperlich-seelischen Schaden erleidet. Keine der beiden Urkräfte entspricht in dieser Situation noch seiner Art.

3. *Die acht Pfade der inneren Wahrheit*

Das Fühlen

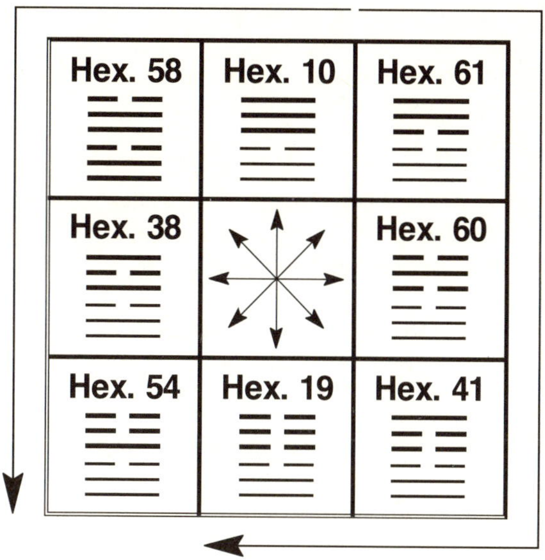

Ursprungszeichen:
Hexagramm 58: *Der See – das Heitere*

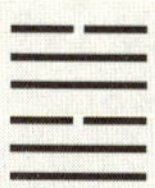

Das Fühlen, Schwingungsfeld des Solarplexus-Chakras
Die wahre Freude

Alle Hexagramme des „Hauses der acht Pfade der inneren Wahrheit" haben als Grundlage das Trigramm des Sees. Es ist das Symbol der Tiefe, der inneren Zufriedenheit und Freude, es spiegelt die Welt der Gefühle, der persönlichen Lebensmotivation, unsere innere Wahrheit wider, es stellt den Mund dar, der diese zum Ausdruck bringt, die sprechende Zauberin, es kann zerstören und verderben, es ist nach außen offen und nach innen stark.

Allgemein sind seine Wirkungen auf Heiterkeit, Zufriedenheit, Weitergabe innerer Weisheit und Individualisierung ausgerichtet, was sich in allen acht Pfaden dieses Hauses bemerkbar macht. Ihm zugeordnet ist das Schwingungsfeld des Solarplexus-Chakras, das gleichsam seine starke Persönlichkeit zum Ausdruck bringt.

Wandlung durch Veränderung der oberen Zeichen

☰ oben: **Der Himmel** – das Erneuernde, das Kronen-Chakra
Hexagramm 10 – Das Auftreten
die würdevolle Haltung

☲ oben: **Das Feuer** – die Klarheit, das Sakral-Chakra
Hexagramm 38 – Der Gegensatz
die Entfremdung

☳ oben: **Der Donner** – das Impulsive, das Stirn-Chakra
Hexagramm 54 – Das heiratende Mädchen
die triebhaften Neigungen

☴ oben: **Der Wind** – das Bewegende, das Wurzel-Chakra
Hexagramm 61 – Die innere Wahrheit
die ethische Reife

☵ oben: **Das Wasser** – das Abgründige, das Hals-Chakra
Hexagramm 60 – Die Beschränkung
die maßvolle Einteilung

☶ oben: **Der Berg** – das Bewahrende, das Herz-Chakra
Hexagramm 41 – Die Minderung
die Verfeinerung des Wesentlichen

☷ oben: **Die Erde** – das Hingebende, die Erdung
Hexagramm 19 – Die Annäherung
der entscheidende Augenblick

10 Das Auftreten
Die würdevolle Haltung

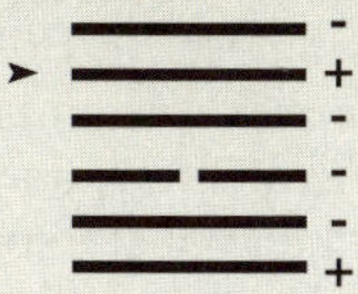

oben: **Der Himmel**

das Schöpferische
die kosmische Kraft
das Kronen-Chakra

DAS GEWAHRSEIN

unten: **Der See**

das Heitere
die innere Wahrheit
das Solarplexus-Chakra

DAS FÜHLEN

Charakter:

6 selbstkritisch
5 wahrhaftig
4 behutsam

3 eigensinnig
2 genügsam
1 standhaft

Situation:

Der Himmel, das Schöpferisch-Starke, steht über dem heiteren Zeichen des Sees. Die Bewegungsrichtung beider Prinzipien geht nach oben, und so folgt das Schwache dem Starken unmittelbar nach und versucht, mit ihm in Kontakt zu kommen. Da es seinem Wesen nach freundlich ist und keine Gefahr darstellt, wird es vom Starken unter seine Schirmherrschaft genommen.

Kommentar:

Der See ist das Sprachrohr des Himmels, was hier durch die dritte schwache Linie zum Ausdruck gebracht wird und tritt im Hexagramm 10 als dessen Spiegelbild in Erscheinung. Dies deutet auf eine innere Übereinstimmung hin, durch die beide in ihrer natürlichen Position bestätigt sind. Das Hohe, Starke ist oben, das Niedere, Schwache ist unten. Die Berührung der beiden geschieht im Bewußtsein der natürlichen Unterschiede und ist deshalb korrekt, so daß kein Konflikt entsteht. Unterschiede, wie sie durch die Eigenschaften dieser beiden Prinzipien ausgedrückt sind, bestehen auch im strukturellen Aufbau unserer Gesellschaftsordnung. Sie entsprechen einer ganz natürlichen, inneren Gesetzmäßigkeit, die in den unterschiedlich ausgeprägten Wesenszügen der einzelnen Menschen begründet liegt.

Dem Auftreten muß also eine innere Wahrheit zugrunde liegen, so daß Diskrepanzen in der Rangordnung von vorneherein vermieden werden können. Würdevolle Haltung und freundliche Rücksichtnahme sind die Grundregeln des anständigen Umgangs mit den

Mitmenschen, die in allen Unternehmungen positive Ergebnisse ermöglichen. Diese Haltung ist keine künstlich aufgesetzte Höflichkeitsformel, sondern das Zeichen einer gesunden Anstandsnorm, durch die man mit seiner Umwelt sorgsam verkehren kann. Besonders dann, wenn ein friedvoll-heiterer Charakter mit starken und unbeherrschten Kräften in direkte Berührung kommt, bedarf es des neutralisierenden Puffers *(dritte Linie)* der höflichen und zuvorkommenden Umgangsformen. Durch dieses einfühlsame Verhalten wird das Starke nicht gereizt, und selbst bei unzugänglichsten Menschen kann man seine Absichten erreichen. In diesem Fall ist der Einsatz anerkannter Spielregeln das Erfolgsrezept, durch das ein gegenseitiges Auskommen gewährleistet wird und gleichzeitig gefahrvolle Auseinandersetzungen vermieden werden können. Höflichkeit ist kein Zeichen von Schwäche, sondern vielmehr ein Gradmesser innerer Reife, die von der Kenntnis zeugt, daß durch das richtige Verhalten Starke und Schwache miteinander vereint werden können.

Innerhalb der Bewußtseinsstruktur wird dies durch die Verbindung des Fühlens *(See)* und dem Gewahrsein *(Himmel)* zum Ausdruck gebracht und symbolisiert durch den dritten schwachen Strich eine zurückhaltende Persönlichkeit mit heiterem Charakter. Die starken Linien der emotionalen Funktionen und der oberen Bereiche bringen in das Auftreten dieses klarsichtigen Menschen zusätzliche Würde.

Linie 1 *Einfaches Auftreten ohne hinderliche Verpflichtungen ermöglicht konstanten Fortschritt*

Sie befinden sich in einer Stellung, in der Sie auf keinerlei gesellschaftliche Verpflichtungen Rücksicht zu nehmen brauchen und können so den Neigungen des eigenen Herzens folgen. Trotz der Einfachheit Ihres Auftretens sollten Sie weiterhin den gewohnten Wegen folgen und Ihre innere Stärke als Grundlage Ihres Fortschrittes festigen. Nicht das äußere Erscheinungsbild ist es, was den Tüchtigen vorantreibt, sondern die innere Gesinnung, die ihn den höheren Zielen verpflichtet. Bleiben Sie deshalb Ihren wahrhaftigen Charakterzügen treu, auch wenn Sie durch Ihre Neigung, sich frei und ungeniert zu äußern, nicht immer und überall einen leicht zu handhabenden Kameraden für die anderen abgeben.

Linie 2 *Folgen Sie dem goldenen Mittelweg, und Sie werden in Ihrem Auftreten unangreifbar*

Bewahren Sie Ihren stillen und selbstgenügsamen Charakter, und lassen Sie sich nicht durch verlockende Wunschträume blenden. Wenn Sie Ihre Gedanken für sich behalten und keine besonderen Ansprüche an Ihre Umgebung stellen werden Ihnen unnötige Händeleien und Verwicklungen erspart bleiben. Mit diesem Auftreten machen Sie sich unangreifbar und können so auf ebenem und leicht begehbarem Pfad Ihrem Ziel entgegen wandern.

Linie 3 *Ihr Auftreten gleicht dem eines starken Kriegers, obwohl Ihnen dazu die Fähigkeiten fehlen*

Trotz Ihrer schwachen Persönlichkeit benehmen Sie sich wie ein harter Krieger, der in draufgängerischer Manier sein Leben für eine übergeordnete Sache aufs Spiel setzt. Sie haben nicht genügend Kraft und außerdem keine höhere Veranlassung, um Ihre verwegenen Pläne auf diese Art und Weise in die Tat umzusetzen. Ihr Auftreten gleicht deshalb dem Beispiel eines Lahmen, der glaubt, schnell genug laufen zu können, um seinen Feinden zu entgehen, oder dem Blinden, der glaubt, klar genug sehen zu können, um alle Gefahren rechtzeitig zu erkennen. Ihr Vorgehen ist durch Eigensinn getrübt und wird Sie unweigerlich ins Verderben stürzen.

Auf gesellschaftliche Beziehungsmuster übertragen wird hier eine unreife Persönlichkeit gezeigt, die überall durch ihr unmögliches Benehmen aneckt. Solange sie nicht die primitivsten Anstandsregeln nachgeholt hat, wird sie von ihrer Umgebung angefeindet und verachtet. Für den rauhen Kriegsmann *(UKT Feuer),* der im Dienste eines Herrschers steht, ist dieses Auftreten etwas anderes, da er als Haudegen mit diesem Charakter als stilecht gilt. Aber auch unter dessen rauher Schale verbirgt sich ein weicher Kern, der – wenn es darauf ankommt – gewillt ist, seine Lektion zu lernen.

Linie 4 *Seien Sie in Ihrem Auftreten behutsam und vorsichtig, damit Sie nicht unangenehm auffallen*

Im Gegensatz zum eigensinnigen Auftreten des Charakters auf drittem Platz, der trotz seiner inneren Schwächen nach außen drängt, ist hier eine starke Persönlichkeit gezeigt, die mit äußerster Vorsicht ihre Unternehmungen in Angriff nimmt. Dieses Benehmen ist durchaus angebracht, da man sich am Übergang zum Reich des Starken befindet, in dessen Reihen höfliche und gesittete Verhaltensregeln von ausschlaggebender Bedeutung sind. Außerdem steht man noch immer in direktem Kontakt mit schwierigen Menschen, deren schlechte Manieren einen veranlassen, sie mit Samthandschuhen anzufassen. Ist man sich dieser Umstände bewußt, können nach und nach alle Schwierigkeiten überwunden werden, so daß am Ende alles gut geht.

Linie 5 *Entschlossenes Auftreten bei Bewußtsein der Gefahr findet Anerkennung*

Sie sehen sich zu entschlossenem Auftreten veranlaßt und begeben sich dadurch auf einen gefährlichen Weg. Obwohl dies in Ihren Möglichkeiten liegt, sollten Sie sich jeden Schritt ganz genau überlegen und sich darüber im klaren sein, daß durch zu rasches Vorgehen eine Gegenkraft erzeugt wird, deren Druck man nicht lange standhalten kann. Auf der anderen Seite gilt es, in höherem Auftrag zu handeln, wozu es der mutigen Tatkraft bedarf, unpopuläre Maßnahmen zu ergreifen. Mit nachlässigem und charmantem Kompromiß ließe es sich nicht erreichen, und so gilt es, gegenüber einschmeichelnden Widersachern unbeugsam zu bleiben und sich nicht aufweichen zu lassen. Bleibt man im vollem Bewußtsein der Gefahren, dann wird dieses ehrenhafte Auftreten Anerkennung finden und von großem Erfolg begleitet sein.

Linie 6 *Überprüfen Sie die Erfolge Ihres bisherigen Auftretens*

Die Erfolge Ihres bisherigen Auftretens lassen sich nur an den Früchten messen, die dadurch gereift sind. Überprüfen Sie deshalb selbstkritisch, ob der bisher beschrittene Weg die erhofften Ergebnisse gebracht hat oder nicht. Durch diese Rückschau werden Sie erkennen, welche Richtung Sie in der Zukunft einzuschlagen haben.

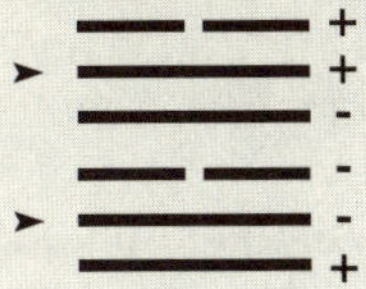

oben: **Der See**

das Heitere
die innere Wahrheit
das Solarplexus-Chakra

DAS FÜHLEN

unten: **Der See**

das Heitere
die innere Wahrheit
das Solarplexus-Chakra

DAS FÜHLEN

Charakter:

6 selbstgefällig
5 rechtschaffen
4 unentschieden

3 abhängig
2 klarsichtig
1 gefestigt

58 Das Heitere

Die wahre Freude

Situation:

Zwei Seen, die durch einen Kanal miteinander verbunden sind (dritte Linie), bilden ein großes Potential an Wasser, das nach oben nicht so schnell verdunstet (sechste Linie). Ein freier Austausch findet statt, durch den sich beide gegenseitig ergänzen.

Kommentar:

Das Zeichen Dui – der See –, das als einzelnes Heiterkeit symbolisiert, zeigt in seiner Verdoppelung die aus dem Inneren aufsteigende tiefe Freude. Während die Heiterkeit auch oberflächliche Lustigkeit bedeutet, beruht die wahre Freude auf innerer Stärke, die sich nach außen durch Offenheit und Milde zeigt. Wer aber andere anregen oder ermutigen will, der muß selbst auf den Grund seines Wesens hinabtauchen, um sich seiner inneren Schätze bewußt zu werden. Hat er seine geheimsten Wünsche erforscht und die eigene Lebensmotivation gefunden, so wird er fähig sein, sich seinen Mitmenschen zu öffnen und ihnen unvoreingenommen entgegenzukommen. Durch das Austauschen tiefster Erkenntnisse und Erfahrungen erweitert man sein Wissen und hat gleichzeitig die Möglichkeit, die Ecken und Kanten seiner Leitbilder zu glätten, so daß der wahre Wesenskern immer mehr herausgebildet wird.

Die Macht der Freude, mit der man bei der Sache ist, wirkt auf andere so ansteckend, daß sie voll sprühender Begeisterung zum gegenseitigen Dialog bereit sind. Verständigung, die aus gegenseitiger Akzeptanz entsteht, ist wohlwollend und schafft eine Atmosphäre wahrer Zufriedenheit und fruchtbarer Ergänzung. Man nimmt den anderen so wie er ist und gibt ihm dadurch die Gelegenheit, sein inneres Wesen mehr und mehr zu erkennen und auch nach außen identisch zu werden, d. h. sich im Geiste der inneren Schätze bewußt zu wandeln.

Ganz allgemein ist dies eine Zeit gegenseitiger Anerkennung, in der man sich frei äußern kann, ohne hinterhältige Absichten befürchten zu müssen. Durch die Aufrichtigkeit der Beweggründe entstehen ehrliche und glückbringende Kontakte, in denen man sich offen seine gegenseitige Sympathie bezeugt. Angeregt durch diese erfrischende Atmosphäre fallen die verbergenden Hüllen, und es wird ganz offen über alles gesprochen. Dieser heitere und unbeschwerte Austausch von Weisheiten und allgemeinem Gedankengut bereichert das eigene Wissen und setzt fruchtbare Prozesse der Erweiterung in Gang. Man findet Anerkennung und wird gelobt, erfreut sich an anderen und wird selbst von anderen gemocht.

Wie jede Offenbarung innerer Vorgänge, so hat auch die Freude ihre andere Seite. Übertriebene Ausgelassenheit oder falscher Optimismus sind die Anzeichen einer blockierten Gefühlswelt. Man will sich aus Furcht oder Berechnung mit seinem wahren Wesenskern nicht auseinandersetzen und treibt deshalb lieber oberflächlichen Small-Talk, durch den das künstlich aufgebaute Weltbild keine Anfechtung erfährt. So sehr wird dieser Schutz gebraucht, daß man sich am Schluß völlig den weltlichen Vergnügungen hingibt und in einem unwirklichen Gefüge von Scheinwahrheiten gefangen wird.

Auf der anderen Seite kann sich durch überzogenes Auskosten solch glücklicher Zeiten eine gewisse Sattheit oder Gewöhnung einschleichen. Das Immer-mehr-sich-ausbreiten-Wollen geht auf Kosten der tieferen Wahrheit, wobei der eigentliche Sinn des gegenseitigen Austauschens durch zuviel Lust und Freuden vergessen wird. In endlosen Redeschwällen und sinnlosem Geplapper gibt man sich Ausschmückungen und Verspieltheiten hin und vergißt dabei den tieferen Hintergrund. Jeder Mensch trägt das Bild seines eigenen Selbst in sich, und je nachdem, wie er diesem entspricht, erscheint sein Auftreten gehaltvoll oder gekünstelt. Wirkungsvoll geworden durch den geborgenen Schatz der inneren Wahrheit, wird dieser von den Menschen spontan gemocht, während der andere sich durch angepaßte Haltung die Gunst seiner Gesellschaft erschleicht. Um nicht der Schwermut zu verfallen, gibt er sich beschwingt und heiter und hofft dadurch, dem inneren Drängen nach Vertiefung zu entgehen, während der andere mit Leichtigkeit und ohne Zwang seinem tiefsten Wesenskern entspricht.

Linie 1 *Lassen Sie sich nicht von Ihren inneren Beweggründen abbringen*

Ein selbstgenügsamer und tief in sich gefestigter Charakter ist nicht abhängig von äußeren Freuden, sondern lebt, mit seinem inneren Wesen in Harmonie, ganz unabhängig von allen Anfechtungen dieser Welt. Er fühlt sich durch sich selbst bestätigt und ist nicht auf äußeren Zuspruch angewiesen. Durch diese Haltung behält er seinen inneren Frieden und hat die Freiheit, sich voll und ganz der eigenen Lebensmotivation zu widmen. Unkompliziert in seinem ganzen Verhalten, nimmt er die Dinge wie sie kommen, ohne sich von seinen inneren Beweggründen ablenken zu lassen. Wenn er es versteht, seine aufrichtige Art, sich zu freuen, beizubehalten, dann kann er weiterhin in problemlosem Kontakt mit seiner Umwelt verkehren.

Linie 2 *Nutzen Sie Ihre klarsichtigen Gaben, und Sie werden allen Verlockungen standhalten*

Sie stehen in direktem Kontakt mit Menschen, aus deren Reihen Freuden winken, die zu Ihren Wertvorstellungen in krassem Gegensatz stehen. Lassen Sie sich nicht verunsichern, sondern bleiben Sie Ihrem eigenen Wesen treu. Freuden dieser Art, die nur auf Zerstreuung aus sind, lenken vom Wesentlichen ab und können einem höhergesinnten Menschen keine wirkliche Zufriedenheit schenken.

Nahe am Zentrum lustvoller Freuden *(dritte Linie)* ist man, bedingt durch seine eigene Natur, in seiner Beständigkeit wankend geworden und geneigt, sich ablenken zu lassen und seiner Triebhaftigkeit nachzugeben. Da man jedoch eine klare Vorstellungsgabe besitzt und außerdem durch einen starken Willen *(OKT Wind)* getragen wird, hält man allen Verlockungen stand. Letztendlich zieht man seine Lehren aus dieser Erfahrung, wodurch jeder Anlaß, etwas zu bereuen, beseitigt wird.

Linie 3 *Innere Leere ist die Folge oberflächlicher Vergnügungen*

Ihre Lustbefriedigung an oberflächlichen Freuden hat Sie in Abhängigkeit gebracht mit Menschen und Dingen, deren einschmeichelnder Charakter Ihnen schaden wird. Ihnen fehlt die moralische Substanz einer reifen Persönlichkeit. Um diese innere Leere auszugleichen, geben Sie sich Vergnügungen hin, deren Wirkungen nur auf kurze Dauer erfüllend sind. In diesem Kreislauf werden Sie sich immer mehr verlieren, und je stärker die flüchtigen Freuden Einfluß auf Sie nehmen, desto leerer werden Sie innerlich werden. Sie sollten bemüht sein, Ihr eigenes Wesen zu erkunden, um zumindest etwas Kontrolle über Ihr Verhalten zu gewinnen.

Wieder befindet sich hier eine schwache Linie auf starkem Platze was in der Verbindung der zwei Zeichen des Fühlens *(See)* eine Persönlichkeit zeigt, die sich von allem möglichen Lusthaften magisch angezogen fühlt *(dritte Linie – die Zauberin)* oder sich verführen läßt. Da es sich bei dieser Linie gleichzeitig um die Spitze des Lustprinzips See handelt, wirkt diese wie ein Sog, in den man hineingezogen wird. Das ICH wird vom lustvollen ES überschwemmt *(aus der Tiefe aufsteigende Triebe, die sofort befriedigt werden wollen),* und da man nicht charakterstark genug ist, kann man dieser Lust an äußeren Freuden nicht widerstehen. Dieses Verhalten gleicht der frühkindlichen Befriedigung spontaner Lustansprüche, was natürlich im reifen Alter eines normalerweise höher entwickelten Menschen von Übel ist.

Linie 4 *Entscheiden Sie sich für die höheren Freuden, und Sie werden innere Befreiung erleben*

Solange Sie hin und her gerissen sind zwischen den niederen und höheren Arten der Freude und sich nicht wahrhaftig entscheiden können, was der richtige Weg für Sie ist, solange werden Sie rastlos und unentschieden dazwischen hängen. Erst wenn Sie erkannt haben, daß Sie sich von den Quellen der reinen Vergnügungssucht frei machen müssen, um höhere Freuden zu erlangen, werden Sie eine innere Befreiung erleben, die Sie über alle Zweifel erhaben macht. Dieser innere Friede wird Sie bestärken, auf dem Pfad der wahren Freuden weiterzugehen.

Diese Persönlichkeit hat den Übergang vom heiteren Lustprinzip zur inneren Wahrheit überschritten, hängt aber immer noch dazwischen. Auch wenn er die Lustlinie vier hinter sich gelassen hat, so ist ihr Einflußbereich doch noch groß genug, um ihn in innere Unruhe zu versetzen. Da er jedoch konsequenten Abstand vom Quell der billigen Freuden hält, kann er der Versuchung widerstehen. Seine nun endlich gefaßte Entscheidung, andere Wege zu gehen, stimmt ihn heiter und läßt ihn alle inneren Widerstreite überwinden.

Linie 5 *Lassen Sie sich nicht in Versuchung bringen, sondern bleiben Sie den anerkannten Werten treu*

Seien Sie in Ihren Vertrauenskundgebungen vorsichtig, damit Sie nicht mit falschen Elementen in Verbindung geraten. Überprüfen Sie, ob nicht Ihre eigenen Wertvorstellungen noch an lustbetonten Prinzipien haften, die Ihnen später Schaden zufügen könnten. Geben Sie solchen Einflüssen nicht nach und wenn, dann nur im kleinsten und unter strenger Kontrolle.

Dieser hier hat zwar einen starken Charakter, wird jedoch durch seine Einfluß nehmende Triebhaftigkeit *(zweite Linie)* in Versuchung gebracht, sich mit Elementen einzulassen *(sechste Linie)*, die ihn in seinem Wesen erschüttern könnten, was in seiner Stellung sehr bedenklich wäre. Obwohl es ihn im Inneren zu diesen hinzieht, widersteht er tapfer und bleibt seinen anerkannten Werten treu.

Linie 6 *Ein Wesen, das durch äußere Einflüsse solchermaßen in Verwirrung gerät, überläßt sein Schicksal dem Zufall*

Im Gegensatz zu Linie drei, bei der es sich um innere Leere handelt, die den Antrieb zur ausgelassenen Lustbefriedigung gibt, wird hier ein Mensch gezeigt, der völlig haltlos den Freuden der Außenwelt ausgeliefert ist. Er taumelt, mitgerissen von äußeren Genüssen und angetrieben durch sein unbefriedigtes Wesen, durch das Leben und überläßt sein Schicksal dem Zufall. Da er weit außerhalb jeder tiefen Einsicht steht, findet er selbst frivolen Genuß dabei, andere zu verführen, was ihm zusätzlich die Merkmale eines üblen und destruktiven Charakters verleiht. Welchen tiefen Ratschlag soll man einem solch irrationalen Wesen geben?

Die sechste Linie des oberen Zeichens See zeigt die einströmende Lust, die dieser schwache Charakter aus dem Mund einer verführerischen Zauberin empfängt. Durch diese verführbare Schwäche ist er allerlei Süchten ausgeliefert, die seine ohnehin vorhandenen selbstzerstörerischen Tendenzen noch verstärken. Auch wenn er sich diesen Lustquellen entziehen wollte, so bestände doch ein unwiderstehliches Verlangen, daß ihn immer wieder rückfällig werden ließe. Da es sich dabei um ein geistiges Problem handelt *(sechste Linie)*, wird es nur durch langwierige und konsequente Entziehung möglich sein, diesem Kreislauf zu entrinnen.

38 Der Gegensatz
Die Entfremdung

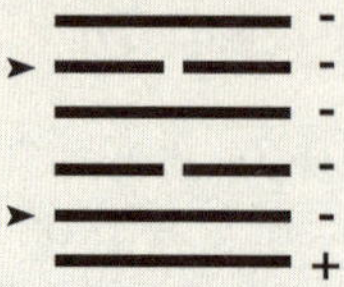

oben: **Das Feuer**

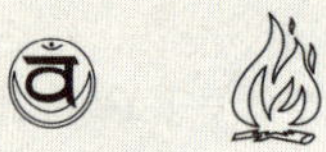

das Haftende
die Klarheit
das Sakral-Chakra

DAS DENKEN

unten: **Der See**

das Heitere
die innere Wahrheit
das Solarplexus-Chakra

DAS FÜHLEN

Charakter:

6 intolerant
5 mißtrauisch
4 unzufrieden

3 wahrhaftig
2 unauffällig
1 zurückhaltend

Situation:

Oben ist das Feuer, unten der See. Zwei eindeutig gegensätzliche Elemente stehen sich gegenüber. Da sie ihren Eigenschaften nach grundverschieden sind, streben sie auseinander. Das Feuer steigt nach oben, das Wasser sickert nach unten. Eine Verschmelzung der beiden ist ausgeschlossen, so daß sie sich trennen, wodurch jedoch jedes seine Eigenart bewahrt.

Kommentar:

Das Trigramm des Feuers, dessen Charakter Klarheit und weltgewandte Extrovertiertheit symbolisiert, begegnet dem unteren Trigramm See, dessen Wesen eher heitere und zufriedene Eigenschaften in sich vereint. Beide sind ihrer elementaren Bestimmung nach eigenständig und befinden sich deshalb im Gegensatz. Trotz dieser differenten Charakterzüge sind beide Teil einer übergeordneten Einheit und deshalb unweigerlich miteinander verbunden. Gerade der in diesem Zeichen angedeutete polare Gegensatz erfüllt im höheren Sinne die Aufgabe der Individuation, durch den die Dinge in eine eindeutig erkennbare Vielfalt eingeteilt werden können. Konfrontation mit gegensätzlichen Erscheinungen erleben wir vor allen Dingen in der Auseinandersetzung mit der Außenwelt, aber auch mit der eigenen, inneren Entfremdung.

In den zwischenmenschlichen Bereichen stehen sich in Zeiten der Gegensätze verschiedenartige Gesinnungen entgegen, so daß Mißverständnisse in grundlegenden Sachverhalten an der Tagesordnung sind. Gegensatz bedeutet Entfremdung, und so lassen sich größere Unternehmungen an einheitlichen Zielen nicht ermöglichen, da alle Beteiligten ihre eigenen Standpunkte vertreten und versöhnliche Kompromisse nur in kleinen Ansätzen zu erwarten sind. Different zu etwas zu sein bedeutet aber nicht, sich unwiderruflich davon zu entfernen, sondern vielmehr die Möglichkeit, die eigene Besonderheit in bezug zu den Mitmenschen zu bestimmen und daran zu wachsen. Gerade durch die individuellen Gegensätze der Menschen können sich schöpferische Verbindungen ergeben, aus denen neue und fortschrittliche Projekte entstehen. Polare Gegensätzlichkeit, wie sie durch die universalen Prinzipien dargestellt wird, bildet also die Grundlage der unendlichen Vielfalt, wie sie uns das Leben offenbart. Hat man erkannt, daß eine Rückkehr zur Einheit nur durch die Auseinandersetzung mit Gegensätzen erreicht werden kann, verlieren sich alle Vorurteile, wie sie in Zeiten der Entfremdung sehr schnell aufgebaut werden.

Differenzen im äußeren Umfeld finden wie immer ihre Entsprechung auch in der personalen Struktur der bewußtseinsprägenden Bereiche. Das Denken, das symbolisch dem Feuer zugeschrieben wird, befindet sich über dem Fühlen *(See)*. Dies hat zur Folge, daß beide getrennt voneinander arbeiten und innerhalb der Persönlichkeit eine Entfremdung entsteht. *(Zwiespalte zwischen Gefühl und Verstand oder auch bestens ausgedrückt durch die Kerntrigramme Feuer und Wasser).* Das Ich zerfällt in zwei Teile. Der obere lustbetont und weltgewandt, der untere selbstkontrolliert und aus dem Inneren genährt. Die Folge ist eine personale Spaltung, in der die eine Ich-Hälfte sich der anderen Ich-Hälfte entfremdet.

Linie 1 *Wenn Sie den herrschenden Gegensätzen ihren natürlichen Lauf lassen, werden sie sich alleine aufklären*

Zwischen sich nahestehenden Menschen, oder auch innerhalb der eigenen Person, können sich nun Gegensätze auftun, die in den herrschenden Zeitverhältnissen begründet liegen. Versuchen Sie nicht, durch manipulatives Eingreifen die Situation zu beeinflussen, sondern warten Sie ab, und lassen Sie den Dingen ihren natürlichen Lauf. Besteht eine echte innere Zusammengehörigkeit, so wird sich dieses Mißverständnis ohne eigenes Dazutun ausgleichen. In Zeiten innerer und äußerer Unausgeglichenheit ist es sehr leicht möglich, daß sich – durch unser Verhalten angezogen – Menschen einschleichen, die ihrer Art nach nicht zu uns gehören. Auch hier gilt es, sie nicht gewaltsam zurückzuweisen, sondern durch unbeteiligtes Auftreten deren Interesse langsam im Sande verlaufen zu lassen.

Linie 2 *Wo ein reguläres Zusammenkommen nicht gewährleistet ist, sollten Sie den natürlichen Anziehungskräften vertrauen*

Zwischen einer normalerweise korrekt wirkenden Verbindung *(zweite und fünfte Linie)* herrscht ein offensichtlicher Gegensatz, so daß ein reguläres Zusammenkommen nicht gewährleistet ist. So verhält es sich auch bei Menschen, in deren Wesen zwar eine gewisse Übereinstimmung besteht, die jedoch durch widersprüchliche Umstände davon abgehalten werden, direkt aufeinander zuzugehen. Wollten Sie sich nun auf Schleichwegen gegenseitige Gunst erkaufen, so würde eine solide Verbindung unmöglich gemacht und – ganz im Gegenteil – zu einer weiteren Entfremdung beigetragen werden. In diesem Fall sollte man auf die natürlichen Anziehungskräfte vertrauen, die wie bei einem zufälligen Zusammentreffen eine langsame Annäherung ermöglichen. Besteht also zwischen zwei normalerweise zusammengehörigen Menschen eine Entfremdung, die in deren eigenem Charakter zu suchen ist, so gilt es, ganz behutsam aufeinander zuzugehen.

Ganz allgemein behindern in der Außen-, wie in der Innenwelt *(zweite Linie: Denken und fünfte Linie: Seele)* viele unüberwindbare Differenzen ein normales Zusammenkommen, so daß man es dem Zufall überlassen sollte, wo und wie man sich trifft.

Linie 3 *Auch unter größten Schwierigkeiten sollten Sie Ihren Grundsätzen treu bleiben*

Egal wohin Sie sich auch wenden, überall treffen Sie auf abweisendes Verhalten und beleidigende Behandlung. Die Schwierigkeiten scheinen kein Ende zu nehmen und immer wieder werden Sie in Ihrem Fortschritt zurückgehalten. Selbst Ihre Gedanken versucht man zu verwirren, um Sie damit völlig aus dem Gleichgewicht zu bringen. Eine gefährliche Ausgangsstellung, die Ihrer ohnehin leicht zu verletzenden Persönlichkeit keine leichten Umstände beschert. Bleiben Sie aber trotz dieser Schwierigkeiten Ihren Grundsätzen treu und orientieren Sie sich am Beispiel starker Menschen, zu denen eine innere Beziehung besteht. Wenn Sie diese Herausforderung gemeistert haben, werden Sie den verdienten Ausgleich für alle Mühen erhalten.

Der ganzen verdrehten Struktur des Zeichens entsprechend, befinden sich auch auf diesem Platz die Kräftewirkungen im Gegensatz. Die dritte Linie der starken Handlungsfähigkeit ist schwach und wird deshalb beim Versuch, ihrer Aufgabe nachzukommen, von massiven Widerständen bedrängt. Da jedoch eine Übereinstimmung mit der sechsten Linie der geistigen Stärke besteht, kommt ihr dieser Zusammenhalt letztendlich zugute, so daß sie ihrer wahren Bestimmung, trotz anfänglicher Schwierigkeiten, zugeführt werden kann.

Linie 4 *Nutzen Sie Ihre instinktive Kraft, und Sie werden einen Ausweg aus Ihrer Isolation finden*

Der Versuch, Ihr Leben aus eigener Kraft zu meistern, hat Sie in eine isolierte und einsame Lage gebracht. Ohne höhere Berechtigung zu diesem Vorgehen sind Sie in eine Umgebung voller Gegensätze geraten, in der Sie sehr leicht untergehen könnten. Wenn Sie in dieser Lage auf einen Menschen treffen, mit dem Sie sich durch eine innere Beziehung verbunden fühlen, sollten Sie sich mit ihm zusammentun, um durch gemeinsame Anstrengungen die gefahrvolle Situation zu überwinden.

Hier ist das Musterverhalten eines Menschen gezeigt, der versucht, inmitten der vielen äußeren Widrigkeiten allein zurecht zu kommen. Da ihm ein höherer Bezugspunkt fehlt, aus dem er seine Kraft schöpfen kann, gerät er immer mehr in den Sog der Anonymität und entfremdet sich seiner Umwelt. Er fühlt sich wie ein einsamer Emigrant in einer Umgebung, die seinem Wesen nicht entspricht. Da er aber einen gut funktionierenden Instinkt besitzt, kann er diese Situation überwinden und gewinnt – durch diese Erfahrung gereift – das Vertrauen eines Menschen, mit dem zusammen er Großes erreichen kann.

Linie 5 *Durch höhere Erkenntnis der Gegensätze kann wahre Einheit erreicht werden*

Wenn man sich in einer Atmosphäre befindet, die von Widrigkeiten und Gegensätzen vergiftet ist, dann wirkt diese Stimmung so ansteckend, daß man selbst die treuesten Menschen, die einem helfen könnten, nicht mehr erkennen kann. Bemühen sich diese aber, trotz des ihnen entgegengebrachten Mißtrauens, aufrichtig, einen Weg zu finden, dann verlangt es die Pflicht, sich zu öffnen und seine Bereitschaft zur Zusammenarbeit zu zeigen.

Im übertragenen Sinne wird hier eine Situation geschildert, wie sie in partnerschaftlichen Auseinandersetzungen sehr oft in Erscheinung tritt. Nach einem mißverständlichen verbalen Streit hat man sich auseinandergelebt und wartet auf ein Zeichen der Versöhnung. Wie in einem Glashaus sitzt man sich verschlossen gegenüber, bis der Klügere *(fünfte Linie)* den ersten Schritt zur Lösung dieser Spannung tut. Die eisige Wand des Schweigens *(vierte Linie, OKT Wasser)* schmilzt, und in einer sachlichen Auseinandersetzung können die dummen *(abgründigen)* Mißverständnisse geklärt werden. Plötzlich ist es möglich, die gegenteilige Ansicht des anderen zu respektieren, was der These entgegenkommt, daß wahre Einheit nur durch höhere Erkenntnis der Gegensätze erreicht werden kann.

Linie 6 *Ihre Einsamkeit ist die Folge schlechter Erfahrungen*

Durch die vielen durchlebten Diskrepanzen in Ihrer Umgebung vereinsamt, sind Sie innerlich so stark auf Opposition und Abstand eingestellt, daß Sie selbst Ihre besten Freunde wie Feinde behandeln. Wo immer Ihnen eine Hilfestellung angeboten wird, vermuten Sie schlechte Absichten, ja sogar dämonische Übergriffe auf Ihre Person, und gehen in Verteidigungsstellung. Da Sie aber noch genügend geistige Klarheit besitzen, erkennen Sie schließlich Ihren Irrtum und bemerken, daß es sich um Freunde handelt, die in bester Absicht auf sie zukommen. Dieses Aufeinanderzugehen nach langer Vereinsamung löst eine seelische Befreiung aus, die dem fallenden Regen nach langer Dürre gleicht. Nach massivsten Beschuldigungen *(man sieht den Splitter im Auge des anderen, den eigenen Balken aber sieht man nicht)*, die eine der Hauptquellen ist, durch die man sich auseinanderlebt, lösen sich die Widersprüche wie nach einem klärenden Regenguß von allein und die Luft wird klar und rein.

oben: **Der Donner**

das Erregende
die Aktivität
das Stirn-Chakra

DER GEIST

unten: **Der See**

das Heitere
die innere Wahrheit
das Solarplexus-Chakra

DAS FÜHLEN

Charakter:

6 verlogen
5 anmutig
4 geduldig

3 würdelos
2 treu
1 behindert

54 Das heiratende Mädchen
Die triebhaften Neigungen

Situation:

Die schwache Linie des unteren Trigramms See befindet sich in direktem Kontakt mit der starken Linie des Zeichens Donner. Sein triebhaft-impulsiver Charakter bemächtigt sich des verführerisch schimmernden Glanzes des Wassers und bringt es in Erregung.

Kommentar:

Die übergeordnete Thematik, die dieser Situation zugrundeliegt, sind die freien, ja triebhaften Beziehungsverhältnisse zwischen den Geschlechtern und den Menschen allgemein, die einzig und allein auf den ungeschriebenen Gesetzen der persönlichen Zu- oder Abneigungen beruhen. Im Gegensatz zum Zeichen 17 – Die Nachfolge –, bei dem sich das Männlich-Triebhafte dem Weiblich-Heiteren unterordnet und damit den wahrhaftigen und tiefen Gefühlen die Führung überläßt, ist hier das Gegenteil der Fall. Mißverständnisse und Verirrungen verschiedenster Art können sich in solchen Verbindungen schnell entwickeln, denn ganz im Gegenteil zu allen rechtlich geordneten Verhältnissen ist der dauerhafte Bestand aller Neigungsverhältnisse abhängig vom Taktgefühl der Beteiligten. Deshalb gilt es, die mögliche Entwicklungsrichtung vorausschauend im Auge zu behalten, damit man auftretenden Schwierigkeiten entsprechend begegnen kann.

Seinem Ursprung nach schildert das Hexagramm 54 die Problematik, wie sie der Geliebten eines verheirateten Mannes begegnet, die der eigentlichen Eheverbindung untergeordnet bleibt. Verbindungen dieser Art sind, da sie auf freien, lustbetonten Neigungen beruhen, selten von Dauer und drohen, ohne entsprechendes Taktgefühl schnell auseinanderzubrechen. Ein sensibles Einfühlungsvermögen ist in solchen Beziehungsverhältnissen wichtigste Voraussetzung, denn von vorneherein sind die Weichen für eine korrekte Verbindung falsch gestellt. Bereits in der Struktur des Zeichens wird angedeutet, daß ein jüngeres Mädchen dem Drängen eines älteren Mannes nachgibt und ihm in die Ehe folgt. Keine gute Voraussetzung, da der Altersunterschied zu groß ist und er ihren Bedürfnissen nicht entsprechen kann *(alter Lüstling und heiter-gefühlsbetontes Mädchen)*. Selbst wenn der Anschein durch eine Hochzeit gewahrt bleibt, ist doch der ganze Hintergrund verdorben und falsch *(UKT Feuer, OKT Wasser)*, so daß es jederzeit zur Scheidung kommen kann.

Im krassen Gegensatz zu jeder stimmungshaften und von tiefer Zuneigung getragenen Beziehung herrschen hier allgemein zwiespältig-triebhafte Neigungen vor, die die Menschen zusammenführen. Ausgedrückt durch das obere Zeichen Donner, das sowohl das triebhaft-orgiastische und impulsiv-erobernde Yang darstellt als auch die initiatische Kraft, die neues Leben erweckt. Darunter das heiter-schillernde Zeichen des Sees, die verkörperte Weiblichkeit sinnlicher Verführungslust und sexueller Vereinigung. Lustspendend und Liebe versprechend *(dritte Linie)* symbolisiert sie zum einen die strahlende Zauberin, die Schamanin, oder Anima, deren sexuelles Erleben getragen wird durch geistige Erkenntnisse und Erfüllung in höherem Sinne *(Tantra)* und zum andern die in die Taktlosigkeit verfallene Situation des verbalen und lustvoll-frivolen Anmachens *(dritte Linie)* einer Gespielin, die sich zur reinen Lustbefriedigung hingibt. *(Gibt sich hin, wird genommen, zweckgebundene Liebesdienste, Konkubine, Dirne)*. Das Starke, Aggressiv-Triebhafte, dominiert über das Heiter-Gefühlvolle und macht es zu seiner Untergebenen.

Linie 1 *Wenn Sie es verstehen, sich den Umständen anzupassen, wird Ihnen Ihr wahrhaftiges Wesen behilflich sein*

Ihre Situation ist zu vergleichen mit der eines Lahmen, der an einem Bein behindert ist, aber immer noch laufen kann. Zwar sind die Umstände, in denen Sie sich befinden, erdrückend, aber Ihr Wunsch, der Welt zu dienen, findet an höherer Stelle Gehör, so daß Sie Ihre Fähigkeiten – wenn auch eingeschränkt – dennoch zum Einsatz bringen können.

Die hier geschilderten Umstände gleichen der Probezeit, wie sie zu Beginn einer An- oder Einstellung in eine Firma vereinbart wird. Man befindet sich in einer niedrigen Stellung, in der es noch viele Hindernisse zu überwinden gibt. Andere, die höhergestellt sind als man selbst und denen man den Platz nicht streitig machen darf, sind zu berücksichtigen. Kompetenzen, die durch hierarchische Rangordnungen entstanden sind, müssen eingehalten werden, um die friedliche Ordnung nicht durch übermütiges Verhalten durcheinander zu bringen. Da man aber das Vertrauen einer einflußreichen Person innerhalb des Territoriums genießt und sich außerdem bescheiden zurückzuhalten weiß, kann man sich doch sehr hilfreich zeigen.

Linie 2 *Halten Sie trotz Ihrer Enttäuschungen an den inneren Grundsätzen fest*

War es bei der ersten Linie der Mangel an Beweglichkeit, der zur Unterordnung gezwungen hat, so wird hier der Mangel an Klarsichtigkeit durch nicht verarbeitete Enttäuschung oder charakterliche Unzulänglichkeit gezeigt. Gute Aussichten, die durch leichtfertige Versprechungen geweckt wurden, haben sich zerschlagen. Sie haben Ihren Neigungen zu sehr nachgegeben, ohne kritisch die Folgen zu bedenken und sind enttäuscht worden. Vielleicht hat Ihnen dieses Mißgeschick die Augen geöffnet, so daß Sie zukünftig auch Nebensächlichkeiten mehr Beachtung schenken. Verlieren Sie trotz allem den Glauben an den Gegenstand Ihrer Frage nicht, sondern bleiben Sie beharrlich Ihrem inneren Standpunkt treu, bis sich eine bessere Gelegenheit bietet.

In einer gut funktionierenden Verbindung *(zweite und fünfte Linie)* ergänzen sich die Partner wie die Augen und das Ohr. Man verläßt sich „blind" aufeinander, was im Falle des drohenden Todes oder der Untreue eines der beiden natürlich schwerwiegende Folgen haben kann. Da man in seinen ganzen Neigungen zu sehr auf den anderen fixiert gewesen ist, bleibt man ihm auch weiterhin unbewußt treu. Aber diese Treue wird belohnt, denn durch sie bewahrt man seine persönliche Eigenart, so daß sich später der passende Partner findet.

Linie 3 *Die Zauberin befindet sich an der abgründigen Schwelle zwischen Lust und Gefahr*

Den eigenen triebhaften Begierden unterworfen, ist dieses Wesen damit beschäftigt, seinen zweifelhaften Neigungen nachzugeben und bringt sich dadurch in eine Lage, die der einer Sklavin gleicht. Ist die Erfüllung Ihrer Wünsche so wichtig, daß Sie sogar Ihr Selbstwertgefühl aufs Spiel setzen?

Diese hier geschilderte, würdelose Situation ist direkt der Struktur des Zeichens entnommen und begegnet uns in der Außen- sowie in der Innenwelt der eigenen Person. Das gefühlvolle Mädchen als sinnlich-lustvolle Zauberin, in jedem von uns vorhanden, verführt uns durch lustvolles Offenbaren unserer Neigungen, den Rahmen der anerzogenen Konventionen zu sprengen. Ein durchaus natürlicher und wichtiger Entwicklungsschritt, der die einengenden Erziehungsmuster löst und – wie das obere Trigramm Donner symbolisiert – zur menschlichen Entfaltung gehört. Ein initiatischer Impuls der Befreiung, der durch freie und ungezwungene Zuneigung die Vereinigung des Weiblichen mit dem Männlichen ermöglicht.

Hier, auf dem Gipfel der Lust *(dritte Linie See)*, ist dieser gesunde Prozeß krankhaft entartet. Man wird zum Sklaven seiner triebhaften Impulse und prostituiert sich, um diese auszuleben. In der Berufs- oder Arbeitswelt zeigt sich dies dadurch, daß man wahllos die Anstellungen wechselt, um Hochkonjunkturen gnadenlos auszunutzen. Man liegt auf der Lauer *(geht auf den Strich, ist im Milieu zu Hause)*, bereit, sich auszutoben, um die eigene Gier zu befriedigen. Diesem gestrauchelten Wesen mangelt es an aufrichtiger Gesinnung, die als Grundlage jeder dauerhaften Bindung unerläßlich ist.

Linie 4 *Die Neigungen des Herzens führen zu dauerhaften Verbindungen*

Klugheit und Herzensgüte sind Eigenschaften, die es hier zu bewahren gilt. Auch wenn diese Charakterzüge im Moment vielleicht nicht den richtigen Anklang finden, so sollten Sie doch daran festhalten und nicht durch anrüchige Methoden versuchen, die Aufmerksamkeit auf sich zu lenken. Warten Sie ruhig ab, und Sie werden für diese konsequente Beharrlichkeit reichlich belohnt werden.

Ganz im Gegensatz zur vorherigen Situation ist hier ein Wesen gezeigt, daß sich – von einer gesunden sozialen Sphäre umgeben – seiner guten Eigenschaften bewußt ist *(gesundes Selbstwertgefühl)*. Nur um an den Mann zu kommen, wird es diesen auf keinen Fall untreu und wartet lieber ab, bis sich der für es bestimmte Partner findet. Ohne manipulatives Zutun ganz allein die Neigungen sprechen zu lassen, ist der richtige Weg zu dauerhaften Verbindungen.

Linie 5 *Sich einer höheren Sache wegen zurückzunehmen zeugt von edlem Charakter*

Es gibt Situationen, in denen es richtig ist, daß man sich zugunsten einer höheren Entwicklung in seinen persönlichen Neigungen zurückzunehmen weiß. Dies ist, wie es scheint, keine leichte Anforderung, aber da es sich in diesem Fall um eine übergeordnete Aufgabe handelt, die dazu noch der Entfaltung des eigenen Wesens dient, sollte man gerne bereit sein, sich diesen Bedingungen unterzuordnen.

Das ist vergleichbar mit einer echten Liebesheirat, die dadurch ihre Besonderheit erfährt, daß eine Frau gehobener Herkunft sich mit einem Mann verbindet, der aus eher bescheidenen Verhältnissen stammt *(fünfte zur zweiten Linie)*. Alle Äußerlichkeiten sind hier unwichtig, und nur die wahre Gesinnung zählt. Auch wenn dies im üblichen Sinne keine standesgerechte Ehe *(Verbindung)* ist, so versteht sich der aus vornehmer Herkunft Stammende doch dieser Situation anzupassen, was ein Zeichen von natürlicher und aufrichtiger Zuneigung ist.

Ganz allgemein gesehen sind Verbindungen, die aus einer unbeeinflußten Zuneigung heraus entstehen, die beste Grundlage für menschlich reifes Zusammenwirken. Spontane Zuneigung ohne Rücksicht auf Stand und Herkunft unterliegt ganz allein den Gesetzmäßigkeiten der kosmisch günstigsten Stunde und erfüllt daher in ihrem ganzen Muster die besten Voraussetzungen für respektvolle Partnerschaften.

Linie 6 *Formelle Verbindungen ohne inneren Gehalt sind unfruchtbar*

Alle Verbindungen, die von Anfang an oder auch im Laufe der Zeit so entstanden nur der Wahrung äußerer Formen dienen, sind verlogen und unfruchtbar. Eine tiefgehende Prüfung der inneren Motivation ist notwendig, um diese Misere zu klären.

Hier ist das traurige Bild einer Ehe *(Verbindung)* angedeutet, bei der von Anfang an die Weichen falsch gestellt wurden. Fehlende innere Grundsätze sowie eine falsche Motivation, die nur auf Äußerlichkeiten Wert legt, haben die Verbindung zerbrochen. Jeder lebt ganz egoistisch für sich allein, jede Zuneigung ist erloschen *(Feuer und Wasser)*, Frigidität und Unfähigkeit, aufeinander einzugehen, haben sich eingeschlichen. Eine Ehemisere schlimmster Art, in der erfüllende Partnererlebnisse *(auch allgemein auf Partnerschaften wie Geschäftsverbindungen zu beziehen)* nicht mehr möglich sind.

61 Die Innere Wahrheit

Die ethische Reife

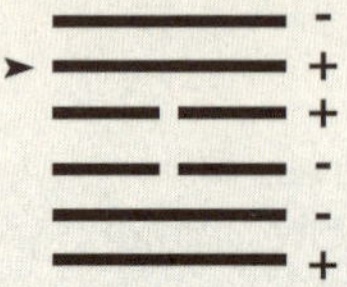

oben: **Der Wind**

das Sanfte
das Eindringende
das Wurzel-Chakra

DAS EMPFINDEN

unten: **Der See**

das Heitere
die innere Wahrheit
das Solarplexus-Chakra

DAS FÜHLEN

Charakter:

6 unlauter
5 weise
4 demütig

3 labil
2 wahrhaftig
1 selbständig

Situation:

Der Wind, der seinem Wesen nach unsichtbar ist, zeigt seine Wirkung darin, daß er die ruhige Oberfläche des Sees in Bewegung bringt. Innere Stärke (See) wird durch sanftes Eindringen (Wind) zum Ausdruck gebracht. So zeigen sich sichtbare Auswirkungen des Unsichtbaren.

Kommentar:

Um tiefe Einsichten in die Umstände oder Beweggründe herrschender Situationen zu erlangen, bedarf es sowohl der Unvoreingenommenheit, diese auf sich wirken zu lassen, als auch des Vertrauens auf die eigene Charakterstärke. Im Hexagramm 61 wird dieser Hintergrund nicht nur durch das Zusammenwirken der beiden Prinzipien Wind *(nstinktive Empfindungskraft)* und See *(Gefühle)* deutlich gemacht, sondern vor allem auch durch seine Linienstruktur. Die beiden mittleren, schwachen Linien, die das große Herz als zentrale Kraft der Situation darstellen *(OKT Berg)*, verdeutlichen die Eigenschaften vorurteilsloser Aufnahmebereitschaft und Herzlichkeit im Umgang mit den äußeren Angelegenheiten. Diese unbefangene Aufrichtigkeit ist es, durch die man selbst die ungeistigsten und widerspenstigsten Wesen beeinflußt, so daß daraus gegenseitiges Vertrauen wächst.

Auch die instinkthaften Triebe innerhalb der eigenen Person – im I Ging ausgedrückt durch Schweine und Fische *(Linien 1 und 2)* oder die abgründig-impulsiven Eigenschaften der Seele und des Geistes *(Linien 5 und 6)* –, derer man nur schwer habhaft werden kann, sind durch die Weichheit des Herzens zu beeinflussen und verlieren ihre Unberechenbarkeit. Die Wirkung, die von der Kraft innerer Wahrhaftigkeit ausgeht, darf nicht verwechselt werden mit den Ergebnissen, wie sie durch das zweckdienliche Zusammenhalten einer Interessengemeinschaft erreicht werden sollen. Sie ist keine oberflächliche Teilwahrheit *(kein Mittel zum Zweck)*, die ihren Wert verliert, wenn sie ihrem Zweck gedient hat. Vielmehr handelt es sich dabei um eine unanfechtbare ethische Stärke, die völlig ungetrübt wie ein klarer Bergquell zwischen festem Gestein hervorsprudelt. Eine Grundhaltung unverblümter Wahrheit und Verantwortlichkeit, die sich durch innere Beständigkeit und absolute Zuverlässigkeit nach außen zeigt.

Die charismatische Ausstrahlung einer solchen Persönlichkeit wird selbst das arglistigste Wesen zur Wandlung und inneren Reife bringen. In jedem Menschen sind die Keime des wahrhaftigen Lebens angelegt und warten darauf, durch günstige Bedingungen angeregt, aufzusteigen und sich zu verwirklichen. Wiederum kann man im strukturellen Aufbau des Zeichens ein weiteres Beispiel erkennen, was diese Aussage vertiefend bestätigt. Die beiden starken Striche im oberen und unteren Bereich des Hexagramms stellen die Füße eines Vogels dar, der über einem Nest sitzt und sein Ei bebrütet *(dritte und vierte Linie)*. Damit sich die innere Keimkraft entfalten kann *(UKT Donner)*, muß von außen Einfluß genommen werden. Das instinktive Verantwortungsgefühl des Vogels, verbunden mit der Sanftheit im Vorgehen *(Brutvorgang)*, schafft die ideale Bedingung, das bereits im Inneren keimende Leben zur Entwicklung zu bringen. Stehen also die inneren Qualitäten *(der Keim des Lebens)* in Übereinstimmung mit den äußeren Einflüssen, dann ist die Kraftwirkung so groß, daß sie ganz natürliche Entwicklungsprozesse in Bewegung setzt.

Linie 1 *Wenn Sie sich Ihrer eigenen Motivation nicht sicher sind, sollten Sie sich zurückhalten*

Versuchen Sie sich ganz an den innersten Kern Ihres Wesens zu halten, und Sie werden den Versuchungen widerstehen, unbedingt Ihre Nützlichkeit unter Beweis stellen zu müssen. Zweckdienliches Anhängen an andere würde Ihre gewachsenen Grundsätze aufweichen und Sie um Ihre Selbständigkeit bringen. Der Schlüssel zum Erfolg liegt vielmehr in der inneren Haltung, die es zunächst zu festigen und zu bewahren gilt. Dann können Sie in der Begegnung mit der Außenwelt die eigene Wahrhaftigkeit als Leitfaden nehmen und ganz unvoreingenommen die Dinge auf sich wirken lassen.

Wenn Sie sich aber über sich selbst nicht sicher sind, dann ist Zurückhaltung die beste Empfehlung, um nicht unversehens in inhaltslose Verbindungen verstrickt zu werden.

Linie 2 *Die Kraft innerer Wahrhaftigkeit wirkt nicht nur auf die direkte Umgebung, sondern auch in die Ferne*

Wie der Ruf eines Vogels auch aus den verborgensten Winkeln sein Junges erreicht, so ist es mit Ihrem unwillkürlichen Einfluß, den sie jetzt auf andere Menschen ausüben können. Das Geheimnis dieser Wirkung ist die Kraft innerer Wahrhaftigkeit, die aus dem Herzen kommt. Wenn diese sich ganz klar in Gedanken, Worten und Taten äußert, dann wirkt sie nicht nur auf die direkte Umgebung, sondern auch in die Ferne. Dieser unbegrenzte Einfluß ist die Resonanz der inneren Stimmung und die Intensität der Gedanken, die jeden Raum durchdringt. Ein offener Vertrauensbund zwischen Menschen entsteht nicht durch willentliche Beeinflussung, sondern durch die tiefe und reine Sympathie, die ganz im inneren Wesenskern der Menschen erzeugt wird. Sind die Gedanken, Worte und Taten stark und klar, dann findet man Übereinstimmung sowohl aus der Ferne als auch aus der Nähe.

Yang Tschu sagt darüber: *„Wenn Gutes von uns ausgeht, so werden uns die Früchte davon zuteil. Wenn Groll von uns ausgeht, so kommt der Schaden herbei. Was wir äußern, findet seine Vergeltung von draußen her. Das ist der Welt Lauf. Darum ist der Weise vorsichtig in dem, was er von sich gibt."*

Linie 3 *Wer sich über andere definiert, ist auch von deren Launen abhängig*

Sie sind in Ihrem persönlichen Wohlergehen abhängig von der inneren Übereinstimmung mit anderen Menschen. Anstatt sich der eigenen Kraftquelle zu bedienen, sind Sie versucht, sich über andere zu definieren. Bedenken Sie aber, daß Sie sich damit auch von deren Launen abhängig machen und nicht mehr Herr Ihrer eigenen Stimmungen sind. Ob dieses Schicksal für Sie lästig oder angenehm ist, müssen Sie selbst entscheiden.

Ursache dieser labilen und unsteten Verhaltensweise ist eine schwache Persönlichkeit, die ihrer Stellung entsprechend zu eigenständigem Handeln aufgefordert wäre. Da sie aus ihrer geistigen Quelle keine Hilfe erwarten kann *(sechste Linie)*, versucht sie durch gespielte Heiterkeit *(dritte Linie See)* Zugang zu anderen zu finden, die sie stärken. Euphorische Hochstimmung wechselt mit tiefster Betrübnis, was in solcher Abhängigkeit *(das Gegenüber ist selbst gemütslabil und deshalb nicht verläßlich genug)* ganz normal ist. Auch wenn die eigenen Absichten noch so gut sind, so entbehrt es doch jeglicher Eigenbestimmung und ist vom Idealbild innerer Wahrheit weit entfernt.

Linie 4 *Treten Sie der Quelle der Erleuchtung mit respektvollem Abstand gegenüber*

Das schwache Yin *(der Mond)* wandert der Sonne *(fünfte Linie, OKT Berg)* entgegen, um durch sie in seinem ganzen Umfang erleuchtet zu werden und sichtbares Schwergewicht zu erlangen. Begibt er sich in direkter Opposition zu ihr, so ist zwar seine Leuchtkraft am stärksten, beginnt aber im gleichen Moment wieder abzunehmen. So ist es auch mit einem Menschen, der in einer höherstehenden Persönlichkeit oder einem Ideal seine Sonne findet. Wenn er respektvollen Abstand hält, seine Motivation wahrhaftig und seine innere Einstellung korrekt ist, dann kann er durch diese Distanz das Wesen des Lichtes unbefangen auf sich wirken lassen und seine eigene Ausstrahlung dadurch erhöhen. Wer also eine Steigerung der eigenen Wahrhaftigkeit erfahren will, der muß der Quelle der Erleuchtung *(fünfte Linie: Seele oder ein hochstehender Weiser)* mit offenem Herzen und einer demütigen Haltung gegenübertreten. Auf diese Weise bilden sich untrennbare Bande, die durch keine hinderlichen Rücksichtnahmen erschwert werden dürfen. Wer das große Ziel charismatischer Ausstrahlung erreichen will, der muß – ohne nach rechts oder links zu schielen – geradeaus seinen Weg gehen.

Linie 5 *Wahrhaftigkeit wirkt aus sich selbst heraus und braucht keine künstliche Verstärkung*

Die suggestive Schwerkraft höchster Wahrhaftigkeit ist es, die einen reifen Herrscher mit den Herzen der Menschen in unverbrüchlicher Verkettung verbindet. Als starker, ruhender Pol ist er auch der Inbegriff des Vertrauens und tiefer ethischer Vollkommenheit *(die Seele als reiner und klarer Bergquell, der nicht anders hervortreten kann als es seiner Natur entspricht)*. Alle Menschen *(oder auch Bewußtseinsbereiche)*, sowohl in seiner Umgebung als auch in weiterer Entfernung, werden durch seine Ausstrahlung angezogen und verbünden sich durch tiefe Sympathie mit ihm. Verbindungen dieser Intensität gehen weit über ehrliche Absichten hinaus, die in schwierigen Situationen ihre Bewährungsprobe nicht überstehen.

Die Bande innerer Verkettung sind unlösbar und über jeden Zweifel an ihrer Echtheit erhaben *(im Geiste miteinander verbunden).*

Linie 6 *Inhalte lassen sich nicht durch leere Worte glaubhaft machen*

Wenn die Kraftwirkung innerer Wahrheit vorhanden ist, dann läßt sie sich nicht mehr steigern, sonst entsteht daraus leeres Glaubenmachen oder Bluff. Der höchste Punkt vollkommener Wahrhaftigkeit ist hier bereits überschritten, und man versucht, sich mit lautem Geschrei Glauben zu verschaffen. Wer aber Inhalte durch allzu lautes Anpreisen verkünden will, dessen unlautere Absichten sind ganz offensichtlich. Ein solches Benehmen grenzt an verführerische Demagogie und hat mit innerer Wahrhaftigkeit nichts zu tun. Vielmehr ist hier der Vergleich mit einem krähenden Hahn angebracht, der zwar zuverlässig die Sonne und den Morgen ankündigt, aber nicht selbst die Kraft hat, zum Himmel zu fliegen. Ein beharrliches Weiterverfolgen dieses Verhaltens führt zu unheilvollen Mißverständnissen.

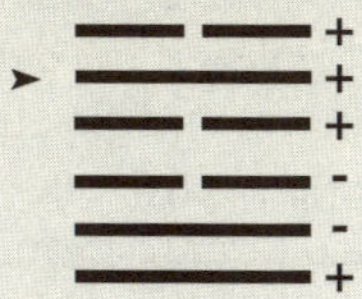

oben: **Das Wasser**

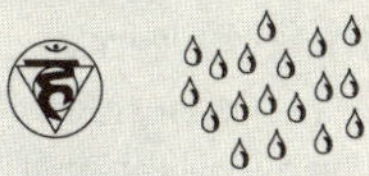

das Abgründige
das Befruchtende
das Hals-Chakra

DIE SEELE

unten: **Der See**

das Heitere
die innere Wahrheit
das Solarplexus-Chakra

DAS FÜHLEN

Charakter:

6 pragmatisch
5 verständnisvoll
4 zufrieden

3 verschwenderisch
2 zögerlich
1 zurückhaltend

60 Die Beschränkung

Die massvolle Einteilung

Situation:

Das Wasser ist seinem Wesen nach grenzenlos, wohingegen der See nur einen begrenzten Umfang hat. Fließt nun das Wasser ohne Regulierung in den See, dann tritt er über die Ufer. Deshalb muß der Wasserzufluß reguliert werden. Zwischen die Wolkenwand (Linien 4 und 6) schiebt sich der klare Himmel (Linie 5) als natürliche Schranke.

Kommentar:

Beschränken oder einschränken bedeutet eigentlich soviel wie Einteilen, Verwalten, Rationalisieren oder auch das Erreichen eines Zieles in einzelnen Etappen. Wie man dabei vorgeht kann sowohl mündlich besprochen und festgelegt werden *(See)* als auch einer höheren Bestimmung entsprechend *(Linie 5, Wasser)* pflichtgemäß in Gang gesetzt werden. Einschränkungen werden oft als unangenehm und unserem freien Handlungsspielraum entgegenwirkende Einengung empfunden. Wieder ist es die Natur, die uns diesen Vorgang durch den Wechsel der Jahreszeiten, Tag und Nacht, Wachstum und Niedergang, als einen sehr nützlichen Ausgleich vor Augen hält. Das eine bedingt das andere, und deshalb müssen immer da, wo Energiegefälle zu steil sind, natürliche oder – in gesellschaftlichen Bereichen – zweckdienliche Schranken eingesetzt werden. Schwerkraft und dauerhafte Wirkungen entstehen nicht durch grenzenlose Erweiterung, sondern durch sinnvolle Einteilung des Vorhandenen.

Das obere Kerntrigramm des Hexagramms *(dritte, vierte und fünfte Linie: Berg)* und das OT Wasser geben uns sowohl über das Wesen der Beschränkung Auskunft als auch darüber, wie diese ausgeübt werden kann. Es ist die fünfte Linie, der als beherrschende Kraft dieser beiden, gleich mehrere Bedeutungen zukommen. Zum einen symbolisiert sie den Abgrund, in den man ohne Beschränkung geraten kann, und gleichzeitig auch die Schranke des Stillehaltens *(oberste Linie Berg)*, bevor man in diesen Abgrund gerät. Zurückhaltung in allen kreativ-moralischen Handlungsbereichen, sparsamer Einsatz von Worten *(See)* sowie ganz allgemein haushaltender Umgang mit dem Vorhandenen sind die notwendigen Maßnahmen, um neue und gesicherte Verhältnisse für die Zukunft zu schaffen.

Aber nicht nur die Beschränkungen im eigenen Verhalten nach außen werden hier angedeutet, sondern auch die reglementierenden Maßnahmen, die vor unkontrolliertem Benehmen und Übergriffen anderer schützen. Sinnvolle und kluge Gesetzgebung durch die Politik und im Geschäftswesen kann chaotischen Zuständen entgegenwirken und garantiert kulturelles und soziales Wachstum. Doch muß auch die Beschränkung sowohl gegen die Natur des eigenen Wesens als auch gegenüber den Menschen den Umständen entsprechend maßvoll betrieben werden, da sonst Rebellion und innere Konflikte heraufbeschworen werden, die dauerhafte Erfolge unmöglich machen. Betrachtet man an dieser Stelle die Struktur des Zeichens in bezug auf das innere Wesen der eigenen Person, so wird dort das Verhältnis der Psyche *(Seele, OT Wasser)* zur Welt der Gefühle *(See)* und umgekehrt zum Ausdruck gebracht. Unsere nur begrenzt belastbare Gefühlswelt kann von den konstant wirksamen seelischen Impulsen bedrängt werden. Deshalb gilt es durch Ausgleich *(Stärkung der Psyche)* deren Einfluß zu harmonisieren, damit die Gefühle nicht über die Ufer treten. Auf der anderen Seite sind es die fruchtbaren Impulse der Seele, die einer unkontrollierten Lustigkeit *(See)* oder hysterischen Gefühlsausbrüchen Einhalt gebieten, um der Flucht ins Uferlose *(Überlaufen des Sees)* entgegenzuwirken.

Inneres Gleichgewicht durch maßvolle Beschränkung erreicht man gut in der Meditation, die einem unkontrollierten Überhandnehmen bestimmter Energien auf natürliche Weise entgegenwirkt. Auf keinen Fall können durch extreme Einschränkungen positive Ergebnisse erreicht werden. Vielmehr scheint dies ein Vorwand zu sein, die eigene Trägheit zu entschuldigen und zeugt von der Tatsache, daß man den tieferen Sinn der Beschränkungen nicht verstanden hat.

Linie 1 *Angesichts der Schranken, die Ihnen gesteckt sind, sollten Sie sich ruhig verhalten*

Es ist verständlich, daß Sie Ihrer Kraft entsprechend gerne etwas unternehmen würden, aber der momentane Stand der Dinge widerspricht dieser Vorstellung. Angesichts dieser Situation ist es weise, wenn man die Schranken akzeptiert, die einem gesteckt sind und sich nicht vorzeitig nach draußen wagt. Noch fehlen Ihnen die Erfahrung und die nötigen Informationen, um mit Ihrem Vorhaben zu beginnen. Absolute Diskretion ist, was Ihre Pläne betrifft, das erste Gebot der Stunde, damit diese nicht durch unvorsichtiges Reden durcheinandergebracht werden. Beobachten Sie den Lauf der Dinge, und beschränken Sie sich auf das Sammeln der notwendigen Fakten, um gerüstet zu sein, wenn die Zeit zum Handeln gekommen ist.

Linie 2 *Lassen Sie sich durch eventuelle Hindernisse nicht entmutigen*

Beschränkungen sind etwas Sinnvolles, solange es die Umstände erfordern, aber nicht länger. Ist der entscheidende Moment zum Handeln gekommen und man zögert weiterhin, die Initiative zu ergreifen, dann werden die Chancen ungenutzt vergehen. Diese Situation ist das Ergebnis übermäßiger Beschränkung, deren Folgen nicht weniger bedenklich sind wie überstürztes Handeln.

Die Gründe für dieses zögerliche Verhalten liegen in der Stellung begründet *(starke Linie auf schwachem Platz),* in der man sich befindet. Obwohl man innere Unruhe verspürt, etwas zu tun, hat man entfernte Gefahren vor Augen *(fünfte Linie Wasser)* und ist deshalb geneigt, sich lieber ruhig zu halten *(OKT Berg).* Auch wenn dem so ist, darf man sich nicht entmutigen lassen, sondern sollte sich eher zum überlegten Handeln aufgefordert sehen.

Linie 3 *Wenn man das Gefühl für die notwendigen Schranken verliert, hat man zu klagen*

Ihre undisziplinierte Leichtlebigkeit und Genußfreude, mit der Sie einer tieferen Auseinandersetzung mit Ihren Lebensumständen aus dem Weg gehen wollen, hat Sie in eine bedauerliche Lage gebracht. Die Schuld an dieser Misere liegt einzig und allein bei Ihnen. Wenn man fühlt, daß der Zeitpunkt des Innehaltens bereits überschritten ist, aber trotzdem weitermacht, in verschwenderischer Manier sein Leben zu vergeuden, wird man später allen Grund haben, zu jammern und sich zu beklagen. Führt diese Situation dazu, daß Sie Ihr falsches Verhalten einsehen, dann können Sie zukünftige Fehler vermeiden.

Die dritte Linie symbolisiert die Oberfläche eines Sees, der durch das zufließende Wasser konstant am Ansteigen ist. Da es versäumt wurde, Schleusen oder Überlaufkanäle als regulierende Maßnahmen einzubauen, fließt das Wasser unkontrolliert hinein, bis es schließlich über die Ufer tritt. Diese Situation ist gleich einer Gefühlsüberlastung durch seelische Bedrängnis, die sich in unkontrolliert-leidenschaftlichen Ausbrüchen äußert. Ein Verdrängungsmechanismus, der einsetzt, wenn man nicht bereit ist, die eigentlichen Ursachen zu ergründen und einschränkende Maßnahmen zu ergreifen.

Linie 4 *Akzeptieren Sie die Einschränkungen*

Wenn der Sinn einschränkender Maßnahmen nicht auf innerer Überzeugung beruht, sondern erst nach mühsamen Auseinandersetzungen akzeptiert werden kann, dann verschwendet man seine Energie auf überflüssige Art und Weise. Hält man sich statt dessen ruhig und toleriert die rechtmäßig auferlegten Beschränkungen, dann kann man sich voll und ganz dem Kern der Sache widmen *(fünfte Linie)* und wird lohnende Anerkennung finden.

Linie 5 *Wenn man sich selbst beschränkt, kann man auch anderen Beschränkungen auferlegen*

Was Einschränkungen betrifft, so gilt es zunächst, die Maßstäbe bei sich selbst anzulegen. Aus dieser Erfahrung heraus können Sie den Fehler vermeiden, anderen etwas aufzuerlegen, was Sie selbst als unangenehm erkannt haben. Jede Regel, die dem bloßen Selbstzweck dient, anstatt ein allgemeines Übel zu bekämpfen, wird von anderen als Schikane empfunden und erzeugt Widerwillen. Macht man jedoch kein großes Aufheben um seine Person und verlangt nichts Unrechtes von anderen, so wirken die auferlegten Beschränkungen nicht bedrückend, sondern sinnvoll ordnend und nachahmenswert.

Linie 6 *Übertriebene Beschränkungen lösen Empörung aus*

Strikteste Beschränkungen, auch wenn sie zum Wohle aller geschehen, dürfen nur in Ausnahmefällen durchgeführt werden, sonst lehnen sich die Menschen empört dagegen auf, weil sie es als ungerecht empfinden. Alle übertriebenen Restriktionen bewirken letztendlich das Gegenteil, was sich zum Beispiel in der Anzahl der Gesetzesdelikte durch Überschreitungen bemerkbar macht. Auch bei den Maßnahmen, die man bei der Beseitigung der eigenen Mängel ergreift, darf man nicht zu streng vorgehen, damit nicht die gesamte Energiestruktur übermäßig belastet wird. Und doch gibt es Zeiten, in denen man nur durch strikte Selbstdisziplin verfahrene Zustände ändern kann und sich selbst davor bewahrt, üblen Versuchungen zu unterliegen.

41 Die Minderung
Die Mässigung

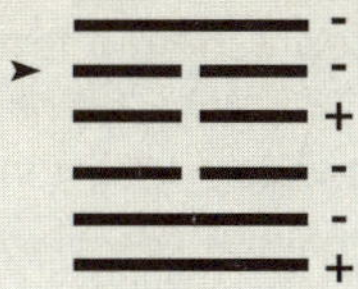

oben: **Der Berg**

das Stillehalten
die Beharrlichkeit
das Herz-Chakra

DER KÖRPER

unten: **Der See**

das Heitere
die innere Wahrheit
das Solarplexus-Chakra

DAS FÜHLEN

Charakter:

6 weitblickend
5 begünstigt
4 demütig

3 neutral
2 aufrichtig
1 maßvoll

Situation:

Der Berg, der mit seinem massigen Gewicht aus dem See herausragt, nimmt diesem einen Teil seines Raumes. Der See wiederum bedeckt den Fuß des Berges, so daß beide in Ihrer Erscheinung gemindert werden. Das Obere verringert das Untere und umgekehrt.

Kommentar:

Minderung, das mit anderen Worten soviel heißt wie Verringerung oder Wegnehmen von etwas, bezeichnet keine einseitige Abnahme, sondern – wie im Bild des Hexagramms 41 ausgedrückt – eine Reduktion übermäßiger Erscheinungen zugunsten der harmonischen Wirkung. Der Berg, dessen Schatten sich in der Oberfläche des Sees spiegelt, vermindert zwar dessen ungetrübte Heiterkeit, verleiht ihm aber auf der anderen Seite eine würdevolle Ausstrahlung. Das starre und massive Gewicht des Berges dagegen verliert sein bedrohliches Erscheinungsbild, da er durch den heiteren Charakter des Sees eine Mäßigung erfährt. Sinnbildlich wird in der Verbindung dieser beiden Zeichen die Verringerung überzogener Äußerlichkeiten sowie leidenschaftlicher Gefühlsdemonstrationen dargestellt, die durch reflektive Umkehrung nach innen die höheren Wesenszüge bereichern können.

In der Begegnung mit der Außenwelt sieht man sich durch bedrückende Umstände *(Berg)* dazu veranlaßt, leidenschaftliche Äußerungen *(See)* zurückzuhalten, um nicht unnötig verletzt zu werden. Angesichts solcher Widerstände ist es sinnvoll, sich nicht durch aggressive Kraftdemonstration darin zu verbeißen, sondern sich zurückzunehmen und diese äußere Minderung als Anlaß zu nehmen, seinen eigenen Charakter zu entwickeln, indem man das Unwesentliche entfernt und dadurch die innere Festigkeit verstärkt. Dies ist keine Zeit des Aufbegehrens und der ausgelassenen Lustigkeit, sondern vielmehr der Einfachheit der äußeren Formen und der intensiven Arbeit an der Stärkung und Entwicklung des eigenen Selbst. Nun ist es wichtig, seinen Geltungsdrang durch korrekte und standhafte Haltung zu mäßigen und mit Wünschen und Ansprüchen hinter dem Berg zu halten.

Minderung ist nicht zu verwechseln mit berechnender Taktik oder falsch verstandener Askese, sondern bezieht sich vielmehr auf die weise Bestrebung, unkontrollierte, triebhafte Reaktionsmuster zu kultivieren, damit das äußere Schwergewicht durch den Geist innerer Wahrheit eine Verfeinerung erfährt. Erst wenn man die wild wuchernden Triebe einer Pflanze beschneidet, die Kraft und Licht rauben, wird sie zur Blüte gebracht und zeigt ihr wahres Wesen.

Diese Verfeinerung der inneren Charakterstruktur kann also nur dann erreicht werden, wenn man aus der schattenüberdeckten Gefühlswelt der Vergangenheit heraustritt *(das wild wuchernde und alles überdeckende Gewächs der Emotionen)* und sich der Frage des „Wer bin ich wirklich" stellt. Wer innere Wahrhaftigkeit *(See)* als eigene Kulturleistung verkörpern will *(Berg)*, der ist aufgefordert, in sich selbst Ordnung zu schaffen, damit das Wesentliche nicht länger durch Unwesentliches verdeckt wird.

Linie 1 *Achten Sie darauf, daß Geben und Nehmen im richtigen Verhältnis stehen*

Wenn Sie nach Erledigung der wichtigsten eigenen Aufgaben Ihre Kraft in den Dienst anderer Menschen oder einer höheren Sache stellen, ohne darum ein großes Tamtam zu machen, so spricht das für einen edlen Charakterzug und ist ohne Zweifel ein lobenswertes Verhalten. Jedoch gilt es auch bei der Hilfestellung, das rechte Maß nicht zu überschreiten. Zu viel zu geben ist genauso schädlich wie zuviel zu nehmen. So muß der Helfende sehr gut überlegen, wieviel er gibt, um nicht im Nehmenden ein Übermaß an Verpflichtungsgefühl hervorzurufen. Umgekehrt muß auch der Nehmende fähig sein, zu prüfen, wieviel er annehmen kann, ohne den Gebenden im wesentlichen zu schädigen. Nur wenn Sie solch ausgewogene Überlegungen in Ihre Handlungen mit einbeziehen, lassen sich peinliche Mißverständnisse vermeiden.

Linie 2 *Ohne seine eigene Person zu mindern, vermag man den anderen zu helfen*

Es gibt Zeiten des Nehmens und Zeiten des Gebens. Versuchen Sie, in allen Handlungen ausgewogen zu sein. Anderen zu helfen heißt nicht, seine eigenen Kräfte zu deren Gunsten zu verschwenden. Auch wenn es sich dabei um Hilfeleistungen gegenüber Freunden oder Vorgesetzten handelt, muß man seine eigene, konsequente Ernsthaftigkeit beibehalten, damit man sich nicht selbst verliert. Innere Grundsätze dürfen nicht durch widrige äußere Umstände aufgeweicht werden. Mit unkontrollierten Kraftaufwendungen kann nichts Sinnvolles erreichen werden, und nur die Hilfe, die den Wert der eigenen Person nicht mindert, bringt für beide Seiten positive Veränderungen.

Linie 3 *Was seinem Wesen nach nicht zueinander gehört, wird auseinanderbrechen*

Allein zu sein ist ein einsamer Zustand. Zu dreien besteht Unausgewogenheit. Versuchen Sie, eine harmonische Balance zu halten. Wenn drei Menschen oder ungleiche Energien zusammentreffen, die ihrem Wesen nach nicht zueinander gehören, dann entsteht Mißtrauen, Eifersucht und Reibung. Nur die sich Ergänzenden bilden eine Einheit, die anderen trennen sich. Aber auch derjenige, der einsam ist und alleine zurückbleibt, findet seinen ihm entsprechenden Ausgleich.

Auch innerhalb der eigenen Person sollten Sie nun versuchen, einen Ausgleich zu schaffen, indem Sie sich Ihren geistigen Bereichen zuwenden. Was nicht zu Ihnen gehört oder sich in Disharmonie befindet, wird automatisch auseinanderbrechen. Diese Aussage kann durchaus auch auf die Linienkonstellation des unteren Trigramms See bezogen werden. Zwei starke Linien befinden sich in Gemeinschaft mit der schwachen dritten Linie. Da sich – bis auf die unterste – alle auf inkorrektem Platz befinden, deutet dies auf Minderung hin. Wer diesen schwachen Strich erhält, sollte sich auf einen Abschied aus ungleichen Verhältnissen gefaßt machen. Ob sich dies auf eine menschliche Verbindung bezieht oder die Umorientierung in Richtung höherer Ideale betrifft, ändert an dieser Aussage nichts.

Linie 4 *Mindern Sie Ihre eigenen Mängel, und man wird Ihnen entgegenkommen*

Sowohl die Ihnen wohlgesinnten Menschen als auch die positiven Kräfte *(erste Linie)* werden sich Ihnen nicht nähern, solange Sie sich in einem Umfeld bewegen oder einer Tätigkeit nachgehen, die nicht Ihrem Wesen entspricht. Ändern Sie diese Situation, indem Sie sich von schlechten Angewohnheiten und sturen Ansichten lösen, und der auf Ihnen lastende Druck wird sich legen. Begegnen Sie den Menschen mit offener Herzlichkeit und positiver Lebensfreude, und Sie werden sehen, daß man Ihnen entgegenkommt. Wenn man seine Umgebung für sich gewinnen will, muß man zunächst an seiner eigenen Entwicklung arbeiten und seine Fehler und Schwächen überwinden. Erst dann können sich fortschrittliche Beziehungen bilden, die von gegenseitigem Nutzen sind.

Linie 5 *Sie sind vom Schicksal zum Glück bestimmt*

Sie sind vom Schicksal *(höhere Bestimmung)* dazu auserwählt, großes Glück zu empfangen. Keine äußere Macht kann dies verhindern, da sich die kosmische Gunst Ihnen zugewandt hat. Dies liegt an der inneren Übereinstimmung der Kräfteschwingungen und war unbewußt bereits vorgemerkt. Das „geistige Protektorat" *(sechste Linie)*, in dessen Gunst Sie stehen, hat Sie als würdig empfunden, wodurch Ihnen großer Erfolg in Aussicht gestellt wird.

Linie 6 *Wer die anderen an seinen Gewinnen teilhaben läßt, der handelt im Sinne der Minderung*

Wer sich im Sinne einer höheren Verpflichtung den menschheitsdienlichen Zielen widmet, ohne daran zu denken, sich selbst an den Erfolgen zu bereichern, der handelt im Sinne der Minderung. Alles, was man dadurch gewinnt, jeder Zuwachs an Kraft, wird nicht als persönliche Errungenschaft betrachtet, sondern fließt der Allgemeinheit zu. Durch diese selbstlose Minderung erfährt man eine Mehrung, die so groß ist, daß einem die Menschen, durch die innere Übereinstimmung angezogen, gerne zu Hilfe kommen, um gemeinsam wie eine große Familie an allumfassenden Zielen zu arbeiten.

19 Die Annäherung

Die Gunst der Stunde

oben: **Die Erde**

das Empfangende
die Hingabe
die Materialisation

DAS WOLLEN

unten: **Der See**

das Heitere
die innere Wahrheit
das Solarplexus-Chakra

DAS FÜHLEN

Charakter:

6 weise
5 ehrenhaft
4 vorurteilslos

3 nachlässig
2 unbestechlich
1 grundsatztreu

Situation:

Ein großer und fast unerschöpflicher Vorrat an Wasser befindet sich unter der Erde. Ein Zeichen inneren Reichtums, der in Zeiten des Wachstums zur Verfügung steht, um der Erde fruchtbaren Segen zu spenden.

Kommentar:

Obwohl Energie und Materie in dauernder Verbindung miteinander stehen, bedarf es des richtigen Zeitpunkts, innerhalb dessen beide ausgeglichen zusammenwirken, damit bestmögliche Ergebnisse erzielt werden können. Das Geheimnis des Erfolges beruht also wie immer auf der korrekten und zeitgemäßen Auseinandersetzung des Starken mit dem Schwachen. Auch hier läßt sich dieses Geschehen anhand einiger Naturereignisse am besten erklären: Der erste augenscheinlichste Zeitpunkt der Annäherung des Starken an das Bereitschaft signalisierende Nachgiebige, ist die Zeit der nach oben strebenden Yang-Kräfte im Frühling. Es sind die energiereichsten Monate des Jahres, in denen sich alles Leben erneuert und groß und stark wird *(erste und zweite Linie)*. Aber die Zeit des expansiven Wachstums dauert nicht ewig und deshalb muß – soll etwas zur Reife gebracht werden – diese voll ausgenutzt werden. Denn schon nähert sich der Wendepunkt des achten Monats im Jahr, in dem die Kräfte nicht mehr im Aufsteigen, sondern bereits im Rückzug begriffen sind.

Die treibenden Kräfte des Hexagramms 19 sind die beiden starken Yang-Linien, die von unten in das Geschehen einwirken. Vergleichbar mit dem Wellenspiel des Meeres am

Strand, soll durch ein weiteres Beispiel der entscheidende Moment des höchsten Energieniveaus vertieft werden. Eine große, aus der Tiefe des Meeres aufgebaute Flutwelle, symbolisiert durch die Linien eins und zwei, brandet auf das Land und bringt es in Bewegung *(Linien vier bis sechs)*. Fließt sie zurück, wird alles, was in ihrem Energiebereich liegt, mit in den Sog hineingezogen. So nutzt zum Beispiel ein Fischer diese Situation, indem er sein Boot nicht direkt in die aufschäumende Brandung setzt, sondern wartet, bis das Wasser sich zurückzieht, um dann mühelos hinausgetragen zu werden.

Ganz diesem Beispiel folgend, versteht es auch der Edle, den bestmöglichen Zeitpunkt des *(großzügigen)* Entgegenkommens auszunützen, um seine Fähigkeiten optimal zur Geltung zu bringen. In seinem Wesen ist er vergleichbar mit der großen Welle, die die Menschen trägt, ohne dabei Unterschiede zu machen. Was ihn ganz besonders auszeichnet, ist seine unbeirrbare Wahrnehmungsfähigkeit und sein klarer Verstand *(Linien eins und zwei)*, die er im richtigen Moment einzusetzen weiß. Er hat die urwüchsige Kraft und zeigt Bereitschaft, Neuanfänge zu wagen und dabei die Menschen voller Begeisterung mitzureißen. Je mehr er sich selbst verwirklicht, desto größer werden seine Kräfte. Deshalb muß er diese günstigen Zeiten sinnvoll nutzen, um seine Ziele zu erreichen und gleichzeitig dafür Sorge tragen, daß die Menschen von seinem Reservoir an innerem Reichtum profitieren. Ganz allgemein ist dies eine Zeit höchster Entfaltungsmöglichkeiten, was dadurch zum Ausdruck gebracht wird, daß sich das Starke und das Nachgiebige gegenseitig annähern. Das Starke durch seinen Einfluß und seine unerschöpflichen Anregungen, das Nachgiebige durch großzügige Unterstützung, die es dem Begabten gewährt. Wird der entscheidende Zeitpunkt der Annäherung verpaßt, so gilt es zu warten, bis sich die nächste Möglichkeit bietet, um nicht im Gicht und Schaum der Ereignisse durcheinandergewirbelt zu werden.

Linie 1 *Bleiben Sie trotz der günstigen Zeitströmung Ihren inneren Grundsätzen treu*

Es gibt Menschen, oder auch eine innere Stimme, die Ihnen raten, sich mit einem starken Gleichgesinnten zusammenzutun, um ein erweitertes Energiepotential zur Verfügung zu haben. Diese potenzierte Kraftwirkung werden Sie brauchen, um Ihr geplantes Vorhaben erfolgreich zu verwirklichen. Da die Zeitverhältnisse äußerst günstig sind, wird sich dieser ganz automatisch einfinden. Lassen

Sie sich jedoch durch die allgemein günstigen Zeitströmungen nicht durcheinanderbringen, sondern bleiben Sie Ihren starken Grundsätzen treu.

Dieser urwüchsig Starke ist bereit, seine ganze Kraft in den Dienst des Guten zu stellen. Er ist äußerst talentiert, und seine Denkanstöße, die er anderen gibt, erzielen spontane Begeisterung. Die von seiner natürlichen Anziehungskraft Beeindruckten raten ihm aber, sich einen tüchtigen Partner zu suchen, um den Umfang seines Einflußbereiches zu erweitern. Da dieser Ratschlag genau im richtigen Augenblick erteilt wird, findet sich dieser ganz unkompliziert in direkter Umgebung. Dieses außergewöhnlich erfolgversprechende Gespann eines Mäzen *(der oder die Menschen, die von ihm beeindruckt sind und ihn fördern)* und eines tüchtigen Partners an der Seite ist schon fast etwas zuviel des Guten. Deshalb gilt es, den Bogen nicht zu überspannen und sich weiterhin angemessen zu verhalten.

Betrachtet man die gesamte Struktur des Zeichens etwas genauer, so erkennt man, daß dies der Platz starker und urwüchsiger Empfindungskräfte ist, die in der Tiefe des inneren Wesens *(See)* am wirken sind. Durch den Einfluß des Herzens *(vierte Linie)* angeregt, wird die klare Verstandeskraft *(zweite Linie)* als tüchtiger Partner miteinbezogen. Durch diese positive Verbindung gestärkt, gewinnt die Persönlichkeit an Leuchtkraft *(Empfinden = Holz, Denken = Feuer)*, durch die er alles Empfängliche beeinflußt. Da sein Mäzen auch mit den Impulsen des eigenen Herzens gleichzusetzen ist, wird sein ganzes Bemühen darauf ausgerichtet sein, die Menschen zu belehren und für sie Sorge zu tragen. Auf diesen Hintergrund hin sollte man sich deshalb einer kritischen Selbstüberprüfung unterziehen.

Linie 2 *Gemeinsames Voranschreiten mit einem starken Partner und dazu noch von oben gefördert, das bringt Glück*

Eine große Welle ursprünglicher Kraft hat Sie erfaßt und trägt Sie sicher hinaus, den auf Sie Wartenden entgegen. Alles, was Sie jetzt unternehmen, trägt reiche Früchte. Jeder Vorschlag, den Sie unterbreiten, findet Zustimmung von oben. Da Sie außerdem noch durch starke Gleichgesinnte unterstützt werden, brauchen Sie sich um Ihre Zukunft keine Sorgen zu machen.

Wie eine Welle – die je näher sie dem Ufer kommt, immer mehr an Stärke gewinnt –, so nimmt auch dieser Tüchtige täglich an Kenntnissen und Schwerkraft zu, je mehr er seine Talente in den

Dienst am Menschen stellt. Dabei kommt es ihm nicht auf öffentlichen Ruhm an, da er aus sich selbst heraus genügend Klarheit und ursprüngliche Kraft besitzt, um auf diesen Widerschein nicht angewiesen zu sein.

Linie 3 *Es scheint, als ob Sie sich etwas zu wohl in Ihrer Haut fühlen*

Die zuvor hoch und stark aufgebaute Brandungswoge nimmt langsam ab. Noch ist man von der dynamischen, voranbringenden Kraft so berauscht, daß man sich in seinem Selbstvertrauen übermächtig fühlt und dies die anderen auch spüren läßt. Sollte es schon soweit sein, daß Sie Ihre Verantwortung und Ihre tieferen Aufgaben der eigenen Lustbefriedigung wegen vergessen haben? Denken Sie darüber nach, denn wer die Gunst der Stunde zu fragwürdigen Zwekken benutzt, wird sicherlich die unangenehmen Konsequenzen zu tragen haben.

In vollem Vertrauen auf die starken Antriebskräfte hat diese Person ein völlig übersteigertes Selbstvertrauen aufgebaut. Man ist von seinen Erfolgen auf übermütige Art und Weise angetan und will diese auch voll auskosten. Außerdem sieht man den freien Weg vor sich *(Linie vier bis sechs)*, was einen in eine unbekümmerte Launenhaftigkeit versetzt. Dieses Verhalten widerspricht der eigentlichen Bestimmung und wird sicherlich viel Kummer bereiten. Wer entgegen seiner ansonsten klaren und starken Verstandes- und Instinktkraft nicht wahrhaben will, daß es Umstände gibt, denen man sich anzupassen hat, der überschätzt seine Möglichkeiten und bringt sich leichtfertig in Gefahr.

Linie 4 *Von Herzen kommende Annäherung zeugt von innerer Reife*

Nachdem durch die drei unteren Plätze der zeitbegünstigte Aufstieg des Starken zu Ruhm und Einfluß dargestellt wurde, zeigen die drei oberen das Verhalten höhergestellter, aber empfänglicher Kräfte gegenüber tüchtigen und außergewöhnlichen Talenten, die sie fördern. Im Laufe der natürlich wirkenden Verhältnisse hat es auch der hier gezeigte Begabte geschafft, eine einflußreiche Stellung einzunehmen. Da er selbst anderen Menschen den Erfolg von ganzem Herzen gönnt, ja sie sogar fördert, macht er sich beliebt, so daß er auf der Erfolgsleiter weiter nach oben steigen kann.

Linie 5 *Den Fähigen in vollem Vertrauen Kompetenzen zu übertragen, zeugt von Weisheit*

Andere Menschen zu fördern heißt auch, Vertrauen in deren Talente zu setzen und sie entsprechend Ihren Kenntnissen frei gewähren zu lassen. Denn wie sollte man es schaffen, sich um all die Dinge und Einzelheiten zu kümmern, die zur Erfüllung eines umfangreichen Aufgabengebietes notwendig sind. Ganz dieser Sachlage entsprechend, sollten Sie sich deshalb voll und ganz mit dem beschäftigen, was Sie selbst am besten können und die anderen Angelegenheiten fähigen Menschen überlassen, die Ihnen zur Seite stehen. Wenn Sie es verstehen, die Richtigen auszuwählen und ihnen Kompetenzen zu übertragen, dann können Sie die an Sie gestellten Anforderungen im besten Sinne bewältigen und werden darüber hinaus weiter an Bestätigung gewinnen.

Linie 6 *Lassen Sie die Menschen an Ihrem inneren Reichtum teilhaben, und seien Sie dabei milde und unparteiisch*

Wer es versteht, die Schwachen allein durch sein großmütiges Verständnis zu stärken und auf der anderen Seite die Mächtigen geduldig zu ertragen, den kann man als Weisen bezeichnen, der schon in großer Distanz zu den weltlichen Vorgängen lebt. Trotz allem erkennt er die Notwendigkeit, seinen großen Erfahrungsschatz jungen Talenten zur Verfügung zu stellen, was ihn äußerst wertvoll macht. Obwohl er sich dem aktiven Leben mehr oder weniger fernhält, kommen seine Belehrungen und seine großzügigen Absichten allen Beteiligten zugute, und auch für ihn selbst bedeutet diese Aufgabe eine Erfüllung.

4. *Die acht Pfade der Beharrlichkeit*

Der Körper

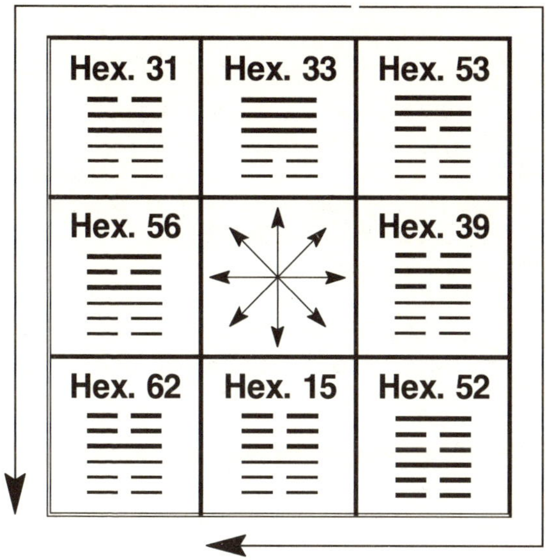

Ursprungszeichen:
***Hexagramm 52**: Der Berg – das Ruhighalten*

Der Körper, das Schwingungsfeld des Herz-Chakras
Die Beharrlichkeit – die Meditation

Alle Hexagramme des „Hauses der acht Pfade der Beharrlichkeit" haben als Grundlage das Trigramm des Berges. Er ist das Symbol der Beständigkeit, der Ruhe und der inneren Verbundenheit mit den schöpferischen Kräften. In seiner Eigenschaft als materielles Fundament unseres Lebens steht er für die haltgebende Form des menschlichen Körpers.

Allgemein sind seine Wirkungen auf Beständigkeit, Zurückhaltung, Beharrlichkeit und innere Kraft ausgerichtet, was sich in allen acht Pfaden dieses Hauses bemerkbar macht. Ihm zugeordnet ist das Schwingungsfeld des Herz-Chakras, das gleichsam seinen sozialen Charakter zum Ausdruck bringt.

Wandlung durch Veränderung der oberen Zeichen

☰ oben: **Der Himmel** – das Erneuernde, das Kronen-Chakra
Hexagramm 33 – Der Rückzug
die innere Beharrlichkeit

☱ oben: **Der See** – das Heitere, das Solarplexus-Chakra
Hexagramm 31 – Die Einwirkung
die gegenseitige Bereicherung

☲ oben: **Das Feuer** – die Klarheit, das Sakral-Chakra
Hexagramm 56 – Der Wanderer
die Emigration

☳ oben: **Der Donner** – das Impulsive, das Stirn-Chakra
Hexagramm 62 – Des Kleinen Übergewicht
die Zeit der kleinen Dinge

☴ oben: **Der Wind** – das Bewegende, das Wurzel-Chakra
Hexagramm 53 – Die Entwicklung
die Kraft der Beständigkeit

☵ oben: **Das Wasser** – das Abgründige, das Hals-Chakra
Hexagramm 39 – Das Hemmnis
die schwierigen Hindernisse

☷ oben: **Die Erde** – das Hingebende, die Erdung
Hexagramm 15 – Die Bescheidenheit
die ausgleichende Beschränkung

33 Der Rückzug

Die innere Beharrlichkeit

Situation:

Der Berg, dessen Aufgabe die materielle Erneuerung ist, strebt dem Himmel entgegen. Zwar steht er als Auswuchs des Schöpferischen in dessen Dienst, besitzt aber nur einen Bruchteil seiner Stärke. So bleibt er in seiner aufsteigenden Bewegung schließlich stehen, weil seine Kraft sich erschöpft. Der Himmel, das raumlos Starke aber, zieht sich vor ihm in unerreichbare Ferne zurück.

Kommentar:

Im Bild des Hexagramms 33 wird eine deutliche Kräftehierarchie zum Ausdruck gebracht. Der Berg als materieller Aspekt der schöpferischen Kraft ist zwar autorisiert, der Erde ihre Form zu geben, aber er ist nicht in der Lage, diese aus sich selbst heraus zu erschaffen. Dies liegt allein in der Macht des Himmels, der als Schöpfer aller Formen über dem Weltgeschehen steht. Während das eine trotz seiner aufsteigenden Bewegung Materie bleibt, ist das andere in seiner Ausdehnung endlos.

Hier ist die Freiheit des Höheren angedeutet, sich je nach Erfordernis zu nähern oder zu entfernen. Wie der Himmel sich durch sanfte Bewegung nach oben vom Berg entfernt, so versteht es auch der Edle, sich rechtzeitig aus verfahrenen Situationen oder von geringen Menschen zurückzuziehen und dadurch eine gewisse Distanz zu schaffen. Seiner inneren Stärke bewußt, geschieht dieser Rückzug ohne Konfrontation in würdiger und angemessener Weise. Der Erfolg besteht darin, daß man die Lage richtig einzuschätzen weiß und sich zum passenden Zeitpunkt zu-

oben: **Der Himmel**

das Schöpferische
die Erneuerung
das Kronen-Chakra

DAS GEWAHRSEIN

unten: **Der Berg**

das Stillehalten
die Beharrlichkeit
das Herz-Chakra

DER KÖRPER

Charakter:

6 würdig
5 unbeirrt
4 entschieden

3 bedrängt
2 standhaft
1 zurückhaltend

rückzieht. Dieser Rückzug ist keine resignierte Flucht, sondern ein überlegenes Ausweichen, um die schöpferischen Kräfte zu erfrischen und sinnlosen Konfrontationen aus dem Weg zu gehen. Dies ist die richtige Art, sich vor aufsteigenden niederen Elementen zu schützen. Die Zeitverhältnisse erfordern dieses kluge Verhalten des Ausweichens, um den vorrückenden Gemeinen ins Leere laufen zu lassen. Ein bewußtes taktisches Vorgehen ist aber nur möglich, solange man im Besitz seiner Kräfte und der richtigen Stellung ist. Deshalb gilt es, den passenden Augenblick des Rückzuges zu erkennen und zu ergreifen. Auf diese Weise kann man unbeschadet den feindlichen Kräften entkommen und gleichzeitig seine Wiederkehr in Ruhe vorbereiten.

In der eigenen Persönlichkeitsstruktur findet man die innere Parallele zu den äußeren Entwicklungen. Die zwei schwachen Yin-Striche in den unteren Bereichen zeigen, wie das Primitive und Triebhafte an Boden gewinnt und das Höhere, Geistige zum Rückzug zwingt. Es sind die Schattenanteile der eigenen Seele, die man wie einen Schwanz hinter sich herzieht *(Linien eins und zwei)*. Nur durch Wachsamkeit und geschickte Integration kann ein weiteres „Vorrücken" dieser niedrigen Eigenschaften verhindert werden.

Linie 1 *Durch unauffälliges Verhalten entgehen Sie der drohenden Gefahr*

Sie haben den richtigen Zeitpunkt des Rückzuges nicht erkannt und befinden sich jetzt in direkter Berührung mit negativen Kräften. Vermeiden Sie jede Bewegung in irgendeine Richtung, und halten Sie sich ganz unauffällig im Hintergrund. Allein durch haltloses Sich-treiben-Lassen würden Sie den Anschluß an den sich zurückziehenden Verband verpassen und völlig isoliert in feindlicher Umgebung zurückbleiben. Aus dieser Lage können Sie sich nur durch geschicktes Verhalten heraus manövrieren.

Innerhalb der eigenen Persönlichkeit gilt es, sich nicht mit den niederen Triebkräften anzulegen, sondern sich durch meditative Versenkung den höheren Bewußtseinsbereichen zuzuwenden. Vermeiden Sie jede Handlung oder Konfrontation, die zu Konflikten zwischen diesen beiden Kräften führt.

Linie 2 *Orientieren Sie sich an höheren Kräften, und Sie können der Isolation entkommen*

Ihr Wunsch, sich aus einer mißlichen Situation zurückzuziehen, ist sehr stark. Während die Höhergesinnten sich auf dem Rückzug befinden, sieht es so aus, als würden Sie – ganz auf sich allein gestellt – zurückbleiben. Ihnen fehlt das nötige Geschick, um sich allein aus dieser Lage zu befreien. Da aber eine innere Beziehung zu einer höhergestellten Persönlichkeit *(Ideal)* besteht, können Sie sich an dessen Kraftwirkung ausrichten und dadurch der mißlichen Lage entkommen.

Linie zwei zeigt allgemein Menschen, die in ihrem Wesen aufrecht und korrekt sind, aber nicht genügend Kraft besitzen, sich aus ihrer üblen Umgebung oder von schlechten Charaktereigenschaften zu befreien. Sie suchen sich deshalb ein Idol *(fünfte Linie)*, an dessen Fersen sie sich heften und nach dessen Eigenschaften sie ihr Leben gestalten.

Ob dies menschliche Vorbilder, die Kraft der Musik oder der Kunst sind, oder allgemein höhere Ideale, dieser Mensch macht sie sich zu eigen, um damit der Isolation oder dem Stehenbleiben bei niedriger Beschäftigung oder niedrigem Gedankengut zu entkommen. Ein durchaus ehrenhaftes Verhalten, das bei beharrlichem Anhängen an das Rechte zum gewünschten Ergebnis führt.

Linie 3 *Um sich aus dem Dunstkreis niederer Elemente zu lösen, dürfen Sie Ihre Initiative nicht verlieren*

Sie sind in einer Art Schicksalsgemeinschaft von niederen Menschen oder Idealen umgeben, die Sie von Ihrem geplanten Rückzug abzuhalten versuchen. Dies ist um so schwieriger, als das es sich dabei um Personen oder Eigenschaften handelt, mit denen Sie bisher eine gewisse freundschaftliche, ja sogar intime Beziehung unterhielten. Sich von dieser Verbindung zu lösen, ist nicht einfach und bedarf einer diplomatischen Vorgehensweise, damit Sie nicht in große Bedrängnis geraten. Versuchen Sie nach außen hin den Anschein zu erwecken, als ob Sie deren Dienste noch in Anspruch nehmen würden, damit Ihnen wenigstens die Initiative erhalten bleibt. Dies ist zwar keine erfreuliche Situation, aber um sich von den Fesseln dieser niederen Elemente zu befreien, bleibt Ihnen nur ein taktisch kluges Vorgehen. Eine Stärkung können Sie erhalten, indem Sie den Beweggründen, die Sie zum Rückzug veranlaßt haben, treu bleiben.

Linie 4 *Wenn Sie sich freiwillig zurückziehen, werden sich die Widerstände lösen*

Die Zeitverhältnisse erfordern es, daß Sie die Menschen, die bis jetzt ihr Umfeld geprägt haben, verlassen müssen. Eine klare Entscheidung zu treffen fällt Ihnen nicht leicht, und Gewissensbisse plagen Sie, ob dies für die anderen zumutbar sei. Solange Sie von dieser inneren Ungewißheit ergriffen sind, werden Sie zu leiden haben. Der Rückzug aus eingefahrenen Verhältnissen muß mühelos und freiwillig geschehen. Nur wenn Sie von der Richtigkeit Ihres Vorhabens überzeugt sind, werden sich die äußeren und inneren Widerstände lösen. Wer Ihrem Vorhaben innerlich entgegenzuwirken versucht, sind die Zurückbleibenden, die nun schauen müssen, wie sie ohne Ihre Leitung zurechtkommen.

Linie 5 *Durch Ihren feststehenden Rückzug werden Sie eine große seelische Befreiung erfahren*

Wenn Sie sich über den Zeitpunkt des Rückzuges unerschütterlich im klaren sind, dann wird auch Ihre Umgebung dies freundschaftlich und ohne Sie in Diskussionen zu verwickeln für angebracht halten. Lassen Sie sich in der Festigkeit Ihres Entschlusses nicht beirren, sondern vollziehen Sie Ihren Rückzug würdig und auf angemessene Art und Weise. Nun können Sie das Vergangene hinter sich lassen und alles ehemals Niedrige und Schlechte wird Sie nicht mehr erreichen. Alle Zweifel lösen sich, und Ihre strikten Bindungen an die weltlichen Belange nehmen ein Ende. Sie haben es geschafft, in höhere Regionen aufzusteigen und können sich nun dem Studium und der Durchführung übergeordneter Aufgaben widmen. Sie werden diesen Schritt als große seelische Befreiung empfinden, durch den Sie endlich Ihren kreativen Fähigkeiten entsprechen können.

Linie 6 *Ihre Entscheidungen gleichen dem Weg des Tao*

Der Wind *(UKT)* hat Sie bis in höchste Regionen hinaufgetragen. Nichts wirkt Ihrer vollständigen Loslösung mehr entgegen. Alle äußeren Widerstände sind beseitigt, und ein neuer Weg liegt vor Ihnen. Die Entscheidungen, die Sie treffen, entsprechen den schöpferischen Prinzipien des Himmels, ohne dabei kleinliche Rücksichten nehmen zu müssen und zeugen von wahrer Seelengröße und geistiger Überlegenheit.

31 Die Einwirkung
Die gegenseitige Bereicherung

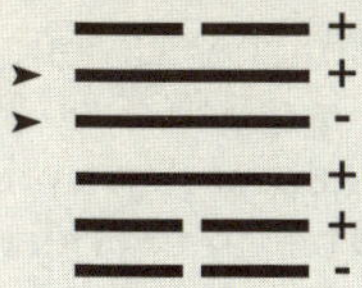

oben: **Der See**

das Heitere
die innere Wahrheit
das Solarplexus-Chakra

DAS FÜHLEN

unten: **Der Berg**

das Stillehalten
die Beharrlichkeit
das Herz-Chakra

DER KÖRPER

Charakter:

6 dogmatisch
5 entschlossen
4 beharrlich

3 aufgeregt
2 zurückhaltend
1 unsicher

Situation:

Auf dem Berg befindet sich ein See. Ein großes Potential an innerem Reichtum ist vorhanden. Der Berg wird durch das Wasser des Sees fruchtbar angeregt und überträgt wiederum seine mineralischen Schätze in das Wasser des Sees. Beide kommen einander entgegen und bereichern sich gegenseitig.

Kommentar:

Der Grund des Sees ist fest im Fels des Berges verankert. Dadurch werden dessen Gipfel abgeschwächt. Das Starke, das sich von unten erhebt, trägt das Schwache oben. Eine gegensätzliche Vereinigung findet statt. Dieses Bild enthält die Aufforderung, sich nicht überheblich, sondern einfühlsam und frei zu halten, damit man für Anregungen offen bleibt und auch anderen Zugang zu seinem inneren Wesen ermöglicht. Die Bereitschaft, Einflüsse anderer aufzunehmen und die gleichzeitige Fähigkeit, auf andere einzuwirken, bilden die Grundlage jeder erfolgreichen Werbung, deren Wirkung auf dem Gesetz gegenseitiger Anziehung beruht. Agitatorisches Einwirken dient dem reinen Selbstzweck, und solange keine innere Wahlverwandtschaft mit dem Gegenstand der Einwirkung besteht, werden die gewünschten Ergebnisse ausbleiben. Der natürlichen Anziehung entsprechend, begibt sich das starke Männliche *(der Werber, als Berg)* unter das schwache Weibliche *(die Geworbene, als See)*. Durch beharrliche und rücksichtsvolle Werbung kommt das Weibliche ihm entgegen. Wo diese natürliche Übereinstimmung das Sehnen nach Vereinigung auslöst, da entsteht eine erotische Anziehung zwischen den Geschlechtern. Hier findet sich der fruchtbare Nährboden gesellschaftlicher Erneuerung durch die Familie sowie der tiefen Erfüllung durch Freude und stille Zufriedenheit. Diese sich harmonisch ergänzenden Kräfteprinzipien sind es, die wechselseitige Anziehung bewirken. Herzlichkeit verbindet sich mit Gefühl, Beharrlichkeit mit wahrhaftigem Wissen.

Erfüllt von der Kraft innerer Wahrheit, spricht das zauberhafte Wesen *(See, tiefe Gefühle)* in einer Sprache, die die Herzen der Menschen berührt. So wandelt sich die körperliche Person *(die rein formale Einflußnahme)* und wird zum Spiegel der inneren Motivation. Ein Resonanzfeld natürlicher Anziehungskraft wird erzeugt, das die Menschen in Liebe und wahrhaftiger Zuneigung vereint. Das höchste Prinzip der Werbung ist das Werben ohne manipulierte Einflußnahme, einzig zur Wirkung gebracht durch die harmonische Schwingung innerer Übereinstimmung.

Wer also auf andere Einfluß nehmen will, muß sich selbst von Vorurteilen und falschen Absichten freimachen und sich, trotz seiner inneren Stärke, im ganzen Verhalten offen und unvoreingenommen zeigen. Denn, wer alles besser wissen will, dem raten die Menschen bald nicht mehr, so sagt das I Ging.

Linie 1 *Solange sich der Wunsch der Einwirkung nur in der großen Zehe zeigt, ist er für andere noch nicht von Bedeutung*

Ihr Wunsch, auf andere Menschen oder eine bestimmte Situation einzuwirken, ist zwar vereinzelt schon vorhanden, jedoch reicht dies für eine konkrete Einflußnahme nicht aus. Den Anfang jeder Bewegung machen die Fußzehen, die hier symbolisch für die unterste Linie des Berges stehen. Da sich jeder Gedanke zunächst in den Zehen als den äußersten Gliedern jeden Fortschreitens bemerkbar macht, kann von einer sichtbaren Einwirkung hier noch nicht die Rede sein. Sie spüren zwar, daß irgend etwas in der Luft liegt, haben aber noch keine konkrete Vorstellung, was daraus werden soll.

In der Werbung, die ja der direkten Einwirkung auf Menschen dient, könnte man diese Situation der Meinungsbefragung zum Zwecke der Marktforschung gleichsetzen. Man informiert sich, um Daten und Fakten zu sammeln und gleichzeitig sein Wissen zu erweitern, hält sich aber von jeglicher Eigeninitiative nach außen zurück.

Linie 2 *Einwirkung durch blindes Nachfolgen führt unweigerlich zum Sturz*

Sie fühlen sich von innen heraus gedrängt oder durch äußere Einflüsse getrieben, sich in Bewegung zu setzen, wissen aber weder wohin noch wozu. Diese Art des überstürzten Handelns gleicht dem blinden Nachfolgen der Waden zum Fuß. Auch diese können nicht von selbst voran, sondern sind Bestandteil einer harmonischen Bewegungsabfolge. Ein solch unkoordiniertes Voranschreiten ohne höhere Beweggründe würde Sie unweigerlich zu Fall bringen. Sie sollten nicht jeder üblen Einflüsterung auf den Leim gehen und Ihre Haut auf solch selbstsüchtige Art und Weise zu Markte tragen, sondern in Ruhe abwarten, bis Sie sich über den Umfang und die Vorgehensweise der Einwirkung im klaren sind.

Bei der Ausbildung der inneren Persönlichkeitsstruktur sollte man lernen, seinen Egoismus und den Hang zur blinden Nachfolge zu korrigieren. Einwirkung auf andere kann nur in gegenseitigem Einvernehmen und geteiltem Nutzen erfolgreich sein.

Linie 3 *Beschränken Sie Ihre Einflußnahme auf die von Ihnen als recht erkannten Methoden*

Auch wenn die Impulse, auf andere einzuwirken, von Ihrem eigenen Herzen bestimmt sind, sollten Sie sich nicht unkritisch sofort in Bewegung setzen. Halten Sie sich vielmehr einen unabhängigen und höher gefärbten Entscheidungsspielraum offen. Hektisch und betriebsam hinter jedem herzulaufen, auf den Sie einwirken wollen oder sogar blind den Anordnungen derer zu gehorchen, für die Sie tätig sind, wäre am Ende beschämend. Seien Sie kritisch gegenüber äußeren Einflüssen, und beschränken Sie sich in der Methode Ihrer Einflußnahme, auf die von Ihnen als recht erkannten Werte.

Die hier geschilderte Situation ist das Musterbeispiel eines sehr schlechten und manipulativen Werbestils, der sich nur an gewinnträchtigen Märkten von leicht zu beeinflussenden Konsumentenschichten orientiert. Diese Art der Einwirkung ist auf reinen Eigennutz ausgelegt und wird keine dauerhaften Erfolge zeigen.

Linie 4 *Lassen Sie bei der Einwirkung auf andere Ihr Herz sprechen*

Sie verspüren den starken Drang, auf Menschen oder Situationen Einfluß zu nehmen. Überprüfen Sie zunächst, ob Ihre Gesinnung den tatsächlichen Anforderungen entspricht oder ob nicht manipulativ berechnende Ziele diesem Vorhaben zugrundeliegen. Wer im weitesten Sinne Einfluß auf andere ausüben will, der muß zunächst seine eigene Begrenzung aufgeben. Durch eine engherzige Betrachtungsweise erreicht man nur die Menschen, die von egoistischen und zweckorientierten Motiven angetrieben werden. Stimmen Sie deshalb all Ihre Bewegungen aufeinander ab, indem Sie mehr und mehr den Anregungen Ihres inneren Selbst Folge leisten. Einwirkungen, die höheren Beweggründen dienen, beruhen auf einer Überzeugungskraft, die die Herzen der Menschen berührt.

Weil hier das Zentrum der Einwirkungen erreicht ist, sind die Überlegungen zur Art und Weise der Werbemaßnahmen sehr viel tiefer gehend. Man ist sich seines Einflusses und der Verantwortung gegenüber den Mitmenschen bewußt und gerät doch immer wieder ins Wanken. Die alles entscheidende Frage: „Wen will ich ansprechen?" soll die Lösung bringen. Jedoch liegt darin bereits die einschränkende Wirkung auf ganz bestimmte Zielgruppen. Deshalb gilt es, übergeordnete Maßnahmen zu ergreifen, nicht billigste Propagandamittel, sondern persönliche Ausstrahlung und ruhige Überzeugungskraft, die alle in ihren Bann schlägt.

Linie 5 *Menschen deren tiefe Entschlossenheit Ausdruck innerer Einheit ist, haben eine magnetische Anziehungskraft*

Eine heitere und charakterstarke Persönlichkeit, die ganz in Übereinstimmung mit ihrem inneren Wesenskern steht, übt nach außen einen großen Einfluß aus. Ihre magnetische Anziehungskraft beruht auf der tiefen Überzeugung, mit der sie ihre Ideen zum Ausdruck bringt. In sich gefestigt, widersteht sie allen schlechten Einflüssen und ist in ihren Handlungen klar und eindeutig. Trotz dieser herausragenden Eigenschaften sollte sie darauf bedacht sein, für anregende und wertvolle Einflüsse anderer offen zu bleiben.

Linie 5 ist der Platz eines reellen und ehrlichen Charakters, der Werbekultur mit Stil betreibt. Frei von Angeberei und Kitsch entspricht die Aufmachung ganz dem inneren Gehalt.

Linie 6 *Durch leeres Geschwätz beeinflussen macht unglaubwürdig*

Sie sehnen sich danach, auf andere Einfluß auszuüben. Jedoch ist Ihre Art des „Um-den-Brei-Herumredens" wertlos, ja sogar verwirrend. Allein durch inhaltsleere Schwatzhaftigkeit können Sie nichts Wirkliches erreichen. Diese Art, auf andere einwirken zu wollen, macht Sie unglaubwürdig und bringt Sie in den Ruf, nichts als Tratsch zu verbreiten.

56 Der Wanderer
Die Emigration

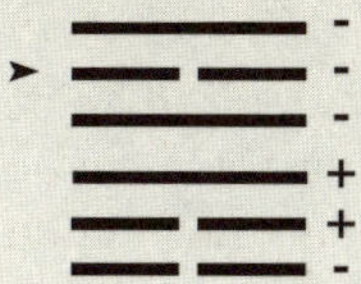

oben: **Das Feuer**

das Haftende
die Klarheit
das Sakral-Chakra

DAS DENKEN

unten: **Der Berg**

das Stillehalten
die Beharrlichkeit
das Herz-Chakra

DER KÖRPER

Charakter:

6 extrem
5 großzügig
4 fähig

3 anmaßend
2 zuversichtlich
1 unfähig

Situation:

Auf dem Berg, der als Symbol der Festigkeit gilt, brennt ein Feuer, dessen Eigenschaft die Klarheit ist. Der karge Boden auf dem Gipfel ist kein Platz für das Feuer und so wandert es weiter, sobald das spärliche Gras verbrannt ist, immer neuer Nahrung nach.

Kommentar:

Wie das Licht eines Feuers auf dem Berg weithin sichtbar ist, so ist es auch mit den Handlungen eines heimatlosen Wanderers. Argwöhnisch wird er von den Menschen als fremder Sonderling betrachtet, weshalb er immerzu darauf bedacht sein muß, all seine Angelegenheiten mit Klarheit und innerer Festigkeit zu handhaben. Er steht außerhalb jeder sozialen Sicherheit der Gesellschaft, und so gilt es für diesen Fremden, sich entsprechend seiner Außenseiterrolle stets freundlich und zurückhaltend gegenüber den Menschen zu verhalten. Da ihm die Gemeinschaft keinen Schutz bietet, darf er sich nicht wichtigtuerisch hervortun oder sich gar auf Abwege begeben, die ihn in Konflikte mit der herrschenden Ordnung bringen könnten. Durch bescheidenes und unauffälliges Verhalten kann er im kleinen erfolgreich sein und seinen Platz innerhalb der Gesellschaft finden. Wer nun ist dieser seltsame Fremdling, der inmitten und doch außerhalb der fest eingefahrenen Gemeinschaft steht? Ein Emigrant, ein Fremdarbeiter, vertrieben aus heimatlichen Gefilden, ein Globetrotter oder Vagabund, ein verlorener Sohn, von der Gesellschaft und der eigenen Familie ausgeschlossen. Ein rastloser Wanderer, immer unterwegs auf der Suche nach einer anderen und neuen Welt, der sich schwer tut, sich anzupassen oder den geltenden Normen entsprechend einzufügen.

In diesem Bild des Wanderers finden sich sehr viele Formen der Fremde, Einsamkeit und Loslösung, wie sie uns sowohl in der äußeren als auch der inneren Wanderschaft in die Tiefen unserer unbeständigen Seele begegnen. Aufbruch zu neuen Ufern oder die Loslösung von alten Wertvorstellungen sind Erfahrungen, die eine lange Zeit innerer Einsamkeit und großer psychischer Belastungen sein können. Nie mehr wird man der Alte sein, nie mehr zurückkehren in die einschränkenden Bereiche alter Verhaltensstrukturen. Der Wanderer zwischen den Welten, der im höheren Sinne seine innere Emigration erlebt, hat sich aufgemacht und seine Reise zum Licht der ewigen Erkenntnis angetreten.

Linie 1 *Wer sich als Fremder mit unwürdigen Dingen abgibt, macht sich zum Gespött der Leute*

Wenn Sie in einer neuen Umgebung oder Situation etwas erreichen wollen, dann sollten Sie sich ganz allgemein einige Verhaltensregeln zu Herzen nehmen. Als Reisender sind Sie ein Fremder, der weder den Schutz einer Gemeinschaft genießt noch eine feste Unterkunft hat. Um so wichtiger ist es für Sie, sich nach außen hin den Sitten und Gebräuchen Ihrer neuen Umgebung anzupassen und nicht durch überhebliches und geringschätziges Verhalten gleich zu Beginn Feindseligkeiten zu erzeugen. Zeigen Sie sich freundlich und der Situation entsprechend zurückhaltend. Auf der anderen Seite dürfen Sie sich aber auch nicht in Dinge einlassen, die unterhalb Ihres Niveaus liegen, nur um dadurch freundliche Aufnahme zu finden. Bewahren Sie eine selbstbewußte Haltung, und meiden Sie schlechten Umgang. Den Clown für andere zu spielen, um in der Beliebtheitsskala zu steigen, ist unwürdig und führt letztendlich dazu, daß man Sie verspottet und nicht besonders ernst nimmt.

Dieser Reisende, der in fremder Umgebung eine neue Betätigung sucht, wird durch sein falsches Verhalten verkannt. Er erschöpft sich in nebensächlichen Details und findet deshalb nicht die ihm entsprechende Stellung. Dadurch kommt er in große Schwierigkeiten und ist geneigt, wieder dahin zurückzukehren, woher er gekommen ist. Diese Erfahrung sollte ihn dazu veranlassen, über sich und sein weiteres Vorgehen nachzudenken.

Linie 2 *Durch korrektes Verhalten gelingt es dem Fremden, eine Unterkunft zu finden und Besitz zu erwerben*

Wenn Sie sich korrekt und der neuen Umgebung anpassend verhalten, werden Sie eine Unterkunft und Stellung finden, in der Sie sich wohlfühlen und zur inneren Ruhe kommen. Seien Sie in Ihrer Beziehung zu den Menschen zuversichtlich und zugleich bescheiden, und man wird Ihnen entgegenkommen. Aufgrund dieses Verhaltens wird es Ihnen gelingen, sich eine eigene Existenz aufzubauen und zugleich Besitz zu erwerben. Freunde und Helfer finden sich ein, um Ihnen zur Seite zu stehen, was für einen Fremden oder Neuling von unschätzbarem Wert ist.

Da sich auf diesem Platz eine korrekte Yin-Linie befindet, wird hier ein Wanderer gezeigt, der es versteht, durch seine positiven Charakterzüge nicht nur Unterkunft und Verpflegung zu finden, sondern sich darüber hinaus eine Existenz mit zuverlässigen Angestellten aufzubauen.

Linie 3 *Sich durch hochnäsiges Benehmen in Mißgunst zu bringen, ist für einen Fremden von Übel*

Sie sind nicht bereit, sich Ihrer neuen Umgebung entsprechend anzupassen, sondern mischen sich in Angelegenheiten ein, die Sie nichts angehen. Wenn Sie weiterhin so anmaßend und heftig gegenüber Ihren Helfern auftreten, werden Sie großen Schaden anrichten oder laufen Gefahr, alles zu verlieren, was Sie sich bis dahin aufgebaut haben.

Die dritte Linie des Trigramms Berg zeigt allgemein Menschen, die sich starrköpfig und voreingenommen gegenüber der Umgebung verhalten, die sie einst aufgenommen hat. Dadurch laufen sie Gefahr, sowohl die bis jetzt freundlich gesonnenen Helfer zu verlieren als auch die Herberge, die ihnen – wegen der Nähe der ersten Linie des Hexagramms Feuer – verbrennt. Immer ist ein Fremder zunächst Gast und deshalb gilt es, ein solches Fehlverhalten ganz allgemein zu vermeiden. Wer sich geringschätzig oder hochnäsig gegenüber den Gebräuchen und Ansichten anderer Menschen oder fremder Länder verhält, der zieht sich deren Mißgunst zu und bewegt sich in einer gefährlichen, haßerfüllten Außenseiterposition.

Linie 4 *Trotz Unterkunft und Nahrung ist man im Herzen einsam*

Im Gegensatz zur Linie zwei findet dieser Fremde kein gemütliches Zuhause, sondern lediglich einen Zufluchtsort, an dem er Unterkunft findet. Zwar gelingt es ihm, seinen Lebensunterhalt zu verdienen, aber er spürt, daß er noch nicht an seinem Ziel angekommen ist. Dank seiner Klarheit weiß er, wie man sich unter solchen Bedingungen zu verhalten hat, und trotzdem bleibt es ihm nicht erspart, seinen Standort immer wieder zu verteidigen. In seinem Herzen ist er unglücklich, und auch seine großen Fähigkeiten können diesen Mißstand nicht ausgleichen. Immer wieder wird es ihm bewußt, daß er ein Fremder in einer fremden Umgebung ist.

In diesem traurigen Bild des heimatlosen, aber begabten Wanderers, begegnet uns die Einsamkeit des Herzens wie sie beim Durchleben sogenannter Identitätskrisen sehr intensiv zum Vorschein kommt. Die Vorstellung und der Wille, etwas Neues zu beginnen, sind zwar vorhanden, jedoch ist das Wo und Was noch nicht genau definiert, und so findet man sich sehr oft in Situationen wieder, die nicht oder nicht mehr dem Entwicklungsstand entsprechen, den man innerlich erreicht hat. Deshalb ist es wichtig, sich Klarheit zu verschaffen und in Ruhe eine Standortbestimmung vorzunehmen, damit man nicht in Gegenden oder Situationen gerät, die dem eigenen Wirken keine Nahrung mehr bieten.

Linie 5 *Versteht man es, sich richtig einzuführen, findet man auch in der Fremde Anerkennung und Freunde*

Auch in einer fremden Umgebung läßt sich eine neue Heimat und ein neuer Wirkungskreis erschließen. Dabei ist der erste Eindruck, den man vermittelt, der wichtigste. Bescheidenheit und persönliche Ausstrahlung sind der Schlüssel zum gewünschten Erfolg. Da diese Linie das Zentrum der Klarheit des Feuers darstellt, werden diesem Menschen außergewöhnliche Fähigkeiten zugeschrieben, die ihm zu einer ruhmreichen Karriere verhelfen. Was zuvor als ein unsicheres Exil erschien, wandelt sich jetzt zum Domizil. Endlich wird der Prophet im fremden Land in die Gemeinschaft integriert und findet eine ihm gebührende Anstellung.

Linie 6 *Wenn Sie weiterhin so leichtfertig mit der Sympathie anderer umgehen, werden Sie alles bisher Gewonnene verlieren*

Ein in seinem ganzen Verhalten extremer und arroganter Charakter weiß sich nicht zu benehmen. Anstatt seine fügsame Art zu bewahren, wie dies für einen Fremden angemessen wäre, mißachtet dieser hier alle Regeln der Gastfreundlichkeit, durch seine leichtfertige Art, mit der Sympathie anderer Menschen umzugehen. Anstatt seine Stellung weiter zu stabilisieren, wird er nachlässig und verwickelt sich in Angelegenheiten, die mit seinen eigenen Grundsätzen überhaupt nichts mehr zu tun haben. Damit läuft er Gefahr, sein mühsam aufgebautes Heim und damit alles Erreichte zu verlieren. Bescheidenheit im Benehmen könnte diese Situation entschärfen.

Dieses hier gezeigte Charakterbild ist zu vergleichen mit einem Gastarbeiter oder politischen Vertreter in einem fremden Land. Durch sein zunächst zurückhaltendes aber intelligentes Auftreten macht er sich beliebt und wird in die Gemeinschaft integriert. Nach und nach aber zeigt sich sein wirklicher Wesenskern, was schließlich soweit führt, daß er wegen seines hämischen und unerträglichen Verhaltens mit Ausweisung zu rechnen hat. Er läuft Gefahr, nicht nur seine Anstellung, sondern alles mühsam Aufgebaute zu verlieren und schließlich als Erwerbs- und Wohnsitzloser in eine üble Situation zu geraten.

62 Des Kleinen Übergewicht
Die Zeit der kleinen Dinge

oben: **Der Donner**

das Erregende
die Aktivität
das Stirn-Chakra

DER GEIST

unten: **Der Berg**

das Stillehalten
die Beharrlichkeit
das Herz-Chakra

DER KÖRPER

Charakter:

6 überheblich
5 bescheiden
4 maßvoll

3 gewissenhaft
2 korrekt
1 voreilig

Situation:

Die aktive und erschütternde Kraft des oberen Trigramms Donner wird von dem anhaltenden und beharrlichen Zeichen des Berges in Besitz genommen. Überschießende Aktivität wird zugunsten der Beharrlichkeit im kleinen gemindert.

Kommentar:

Das Hexagramm 62 stellt in seinem strukturellen Aufbau einen Vogel oder ein Fluggerät dar, dessen Flügel zu schwach sind, den starken und schweren Körper zu tragen. Deshalb ist es sinnvoll, nicht zu hoch hinauf zu fliegen, sondern sich unten zu halten, da sonst Gefahr droht, abzustürzen. So ist es auch mit einem Menschen, der seine Fähigkeiten oder seinen momentanen Wirkungsgrad überschätzt. Die herrschende Situation deutet auf eine Zeit hin, in der Ehrgeiz und große Unternehmungen nicht gefragt sind. Das Schwache, Unsichere, symbolisiert durch die zwei unterbrochenen Linien unten und oben, muß die Führung nach außen übernehmen. Deshalb gilt es, sich weder irgendwelchen Ausschweifungen hinzugeben noch seine Gefühle offen zur Schau zu stellen. Vielmehr liegt der Erfolg in der gewissenhaften Erledigung der Alltagspflichten. Wie ein Vogel, für den es zu bestimmten Zeiten von Vorteil ist, sich nicht zu weit von seinem Nest zu entfernen, so gilt es auch in den menschlichen Verhältnissen, sich an die kleinen und naheliegenden Erledigungen zu halten. Mit großer Sorgfaltspflicht verbundene Bescheidenheit ist das momentane Erfolgsrezept. Dieses Verhalten darf jedoch nicht von kriecherischer Unterwürfigkeit durchsetzt sein, sondern muß getragen werden von Würde und der Kraft innerer Überzeugung. Sparsamkeit soll nicht mit Geiz verwechselt werden, Genauigkeit nicht mit Zwangspedanterie, Trauer nicht mit formeller Klage.

Auch wenn man vielleicht die anderen beneidet, die frech und ungestraft vom Leder ziehen, das „Auf-sich-Nehmen" von kleinlichen Mühen ist eine Tugend, die es hier zu zeigen gilt. Ehrgeizige Pläne nach Selbstverwirklichung im Äußeren sind absolut unangebracht. Nur durch sorgfältiges Erledigen der Details kann zukünftiger Fortschritt erreicht werden. Wie ein Pilot, der ein Flugzeug mit Konstruktionsfehlern fliegt, sehr vorsichtig beim Auslasten des Materials sein wird, um heil auf der Erde anzukommen, so ist es auch mit der Beseitigung kleiner Mängel innerhalb der Persönlichkeitsstruktur. Wer hoch hinaus will, muß zunächst alle hochtrabenden Ideen und Aktivitäten zurückstellen und sich sehr sorgfältig der Beseitigung anhaftender Mangelzustände widmen.

Linie 1 *Wer, einem jungen Vogel gleich, fliegen will, bevor seine Flügel ausgebildet sind, droht abzustürzen, noch ehe er aufgestiegen ist*

Anstatt an Ihrem sicheren Platz zu verweilen, versuchen Sie vorwärts zu stürmen, ohne darauf entsprechend vorbereitet zu sein. Dabei besteht weder die Notwendigkeit dazu noch ist Ihre Ausgangsstellung ideal. Ihr Verhalten gleicht einem jungen Vogel, der fliegen will, bevor seine Flügel richtig ausgebildet sind. Anstatt den Gernegroß zu spielen, der handelt, bevor er dazu autorisiert ist, sollten Sie sich lieber den kleinen Aufgaben des täglichen Lebens zuwenden. Ein überstürztes Handeln verbraucht Ihre Kräfte und bringt Sie darüber hinaus in große Gefahr.

In vielen Lebenssituationen begegnet uns dieses Bild der überschießenden Bewegung durch die, entgegen aller Realität, Fortschritt im großen erzwungen werden soll. Wer laufen will, bevor ihn die Beine tragen, der fällt. Wer handelt, ohne die Umstände zu kennen, verliert. Wer spricht, ohne etwas zu sagen zu haben, wird nicht ernst genommen. Vor den großen Dingen kommen die kleinen Dinge.

Linie 2 *Auch wenn Ihnen die angebotene Hilfestellung als ungewöhnlich erscheint, sollten Sie dennoch danach greifen*

Eine korrekte Verbindung besteht der Natur nach zwischen einem starken und einem nachgiebigen Charakter. Hier begegnen sich ein schwacher Beamter und ein schwacher Vorgesetzter *(Linien zwei und fünf)*. Die Kraft dieser Obrigkeit *(fünfte Linie)* reicht nicht aus, um Ihnen eine sichere Position zu verschaffen. Da ist es nur von Vorteil, durch Bescheidenheit die Hilfe aus den Reihen einer starken Persönlichkeit zu suchen, die in dessen Auftrag für die sozialen Belange der Menschen zuständig ist. Diese Hilfestellung entspricht zwar nicht der einflußreichen Protektion eines höhergestellten Herrschers, ist jedoch für Ihre weitere Entwicklung von Vorteil. Eine andere Sichtweise bezieht sich auf das Wesen der eigenen Person. Wer in sich selbst nicht die Klarheit besitzt, seine höheren Lebensaufgaben zu erkennen, der vertraue der Kraft seines Herzens. Durch das Erlangen innerer Selbstzufriedenheit dient man in höherem Sinne dem Ganzen.

Linie 3 *Nachlässigkeit, die dem Glauben entspringt, unschlagbar zu sein, zieht die dunklen Elemente an*

Auf dem Gipfel des Berges angekommen, fühlt man sich stark und unschlagbar. Dieses selbstherrliche Verhalten bringt Nachlässigkeit mit sich, so daß man die dunklen Elemente anzieht. Diese nähern sich von hinten diesem übermütigen Charakter, so daß er ihnen nicht gewachsen ist. Wer sich in Zeiten des Kleinen auf solch unvorsichtige Art und Weise hervortun will, läuft Gefahr, von seiner Umgebung angegriffen und verletzt zu werden. Bleiben Sie deshalb in Ihren Unternehmungen maßvoll und gewissenhaft, damit Sie nichts übersehen, was Ihnen später zum Nachteil gereichen würde. Nach außen hin den Anschein eines Starken und Unbesiegbaren zu erwecken, ohne die inneren Mißstände beseitigt zu haben, kann zu unangenehmen, ja gefährlichen Verstrickungen führen.

Linie 4 *Lassen Sie sich nicht zu Extremen hinreißen, denn noch sind Sie nicht vollends über den Berg*

Maßvoll und gleichzeitig stark zu sein ist die Forderung, die von dieser Stellung ausgeht. Glauben Sie nicht, daß Sie schon über den Berg seien und absolute Handlungsvollmacht besitzen. Sie sind von Gefahren umgeben, die Ihnen vielleicht nicht bewußt sind. Die vermeintliche Rückendeckung existiert nicht und deshalb sollten Sie in dieser Situation nichts unternehmen, für das Sie nicht geeignet sind. Bleiben Sie ganz einfach flexibel, und widmen Sie sich weiterhin den gewöhnlichen und alltäglichen Dingen des Lebens. Durch diese Art der Beharrlichkeit im kleinen begehen Sie keinen Fehler und überschreiten nicht Ihre vernunftmäßigen Grenzen.

Linie 5 *Ehrgeizig, aber doch zu schwach, das Ziel alleine zu erreichen, wäre es angebracht, geeignete Helfer zu suchen*

Trotz Ihrer ausgezeichneten Fähigkeiten haben Sie zuwenig Beistand, um das zu vollenden, was Sie sich vorgenommen haben. Deshalb sollten Sie sich nach geeigneten Gehilfen umschauen, die Ihnen dabei behilflich sind. Achten Sie dabei auf deren innere Werte und nicht auf große Namen oder Taten. Diese Menschen finden Sie nicht in der Masse, sondern in der Verborgenheit, in die sie sich – ihrem bescheidenen Wesen entsprechend – zurückgezogen haben. Wenn auch unter weiteren Schwierigkeiten, so wird es Ihnen zusammen mit diesen gelingen, nach und nach das geplante Vorhaben zu vollenden.

Dem strukturellen Aufbau des Zeichen entsprechend, wird hier ein Prinz gezeigt *(fünfte Linie)*, der trotz geehrter Stellung zu schwach ist, um seine hohen Ziele ohne fremde Hilfe in die Tat umzusetzen. Er wendet sich an seinen korrekten Beamten *(zweite Linie, Denken)* der zwar wenig Einfluß besitzt, dafür aber um so klarer die Verhältnisse durchschaut. Auch wenn sich hier zwei von Natur aus schwache Charaktere zusammentun, gelingt es ihnen, durch ihre innere Übereinstimmung das Werk zu vollenden.

Linie 6 *Wer seine Möglichkeiten überschätzt, schießt orientierungslos über sein Ziel hinaus*

Voller Stolz und Übermut sind Sie versucht, mit Gewalt Ihr Ziel zu erreichen. Durch dieses Verhalten ziehen Sie sich nicht nur die Mißgunst der Menschen zu, sondern geraten auch in einen inneren Konflikt mit Ihren eigenen Kräften. Wer in Zeiten der kleinen Dinge versucht, mit einem kühnen Höhenflug immer weiter nach oben vorzudringen, der widerspricht der Naturordnung und scheitert letztendlich an sich selbst.

Die in der Linie eins gezeigte unruhige und sich überstürzende Art eines jungen Vogels, der durch dieses Verhalten unheilvolle Folgen auf sich zieht, nimmt in der sechsten Linie dramatische Formen an. War ersterer noch nicht in der Lage, selbst zu fliegen, überschätzt dieser seine Möglichkeiten und schießt – da ohne jede „Orientierung – über sein Ziel hinaus. In diesem Bild wird auf sehr deutliche Weise geschildert was passiert, wenn man entgegen jeder Zeiterfordernis voller Ehrgeiz Ergebnisse herbeizwingen will, deren Auswirkungen man nicht gewachsen ist. Gewinne dieser Art entbehren jeglicher gewachsenen Grundlage und werden so zerrinnen, wie man sie gewonnen hat.

53 Die Entwicklung

Die Kraft der Beständigkeit

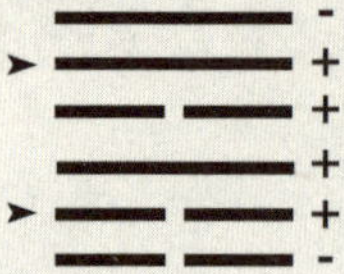

oben: **Der Wind**

das Sanfte
das Bewegende
das Wurzel-Chakra

DAS EMPFINDEN

unten: **Der Berg**

das Stillehalten
die Beharrlichkeit
das Herz-Chakra

DER KÖRPER

Charakter:

6 weise
5 würdig
4 nachgiebig

3 unbeherrscht
2 korrekt
1 unsicher

Situation:

Der Wind, dessen Eigenschaft die sanfte Durchdringung ist, trifft auf die feste Masse des Berges und wird dadurch in seiner Ausdehnung kontrolliert.

Kommentar:

Symbolisch stellt das Zeichen einen Baum dar *(Element Holz = Wind)*, der auf dem Gipfel eines Berges weithin sichtbar wächst. Da er schwierigen Einflüssen und Bedingungen ausgesetzt ist, sind seine Wurzeln tief und im Gegenteil zu den Gewächsen der Ebene entwickelt er sich langsam aber stetig. Indem so Dynamik und Ruhe aufeinander treffen entsteht sanfte Beharrlichkeit. In diesem natürlichen Vorgang wird ein Reifeprozeß gezeigt, der seine Entsprechung bei der Verkörperung unserer eigenen Persönlichkeit findet. Alles, was im Äußeren sichtbar seine Wirkung zeigen soll, muß zunächst im Inneren ausgebildet werden. Dieser Vorgang ist nicht mit Hast und Unruhe zu beschleunigen, sondern findet ganz allmählich und behutsam statt. Beständigkeit und Klarheit in der Zielsetzung sowie das Erforschen der tieferen Zusammenhänge sind die Voraussetzungen, durch die ein solch gefestigter Fortschritt erreicht werden kann. Entsprechend diesem Verhalten finden einige uns bekannte Gesetzmäßigkeiten von Ursache und Wirkung ihre Bestätigung. Bevor man nach außen geht, wende man sich nach innen. Bevor man nach vorne schreitet, schaue man zurück. Nach der Lernphase folgt die Überprüfung. Vor der endgültigen Bindung ist eine längere Zeit der Verlobung sinnvoll. Wer auf solch vorausschauende Art und Weise den

Entwicklungen Zeit zum Reifen gibt, schützt sich selbst vor Unbesonnenheit und macht seine Wirkungen nachhaltig.

Wie der Baum stark und fest im Boden verankert, von weitem sichtbar ist, so sollte es auch der Edle verstehen, durch Festigung seiner eigenen Person sowie stetiger Veränderung in seiner Umgebung nach und nach Einfluß und Schwerkraft zu bekommen. Es ist sehr wichtig zu verstehen, daß dies keine Zeit raschen Fortschritts und heldenhafter Taten ist. Vielmehr ist ein behutsames und allmähliches Wachstum durch konsequente Durchdringung der bestehenden, traditionellen Verhältnisse angebracht. Die übergeordnete Betonung liegt – wie aus der Verbindung von Wind und Berg zu verstehen – in der Beständigkeit, mit der man die Dinge festigt und ihnen Form verleiht. Der fruchtbare Erfolg solchen Vorgehens liegt in der Natur der Sache selbst und wird durch die innere Struktur des Zeichens klar zum Ausdruck gebracht.

Linie 1 *Der Wasservogel nähert sich dem fremden Ufer*

Allmähliche Entwicklungsprozesse, wie sie der Zeit des Zeichens entsprechen, sind vergleichbar mit dem Flug der Wasservögel zur Höhe des Berges. Die erste Station ihrer Reise ist das Ufer, das in seiner Bedeutung symbolisch für die ersten zaghaften Schritte eines Anfängers steht, der versucht, im Leben seinen Platz zu finden. Da er von vielen Gefahren umgeben ist und weder große Sympathien noch Gehör findet, gilt es, sich nicht unbekümmert der Situation zu nähern, sondern durch langsames Herantasten die Orientierung zu finden. Jegliche Übereilung muß vermieden werden. Durch dieses zögerliche und anpassende Verhalten wird er vielfach kritisiert und man widerspricht ihm. Doch ist diese Art des Vorgehens korrekt und bildet die Grundlage für späteren Erfolg.

Erste Entwicklungsstörungen im Leben eines jungen Menschen können durch das Verlassen der gewohnten Umgebung hinaus ins feindliche Leben entstehen. Gewappnet mit den richtigen Verhaltensregeln gelingt es jedoch, die Widrigkeiten dieser neuen Situation zu meistern und daran zu reifen.

Linie 2 *Der Wasservogel erreicht die schützenden Felswände über dem Flußufer*

Dieses unbeschriebene Blatt mit harmlosem Charakter hat die ersten Anfangsschwierigkeiten überwunden und findet die Unterstützung wohlgesinnter Menschen, so daß es ihm gelingt, in eine sichere

Lebensposition zu gelangen. Zufrieden mit dem bisher Erreichten, teilt er sein Glück und seine Freude mit anderen und läßt es sich gutgehen. Da er sein hohes Ziel vor Augen hat, spürt er instinktiv, daß noch viele Gefahren auf seiner Reise vor ihm liegen. Dies sollte ihn jedoch nicht davon abhalten, weiterhin zuversichtlich der Dinge zu harren, die da kommen werden.

Solch ungetrübte Jugenderlebnisse sind die ideale Basis für die Entwicklung einer Persönlichkeit, deren Laufbahn durch Stetigkeit und korrektes Verhalten nach oben führt.

Linie 3 *Der Wasservogel nähert sich einer kargen Hochebene im Landesinneren*

Wer durch voreiliges Handeln einer natürlichen Entwicklung der Dinge vorgreift, dem ergeht es wie dem Wasservogel, der in die falsche Richtung fliegt und sich in einer ausgedörrten Hochebene verirrt. Ihr unbeherrschtes Verhalten, mit dem Sie persönlichen Erfolg herbeizwingen wollen, bringt Sie in Konflikte, die nicht nur Ihre eigene Substanz angreifen, sondern auch das Wohlergehen Ihrer Angehörigen gefährden. Es liegt an Ihnen, bleibende Schäden zu vermeiden, indem Sie zunächst das bisher Erreichte weiter festigen und damit einer natürlichen Entwicklung der Dinge entgegenkommen. Inmitten von unklaren Zuständen sollten Sie nur schrittweise vorangehen und sich im besten Sinne darauf besinnen, das zu verteidigen, was Ihnen gehört.

Linie 4 *Der Wasservogel nähert sich einem Baum*

Sie haben zwar den Höhepunkt einer unsicheren und gefährlichen Lage überschritten, befinden sich aber immer noch in deren unmittelbaren Nähe. Die Situation gleicht dem Bild eines Wasservogels, der nach langem Flug einen Baum ansteuert, auf dessen Ästen er sich auszuruhen sucht. Da er Schwimmfüße hat, kann er sich nur schwerlich halten, so daß er bestrebt sein muß, einen breiten Ast zu finden. Diesem Beispiel folgend, sollten Sie deshalb versuchen, aus einer momentan instabilen Lage das Beste zu machen, indem Sie sich den Umständen entsprechend beweglich halten. Gerade weil die äußeren Bedingungen Ihrem inneren Wesen nicht entsprechen, ist ein kluges und nachgiebiges Verhalten wichtig, um auch in schwierigen Zeiten bestehen zu können. Diese persönliche Entwicklung ist die Grundlage für einen späteren Erfolg.

Sinnbildlich betrachtet, begegnet uns an diesem Platz des Übergangs eine Person, der es nach langem und mühseligem Aufsteigen über Geröll, felsige Wände und trockenen Hochebenen gelungen ist, am Fuße eines Baumes Rast zu machen. Der Gipfel ist noch lange nicht erreicht, aber trotzdem weiß sie, daß die Richtung stimmt. Da sie sich über das weitere Vorgehen noch im unklaren ist und sich außerdem noch erschöpft fühlt, fügt sie sich diesen Tatsachen und richtet sich vorübergehend ein Lager ein.

Linie 5 *Der Wasservogel nähert sich allmählich dem hohen Gipfel des Berges*

Durch rücksichtsvolles, aber beharrliches Vorgehen haben Sie es geschafft, eine hohe Position zu erreichen. Weit über den Bereichen der normalen menschlichen Angelegenheiten können Sie sehr leicht zur Zielscheibe von Neid und übler Nachrede schlecht gesinnter Menschen werden. Sogar die Ihnen Nahestehenden werden durch diese üblen Schwingungen beeinträchtigt und wenden sich gegen Sie. Ihre guten Absichten und hohen Ideale werden verkannt, so daß eine sinnvolle Kommunikation völlig ausgeschlossen wird. Da aber die Zeit *(das Licht der Erkenntnis, OKT Feuer)* auf Ihrer Seite steht, lösen sich diese Mißverständnisse langsam auf, und das zueinander Passende findet schließlich zusammen.

Die Texte des I Ging sprechen durch dieses Bild von einem Menschen, der durch Verleumdungen von ihm nahestehenden Menschen getrennt wird. Drei Jahre bleiben die Beziehungen unfruchtbar, was in der Struktur des Zeichens begründet liegt. Der mittlere Strich *(dritte Linie)* des unteren Kerntrigramms hat sich zwischen die Linien zwei bis fünf gedrängt und stellt eine Energieblockade dar, deren giftige Frucht jede Verbindung verhindert. Die Frau *(zweite Linie)* ist von ihrem Gatten *(fünfte Linie)* gefühlsmäßig getrennt und deshalb nicht zur Familiengründung bereit.

Noch anders ausgedrückt: die Seele *(fünfte Linie)* und das Denken *(zweite Linie)* werden – obwohl sie sich hier korrekt ergänzen – durch negative Gefühlsblockaden *(dritte Linie, UKT Wasser)* an einem harmonischen Zusammenwirken gehindert. Dennoch lösen sich solche Blockaden durch die Kraft höherer Einwirkungen allmählich auf, so daß ein harmonischer Energiefluß wieder zustande kommt.

Linie 6 *Der Wasservogel fliegt allmählich den jenseits liegenden Höhen zu*

Die heiligen Federn, die vom Himmel herunterfallen, gelten als Zeichen eines geistigen Führers, der, zur Vollkommenheit gereift, sich ins Jenseitige aufgeschwungen hat. Hier ist der Platz eines erhabenen Weisen, der das Geheimnis kennt, mit dem selbst die kleinsten und unscheinbarsten Dinge zur vollen Blüte gebracht werden können. Die Menschen schauen zu ihm auf und nehmen seinen edlen Charakter als Vorbild für ihre eigene Entwicklung. Gibt es eine größere Bestätigung?

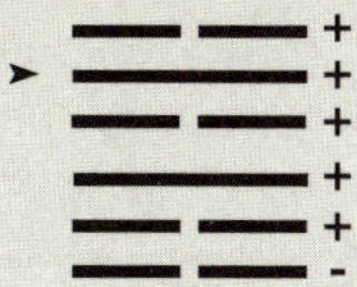

oben: **Das Wasser**

das Abgründige
das Geheimnisvolle
das Hals-Chakra

DIE SEELE

unten: **Der Berg**

das Stillehalten
die Beharrlichkeit
das Herz-Chakra

DER KÖRPER

Charakter:

6 unabhängig
5 fähig
4 kooperativ

3 klug
2 korrekt
1 zurückhaltend

39 Das Hemmnis

Die schwierigen Hindernisse

Situation:

Das OT Wasser symbolisiert durch seine Linienstruktur einen tiefen und gefährlichen Abgrund, der direkt vor einem liegt. Dahinter befindet sich ein massives Felsplateau, dessen Wände steil und unzugänglich sind. Zwei extreme Hindernisse, die den Weg versperren und zum Innehalten zwingen.

Kommentar:

Durch das Hexagramm 39 dargestellte Hindernisse können nicht durch direktes Angehen überwunden werden. Ob im äußeren oder im inneren Lebensbereich, immer stellen sie eine große Herausforderung dar, die letztendlich zur Stärkung unserer Persönlichkeitsstruktur beiträgt. Wie das Wasser, das in seiner fließenden Bewegung durch ein Hindernis gestaut wird, sich aber langsam anfüllt und darüber hinwegfließt, so verhält es sich auch bei der Überwindung von Hemmnissen, die sich im Laufe des Lebens vor uns auftun. Verstellen sie uns den Weg, sind wir geneigt, entweder verbissen dagegen anzukämpfen oder enttäuscht zurückzuweichen und aufzugeben. Doch wohin man sich auch wendet, Flucht ist kein Ausweg, und immer wieder kommen Probleme dieser Art auf uns zu. Sich angesichts größerer Hindernisse zurückzuziehen, um in Ruhe darüber nachzusinnen, wie dieses Problem überwunden werden kann, ist der richtige Weg, um nicht durch riskante Unternehmungen alles zu verlieren. Im Inneren geschieht dies durch meditative Kraftansammlung. Im Äußern durch Menschen, die erfahren genug sind, uns zu helfen.

Immer gilt in Zeiten der Hemmnisse die Regel, daß unbeherrschtes Vorangehen in den Abgrund führt, überlegtes Zurückweichen dagegen helfendes Verstehen bewirkt. Hindernisse jeder Art und besonders jene, die uns immer wieder begegnen, haben einen tieferen Sinn, dessen Ursprung wir in uns selbst zu finden haben. Sich nach innen wenden, um den tiefen Abgründen unserer Seele auf die Spur zu kommen, aufgepfropfte Erziehungsmuster, die falsches Verhalten begünstigen, ins Bewußtsein zu holen, all dies sind Möglichkeiten, Hemmnisse in uns selbst aufzulösen und damit auch mustertypischen Barrieren im täglichen Lebensbereich ein Ende zu bereiten. Vielfach weichen wir aus Angst oder Feigheit der Bewältigung solcher Blockaden aus und verdrängen sie ins Unbewußte, wo sie weiter wachsen und uns automatisch an den Abgrund unserer Möglichkeiten bringen. Dies geschieht, um uns durch Auseinandersetzung mit der tieferen Problematik daran zu hindern, eingefahrene Gleise falscher Verhaltensmuster weiter zu verfolgen. Äußere Hemmnisse werden so zum Spiegel unserer inneren Charakterstruktur und können uns dem höheren Verständnis, das in solchen Zeiten des Unvermögens begründet liegt, näher bringen.

Linie 1 *Gehen Sie Hindernisse nicht direkt an, sondern warten Sie, bis die Zeiten sich ändern*

Sie sind auf ein Hindernis gestoßen, dessen Ausmaße Sie nicht genau kennen. Bewahren Sie Ihre Distanz, und versuchen Sie nicht, unüberlegt und direkt dagegen anzugehen. In sicherer Entfernung können Sie die Dinge beobachten, Pläne schmieden und abwarten, bis die Zeit zum Handeln gekommen ist. Selbstkontrolle durch Reflexion ist das richtige Verhalten gegenüber einem Hemmnis, das Ihnen gleich zu Beginn einer Unternehmung erheblich zusetzen könnte.

Linie 2 *Wenn Sie aus einer höheren Verpflichtung heraus zum Handeln verpflichtet sind, sollten Sie dies tun*

Keine Regel ohne Ausnahme. Auch bei der Überwindung von Hindernissen gibt es Situationen, in denen man sich aus moralischer Verpflichtung heraus gezwungen sieht, der Gefahr direkt entgegen zu gehen. Ob es sich dabei um Beistand handelt, den Sie einer wichtigen Persönlichkeit leisten oder einer höheren Sache wegen, deren Ausführung von übergeordneter Wichtigkeit ist – auf jeden

Fall können Sie dies mit der inneren Gewißheit tun, daß Sie den gegebenen Umständen entsprechend richtig handeln.

Wie im Äußeren, so läßt sich diese Situation auch im Zusammenwirken unserer inneren Energiestruktur erklären. Das Denken *(zweite Linie)* steht im Dienste der Seele *(fünfte Linie)* und verhält sich in dieser Verbindung korrekt. Alle Bewußtwerdungsprozesse, die einer höheren Sache *(fünfte Linie, kreative Selbstverwirklichung)* dienen, sind erstrebenswert, obwohl sie nicht ungefährlich für unsere mustergeprägte Persönlichkeitsstruktur sind.

Linie 3 *Halten Sie sich an Ihre alltäglichen Pflichten*

Sie sind in einer Lage, in der Sie erkennen *(dritte Linie Berg)*, daß die vor Ihnen liegenden gefahrvollen Hindernisse zu groß sind, um dagegen anzugehen. Da Sie außerdem ganz allein auf sich gestellt sind und Ihnen dazu noch die nötigen Voraussetzungen fehlen, wäre es sehr weise, wenn Sie sich Ihrer laufenden Pflichten und der gewohnten Umgebung besinnen würden. Niemandem wird es nützen, wenn Sie sich in Schwierigkeiten verlieren, denen Sie auf keinen Fall gewachsen sind. Alle Ihnen Nahestehenden werden diesen Entschluß begrüßen und Sie darin freudig unterstützen.

Linie 4 *Unberechenbare Hindernisse können nicht im Alleingang überwunden werden*

Sie befinden sich direkt am Rande eines Abgrundes *(vierte zu fünfter Linie)*, dessen Überwindung Sie nicht ohne fremde Hilfe und entsprechende Vorbereitung bewältigen können. Versuchen Sie keinen Alleingang, denn die Schwierigkeiten, die Ihnen unterwegs begegnen werden, sind unberechenbar. Suchen Sie deshalb den Rat und die tatkräftige Unterstützung einer erfahrenen Person oder zuständigen Instanz, und es wird Ihnen gelingen, dieses zwar gefährliche aber trotzdem überwindbare Hindernis zu beseitigen.

Linie 5 *Gehen Sie als gutes Beispiel voran, und Sie werden fähige Hilfe erhalten*

Ein fähiger Mensch mit edler Gesinnung *(fünfte Linie)* und einem korrekten Pflichtbewußtsein *(zweite Linie)* hat sich direkt in das Zentrum des Abgrundes gewagt *(mittlere Linie des Trigramms Wasser)*, um Ordnung zu schaffen. Durch sein beispielhaftes Verhalten, selbst in widerwärtigsten Situationen standhaft auszuharren, gibt er ein leuchtendes Beispiel für andere ab, so daß sich wertvolle Helfer bei ihm einfinden. Diese sind selbst durch viele Erfahrungen und Enttäuschungen geläutert *(zweite, dritte und vierte Linie)* und verstehen ihn in höherem Sinne. Durch organisierte Zusammenarbeit gelingt es ihnen, der vielen Hindernisse Herr zu werden.

Linie 6 *Weiteres Voranschreiten führt in Hemmnisse, andere zu unterstützen bringt Heil*

Dieser Edle hat das Ohr am Puls der Zeit und versteht es, dank seiner großen Erfahrungen mit Hindernissen umzugehen. Er kennt die Schwierigkeiten der Welt und weiß, wie diese zu bewältigen sind, ist aber geneigt, sich dem Treiben fernzuhalten und die anderen sich selbst zu überlassen. Dieses Verhalten entspricht jedoch nicht den pflichtgemäßen Anforderungen, so daß er sich den Menschen wieder zuwendet und diese mit seinen weisen Ratschlägen unterstützt. Dabei darf er sich aber nicht selbst in den herrschenden Umständen verlieren, sondern muß, einzig durch die Kraft der eigenen Erfahrung sowie dem Vertrauen in seine guten Intuitionen angeleitet, anderen seine Hilfe zukommen lassen. Dieses Verhalten ist der Schlüssel, mit dem er Großes erreichen wird.

52 Das Stillehalten

Das innere Schwergewicht

Situation:

Der Gipfel des OT Berg stellt das Dach der himmlischen Kräfte dar, unter das man sich zurückzieht (die Höhle des Weisen), um seine Gedanken zu beruhigen und die innere Schwerkraft – UT Berg – wiederzufinden.

Kommentar:

Die Stille und Erhabenheit, die man – umgeben von hohen Bergen – empfindet, steht symbolisch für die zur Ruhe gebrachte Dynamik zwanghafter und unbalancierter Bewegung. Durch dieses Stimmungsbild wird uns keine phlegmatisch-träge Stillstandssituation vermittelt, sondern vielmehr die Kraftwirkung zentrierter Ruhe, wie sie durch passive und aktive Meditation erzeugt werden kann. Die Einkehr zur Quelle unserer inneren Wahrheit *(dritte Linie)* ist vergleichbar mit der Meditationspraktik der alten religiösen Traditionen, deren Mönche sich in die Höhlen der Berge zurückzogen, um dort durch geistige Ausrichtung in Einklang mit dem inneren Kraftzentrum Tai Chi zu gelangen. In dieser bewußten Abkehr von allen weltlichen Einflüssen und jeder agitatorischen Betätigung liegt der verborgene Weg, alle Verkrampfungen und Fixierungen im Raum der Leere, dem höchsten erreichbaren Punkt der inneren Einheit, aufzulösen *(Gleichgewicht der Kräfte von Yin und Yang)*. Das Ruhighalten des Körpers geschieht freiwillig und nicht zwanghaft. Durch diese innere Ausrichtung erlangt man die Objektivität, wie sie zur alltäglichen Auseinandersetzung mit den äußeren Angelegenheiten notwendig ist.

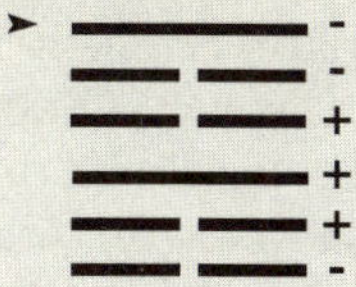

oben: **Der Berg**

das Stillehalten
die Beharrlichkeit
das Herz-Chakra

DER KÖRPER

unten: **Der Berg**

das Stillehalten
die Beharrlichkeit
das Herz-Chakra

DER KÖRPER

Charakter:

6 weise
5 diskret
4 gesammelt

3 zwiespältig
2 abhängig
1 standhaft

Ruhighalten der aktiven Kräfte bedeutet aber nicht ein tatenloses Sich-Ergeben, sondern vielmehr das zeitgemäße Handeln in Übereinstimmung mit dem inneren Wesenskern. Die wahre Ruhe des Herzens, die nicht mehr der agitatorischen Beweglichkeit der Gedanken unterliegt, ist erreicht. Der Körper *(Berg)* als äußerer Ausdruck des inneren Selbst, entwickelt sich langsam zum sichtbaren Symbol der wahren Persönlichkeit, deren Kraftwirkung aus dem Zentrum der tiefsten Stille seine Betätigung findet.

Im Hexagramm 52 ist der Gipfel des Berges erreicht. Nach langen und mühseligen Anstrengungen erfolgt nun die Regeneration sämtlicher Vitalkräfte durch aktives Ruhighalten. Kein Leistungs- und Erfolgsdenken, sondern das Besinnen auf das Wesentliche ist jetzt gefragt. Der Verzicht auf äußeren Glanz und gesellschaftliches Prestigedenken verfeinert die inneren Werte und beruhigt den flüchtigen Geist. Aktive Meditationspraktiken, wie sie in den traditionellen inneren Kampfkünsten Tai Chi und Qi Gong geübt werden, lösen muskuläre Spannungen und machen unsere Bewegung fließend. Die stille Meditation dient dem Sammeln und Ausrichten der Kräfte auf unser inneres Kraftzentrum und bringt uns die Ruhe, die wir als stabile Grundlage für alle äußeren Aktivitäten benötigen.

Linie 1 *Ruhighalten der Zehen*

Die Zehen sind das Fundament des Berges und stehen deshalb für die feste Verbundenheit und standhafte Stärke. Wenn aber nun die Zehen begonnen haben zu laufen, dann lassen sie sich kaum noch stoppen. Da Sie sich erst am Anfang einer inneren Entwicklungsphase befinden und ganz unvoreingenommen auf das Rechte und Wahre fixiert sind, sollten Sie innehalten und an Ihrem angestammten Platz verweilen. Folgen Sie ganz dem Beispiel der Zehen, die nur zu kleinen Bewegungen fähig sind, und vermeiden Sie jede egoistische Willenshandlung, indem Sie Ihre Aufmerksamkeit nicht über die Dinge hinausrichten. Wenn Sie auf diese Weise Ihre innere Unschuld bewahren, werden Sie das Ihnen Entsprechende finden.

Linie 2 *Ruhighalten der Waden*

Die Waden, die als Teil des Körpers nicht selbständig bewegt werden können, stehen in Abhängigkeit zu diesem und sind deshalb seinen Impulsen unterworfen. Jede Bewegung, die nicht aus sich selbst heraus unternommen werden kann, ist von Faktoren abhängig, die sich den willentlichen Einflußbereichen entziehen. Man ist darauf angewiesen, den Vorgaben der übergeordneten Funktionen zu folgen, auch wenn dies üble Folgen nach sich zieht.

Im Sinne dieses Beispieles wird hier ein Mensch gezeigt, der in fester Abhängigkeit zu einer Persönlichkeit steht, die ganz offensichtlich einen falschen Weg eingeschlagen hat. Auch wenn er dieses falsche Verhalten erkennt, so bleibt dennoch seine Hilfe, die er diesem anbietet, unbeachtet. Er ist zu schwach, um den Vorwärtsdrängenden aufzuhalten und wird mit in den Strudel der Ereignisse hineingerissen. Auch bei Unternehmungen, die man unbedacht oder übermäßig in die Wege geleitet hat, können die nachfolgenden Ereignisse einen mitreißen und selbst wenn man diese Fehler einsieht, so ist doch die ausgelöste Bewegung so groß, daß sie nicht unterbrochen werden kann. Anstatt zu helfen und zu unterstützen, wie es seine Aufgabe wäre, ist man in Abhängigkeit oder rennt den Ereignissen hinterher. Dies ist ein sehr unbefriedigender Zustand und kann darüber hinaus unheilvolle Folgen haben. Deshalb gilt der Ratschlag, sich seiner Handlungen oder Verbindlichkeiten im voraus bewußt zu werden, um nicht als Folge dieses Versäumnisses in deren Abhängigkeit zu geraten.

Linie 3 *Ruhighalten der Hüften*

Die Struktur des Zeichens zeigt in dieser Position einen Menschen, der in seinem Kraftzentrum eine Verhärtung aufweist, was aus dem inneren Zwiespalt von Rastlosigkeit und erzwungener Ruhe kommt. Die Verbindung zwischen Ober- und Unterleib ist gestört, so daß sein aufgeregtes Herz nicht in Übereinstimmung mit seinen körperlichen Bedürfnissen kommen kann, die ihn zur Ruhe veranlassen. Dieser Zwiespalt richtet sich gegen ihn selbst und führt ihn in einen inneren Konflikt, durch den sein Verhalten zu schädigendem Eigensinn verhärtet wird.

Die psychosomatischen Auswirkungen von künstlich erzwungener Ruhe sind durchaus vergleichbar mit den üblen Folgen einer unpassenden und gewaltsamen äußeren Handlung. Die Ruhe, die durch Meditation erreicht werden soll, darf nicht durch Kontrolle der Rastlosigkeit erzwungen werden, sondern muß sich durch innere Ausrichtung auf den Raum der Leere ganz allmählich entwikkeln. Wer diese Linie erhält, der sollte sich den Ratschlag zu Herzen nehmen und eine geeignete Meditationstechnik anwenden.

Linie 4 *Ruhighalten des Rumpfes*

Der Rücken, als haltgebender Bereich des Oberkörpers, ist der wichtigste Teil einer aufrechten Bewegungsfolge. Alle Komponenten, wie die Wirbelsäule, das Herz und das zentrale Nervensystem, sind in dessen Funktionsbereich mit einbezogen. Von hier geht die Ruhe des Herzens aus, das alle Gedanken und zwanghaften Regungen des Ich unter seine Kontrolle bringt. Ein höchst erstrebenswertes Ziel, da es mit der Zeit zum Stillstand aller egoistischen Impulse führt. Zwar ist diese Stufe der Ruhe noch nicht ganz erreicht, aber man versteht es bereits, ruhig und gelassen an seinem Ort zu verweilen, den Körper zu regenerieren und seine inneren Güter zu pflegen. In diesem Verhalten liegt der richtige Weg, der – trotz der noch bestehenden wankelhaften Stimmungen – nach und nach zur höchsten Stufe innerer Schwerkraft führt.

Linie 5 *Ruhighalten der Sprechwerkzeuge*

An diesem Platz gilt es, seine innere Schwerkraft einheitlich zu machen, indem man ihr auch durch die Wahl seiner Worte Ausdruck verleiht. Verzichten Sie auf vorlautes Geschwätz, und bringen Sie Ordnung in Ihre Worte. Beschränken Sie Ihre verbale Kommunikation auf das Nötigste, und versuchen Sie zu verstehen, daß mehr Diskretion ein Zuwachs an Wert und persönlicher Geltung bedeutet. Dieser Ausgleich zwischen Ihrer inneren Haltung und Ihrem äußeren Auftreten wird Sie in Ihrer Glaubwürdigkeit vor sich selbst und anderen bestärken.

Linie 6 *Hingabe an das innere Schwergewicht*

Der höchste Aspekt des Ruhighaltens wird durch die sechste Linie der hohen Ideale symbolisiert und zeigt einen Weisen, der außerhalb am Weltenrand des Geschehens steht und die Dinge völlig unvoreingenommen betrachtet. Seine Ausstrahlung gleicht der majestätischen Erhabenheit eines Weltweisen, der mit seinem inneren Kraftzentrum *(dritte Linie, Tai Chi)* in direkter Verbindung steht. Aber trotz dieser Würde vermittelt dieser weltentsagende Weise die Traurigkeit eines einsamen Gelehrten. Noch ist ihm das Getümmel der Welt in naher Erinnerung, doch nun soll es für immer vergangen sein?

Mitten im Idealbild hoher Werte, steht hier dieser gereifte Heilige als Gestalt des machtvollen Schweigens und resigniert in weisem Verzicht.

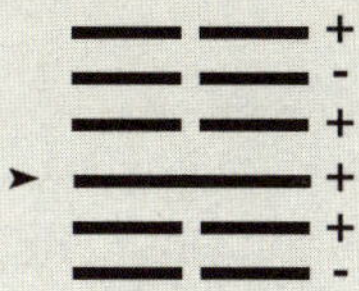

oben: **Die Erde**

das Empfangende
die Hingabe
die Materialisation

DAS WOLLEN

unten: **Der Berg**

das Stillehalten
die Beharrlichkeit
das Herz-Chakra

DER KÖRPER

Charakter:

6 disziplinierf
5 sachlich
4 gewissenhaft

3 charakterfest
2 sorgfältig
1 demütig

15 Die Bescheidenheit

Die ausgleichende Beschränkung

Situation:

Die Erde, deren Eigenschaft die Niedrigkeit ist, befindet sich über dem Trigramm des Berges und wird dadurch erhöht. Der Berg, symbolisch als Statthalter des Himmels auf Erden bezeichnet, befindet sich darunter. Seine Reichtümer und hohen Eigenschaften bleiben verborgen und werden bewahrt. Das Gesetz der ausgleichenden Beschränkung zeigt sich darin, daß sich das Hohe zurücknimmt, damit das Einfache erhöht werden kann.

Kommentar:

Wahre Bescheidenheit zeigt sich in einer persönlichen Haltung, die geprägt ist von der Kraft innerer Werte. Menschen, die in hoher Position bescheiden sind, entsprechen einem Lebensideal von höchster Weisheit, was man daran erkennt, daß sie sich nicht selbst hervortun, sondern einordnen in den Dienst am Größeren. Keine kriecherische Unterwürfigkeit, kein Understatement, kein zweckgebundenes „Sich-klein-Machen", um später um so größer rauszukommen, sondern respektvolles Benehmen, das von wahrer Reife zeugt, sind die herausragenden Merkmale einer solchen Persönlichkeit. Diese gewachsene und gleichzeitig ganz natürliche Bescheidenheit können wir als Inbegriff eines ausgewogenen Individualitätsbildes bezeichnen, das sich genau in der Mitte zwischen Minderwertigkeit und Machtstreben bewegt *(dritte Linie)*. Keine künstlich erzeugte Tugend, sondern eine hohe Charaktereigenschaft, die von der Fähigkeit zeugt, sich den natürlichen Gesetzmäßigkeiten anzupassen und sein inneres Gleichgewicht zu erhalten.

Auf das öffentliche Leben bezogen ist es ganz allgemein eine Zeit, in der äußerer Glanz und gesellschaftliches Prestigedenken zugunsten innerer Werte und übergeordneter Ziele an Bedeutung verlieren. Das Volle nimmt ab, das Leere nimmt zu, das Hohe wird abgetragen, das Niedere erhöht. Die Stolzen und Überheblichen werden gemieden, die Bescheidenen geschätzt. Diese ausgleichende Beschränkung einseitiger Schwergewichte geht Hand in Hand mit der Entwicklung und Verkörperung der eigenen Person. Innerer Ausgleich wird durch Bewußtmachung überzogener Vorstellung oder Wünsche geschaffen, die ihren Ursprung in Blokkaden oder negativen Gefühlsbereichen haben. Die Reinigung der Gefühlswelt ist bei der Arbeit am inneren Gleichgewicht eine zentrale Aufgabe, die alles Überflüssige entfernt, damit Wesentliches vermehrt werden kann.

Wer sich darüber im klaren ist, daß die Aufgabe aller Kräfteprinzipien darin liegt, einen energetischen Ausgleich zu schaffen, der weiß auch, daß jede manipulative Betätigung letztendlich das Gegenteil bewirkt. Äußerer Wohlstand geht einher mit innerer Armut, Glanz und materielle Pracht mit innerer Dunkelheit. Wer das eine zu Lasten des anderen vermehrt, fordert das Schicksal heraus *(UKT Wasser)*.

Das vermeintliche Glück wird zur selbstgestellten Falle der natürlichen Beschränkung, deren Sinn darin liegt, uns durch Mäßigung auf das bestehende Übergewicht aufmerksam zu machen. Nimmt man sich diese Gesetzmäßigkeit zum Leitbild der eigenen Charakterbildung, dann entwickelt sich wahre Bescheidenheit, die durch innere Übereinstimmung mit den Gesetzen der Mäßigung wie selbstverständlich und leicht erscheint.

Linie 1 *Mit demütiger Bescheidenheit können Sie auch schwierigen Unternehmungen ihre gefährliche Spitze rauben*

Demut ist eine erweiterte Form der Beschränkung und in ihrer momentanen Anfangsstellung durchaus angebracht. Legen Sie keinen Wert auf ehrgeizige Bestrebungen oder hohe Ansprüche, diese würden Ihrem Vorhaben eher schaden als nutzen. Hängen Sie Ihre Absichten nicht an die große Glocke, sondern zeigen Sie statt dessen Selbstdisziplin, und bewahren Sie Ihre ursprüngliche Bescheidenheit. Mit diesem Verhalten können Sie auch die schwierigsten Unternehmungen in Angriff nehmen, ohne dabei auf Widerstände zu stoßen.

Linie 2 *Bescheidenheit, die einer inneren Quelle entspringt, findet allgemeine Anerkennung*

Wahre Bescheidenheit entspringt der inneren Quelle hoher Eigenschaften und zeigt sich im äußeren Benehmen durch Sorgfalt und ehrliches Engagement. Diese Qualitäten sprechen für sich selbst und entfalten Ihre Wirkung wie selbstverständlich. Wer diese Haltung bei allen Unternehmungen zu seinem Grundsatz macht, der kann auch die schwierigsten Aufgaben lösen und findet allgemeine Anerkennung.

Linie 3 *Bleiben Sie trotz Ihrer Verdienste bescheiden, und man wird Sie weiterhin unterstützen*

Hier ist das Zentrum der Bescheidenheit, durch das alle Handlungen ihr Schwergewicht erhalten. Ein überlegener Mensch, der das Geheimnis wahrer Bescheidenheit in sich selbst verwirklicht hat, erlangt durch seine beharrliche Arbeit einen bedeutenden Einfluß. Nun gilt es, wahre Charakterstärke zu zeigen und sich nicht durch die errungenen Erfolge blenden zu lassen. Suchen Sie keine persönliche Auszeichnung durch Ihre Unternehmungen, sondern bleiben Sie trotz der hohen Verdienste zurückhaltend, und erfreuen Sie sich der Erfolge, als wären es nicht die Ihrigen. Mit diesem bescheidenen Verhalten werden Sie die Unterstützung finden, die Sie zur Vollendung Ihres Werkes brauchen.

Linie 4 *Sie können Ihre Bescheidenheit glaubhaft machen, indem Sie soziale Verantwortung übernehmen*

Das höchste Maß der Bescheidenheit ist bereits überschritten. Nun gilt es, diese zu bewahren und in ihrer Anwendung glaubhaft zu machen. Keine einfache Lage, da man seine Fähigkeiten in den Dienst umfassender Angelegenheiten gestellt hat und es schwierig sein könnte, es jedem recht zu machen. Um so mehr gilt es, in seiner Bescheidenheit nicht nachzulassen, sondern gewissenhaft und mit Verantwortungsgefühl der Arbeit nachzugehen.

Linie 5 *Auch ein bescheidenes Wesen muß unter bestimmten Umständen energisch durchzugreifen wissen*

Bescheidenheit darf nicht mit Schwäche oder Nachlässigkeit verwechselt werden. Auch energisches Durchgreifen widerspricht nicht der korrekten Form der Beschränkung und ist durchaus angebracht, wenn es die Umstände erfordern. Ausschlaggebend ist die Art und Weise, mit der eine solche Zurechtweisung ausgeführt wird. Eine ausgeglichene Persönlichkeit wird dies niemals zum Anlaß nehmen, ihre eigene Überlegenheit zu demonstrieren, sondern sich durch sachliche Äußerung auf die Angelegenheit als solche beziehen. In diesem Vorgehen zeigt sich trotz aller Strenge eine Bescheidenheit, die den anderen nicht verletzt, sondern ihm – in höherem Sinne – zum Segen wird.

Linie 6 *Wahre Bescheidenheit zeigt sich darin, daß man die Schuld nicht bei anderen sucht, sondern zunächst daran geht, in seinem eigenen Wesen Ordnung zu schaffen*

Der höchste Grad der Bescheidenheit ist der mutige Schritt, das eigene Ich zu disziplinieren. Wer nach außen hin nur etwas vortäuscht, der wird sich bei allen Auseinandersetzungen verletzt zurückziehen und die Schuld bei den anderen suchen. Erst wenn man es versteht, diesem Problem in sich selbst auf die Spur zu kommen, kann man daran gehen, auch in seiner Umgebung kraftvoll Ordnung zu schaffen. Wahre Bescheidenheit ist eine Tugend, die ihre Vollkommenheit durch die Ausbildung der eigenen Persönlichkeit erreichen muß.

5. *Die acht Pfade des Lichts*

Das Denken

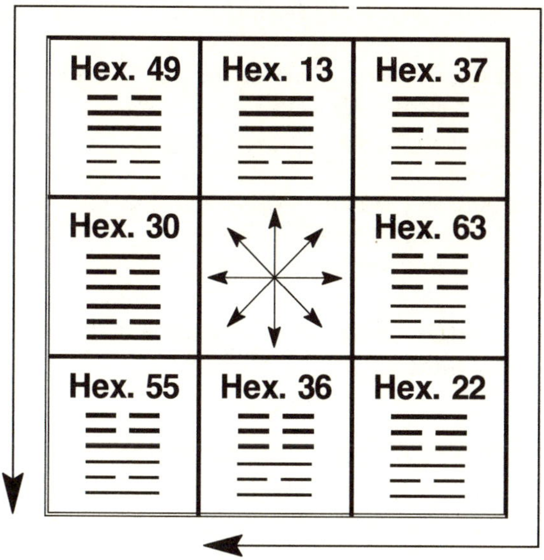

Ursprungszeichen:
Hexagramm 30: *Das Feuer – das Haftende*

Das Denken, das Schwingungsfeld des Sakral-Chakras
Die Klarheit – die Bewußtmachung

Alle Hexagramme des „Hauses der acht Pfade des Lichts" haben als Grundlage das Trigramm des Feuers. Es ist das Symbol der Klarheit und des hellen und warmen Lichtes der Sonne, das Zeichen des Denkens, der Intelligenz und der Verbindung schaffenden Kommunikation, das Auge, das wahrnimmt und unterscheidet, der (Gedanken-)Blitz, die Erleuchtung, es sind die Waffen, mit denen man sich verteidigt (die Bewußtmachung, die Analyse, das klare Sehen).

Allgemein sind seine Wirkungen auf Klarheit, Erkenntnis, Bewußtmachung und Kommunikation ausgerichtet, was sich in allen acht Pfaden dieses Hauses bemerkbar macht. Ihm zugeordnet ist das Schwingungsfeld des Sakral-Chakras, das gleichsam seine zwischenmenschliche Beziehungsfähigkeit zum Ausdruck bringt.

Wandlung durch Veränderung der oberen Zeichen

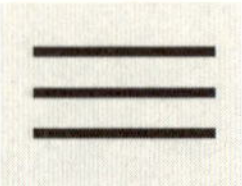

oben: **Der Himmel** – das Erneuernde, das Kronen-Chakra
Hexagramm 13 – Gemeinschaft mit Menschen
die universelle Verbundenheit

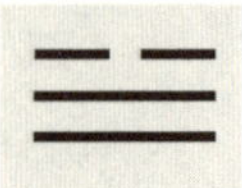

oben: **Der See** – das Heitere, das Solarplexus-Chakra
Hexagramm 49 – Die Umwälzung
die grundlegende Erneuerung

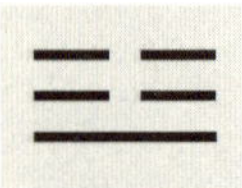

oben: **Der Donner** – das Impulsive, das Stirn-Chakra
Hexagramm 55 – Die Fülle
die Gunst der Stunde

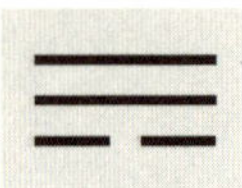

oben: **Der Wind** – das Bewegende, das Wurzel-Chakra
Hexagramm 37 – Die Sippe
der Familienverband

oben: **Das Wasser** – das Abgründige, das Hals-Chakra
Hexagramm 63 – Nach der Vollendung
das kontrollierte Gleichgewicht

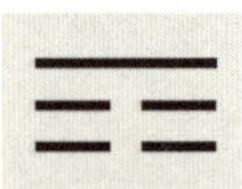

oben: **Der Berg** – das Bewahrende, das Herz-Chakra
Hexagramm 22 – Die Anmut
die Verfeinerung der Form

oben: **Die Erde** – das Hingebende, die Erdung
Hexagramm 36 – Die Verfinsterung des Lichtes
die Verdunklung des Hellen

oben: **Der Himmel**

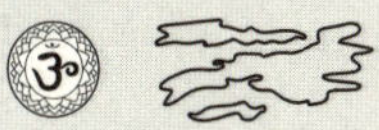

das Schöpferische
die kosmische Kraft
das Kronen-Chakra

DAS GEWAHRSEIN

unten: **Das Feuer**

das Haftende
die Klarheit
das Sakral-Chakra

DAS DENKEN

Charakter:

6 uneigennützig
5 wahrhaftig
4 einsichtig

3 mißtrauisch
2 elitär
1 korrekt

13 Gemeinschaft mit Menschen

Die universale Verbundenheit

Situation:

Das Feuer lodert nach oben dem Himmel entgegen und verbindet sich mit ihm. Das Endliche wird zum Ewigen. Hier wird das Bild einer kosmischen Gemeinschaft angedeutet, was seine tiefere Bestätigung darin findet, daß das Feuer, in der Anordnung des Lo Schu, den Platz des Himmels einnimmt. Da in diesem Zeichen die zweite Linie der menschlichen Belange die Situation beherrscht, wird zum Ausdruck gebracht, daß die Grundlage einer höheren Gemeinschaft die kosmische Übereinstimmung ist.

Kommentar:

Ein weiteres Beispiel, was den übergeordneten Sinn des Zeichens sehr gut charakterisiert, liegt in dessen strukturellem Aufbau selbst. Die zweite, schwache Linie symbolisiert auch das Stadttor, durch das man hinaustritt, um die kleinbürgerlich-muffige Cliquenwirtschaft hinter sich zu lassen und draußen auf dem Anger *(dem Platz vor den Stadtmauern, unter freiem Himmel)* den Grundstein für eine starke Gemeinschaft freier und gleichgesinnter Menschen zu legen. Nicht das klebrige Aneinanderhaften einer provinziellen Dorfgemeinschaft hält hier Einzug, sondern der unabhängige Geist einer schöpferischen Verbindung (*Kraft*), die den anderen in seiner individuellen Eigenschaft zu schätzen weiß. Das verbindende Element dieser Gemeinschaft ist die Freundschaft der Menschen untereinander, in der jeder in seiner Verschiedenheit Anerkennung findet. Diese motivierende Unterstützung, die sich die einzelnen untereinander gewähren, führt zu einer echten, kreativen Gemeinschaft, die durch höhere Einsichten und Interessen miteinander Einigkeit erlebt.

Der Mensch des Universums, der sich mit der großen Schöpferkraft identifiziert, verkörpert bereits in sich selbst alle Attribute einer kosmischen Gemeinschaft. Klar und zugänglich im Inneren *(zweite Linie Feuer: offen, klar, hochentwickelt, beweglich im Denken)*, stark und begeisternd nach außen, versteht er die Menschen im besten Sinne anzuleiten. Da er selbst nicht den herrschenden Cliquen innerhalb der maroden Gesellschaft angehört, ist er weit draußen zu suchen, was als Hinweis gilt, sich von kleinlicher Dorfpolitik fernzuhalten.

Es sind die höheren Menschheitsziele außerhalb des kleinbürgerlichen Denkens, die es zu wecken gilt, um den Menschen tiefere Einsichten in die kosmischen Zusammenhänge zu ermöglichen. Um der inneren Gefangenschaft zu entfliehen, muß man sich frei machen von alten Krusten und Bindungen lähmender Gesellschaftsstrukturen und seine eigene, kreative Identität erkennen und verwirklichen. Ist das Licht der Erkenntnis erst einmal entfacht *(Feuer)*, dann findet sich der Weg *(Stadttor)* und auch die Gleichgesinnten, mit denen zusammen man die Idee dieser demokratisch-weltoffenen Gemeinschaft verwirklichen kann. Wenn die Ziele begeisternd sind und die Motive korrekt, dann kann man sich ganz offen versammeln und braucht nichts zu verheimlichen. Doch gilt es gerade in bezug auf den hohen Anspruch, den diese Gemeinschaft sich zum Leitbild gewählt hat, dem einzelnen entsprechend seiner individuellen Fähigkeiten einen Platz zuzuweisen. Durch diese gegliederte Mannigfaltigkeit wird eine höhere Ordnung geschaffen, die zur Vorbeugung dient, Sonderwünsche, Vetternwirtschaft und Protektion, wie sie in unserer unterhöhlten Gesellschaftsordnung gang und gäbe sind, gar nicht erst aufkommen zu lassen. Da diese Maßnahmen dem Aufbau und dem Wohl einer freien Gemeinschaft dienen sollen, gilt es aber, sich offen zu halten und sich nicht hinter strengen Verbandsregeln zu verstecken.

Linie 1 *Achten Sie darauf, daß dem Zusammenschluß keine Sonderinteressen zugrunde liegen*

Wenn man sich in einer Gruppe von Menschen mit großen Zielen zusammenschließen will, dann gilt es, von Anfang an darauf zu achten, daß keine Privatinteressen diesen Bestrebungen zugrunde liegen. Vor der Tür, so sagen die Texte, soll diese Vereinigung stattfinden. Für jeden zugänglich, frei von überheblichem Prestigedenken. Ein Vorhaben dieser Art braucht den freien Meinungsaustausch, um dem hohen Anspruch einer Gemeinschaft ohne Geheimabmachungen gerecht zu werden. Wollte man aus niederen Absichten heraus den anderen zu blenden versuchen *(Feuer)* und ihn so zum Sympathisanten machen, hätte man den höheren Sinn einer individuellen Gemeinschaft gründlich mißverstanden.

Linie 2 *Gemeinschaft durch intimen Zusammenhalt ist von Übel*

Obwohl die besten Absichten vorhanden sind, und einem allgemein Bestärkung entgegengebracht wird, ist man doch in seinem Charakter zu schwach, um standhaft den ursprünglichen Statuten der Gemeinschaft zu entsprechen. Zweckinteressen und intimer Zusammenhalt schleichen sich ein, so daß die ursprünglich geplante freie Verbindung auf das Niveau der Vereinsmeierei abzusinken droht.

Ganz offensichtlich beginnen sich hier selbstsüchtige Profilierungstendenzen zu zeigen, wie sie den Verhältnissen einer kleinen Gemeinschaft von Verwandten in einem Dorfverein entsprechen. Begünstigung und Vetternwirtschaft sind an der Tagesordnung, die leicht zu Handhabenden werden bevorzugt, um die eigene Stellung nicht zu gefährden. Im Laufe der Zeit ergibt sich eine verstaubte Atmosphäre, in der ein frischer Wind fehlt *(UKT)*. Die höheren Werte, die zu einer fruchtbaren Entwicklung der Gemeinschaft gehören, sind in Vergessenheit geraten. Man hält sich streng an die eigenen Verbandszwecke und gibt individuellen Anregungen keine Chance. Dieser schmierige Verband widerspricht völlig den Statuten der freien Interessengemeinschaft, die im erweiterten Sinne den Grundgedanken einer Weltgemeinschaft in sich trägt.

Linie 3 *Mit verstecktem Mißtrauen bleibt man ein Außenseiter der Gemeinschaft*

Interne Querelen werden durch das Mißtrauen geschürt, was einzelne der Gemeinschaft entgegenbringen. Zwar suchen diese den Zusammenhalt, sind aber selbst Gefangene ihres unzufriedenen und selbstsüchtigen Charakters. Hinter allem und jedem vermuten sie eine böswillige Absicht, woraus sich eine gallige Streitenergie entwickelt, die sie jederzeit bereit halten *(UKT Wind = Galle, Element Holz = zornig und mißtrauisch)*.

Einem solchen Stänkerer wird es weder gelingen, sinnvoll am Aufbau einer Gemeinschaft mitzuwirken noch sich in deren Reihen einzufügen. Seine versteckten Waffen *(Streitenergie)* wird er solange benötigen, bis die Mißgunst gegenüber der *(korrekten)* Gemeinschaft überwunden ist.

Linie 4 *Man überwindet die trennenden Mauern und kommt sich entgegen*

Durch sein ganzes eigensinniges Verhalten immer mehr von wahrer Gemeinschaft entfernt, kommt dieser vereinsamte Charakter zur besseren Einsicht und kann das Mißtrauen ablegen, was er gegenüber den Grundfesten *(erste Linie)* seiner ihm eigentlich Gleichgesinnten aufgebaut hat.

Linie 5 *Nach langem Kämpfen, Weinen und Klagen gelingt es den zusammengehörigen Menschen, sich zu treffen*

Das hier gezeigte Wesen trägt in seiner Seele das Ideal einer freien und weltoffenen Verbrüderung, kann es aber im Moment nicht verwirklichen, da ihm das nötige Entgegenkommen fehlt. Umgeben von Hader und Mißgunst, sehnt er sich nach Menschen, mit denen er wie ein Herz und eine Seele verbunden ist. Bringt er aber seinen Schmerz darüber ganz offen zum Ausdruck, dann wird er erkennen, daß es anderen Menschen ähnlich geht wie ihm. Nach einer langen Zeit der einsamen Kämpfe gelingt es ihm endlich, den ersehnten Anschluß zu finden und sein Weinen wird sich zu freudigem Lachen wandeln.

Kung Tse hat dieses Zusammenfinden gemeinsamer Menschen in sehr poetische Worte gekleidet:

„Das Leben führt den ernsten Mann
auf bunt verschlungenem Pfade.
Oft wird gehemmt des Laufes Kraft,
dann wieder geht es gerade.

Hier mag sich ein beredter Sinn
in Worten frei ergießen,
dort muß des Wissens schwere Last
in Schweigen sich verschließen.

Doch wo zwei Menschen einig sind
in ihrem inneren Herzen,
da brechen sie die Stärke selbst
von Eisen oder Erzen,

und wo zwei Menschen sich
im inneren Herzen ganz verstehen,
sind ihre Worte süß und stark
wie Duft von Orchideen."

Obwohl hier das Ideal der freien und nicht manipulierten Vereinigung individueller Menschen angedeutet wird, ist die höchste Form der Vereinigung noch nicht erreicht. Diese zu erlangen wird nur wenigen Menschen vorbehalten bleiben, bedeutet es doch nicht weniger, als das endgültige Verlassen des kollektiven Bewußtseins, hin auf den Pfad der Individuation, auf dem man in höherem Sinne universelle Einheit erlebt.

Linie 6 *Selbstloser Anschluß ohne Sonderzwecke ist kein Fehler*

Obwohl man seiner Stellung nach keinen Anschluß an eine Gemeinschaft mehr braucht, aber doch noch nicht ganz ohne diese auszukommen vermag, schließt man sich an, ohne dabei eigene Absichten zu verfolgen. Sicherlich sind die Ergebnisse begrenzt, aber immerhin kann man sich doch in organisatorischen Angelegenheiten oder als unabhängiger Ratgeber nützlich machen. Auch wenn man eigentlich schon außerhalb jeder Gemeinschaft mit anderen steht, hat man das letzte Ziel der individuellen Einigkeit in sich selbst noch nicht verwirklicht. Deshalb ist ein uneigennütziger Anschluß an die Gesellschaft der richtige Weg, um sich doch noch nützlich zu machen.

Im Vereins- oder politischen Leben ist dies der Platz einer Person, die sich sehr lange für die Gemeinschaft verdient gemacht hat und nun, als Ehrenbürger oder Beirat, nur noch indirekt damit verbunden ist. Wohl fehlt ihm die aktive Motivation, aber wenn man ihn fragt, ist er mit all seinem Wissen und seinen Fähigkeiten bereit zu helfen.

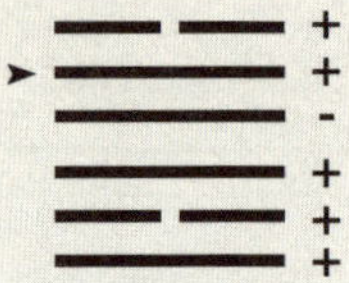

oben: **Der See**

das Heitere
die innere Wahrheit
das Solarplexus-Chakra

DAS FÜHLEN

unten: **Das Feuer**

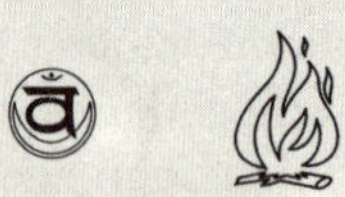

das Haftende
die Klarheit
das Sakral-Chakra

DAS DENKEN

Charakter:

6 zurückhaltend
5 wahrhaftig
4 gerecht

3 ausgewogen
2 gründlich
1 mäßig

49 Die Umwälzung

Die grundlegende Erneuerung

Situation:

Das Feuer ist unter dem See. Beide sind in ihrer Kräftewirkung nach oben gerichtet, so daß sie auseinanderstreben. Entweder löscht das Wasser das Feuer, oder die Hitze des Feuers verdampft den See. Dieser Kampf deutet auf einen Umbruch hin, wie er in der Natur durch den Wechsel der Jahreszeiten von Sommer (Feuer) zu Herbst (See) vollzogen wird.

Kommentar:

Dem Beispiel der Jahreszeiten folgend, ist die Änderung der bestehenden Situation eine unausweichliche Tatsache, ja sogar zwingend nötig, darf jedoch nicht zu früh angegangen werden. Nur wenn sich kein anderer Ausweg mehr bietet und die Zeitverhältnisse in Übereinstimmung mit dem Vorhaben stehen, ist es angebracht, eine solche radikale Änderung im Leben und Umfeld durchzuführen. Das Mißtrauen der davon Betroffenen muß durch Aufklärung und vorausschauende Maßnahmen beseitigt werden, damit man keine Ausschreitungen zu befürchten hat und der Wandel sanft, aber unerschütterlich vollzogen werden kann.

Allerdings darf man sich nicht aus selbstsüchtigen Motiven zu Änderungen hinreißen lassen, sondern muß vielmehr darauf achten, daß die umwälzenden Erneuerungen einem wirklichen Bedürfnis entsprechen. Denn es geht um weit mehr als eine Reform. Durch diesen Umbruch wird eine ganz neue Seite im Lebensbuch aufgeschlagen. Sowohl innerhalb der Persönlichkeit als auch im Umfeld wird Überkommenes gesäubert, aufgelöst oder neu besetzt. Das lebenswidrige Alte wird ausgeräumt, mit eisernen Besen ausgefegt *(die persönlichen Sichtweisen, die veralteten Werte, das ganze Umfeld)* und das Neue eingeführt. Dabei ist es wichtig, daß die Inhalte schon vorhanden sind, damit sich das Ganze nicht in Luft auflöst *(UKT Wind)* oder, wie man im Volksmund sagt, „endet wie das Hornberger Schießen".

Doch auch hier gilt es, nicht zu übertreiben und mit Kanonen auf Spatzen zu schießen, nur um die Notwendigkeit umwälzender Maßnahmen glaubhaft zu machen. Vielmehr muß man den tieferen Sinn verstehen, der nicht in einer gewalttätigen Revolution zu suchen ist, sondern in einer sorgsam geplanten und von Ausdauer begleiteten Umwandlung *(UKT Wind)*. Änderungen sind nur dann wirklich glaubhaft, wenn die Motive einleuchtend und die zu erzielenden Ergebnisse überzeugend sind. Steht man aber im Einklang mit dem Himmel, daß heißt den kosmischen Zeitverhältnissen, dann wird selbst das für unmöglich Gehaltene möglich, und das Vertrauen der Betroffenen läßt sich leicht gewinnen. Eine neue Zeitepoche, ein neuer Lebensabschnitt beginnt, in dem Denk- und Handlungsweisen möglich sind, die einem zuvor als revolutionär erschienen.

Linie 1 *Halten Sie sich mit radikalen Erneuerungsplänen zunächst zurück*

Man wird eingewickelt in das Fell einer gelben Kuh, sagen die Texte, was symbolisch soviel bedeutet wie in der Mitte bleiben und fügsam sein. Dies ist es, was am Anfang bevorstehender Änderungen von größter Bedeutung für das weitere Gelingen ist. Denn, auch wenn man sich darüber im klaren ist, daß eine umfassende Erneuerung verschiedener Dinge vorgenommen werden muß, so ist es doch richtig, sich zunächst zurückzuhalten und zu prüfen, ob der richtige Zeitpunkt zum Handeln schon gekommen ist. Jeder blinde Neuerungsdrang ohne eindeutige Veranlassung hätte zur Folge, daß Ihre Pläne sich buchstäblich in Luft auflösen. Mäßigung, wie es durch das gelbe Fell zum Ausdruck gebracht wird, ist im Augenblick der richtige Weg und Veränderungen sollte man nur dann unternehmen, wenn keine andere Alternative mehr bleibt.

Linie 2 *Umwälzende Erneuerungen müssen in Übereinstimmung mit der Allgemeinheit stehen*

Wenn die Zeichen der Zeit eindeutig sind und sich kein anderer Weg mehr bietet, bestehende Verhältnisse zu reformieren, dann ist die Notwendigkeit gegeben, umfassende Erneuerungen einzuleiten. Außer einer klaren Vorstellungsgabe über den Weg und das Ziel des Vorhabens, bedarf es der Unterstützung und des Vertrauens der Allgemeinheit sowie maßgebender Leute, deren Einfluß wesentlich zum Gelingen beiträgt. Indem man zunächst innerlich Stellung bezieht zu dem Neuen, bereitet man es vor und geht ihm gleichzeitig entgegen.

Mit dem „maßgebenden Mann", der die Fähigkeiten und das öffentliche Vertrauen besitzt, wie die Texte des I Ging sagen, ist sowohl eine hochstehende Person oder Instanz des öffentlichen Lebens gemeint *(geltende Gesetze, vorgesetzte Dienststellen)* als auch die innere Übereinstimmung mit den einflußreichen Kräften der Seele oder des Schicksals *(fünfte Linie: Yang, deshalb als Mann bezeichnet)* von denen man, unter anderem durch das Befragen des I Ging, eine höhere „Genehmigung" einholen soll.

Linie 3 *Prüfen Sie Ihr Vorhaben auf Herz und Nieren, bevor Sie loslegen*

Wenn die Veranlassung besteht, eine Wandlung bestehender Verhältnisse herbeizuführen, dann gilt es zu durchdenken, welche Auswirkungen solche Veränderungen auf das Ganze haben werden und wie man am besten vorgehen soll. Dabei ist es wichtig, daß ausgewogene Maß zwischen stürmischem Voranschreiten *(UKT Wind)* und allzu flauer oder zögerlicher Zurückhaltung zu finden. Hat man aber sorgfältig überlegt und das Ganze ausführlich durchgesprochen *(lieber dreimal, als einmal zu wenig, auf Herz und Nieren geprüft)*, dann kann man beginnen, da einem nun allgemeines Vertrauen entgegengebracht wird.

Hier könnte man sich den Verlauf unausgewogener Vorgehensweisen anhand des aussichtslosen Kampfes gegen Windmühlen des „Ritters von der traurigen Gestalt", Don Quichotte, bildlich vor Augen halten. Sowohl mit kühner Draufgängerei als auch mit nachlässiger Unbedachtheit würde man von den Turbulenzen erfaßt und hineingezogen werden.

Linie 4 *Wenn die äußeren Umstände der inneren Wahrheit entsprechen, ist die Zeit der Erneuerung gekommen*

Die herrschenden Auftriebskräfte sind enorm und erzeugen eine Stimmung, wie sie in Zeiten radikaler Änderungen zu erleben sind. Nun gilt es zu prüfen, ob das Feld des Neuen optimal vorbereitet ist, die eigene Motivation von Wahrhaftigkeit getragen wird und das allgemeine Vertrauen vorhanden ist. Sind all diese Voraussetzungen erfüllt, so mag man den Wandel überkommener Zustände herbeiführen und dabei erfolgreich sein. Der starke Auftrieb, der in dieser Stellung vorhanden ist, wird erzeugt durch die Kraft des Feuers und der zentralen Linie des UKT Wind. Die eigene Motivation liegt in der schöpferische Kraft des oberen Kerntrigramms sowie der inneren Wahrhaftigkeit des OT See.

Linie 5 *Von höheren Kräften gelenkt und den Menschen zugetan, braucht er das Orakel nicht zu fragen*

Der Tiger mit seinem schwarz gestreiften Fell galt bei den alten Chinesen als Symbol der irdischen Kraft. Deshalb wird er hier als *(Charakter-)*Beispiel herangezogen, von welcher Stärke und sichtbaren Beschaffenheit eine umfassende Erneuerung gekennzeichnet sein muß. Wie die schwarzen Streifen auf dem gelben Tigerfell klar und deutlich zu erkennen sind, so müssen auch die Änderungen beschaffen sein, die von einem großen Menschen durchgeführt werden. Er besitzt die innere Wahrhaftigkeit und den Klarblick einer seelisch reichen Persönlichkeit, die es versteht, die Turbulenzen einer umfassenden Erneuerung so zu steuern, daß eindeutige Richtlinien sichtbar werden und gleichzeitig darauf zu achten, daß die positiven Werte nicht im Strudel der aufgedeckten Mißstände mit untergehen. Da er zur richtigen Zeit an der richtigen Stelle ist, gelingt es ihm, das entstehende Chaos kompetent in den Griff zu bekommen und die Situation maßgebend zu verändern. Durch hohe Unterstützung gesegnet, werden seine Werke von dauerhafter Bedeutung für die Menschheit sein.

Hier ist der Platz des großen Mannes, wie in Linie 2 angedeutet, erreicht. Man befindet sich in Übereinstimmung mit seinem Schicksal *(der Kraft der Seele)* und den schöpferischen Kräften des Himmels *(OKT Himmel)* und setzt sein Vorhaben in die Tat um *(die in Linie 4 angedeutete innere Motivation findet hier ihren kreativen Ausdruck)*.

Linie 6 *Nicht große Taten, die nach außen schimmern, sondern Erneuerungen im kleinen und dem eigenen Inneren sind noch durchzuführen*

Die großen Umwälzungen sind getan. Was bleibt, sind die kleinen Verbesserungen nebensächlicher Art, die im Gegensatz zu den weithin sichtbaren Streifen eines Tigerfells, vergleichbar sind mit dem Wechsel der punktförmigen Flecken auf dem Fell eines Panthers. Während der Edle *(der Panther)* auch nach der gelungenen Erneuerung an kleinen Korrekturen arbeitet, mausert sich der Geringe lediglich im Gesicht, d. h., er paßt sich der neuen Ordnung an, ohne eine besondere Meinung zu vertreten. Er schwimmt, da er der oberflächlich diskutierenden Menge der Menschen angehört, wie eine Schar schnatternder Enten mit im Teich der neuen Maximen. Auch wenn Sie dieser Umstand reizt, zu intervenieren, sollten Sie nicht versuchen, durch perfektionistische Ansprüche darin herumzurühren. Sie würden nur unnötigen Aufruhr erzeugen, der die neugewonnene Ordnung stört. Freunden Sie sich vielmehr gefühlsmäßig mit dem Neuen an, und stören Sie sich nicht an kleinen Mißklängen.

30 Das Haftende

Die Bewusstmachung

Situation:

Während das Feuer als einzelnes nach oben brennt und nur einen begrenzten Teil seiner Umgebung erleuchten kann, stellt es in seiner Verdoppelung den zentralen Brennpunkt des Sonnenlichts dar, der alle Bereiche des Lebens- und Wirkraums erhellt.

Kommentar:

Durch umfassende Bewußtmachung zur spirituellen Erkenntnis *(Feuer/UKT Wind)*, so der übergeordnete Sinn des Hexagramms 30. Der Sonne gleich wirkt das Feuer hier als zentrale Lichtquelle, die alle Lebensbereiche auszuleuchten vermag. Wie das Licht der Sonne jeden Tag die Welt erhellt, so ist auch der Edle damit beschäftigt *(schwache Linie Feuer)* durch die Klarheit und innere Wahrhaftigkeit *(OKT See)* seines Wesens, tiefere Einsichten in Zusammenhänge zu vermitteln und rundherum Ordnung zu schaffen. Um zu leuchten, braucht das Feuer eine Materie, an die es sich haften und die es verzehren kann. Der Edle, der sich dieser Abhängigkeit bewußt ist, haftet sich deshalb an die guten und harmonischen Kräfte des Weltgeschehens, um seine Leuchtkraft zu verstärken.

Ganz deutlich wird hier das Erkennen von Unstimmigkeiten durch Lichtmachen zum Ausdruck gebracht *(Umschauen, in sich hineinschauen, ausleuchten, Klarheit verschaffen)*. Aber nur, wer selbst von höheren Beweggründen durchdrungen und nach außen klar und eindeutig ist, kann auch seiner Umgebung *(der Welt)* ungetrübte Einsichten vermitteln. Als Mittelpunkt oder Quelle des Lichts, gilt es deshalb, sich fügsam „wie eine

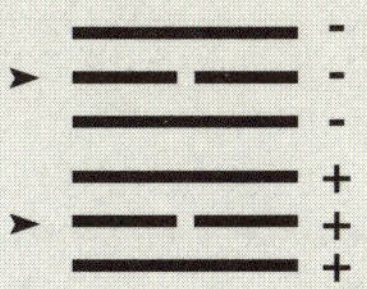

oben: **Das Feuer**

das Haftende
die Klarheit
das Sakral-Chakra

DAS DENKEN

unten: **Das Feuer**

das Haftende
die Klarheit
das Sakral-Chakra

DAS DENKEN

Charakter:

6 gewissenhaft
5 reuevoll
4 uneinsichtig

3 emotional
2 zentriert
1 ernsthaft

Kuh“ zu halten, daß heißt stets darauf bedacht zu sein, die höheren Werte als Antrieb zu nehmen, dieser Aufgabe gerecht zu werden. Die Klarheit eines solchen Wesens wird die Menschen durchdringen und sie erfreuen, wie das helle und warme Licht der Sonne die Natur. Jeder anregende Gedankenaustausch fördert das bewußte Sein und trägt zur spirituellen Entwicklung und tieferen Wahrheitsfindung bei.

Aber wie bei allen bewußtseinsprägenden Prozessen, so besteht auch hier die Gefahr, daß man sich an weltfremden ideologischen Überzeugungen ausrichtet, die anstelle von Klarheit nur Verwirrung in den Menschen erzeugen. Alle Begabungen, jedes Talent, die Intelligenz, die Beobachtungsgabe, also alle bewußtseinsfördernden Einsichten, stehen in Abhängigkeit zum Wirklichen, der sogenannten Realität, an dem sie haften wie das Feuer am Holz. Aber nicht jeder Brennstoff ist gleich und so gibt es natürliche und abgehobene „Wirklichkeiten“, an denen man sich entzünden und auch verbrennen kann. Deshalb darf das „Ich“ nicht bis ins Irreale und Weltfremde aufgeblasen werden *(überdimensionale Ziele, abgehobenes, wirres Denken oder utopische Vorstellungen),* denn paranoide oder wahnhafte Welten werden durch überzogenes und ins Unwirkliche erhobene Denken betreten. Zuviel Feuer kommt der Hitze eines Motors gleich, der ohne Kühlung *(Luft, Wasser)* heißläuft, bis er keinen brauchbaren Wert mehr hat. So kann das Denken zwar die Menschen zur Bewußtheit bringen, aber auch die innere Verdorbenheit verblendeter und fanatischer Aufklärer zutage fördern, die ihre Ideologien notfalls mit Waffengewalt vertreten.

Deshalb ist es wichtig, daß man sein Licht nach allen Seiten verbreitet oder, anders ausgedrückt, sein Denken offen hält, damit kein einseitiger Kampffanatismus entsteht. Bleibt man sich der Quelle der Nahrung bewußt, so bleiben die Gedanken für alle einleuchtend und klar.

Linie 1 *Bleiben Sie klar und sachlich, und vermeiden Sie jede unüberlegte Eile*

Wenn man zu Beginn einer neuen Unternehmung seine Ziele ganz klar vor Augen behält, kann man der Verwirrung entgehen, die sich in solchen Zeiten bemerkbar macht. Versuchen Sie, Ihr inneres Gleichgewicht zu wahren, und machen Sie nicht den Fehler, sich durch die allgemeine Hektik anstecken zu lassen. Vielmehr sollten Sie ernsthaft überprüfen, ob sich Ihr Vorhaben nach Ihren Vorstellungen verwirklichen läßt oder wo Sie korrigieren sollten.

Denn gerade am Anfang müssen alle Bewegungen sehr sorgfältig aufeinander abgestimmt werden, damit man nicht die falsche Richtung einschlägt. Nutzen Sie Ihre klare Sichtweise der Dinge, und Sie schaffen sich die beste Grundlage für korrekten Fortschritt.

Hier finden wir die Situation, wie sie einem Neueinsteiger *(Schulanfänger)* begegnet, der in ein noch relativ unbekanntes Wissensgebiet einsteigt. Zwar hat er seine Vorstellungen und ist aufmerksam bei der Sache, doch machen sich zwischendurch immer wieder Zerstreuungserscheinungen bemerkbar. Sein Lernvermögen ist durch die Intensität der Reize, die auf ihn einstürzen, überfordert. Er sollte sich nicht von der Sache überwältigen lassen, sondern seine höhere Intelligenz einsetzen, um klar und sachbezogen zu beurteilen.

Linie 2 *Folgen Sie in Gedanken, Worten und Taten dem goldenen Mittelweg, und Sie werden erfolgreich sein*

Sie befinden sich in einer harmonischen und ausgeglichenen Lebenssituation. Machen Sie jetzt keine unüberlegten und von Vorurteilen geprägten Schritte. Mit Ihrer angeborenen Fähigkeit, die Dinge klar und aus der richtigen Perspektive zu sehen, liegen Sie in all Ihren Wirkungsbereichen richtig. Handeln Sie überlegt aus Ihrer Mitte, und vermeiden Sie Extreme jeglicher Art. Verbundenheit mit dem Rechten und Guten wird Ihnen die bestmöglichen Ergebnisse bringen.

Sich an seine Mitte zu halten *(mittlere Linie Feuer)* bedeutet, daß man mit der Beurteilung oder Sichtweise der Dinge richtig liegt. Da diese Einsichten aus dem Quell innerer Wahrheit gespeist werden, bleibt man frei von aller Täuschung. Diese hier angedeutete Persönlichkeit besitzt ein untrügliches Gespür *(erste Linie Empfindungskraft, instinktive Wahrnehmung),* die fast schon als Hellsichtigkeit *(Feuer)* bezeichnet werden kann.

Linie 3 *Lassen Sie sich nicht durch Ihre Emotionen kontrollieren, sondern akzeptieren Sie die Umstände wie sie sind*

Es herrscht eine Stimmung, die man mit der Schönheit, aber auch der Flüchtigkeit des Sonnenuntergangs vergleichen kann. Manche Menschen trommeln und singen vor Ergriffenheit angesichts dieses beeindruckenden Schauspiels, andere stöhnen und beklagen sich wie alte Greise, denen die Vergänglichkeit des Lebens vor Augen gehalten wird. Himmelhoch jauchzend, zu Tode betrübt. Wie auch immer man es fühlt, dieses Geschehen ist unabänderlicher Teil eines universalen Vorganges. Sich von solchen emotionalen Stimmungslagen beherrschen zu lassen, ist von Übel, weil man dadurch seine Unabhängigkeit verliert. Deshalb ist es am besten, wenn man die Umstände annimmt, wie Sie sind und vielmehr Wert darauf legt, seine persönliche Ausstrahlung zu festigen.

Die oberste Linie des unteren Trigramms Feuer ist erreicht. Wird kein neuer Brennstoff nachgelegt, so erlischt es langsam *(die Gedankenkraft läßt nach, man hat Angst vor dem Dunkel, fühlt sich orientierungslos und verloren, wird auf das Wesentliche zurückgeworfen)*. Ganz deutlich kommt hier das Motiv der Lebensangst oder Torschlußpanik eines Wesens zum Ausdruck, das zu sehr mit der materiellen Welt verhaftet ist. Ihm fehlt das Vertrauen in die „höhere Erleuchtung" *(oder sein Schicksal)*, und so verfällt es im Wechsel Zuständen von ausgelassener Euphorie oder tiefer Melancholie und Lebensangst.

Linie 4 *Schnelle Erfolge sind ohne stabiles Fundament und deshalb nicht von Dauer*

Wenn Sie weiterhin mit solcher Vehemenz und unbeherrschter Kraftverschwendung versuchen voranzukommen, werden Sie Ihre Energiegrundlagen erschöpfen und überhaupt nichts erreichen. Sie wären gut beraten, sich zurückzuhalten und nicht über das Notwendige hinauszugehen.

Wie einem Strohfeuer, das plötzlich hochbrennt und genauso schnell erlischt, gleicht dieser uneinsichtige Charakter einem *(innerlich)* verbrannten Genie. Mit seiner übersteigerten Selbstgefälligkeit und seinem ruhelosen Vorangehen verliert es jede Realitätsbezogenheit *(verliert die Haftung)*, so daß es schließlich niemand mehr mit ihm aushalten kann *(zu heiß, zu grell, kommt sich wahnsinnig intelligent vor)*.

Linie 5 *Überwinden Sie Ihre Ängste, und halten Sie sich an das Rechte und Gute*

Wenn es Ihnen gelingt, wieder Klarheit in Ihr Leben zu bringen, indem Sie einsehen, daß ein sinnloses Sich-Verzehren und Ausbrennen Ihrer Kräfte zu keinem gesunden Ergebnis führen kann, wird sich aus diesem Schmerz wahre Erkenntnis und heilvolle Energie entwickeln. Ihr gesamtes Kräftepotential wurde durch überzogene Zielvorstellungen verbraucht. Nutzen Sie jetzt die aus dieser Misere gewonnen höheren Einsichten, und Ihre Klarheit wird zurückkehren. Diese Erkenntnisse werden Ihnen behilflich sein, sich selbst und andere in ihrer gesamten Entwicklung voran zu bringen. Geben Sie Ihr Bestes, und nutzen Sie die Möglichkeit und Kraft, die geistigen Gesetze und Kräfte zum Wohle der Menschheit anzuwenden.

Die schwache Linie auf normalerweise starkem Platz bedeutet, daß die Situation im Vergleich zum zweiten Platz in ihr Gegenteil umschlägt. Reue und Trauer über das bisherige Verhalten bringen einem zum Weinen und damit zur Einsicht. Die viel zu hoch gesteckten Vorstellungen werden korrigiert, und man kehrt zurück zur Realität, wodurch sich die ganze Lage bessert. Da man endlich zu sich selbst gekommen ist *(fünfte Linie),* braucht man nicht länger etwas vorzutäuschen. Die großen Ziele, denen man weiterhin treu folgt *(anhaftet),* haben dadurch an Wahr-*haftig*-keit gewonnen *(man haftet jetzt am Wahren und Guten).*

Linie 6 *Machen Sie die Korrekturen in allen Bereichen gewissenhaft*

Seien Sie bei der Beseitigung der von Ihnen erkannten Mängel und Unzulänglichkeiten in Ihrer Umgebung rücksichtsvoll, aber gewissenhaft. Nur wenn Sie gründliche Arbeit an der Quelle des Übels leisten, wird es Ihnen gelingen, diesem ein Ende zu bereiten. Auch bei Ihrer persönlichen Charakterbildung sollten Sie schlechte Gewohnheiten eliminieren, aber liebenswerte Schwächen dulden. Zu strenges Vorgehen führt auf allen Ebenen zu anstrengenden Unstimmigkeiten.

Dieser hier erlangt durch seine hohe Intelligenz Verdienste und wird ermächtigt, Strafexpeditionen durchzuführen *(Licht in dunkle Angelegenheiten zu bringen, falsche Ideale zu entlarven, lichtscheues Treiben oder auch schlechte Charaktereigenschaften aufzudecken).* Es gelingt ihm, neue Ordnungen zu schaffen, und dennoch sei ihm geraten, nicht zu streng dabei vorzugehen, sondern das Harmlose zu dulden, um keine neuen Widerstände zu erzeugen.

55 Die Fülle
Im Brennpunkt der Zeit

oben: **Der Donner**

das Erregende
die Aktivität
das Stirn-Chakra

DER GEIST

unten: **Das Feuer**

das Haftende
die Klarheit
das Sakral-Chakra

DAS DENKEN

Charakter:

6 arrogant
5 zugänglich
4 weise

3 handlungsunfähig
2 wahrhaftig
1 unerschütterlich

Situation:

Aufstieg und Niedergang, Gesetz des ewigen Wandels vom lichten Schein zur dunklen Schattenseite, werden im Hexagramm 55 durch das überhelle Aufblasen des Feuers zum Ausdruck gebracht. Die elektrische Kraft des oberen Trigramms Donner heizt das darunterliegende Erdenfeuer immer mehr an und zieht es nach oben. Am höchsten Punkt der Erregung (Zenit), schießt die brodelnde Masse aus dem Feuersee des Vulkans empor, steigt auf, fällt hernieder und erlischt.

Kommentar:

Vergleichbar mit dem Ausbruch der emporschießenden Lava eines Vulkans oder der grellen Mittagssonne, die beide eine kurze Zeitspanne Überhellung erzeugen, ist auch die Zeit der Fülle eine eingeschränkte Phase des optimalen Glanzes. Dieser Brennpunkt kann auch als kosmisch passende Stunde bezeichnet werden, denn wie damit klar zum Ausdruck gebracht wird, folgt nach jedem explosionsartigen Aufstieg der Niedergang. Man darf darüber aber nicht traurig sein, denn nur durch diesen natürlichen Wechsel kann wieder Neues geschaffen werden, was das Alte ersetzt. Eine sinnvolle Ergänzung also, die dem ewigen Wandel und dadurch neuem Fortschritt dient. Da die Wirkung von Füllezeiten den flüchtigen Erscheinungen des höchsten Sonnenstandes gleicht, muß sie unmittelbar genutzt werden.

Diese kosmisch passende Stunde der Fülle, nimmt aber nicht nur Bezug auf materiellen Reichtum, sondern, da die Schattenwirkung im Zenit am geringsten ist, auch auf den günstigsten Zeitpunkt, der innersten Wahrheit einer Sache *(OKT See)* Ausdruck zu verleihen. Darum, so sagen die Texte, soll man sein wie die Klarheit der Sonne am Mittag, die alles erhellt und nichts verborgen läßt. Unter diesem grellen Mittagslicht ist vor allem die geistige Kraft *(Donner)* zu verstehen, die durch die Klarheit der Gedanken *(Feuer)* unterstützt, wahre und dauerhafte Fülle erzeugt. Wie die fruchtbare Lava vielfältigen Artenreichtum ermöglicht, so kann die Fülle als gehaltvolle Masse innerer Wahrheit bezeichnet werden *(OKT See)*, die in solch günstigen Zeiten Spuren dauerhaften Reichtums hinterläßt. Doch nur außergewöhnliche Menschen verstehen es, diesen Gipfelpunkt der Elektrizität zu nutzen und daraus entsprechenden Gewinn abzuleiten. Innere Werte kommen zum Vorschein, verborgene Blockaden werden aufgesprengt, Vordergründiges kommt zum Erfolg, Hintergründiges wird aufgedeckt.

Hier nun beginnt sich die andere, dunkle Seite des Ganzen zu zeigen, denn viel Licht heißt auch immer viel Schatten. Dieser Umschwung als Begleiterscheinung des Optimalen, bringt auch die Schattenkrise *(die dunklen Seiten der Persönlichkeit)* des Unerfreulichen und Verborgenen zum Vorschein. Denn hinter der Fülle lauert die Auflösung *(UKT und OKT bilden das Hexagramm 59)*, was bedeutet, daß sich solche Zeiten nicht verwalten oder bewahren lassen, sondern irgendwann ihre Schattenseiten zeigen. Bleibt man sich darüber im klaren, dann ist man vorbereitet auf das Neue, Andere und weiß diese außergewöhnliche Zeit in alle Richtungen sinnvoll zu nutzen. So ist die Zeit der äußeren Fülle zwar vergänglich, aber was unvergänglich bleibt, ist das Licht der geistigen Kraft, dessen Beweglichkeit die Triebfeder immer wiederkehrender, neuer Füllezeiten ist.

Linie 1 *Nutzen Sie die günstige Zeit, um angemessen zu handeln*

Obwohl die Verbindung der beiden Linien eins und vier ihrer Stärke nach nicht korrekt ist, so ist doch ihr begrenztes Zusammenwirken an dieser Stelle von Vorteil. Um Zeiten der Fülle herbeizuführen bedarf es der Vereinigung von unerschütterlicher Klarheit und energischer Bewegung. Wer diese beiden Eigenschaften in sich vereint, sollte die Gunst der Stunde nutzen, um sein hohes Ziel zu erreichen. Ganz allgemein gesehen ist es günstig, sich mit einem Gleichgesinnten zusammenzutun *(vierte Linie)*, mit dem man sich ergänzt. Bedenken Sie jedoch, daß Zeiten des Überflusses nur von kurzer Dauer sind und deshalb der Einsatz dieses Kräftepotentials nur so lange gerechtfertigt ist, bis das Projekt vollendet ist. Wie der Lauf der Sonne nicht aufzuhalten ist, so ist es auch mit dem optimalen Zeitpunkt, in dem man Erfolge auszuschöpfen vermag. Wollte man diesen günstigen Zyklus *(die Texte sprechen von zehn Tagen)* eigennützig auszubeuten versuchen, so wäre der Verlust nur um so schlimmer. Begnügen Sie sich deshalb mit dem Erreichten, und freuen Sie sich über diese fruchtbare Blütezeit.

Linie 2 *Vertrauen Sie der Macht Ihres inneren Wesens, um Ihre frustrierende Lage zu überdauern*

Sie befinden sich im Schlagschatten übler Machenschaften *(der Vorhang geistig verkommener Parteienschaft)* und werden deshalb von den außenstehenden Menschen verkannt, zu denen Sie sich tapfer durchzukämpfen versuchen. Trotz Ihrer guten Eigenschaften bringt man Sie in Verbindung mit dem intriganten Benehmen Ihrer Umgebung und hält Sie für ein schädigendes Element. Wollten Sie versuchen, diese Umstände gewaltsam aufzuklären, würde man Ihnen Neid und Mißtrauen entgegenbringen. Auch wenn Ihnen dieses Gestrüpp *(intrigante Subjekte)* so dicht erscheint, daß sich selbst bei Sonnenschein das Leben verdunkelt, sollten Sie auf die Macht der inneren Gesinnung vertrauen, mit deren Hilfe Sie diese Krise überdauern werden.

Linie 3 *Obwohl es nicht Ihre Schuld ist, sind Sie trotzdem jeder Handlungsfähigkeit beraubt*

Hier ist das Zentrum finsterer Parteienschaften *(Dschungel der Leidenschaften)* erreicht. Man ist jeder Handlungsfähigkeit beraubt, gerade so, als hätte man seinen rechten Arm gebrochen *(Symbol der ausführenden Handlungsfähigkeit)*. Da diese Linie auch dem Solarplexus-Chakra zugeordnet wird, und außerdem den tiefen Grund des Kerntrigramms See darstellt, ist es denkbar, daß karmische Einflüsse diese schicksalhaften Umstände beeinflussen und ein erfolgreiches Vorankommen verhindern. Auch die geistigen Fähigkeiten *(sechste Linie, auch als geistige Helfer zu sehen)* bringen keinen Nutzen, so daß einen zwar keine direkte Schuld an dieser Misere trifft, aber es stellt sich die Frage, ob dies ein rechter Trost sein kann?

Linie 4 *Bringen Sie Weisheit mit in Ihre Aktivitäten*

War es bei Linie eins die Handlungsfähigkeit, derer man sich in der Person eines entsprechenden Partners zuwenden sollte, so ist es hier die umgekehrte Ergänzung. Um Ihren unternehmerischen Tatendrang erfolgreich zu verwirklichen, sollten Sie sich mit jemanden zusammentun, der mit Klarheit und der nötigen Einsicht die Dinge betrachtet. Diese Verbindung wird Ihnen glückliche Umstände bescheren, solange die für Zeiten der Fülle angedeuteten Richtlinien nicht überschritten werden. Ebenso könnte man sagen, daß es klug wäre, seine instinktive Wahrnehmungsfähigkeit *(erste Linie)* mit in alle Entscheidungen einzubeziehen und nicht nur unbedacht zu handeln.

Linie 5 *Vertrauen Sie auf die Unterstützung fähiger Kräfte*

Wer Zeiten der Fülle anstrebt und dabei erfolgreich agieren will, der muß sich mit fähigen Menschen *(Kräften)* umgeben und für ihre Ratschläge zugänglich sein. Diese hier gezeigte Person benötigt Unterstützung, da sie, ihrem Wesen nach von schwacher Natur *(fünfte Linie)*, sich auf geehrtem Platz befindet. Da sie jedoch andere anregt, ihr zur Seite zu stehen, finden sich begabte Helfer ein, die ihr den Weg zu kulturellen Blütezeiten weisen. Durch dieses vereinte Zusammenwirken verschiedener (Charakter-)Eigenschaften motiviert, gelingt es, die Schätze in ihrer ganzen Fülle zu bergen und sichtbar werden zu lassen *(OKT See)*.

Wieder sind hier Helfer angesprochen (Linien 1 bis 4), durch deren Fähigkeiten man eine echte Bereicherung erfährt und gleichzeitig die Gelegenheit erhält, aus der schattigen Krise (2 bis 4) herauszutreten und das große Ziel zu verwirklichen. Ob sich diese Helfer von außen nähern oder innerhalb der eigenen Person aktiviert werden *(Klarheit im Denken, Sanftheit in der Bewegung, Heiterkeit in der Gesinnung und Aktivität nach außen)*, auf jeden Fall werden sie eine Zeit geballter Fülle herbeiführen.

Linie 6 *Wer seine Fülle für sich behalten will, gerät in Isolation*

Es ist hier ein Wesen gezeigt, das sich hinter seinen Gütern versteckt und versucht, sie krampfhaft festzuhalten, obwohl die Zeiten des großen Reichtums längst vorüber sind. Pracht und Luxus haben ihn blind gemacht gegenüber seiner Umgebung, und in seinem ganzen egozentrischen Verhalten entfremdet er sich sogar seiner Familie. Da er sich durch seinen Besitz erhaben fühlt, lehnt er es ab, den wahren Begebenheiten ins Auge zu schauen und gerät dadurch immer mehr in Isolation. Das einzige, was seine verriegelten Fenster und Türen wieder öffnen kann, ist der heilsame Schock des Verlustes. Muß es unbedingt so weit kommen?

37 Die Sippe

Der Familienverband

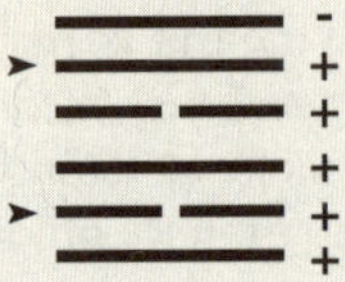

oben: **Der Wind**

das Sanfte
die Energie
das Wurzel-Chakra

DAS EMPFINDEN

unten: **Das Feuer**

das Haftende
die Klarheit
das Sakral-Chakra

DAS DENKEN

Charakter:

6 weise
5 edel
4 herzlich

3 gerecht
2 pflichtbewußt
1 klar

Situation:

Die Hitze des Feuers erzeugt Energie (Wind). Dieser Prozeß ist ganz natürlich und wird bei allen Vorgängen sichtbar, in denen Wärme eine Kraft erzeugt (oder der Antrieb ist), durch die Ausbreitung oder Vervielfältigung ermöglicht wird. Das Feuer (Licht, Wärme) macht die spirituelle Kraft des Windes (in Form der Artenvielfalt) sichtbar.

Kommentar:

Das Wesen der Familienstruktur wird durch die Verbindung der beiden Prinzipien Feuer und Wind auf vielfache Art und Weise zum Ausdruck gebracht. So ist es ganz natürlich, daß sich die mittlere Tochter – Das Feuer – zur ältesten Tochter – Der Wind – entwickelt. Klarheit in der Stellung innerhalb *(Feuer)* und Erweiterung im Geiste der Familie nach außen *(Wind)* sind die Grundprinzipien eines funktionierenden Sippenverbandes, in dem jeder seinen ihm gebührenden Platz einnimmt. Hier wird das ursprünglich Wesenhafte der Familie zum Ausdruck gebracht, das seiner Natur nach matriarchalisch, weiblich ist. Die jüngste Tochter symbolisiert das Bewußtsein als Basis des Sippenzusammenhaltes, die älteste Tochter den Geist, der sich nach außen erweitert *(vermehrt, entfaltet und übertragen wird auf den Nachwuchs oder, im erweiterten Sinne, die Gesellschaft).*

Die inneren Trigramme *(UKT Wasser, OKT Feuer)*, deuten auf die Möglichkeit struktureller Vollkommenheit hin, aber auch auf gefahrvolle Auseinandersetzungen und Übermut, falls die Hierarchie in ihrer natürlichen Harmonie verändert wird. Diese Klarheit in der inneren Struktur und ihre Wandlungsfähigkeit nach außen ist die Grundlage der spirituellen Entwicklung in der Familie und auch in der Gesellschaft. Jede Wandlung ist ein Spiegel des Bewußtseins oder auf das Zeichen bezogen: Licht *(Feuer)* fördert den spirituellen Reichtum *(Wind)*. Setzt man diese Prinzipien auf die Familie und deren Hintergrund um, dann wird die Pflege des Bewußtseins und dessen Übertragung und Vergeistigung durch die weibliche Linie auf die Nachkommen zum Ausdruck gebracht. Familienbewußtsein ist also zunächst kein körperliches Zugehörigkeitsmerkmal, sondern ein religiöses, das sich auf die gleiche seelische Schicksals-Quelle *(UKT Wasser)* spiritueller Entwicklung beruft *(Wind)*.

Unter dem Aspekt der Bewußtmachungs- und Übertragungsprozesse seelischer Verwandschaften betrachtet, bildet die Familie eine spirituelle Gemeinschaft, die sich im Geiste ihrer Ahnen *(im Bewußtsein ihrer „Religio" also Rückbindung)* erweitert und entwickelt. In diesem Sinne ist auch die Welt-Gesellschaft der Menschen eine spirituelle, wobei die Familienstruktur, als kleinste Zelle dieser großen Gemeinschaft, als Vorbild für deren Funktionalität dienen sollte. Natürliche hierarchische Klarheit im Aufbau, und Wandlungsfähigkeit, d. h. spirituelle Erweiterung im Sinne der höchsten, religiösen Rückbindung *(Kinder Gottes)*, nach außen. Betrachten wir an diesem Punkt den dazu notwendigen strukturellen Aufbau anhand der einzelnen Linien etwas genauer, dann ergibt sich das folgende Schema:

An der Spitze *(sechste Linie)*, als geistiges Oberhaupt, steht der Patriarch, einmal als Vater und zum anderen als Großvater oder Großmutter, die als Älteste den Platz der Weisheit einnehmen *(auch Ältestenrat oder in unserem Staatswesen der Bundespräsident)*. Die erste Linie verkörpert den jüngsten Sohn, die fünfte Linie den Ehemann/die Seele des Hauses, der den Platz im äußeren Bereich einnimmt, die zweite Linie die Ehefrau/das Bewußtsein und Licht der Familie, deren Platz im Innern liegt, da sie die Lichtquelle darstellt, die die Sippe zusammenhält. Die Linien 3 und 5 zeigen ein brüderliches Verhältnis/konsequentes Handeln und kreativen Austausch, die Linien 2 und 4 ein schwesterliches Verhältnis/Klarheit und Herzlichkeit.

Wie im Staat die herrschende Macht, so bilden in der Familie Vater und Mutter die gesetzgebende und ordnende Kraft. Damit der familiäre Zusammenhalt gewährleistet wird, müssen die Worte sachlich und klar und die Taten in ihrer Wirkung auf Dauer ausgerichtet sein. Das Zusammenhalt schaffende Prinzip der Familie ist das korrekte und standhafte Wesen des Weiblichen, die ordnende Kraft das Wesen des Männlichen, dessen Worte sachlich und klar sind, und dessen Verhalten einheitlich und beständig ist. Ist die Familie in ihrer strukturellen Beschaffenheit gesund, so ist es auch die Gesellschaft, deren einzelne ja selbst Mitglieder einer Familie sind. So findet diese natürliche Ordnung innerhalb der kleinsten Keimzelle jeder Gesellschaft, der Sippe, ihre Bestätigung in allen Bereichen der sozialen, politischen und geschäftlichen Welt. Definieren wir also den übergeordneten Sinn aller Sippen-Gemeinschaft im großen wie im kleinen mit der Erweiterung des bewußten Seins *(durch Bewußtmachung zur spirituellen Erweiterung oder Bewußtseins-Erweiterung)*, durch das man hinaufgetragen wird zur Erkenntnis, letztendlich ein Mitglied der himmlischen Gemeinschaft einer göttlichen Kraft zu sein.

Linie 1 *Klare Richtlinien innerhalb der Familie unterbinden willkürliche Launenhaftigkeit*

Wie in der Gesellschaft oder einem Unternehmen im Großen, so müssen auch innerhalb der Familie wohldefinierte Strukturen dem einzelnen seinen Platz zuweisen. Geschieht dies von Anfang an, noch ehe willkürliche Launenhaftigkeit jede Ordnung im Keim erstickt, dann kennt jeder seinen Verantwortungsbereich und die Aufgaben, die er darin zu erfüllen hat. Eine Korrektur unangepaßter Verhaltensweisen dient dem Wohl der ganzen Familie oder der Gesellschaft allgemein und verringert die Gefahr leidvoller Auseinandersetzungen auf ein Minimum. Wenn Sie diese präventiven Erziehungsregeln beachten, dann kommen Sie sowohl dem einzelnen als auch der Familie, sinnvoll und gerecht entgegen.

Linie 2 *Wenn man als Zentrum der Sippe seine Aufgaben pflichtgemäß erledigt, erfährt man großes Glück*

Hier im Zentrum des Feuers, ist der kommunikative Mittelpunkt der Familie. Es ist der Platz der Mutter und zeigt den Aufgabenbereich, den sie innerhalb der Sippe übernommen hat. Essen wird zubereitet, die häuslichen Anforderungen erledigt, Zuwendungen verteilt und unmittelbare Bedürfnisse der einzelnen befriedigt. Sie ist verhaftet *(Feuer)* mit den häuslichen Pflichten und familiären Anliegen und erfüllt diese Tätigkeit ganz im Bewußtsein eines Dienstes, der den Bestand und den geregelten Ablauf des Familiengeschehens gewährleistet. Wer diese Linie erhält, sollte sich ganz allgemein auf seine ihm gestellten Aufgaben ohne Sonderinteressen konzentrieren, dann wird er großes Glück erfahren.

Zur Vorbeugung von Mißverständnissen muß gesagt werden, daß hier nicht die Rolle des „Heimchens am Herd" nachvollzogen wird, sondern klar herausgestellt ist, daß zum reibungslosen Ablauf innerhalb eines Haushaltes *(auch im öffentlichen Haushalt)* der Aufgabenbereich genau definiert sein muß. Da das Wesen jeder familiären Struktur weiblicher Natur ist *(Feuer, als weibliches Prinzip, symbolisiert auch die Geburt),* findet sich in diesem Verantwortungsbereich eine ganz natürliche Begründung. Denn würde die Frau als Mutter einfach ihren Launen folgen und ihre Familie sich selbst überlassen, dann wäre sie nicht verbindendes Zentrum der Sippe, sondern, egoistisch ihren persönlichen Neigungen verhaftet, die Wegbereiterin zu chaotischen Verhältnissen. Dies soll nicht bedeuten, daß eigene Interessen völlig ausgeschaltet werden müssen, viel eher ist eine gesunde Integration in die Familienatmosphäre angesagt, die den Charakter der eigenen Person betont und ihre Stellung festigt.

Linie 3 *Finden Sie einen gemäßigten Weg, um die Ordnung innerhalb der Familie zu erhalten*

Hängt der „Haussegen" schief, so bedeutet dies, daß einzelne Mitglieder der Familie den geltenden Richtlinien untreu geworden sind und über die Stränge schlagen. In solchen Situationen ist es besser, mit ernsteren Maßnahmen der Sache Herr zu werden, als durch lasches Gewährenlassen die gesamte Ordnung zu gefährden. Im allgemeinen gesehen, ist aggressive Strenge zu vermeiden, da sie zu unberechenbaren Auseinandersetzungen führt, die die ganze Familienharmonie untergraben. Deshalb gilt es, die Richtlinien so zu gestalten, daß dem einzelnen die Entfaltung seiner eigenen Persönlichkeit erhalten bleibt, ohne daß der andere darunter zu leiden hat. Unter diesen Bedingungen kann sich eine Atmosphäre respektvollen Vertrauens entwickeln, das allerdings bei Übertretungen mit strengeren Maßnahmen zurechtgerückt werden muß.

Linie 4 *Der Reichtum des Hauses, liegt im uneigennützigen Einsatz für das Wohl der Familie*

Waren es bei Linie 2 die Tätigkeiten der Frau des Hauses, so sind es hier ihre Eigenschaften, die das Wohl der Familie fördern. Ihr persönlicher Reichtum ist das Wissen um Maßnahmen, die der ganzen Familie Stabilität verleihen. Sie ist das Herz *(bei Linie 2 das Bewußtsein)* oder die edle Perle des Hauses *(des Unternehmens),* die es durch ihr mildes Wesen versteht, liebevolle Verbindungen untereinander zu fördern. Auf ihre Mutterrolle bezogen, ist sie die

Verkörperung der Nestwärme, die Geborgenheit gewährt. Gleichsam unterliegt ihr als soziale Instanz die Kontrolle der Einnahmen und Ausgaben, die das finanzielle Wohlergehen der Familie sichern. Dem Sinn dieser Linie entsprechend, wird der uneigennützige Einsatz für das Glück ihrer Familie *(ihres Unternehmens)* die größten Erfolge bringen.

In der Politik könnte man dies als den Platz des Finanz- und Sozialministers bezeichnen, die als Organe der öffentlichen Haushalte durch Frauen *(Mütter der Nation)* zu vertreten wären.

Linie 5 *Wer sich wie ein gerechter König seiner Sippe gegenüber verhält, den braucht man nicht zu fürchten*

Hier ist der Platz des Vaters *(des Staatsoberhauptes)*, der in seinem Wesen ernst, aber doch voller Liebe und Gerechtigkeit ist. Er steht erhaben über allen Spannungen und gefährlichen Auseinandersetzungen innerhalb der Familie *(des Staates)* und hält Ordnung durch einen demokratisch-großmütigen Führungsstil. In seiner Funktion als Vater würde man ihn als ein in sich gefestigtes, gutes und nicht autoritäres Familienoberhaupt bezeichnen, der gerne für das Leben seiner Angehörigen sorgt. Ihm unterliegt auch die Aufgabe, die Traditionen der Ahnen oder Großeltern zu wahren und in deren Geiste *(Linie 6)* die Richtlinien der eigenen Familie festzulegen.* Wer in dieser Stellung dem Wesen einer solchen Vaterfigur entspricht, dessen Einfluß wird von ganz alleine das Richtige bewirken.

Linie 6 *Seine Fähigkeiten sind von Weisheit geprägt*

Der Aufgabenbereich, der diesem innerlich hoch entwickelten Menschen überlassen bleibt, entspricht mehr der übergeordneten Tätigkeit eines weisen Beraters, der unabhängig von den geltenden Normen den höheren Geist der familiären Traditionen vertritt. Seine Ausstrahlung ist majestätisch und die Qualitäten seiner Person sind durch das Leben selbst gereift, so daß seine Ratschläge als Bereicherung für das familiäre Geschehen empfunden werden.

Im Sinne älterer Stammestraditionen wäre dies der Platz des Ältestenrates, der bei für die gesamte Gemeinschaft wichtigen Entscheidungen zu Rate gezogen wird. Als oberste Instanz *(geistiger Beistand)* bildet er eine anerkannte Gesetzeskraft, innerhalb der geltenden Sippenordnung.

---

* Im Staat sind es die gesellschaftlich-politischen Traditionen, die dem Wirken einer Partei die Richtung weisen. Sind ihre Parteiziele klar und auf das allgemeine Wohl des Volkes ausgerichtet, so werden die Erfolge nicht ausbleiben.

63 Nach der Vollendung

Das ideale Gleichgewicht

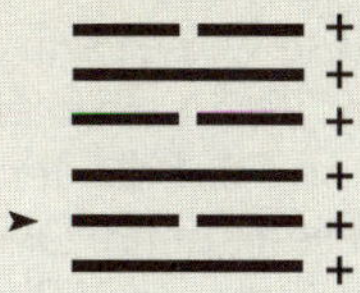

oben: **Das Wasser**

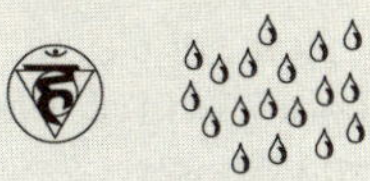

das Abgründige
das Geheimnisvolle
das Hals-Chakra

DIE SEELE

unten: **Das Feuer**

das Haftende
die Klarheit
das Sakral-Chakra

DAS DENKEN

Charakter:

6 eitel
5 wahrhaftig
4 aufmerksam

3 umsichtig
2 zurückhaltend
1 kontrolliert

Situation:

Unter einem Wasserkessel brennt ein Feuer. Zwei Elemente, die ihrem Wesen nach gegensätzlich sind, treffen aufeinander. Solange sie harmonisch zusammenwirken, entsteht Kraft. Brennt aber das Feuer zu stark, so verdunstet das Wasser, kocht das Wasser über, so wird das Feuer gelöscht. Nur durch äußerste Vorsicht kann dies verhindert werden.

Kommentar:

Das Hexagramm 63 bildet den eigentlichen Ausgangspunkt aller vergleichenden Linieninterpretationen, da in seiner Struktur die „harmonische Ordnung" angedeutet wird, in der alle Kräfte *(Linien)* in einem gleichgewichtigen Verhältnis zueinander stehen. Erzeugt wird dieser „Idealzustand" durch das kontrollierte Zusammenwirken von Feuer und Wasser oder, anders ausgedrückt, des Denkens und der Seele. Die daraus entstandene Linienordnung entspricht im ganzen dem korrekten Zusammenspiel aller bewußtseinsprägenden Schwingungsfelder. Das Starke und das Schwache hat seinen ihm gebührenden Platz eingenommen. Wirken die beiden Prinzipien ausgewogen zusammen, so entsteht daraus Kraft *(Dampfkraft)*. Damit wird zum Ausdruck gebracht, daß die Dinge sich vom Chaos zur Vollkommenheit entwikkelt haben. Dies mag als sehr günstiger Aspekt erscheinen, jedoch liegt gerade in dieser Harmonie die Gefahr, aus dem Zustand der Ordnung wieder in die verwirrenden Verhältnisse übler Stockungszeiten zu geraten. Nur durch ausgewogene Beständigkeit läßt sich ein solcher Rückfall vermeiden.

Auch wenn das Große Ziel als solches vollendet ist, müssen doch die Dinge im kleinen noch korrigiert werden. Auf diese Weise gelingt es, einen fließenden Übergang zu neuen Ideen und Taten einzuleiten. Denn nichts steht still, alles wandelt sich, und so führt die Tendenz aus der Vollkommenheit automatisch in den Niedergang. Dies gilt es zu bedenken, um nicht in der Aufmerksamkeit gegenüber dem Lauf der Dinge nachzulassen, sondern immer wachsam zu bleiben, die Entwicklung zu beobachten und notwendige Details zu korrigieren. Denn die Wurzel allen Zerfalls ist die Gleichgültigkeit, wofür die Geschichte genügend Beispiele liefert. Anstatt sich auf Unstimmigkeiten einzustellen, verfällt man in Selbstgefälligkeit und glaubt, dieses harmonische Gleichgewicht konservieren zu können.

Aber diese Illusion ist ein Trugschluß, dem man sich nicht hingeben darf, denn wenn die Dinge im großen vollendet sind, lassen sich keine größeren Resultate mehr erzielen. Der Bogen wird überspannt, Angst und Panik breiten sich aus, doch dieses aufkommende Durcheinander muß nicht sein. Natürlich möchte man verzweifeln, wenn sich die Dinge, kaum das man sie in Ordnung gebracht hat, auch schon wieder wandeln. Aber eine Ideallösung gibt es nicht, und deshalb ist es wichtig, vorausschauend zu denken und zu planen und sich flexibel zu halten. Das ideale Gleichgewicht liegt aber nicht nur in der Optimierung des weltlichen Geschehens, sondern in der Ausbildung innerer Vollkommenheit, durch die man aus dem Weltgetriebe aussteigen kann.

Zum einen wird im Hexagramm 63 ein inneres und äußeres Gleichgewicht angedeutet *(Feuer unten, Wasser oben)*, gleichzeitig aber auch die Umkehrung, d. h. Disharmonie durch das UKT Wasser und OKT Feuer *(alle Linien sind am falschen Platz, das Zeichen steht auf dem Kopf)*. Ganz eindeutig wird dadurch zum Ausdruck gebracht, daß die ideale Harmonie in der Welt der Wandlungen nicht konserviert werden kann. Was bleibt ist, daß man die Erfolge lediglich als vollendete Teilerfolge betrachten soll und diese bereits fertiggestellt, im einzelnen differenziert und festigt. Wie selbstverständlich entwickelt sich daraus Neues, Anderes und gibt dem Projekt immer wieder Stabilität. Entwicklung oder Zerfall, nichts steht jemals still, und so erübrigt sich die Frage, ob die materielle oder objektbezogene Vollkommenheit auf Dauer gehalten werden kann.

Linie 1 *Beschränken Sie Ihre Aktivitäten auf die Analyse der momentanen Situation*

Gerade am Anfang, nachdem ein großes Unternehmen erfolgreich abgeschlossen wurde, ist alles um einen herum in Aufregung und drängt voran. Aber genau dies gilt es in Zeiten der Vollendung zu vermeiden, da man sonst sehr leicht über das Ziel hinausschießt. Lassen Sie es beim Erreichten bewenden, und hemmen Sie Ihre Bewegungen, indem Sie Ihren Blick auf eine genaue Analyse der Situation im Kleinen richten. Wollten Sie sich, von der äußeren Stimmung angetrieben, vorschnell in noch risikoreichere Aufgaben stürzen *(Stromschnellen/Strömung des unteren Kerntrigramms Wasser),* dann würden Sie von den Ereignissen mitgerissen und hätten die verlustreichen Folgen schmerzlich zu tragen. Wenn Sie die kleinen Schlappen *(der nasse Schwanz des schlauen Fuchses),* die Sie in der allgemeinen Unruhe erlitten haben, als Warnung akzeptieren, dann können Sie die weitere Entwicklung unter Kontrolle behalten.

Linie 2 *Durch streberhaftes Verhalten verliert man sein Gesicht*

Der Wagenvorhang, der im alten China die unverheirateten Frauen vor neugierigen Blicken bewahrte, geht verloren, was normalerweise Anlaß gewesen wäre, die Fahrt zu unterbrechen. Sinnbildlich nimmt dieses Beispiel bezug auf die Situation, wie sie durch die zweite schwache Linie ausgedrückt werden soll. Ein begabtes Wesen mit aufrechtem Charakter hat sich auf die Reise gemacht, um seine Fähigkeiten unter Beweis zu stellen. Jedoch muß er feststellen, daß ihm die einflußreichen Menschen, deren Hilfe er bedürfte, mit Stolz und Überheblichkeit begegnen. Durch dieses Verhalten entblößt *(Gesichts- oder Imageverlust)* wäre es angebracht, sich zurückzuhalten und einen besseren Zeitpunkt zum Handeln abzuwarten *(die Fahrt zu unterbrechen).* Statt dessen ist man geneigt, durch unwürdige Methoden die Blicke auf sich zu ziehen, um seine Qualitäten ins Licht zu rücken. Von einem solchen Gebahren muß man jedoch Abstand nehmen, um nicht zum Spielball eitler Arroganz zu werden. Viel wichtiger ist es nun, Haltung zu bewahren und weiterhin den persönlichen Wert zu festigen. Dadurch kommt man nicht in Gefahr, sein Gesicht zu verlieren, sondern bewahrt sich die Würde der eigenen Person, was auf Dauer gesehen zu größeren Erfolgen führt.

Linie 3 *Setzen Sie nur verläßliche Personen für die Erweiterung Ihres Unternehmens ein*

Nachdem das große Werk an sich vollendet ist, gibt es noch viele Dinge zu tun, die der Stabilisierung dienen. Da es nicht einfach ist, Erfolge aufrechtzuerhalten, gilt es nun zu expandieren. Ein risikoreiches Unternehmen, bei dem das richtige Vorgehen besonders wichtig ist. Um fruchtbare Ergebnisse zu erzielen, dürfen Sie nur fähige und verläßliche Personen einsetzen, die Ihr volles Vertrauen genießen. Seien Sie vorsichtig, daß sich keine niederen Elemente mit hinterlistigen Absichten einschleichen, denn dies würde Sie unweigerlich in Schwierigkeiten bringen. Wenn Sie aber Ihre Intelligenz richtig nutzen und auf Ihre Helfer bauen können, werden Sie alle Gefahren überwinden und mit der Zeit ansehnliche Erfolge erringen.

Tiefenpsychologisch betrachtet, bezeichnet diese Situation den Beginn einer analytischen Therapie, in der härteste Blockaden und Verstrickungen gelöst werden sollen. Um dies erfolgreich durchzuführen, dürfen nur Meister ihrer Kunst sich damit auseinandersetzen, denen es, wenn auch nach langer Zeit, gelingt, die tiefsitzenden Probleme ans Licht zu bringen.

Linie 4 *Achten Sie auf die kleinsten Erschütterungen, und Sie können Schlimmeres verhindern*

Besonders in Blütezeiten des Erfolges, in denen alles seine ideale Ordnung zu haben scheint, muß man ganz besonders aufmerksam die ersten Anzeichen eines beginnenden Umschwunges beachten, um rechtzeitig reagieren zu können. In der Linienstruktur des Hexagramms wird diese Situation durch eine Schiff dargestellt, das durch die Wellen auf und ab bewegt wird *(der Mensch auf dem Strom des Lebens)*. Da eine schwache Linie diesen Platz einnimmt, symbolisiert sie ein Leck in der Schiffswand, das es auszubessern gilt, damit das Schiff nicht untergeht *(Zerfallserscheinungen)*. Dieser Umstand läßt sich, auch wenn das Schiff noch so prachtvoll erscheint und die Passagiere noch so bedeutend sind, nicht verbergen. Deshalb gilt es, selbst die schönsten Kleider zu opfern, d. h. alles zu geben, um das Leck zu schließen. Aber auch wenn es gelingt, ein Schiffbrüchigwerden zu verhindern, so hat diese turbulente Fahrt doch Schrammen hinterlassen. Dem wachen Verstand des Edlen sind diese Anzeichen nicht gleichgültig, sondern veranlassen ihn dazu, Maßnahmen zu ergreifen, mit denen üblere Folgen abgewendet werden können.

Das Schiff stellt den Menschen dar, der auf dem Strom des Lebens eine große Fahrt angetreten hat. Er hat es geschafft, seinem Leben eine Form *(Schiff)* zu geben *(erfolgreich zu sein)*, so daß ihn das Auf und Ab nicht aus der Fahrt bringen kann. Und doch ist er dem ewigen Wandel unterworfen, der sich durch erste Erschütterungen zu zeigen beginnt, die ihm zu denken geben *(angeknack-*

stes Unternehmen, im Herzen getroffen, körperliche Schwächeerscheinungen). Ist er sich seiner Verantwortung gegenüber sich selbst *(seiner Gesundheit, seinem Image, seiner weiteren Entwicklung)* und den anderen *(seinen Angestellten, seiner Familie)* bewußt, dann wird er all seine Kenntnisse einsetzen, ja selbst von seinem Überfluß opfern, um das leckgeschlagene Schiff zu retten.

Linie 5 *Wahre Gesinnung zählt mehr als äußeres Prestige*

Vergleichbar mit dem Fastenopfer nach üppiger Ernte im Herbst, wurden auch in alten Zeiten Opfer dargebracht, mit denen die tiefe seelische Stimmung der Dankbarkeit zum Ausdruck gebracht werden sollte. Dabei kam es nicht auf die Größe der Gaben an, sondern auf die wahre Gesinnung, mit der man dieses Ritual beging. Gerade in Zeiten, in denen man sehr schnell in die Stromschnellen des Lebens geraten kann *(mitgerissen werden vom Strudel des Erfolges),* wäre es angebracht, unnötigen Ballast abzuwerfen und sich bescheiden zurückzuhalten, anstatt durch prunkvolle Feste seine Erfolge *(gespielte Dankbarkeit)* zu feiern. Was mehr zählt als öffentliches Prestige, ist die ehrliche Bemühung, dem Wohl des Ganzen zu dienen, indem man die Dinge im kleinen weiterhin stabilisiert und erneuert. Hier zeigt sich das wahre Wesen der Vollendung, das nicht in äußerer Zurschaustellung zu suchen ist, sondern von Herzensgüte und aufrichtiger Ernsthaftigkeit getragen wird.

Denn während der Mensch nur mit den Augen sieht, läßt sich das Schicksal *(die Seele)* nicht betrügen.

Linie 6 *Schauen Sie dem Kommenden ins Auge, und Sie können der drohenden Verwirrung entgehen*

Nachdem das Ufer erreicht, daß heißt die Dinge vollendet sind, gerät man nur dann wieder mit dem Kopf unter Wasser, wenn man aus Angst oder Unsicherheit vor dem Kommenden den Kopf in den Sand steckt. Anstatt die Flucht nach vorne anzutreten, bleibt man stehen und rühmt sich der überwundenen Gefahren, wodurch sich die Wellen dessen, was man selbst in Gang gesetzt hat, gefährlich hinter einem auftürmen. Wenn man nicht zur Besinnung kommt und unaufhaltsam nach vorne schreitet, dann bricht das Pendel des Umschwungs, mit seinen Chaos und Verwirrung stiftenden Zeiten, über einen herein. Schauen Sie den Tatsachen ins Auge, und nehmen Sie die Fäden in die Hand. Ihnen bleibt gerade noch Zeit, zu verhindern, daß die Wellen über Ihrem Kopf zusammenschlagen.

22 Die Anmut
Die Verzierung der Form

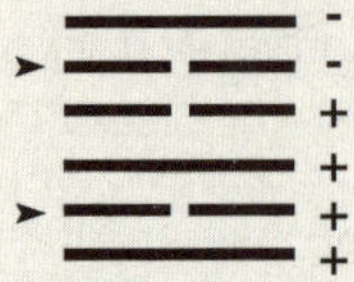

oben: **Der Berg**

 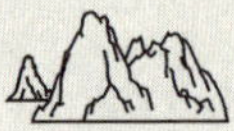

das Stillehalten
die Beharrlichkeit
das Herz-Chakra

DER KÖRPER

unten: **Das Feuer**

das Haftende
die Klarheit
das Sakral-Chakra

DAS DENKEN

Charakter:

6 schlicht
5 ehrlich
4 unentschieden

3 rechtschaffen
2 eitel
1 unabhängig

Situation:

Der Schein des Feuers, das am Fuß des Berges brennt, erhellt den kargen Fels und gibt ihm Glanz. Wie sein Licht aber nicht den ganzen Berg erleuchtet, sondern nur einen Teil, so darf auch die äußere Zierde nur zur Verfeinerung kleiner Angelegenheiten in Betracht gezogen werden.

Kommentar:

Zierde und äußere Pracht dienen in der Natur entweder der Anziehungskraft (Balz), oder sie üben eine Schutzfunktion aus, mit deren Hilfe den lauernden Gefahren durch aggressive Angreifer wirksam begegnet werden kann. Anschauliche Beispiele hierfür liefern uns die Vogelwelt, die Blumen und Schmetterlinge sowie alle Fischarten. Wie in der Natur, so nutzen auch die Menschen Zierde und Schmuck mit den unterschiedlichsten Absichten. Geht diese Zierde Hand in Hand mit dem inneren Gehalt der Person, d. h., werden dadurch spezifische Wesenszüge im äußeren Erscheinungsbild verkörpert, dann ist dies etwas Natürliches und dient der Unterstreichung des Persönlichen, sozusagen als sichtbares i-Tüpfelchen. Man darf nur nicht vergessen, daß äußerer Glanz nicht das Wesentliche zeigt, sondern nur zu dessen Verfeinerung dient. Bei der Klärung wichtiger Angelegenheiten dürfen solche Äußerlichkeiten aber keine ausschlaggebende Rolle spielen. Dazu bedarf es des tieferen Ernstes übergeordneter Sichtweisen, die sich an den wahren Eigenschaften und Fähigkeiten orientiert. Dies wird durch die beiden Trigramme des Hexagramms deutlich gemacht, das nach außen durch den Berg als Symbol der höheren Wahrheit vertreten wird und im Innern durch die Bewußtheit und Brillanz des Feuers.

Natürliche feststehende Ordnungen *(Berg, Körper)* werden also durch das schöne Beiwerk *(Glanz des Feuers)* gefällig gemacht oder verfeinert. Zwar ist die Verkörperung des eigenen Stils, der eigenen Form, im äußeren Erscheinungsbild etwas ganz Natürliches, weil dadurch die persönliche Eigenart zum Vorschein kommt, gleichzeitig birgt es aber die Gefahr des triebhaften Darstellungszwanges, der nur etwas vortäuschen will. Diese Blendwerkzeuge, wie sie in der versnobten und fetischistisch angehauchten Modewelt durch Schönheitsideale vertreten werden, dienen den eitlen Zwecken der Täuschung. Geblendet von soviel künstlicher Schönheit, verwechselt man die äußere Form mit dem inneren Gehalt *(außen hui, innen pfui)*.

Besinnen wir uns auf die naturgemäße Bedeutung der Anmut, so ist diese am ehesten mit maßvoller und angepaßter Zierde zu übersetzen, die in ihrer stilvollsten Art dem Begriff der Ästhetik gleichkäme. Übertreibt man die Zierde oder den Schmuck, so entsteht daraus Überladenheit oder Kitsch, der, im Gegensatz zur feinen Art der Eleganz, den schwulstigen Charakter der Person zum Vorschein bringt. Verzierung nimmt also wie in der Natur Bezug auf die unterschiedlichsten Hintergründe, und so reicht die Palette von der natürlichen Anmut als Ausdruck des inneren Gehaltes bis zum gekünstelten Schein überzogener und gehaltloser Körperlichkeit *(aus Angst, als Schutz oder zur Vortäuschung falscher Tatsachen)*, der einem von außen erleuchteten Berg ohne Inhalt gleicht.

Das höchste Ideal der Anmut ist die natürliche Schönheit der ruhigen und unbeeinflußten Betrachtung in meditativer Versenkung. Jegliches Begehren schweigt, der eigene Wille ist zur Ruhe gebracht. Getränkt mit seelischen Inhalten, entfaltet sich die Welt der Vorstellungen vor dem geistigen Auge und zeigt sich als ein Kunstwerk stiller Schönheit. Doch allein durch Betrachtung, so sagen die Texte, kann der Wille nicht auf Dauer zur Ruhe gebracht werden, und so bleibt der stille Anblick höherer Schönheit ein kurzer, erhebender Augenblick in der Vergänglichkeit.

Linie 1 *Unterlassen Sie unrechtmäßige Abkürzungen*

Akzeptieren Sie Ihre Lebenssituation, so wie sie ist, und versuchen Sie nicht, durch Vortäuschen falscher Tatsachen einen unwahren Anschein zu erwecken. Wenn Sie Ihrem inneren Wesen entsprechen wollen, dann brauchen Sie keine unrechtmäßigen Abkürzungen, um ans Ziel zu gelangen. Gehen Sie ganz aus eigener Kraft voran, und bleiben Sie in festem Vertrauen, den Ihnen gemäßen Weg des Vorankommens gewählt zu haben.

Es ist hier eine von inneren Grundsätzen getragene Person gezeigt, die nach sehr naturnahen Prinzipien lebt. Sie ist unabhängig und ehrlich bestrebt, ihre Ziele ohne zweifelhafte Erleichterungen zu erreichen. Es macht ihr nichts aus, wenn nötig auch zu Fuß zu gehen, ganz im Gegenteil: Sie empfindet diese schlichte Art der Fortbewegung als natürlich schön. Und selbst wenn sich die Gelegenheit böte, in einem Wagen zu fahren, so lehnte sie dies als überflüssig ab. Im festen Vertrauen auf ihr inneres Licht geht sie Schritt für Schritt voran.

Linie 2 *Schenken Sie dem Beiwerk nicht mehr Aufmerksamkeit als dem inneren Gehalt*

Vielleicht erfordert Ihre Lebenssituation die Einhaltung einer bestimmten Etikette, aber dies darf nicht überzogen werden. Sie sollten sich darüber im klaren sein, daß Äußerlichkeiten nur dazu dienen, den formellen Anforderungen Genüge zu tun. So wie ein Bart an sich völlig wertlos ist und nur die Form verziert, so dürfen auch wichtige Anlässe durch Etikette nur betont, nicht aber verstellt werden. Alle darüber hinaus gehende Eitelkeit verdeckt die wahren Eigenschaften Ihres Wesens und dient letztlich nur der Schönfärberei. Wer dem Beiwerk mehr Aufmerksamkeit schenkt, als der inneren Motivation, der wird seinem eigenen Wesen untreu und manipuliert den Eindruck, den er bei anderen hinterläßt. Wenn Sie bedenken, daß die Form *(Körper)* nur ein Spiegel der inneren Gesinnung ist, dann sollten Sie sich fragen, ob Sie dieser natürlichen Regel entsprechen oder was sie zu kaschieren haben.

Dieser hier unterwirft sich zwar der äußeren Förmlichkeit, ist aber nicht einem inneren Drang unterworfen, sich zu präsentieren. Und – obwohl er doch gewisse Tendenzen eines geckenhaften Wesens in sich trägt – er stellt sich immer wieder die Frage, ob es allein die Verzierung ist, die einem Wesen Glanz verleiht. Natürlich gibt es kommerzielle Interessen, seinem äußeren Erscheinungsbild Aufmerksamkeit zu schenken, nämlich dann, wenn man wie dieser hier, im Licht der Öffentlichkeit steht und bestaunt und nachgeäfft wird. Nur sollte man es nicht übertreiben, da sonst die Gefahr besteht, daß sich snobistische Tendenzen einschleichen, wie sie uns in der eitlen Modewelt falscher Vorspiegelungen sehr oft begegnen. Nicht das Wesentliche wird betont, sondern das verspielte, gekünstelte Accessoire, was lediglich dazu dient, das Leben zu verschönern, nicht aber den Inhalt zu ersetzen.

Linie 3 *Trotz der begünstigten Lebenslage dürfen Sie die wesentlichen Aufgaben nicht vergessen*

Waren es bei Linie 2 die Etikette oder der schmückende Bart, denen die Aufmerksamkeit galt, so ist es hier das Echte und Unverfälschte, was durch die Verzierung verdeckt wird. Physiognomisch gilt das Kinn als Symbol innerer Festigkeit und kann – auch wenn dies damit unbewußt zum Ausdruck gebracht werden soll – nicht durch einen Bart künstlich ersetzt werden. Vergessen Sie also trotz Ihrer begünstigten Lebenslage Ihre wesentlichen Aufgaben nicht. Wenn sie sich durch Pomp und überflüssigen Aufwand blenden lassen, dann würden Sie Ihrem Glück schaden, das Sie in diese glanzvolle Situation gebracht hat. Versuchen Sie vielmehr, Ihren inneren Grundsätzen treu zu bleiben, und halten Sie sich die vielen dekadenten Beispiele vor Augen, die Sie bei anderen Menschen in ähnlichen Lebenslagen beobachten können.

Linie 4 *Gehen Sie Ihren Zweifeln nach*

Innere Zwiespälte haben Sie in Zweifel gebracht, ob der luxuriöse Aufwand, den Sie bis jetzt betrieben haben, um Ihr Leben gefällig zu gestalten, Ihrer inneren Überzeugung von Echtheit wirklich entspricht. Vielleicht fördert weniger an äußerem Glanz mehr an Strahlkraft des eigentlichen Wesens? Allein diese Überlegungen sollten Ihnen Anlaß genug sein, alles Überflüssige abzulegen und die höheren Weisheiten zum Schönheitsquell Ihrer äußeren Anmut zu machen.

Dieser hier sucht die Verbindung zu einem Freund *(jemand, der die Prinzipien natürlicher Einfachheit verkörpert – erste Linie, das Vertrauen in die eigenen Empfindungen)* oder jemandem, der ihn in seinen Überlegungen bestärkt, seinen wahren Kern nicht länger hinter feuchtem Glanz zu verstecken.

Linie 5 *Was zählt, sind Ihre ehrlichen Absichten*

Hier, am Platz der seelischen Beweggründe, findet sich eine schwache Person mit ehrlichem Charakter und den besten Absichten, ihrem Leben durch höhere Bestrebungen neue Anmut zu verleihen. Da sie nur mit wenig Hab und Gut versehen ist, schämt sie sich ihres ärmlichen Erscheinungsbildes. Doch gerade diese einfache und gediegene Art ist es, die die wahre Gesinnung zum Ausdruck bringt und außerdem den Prinzipien natürlicher Schönheit entspricht. Ihre ehrlichen Absichten werden von höchster Stelle unterstützt *(geistige Motivation)*, so daß sie es nicht mehr länger nötig hätte, sich zu zieren.

Hier, unter dem Dach der geistigen Kraft *(sechste Linie)*, liegen die Gärten natürlicher Schönheit *(inneres Selbst)*, die man betreten hat *(durch innere Betrachtung)*. Angesichts der vielfältigen Pracht empfindet man die Anmut der äußeren Person als ärmlich und stumpf. Man fühlt sich zunächst beschämt, wird aber gleichzeitig durch diesen Anblick gestärkt, den Zielen, die einen in diese Höhe geführt haben, treu zu bleiben.

Linie 6 *Nur die unverfälschte Schönheit macht das wahre Wesen transparent*

Wie sehr oft, so stellt auch hier die oberste Linie des Berges den Himmels- oder Heilsweg dar. Sie zeigt das wahre Wesen der Anmut, was man daran erkennt, daß alle vom inneren Gehalt der Persönlichkeit ablenkenden Ausschmückungen abgelegt wurden. Durch die zweckmäßige Schlichtheit der äußeren Person erfährt das Wesentliche eine echte Bereicherung. Menschen, die ihr höchstes Ideal verkörpern *(Berg)*, besitzen eine solche Leuchtkraft *(Feuer)*, die man ohne weiteres als sichtbar gemachte Energie bezeichnen kann. Es ist Ihre persönliche Ausstrahlung, die Ihnen natürliche Schönheit und inneres Schwergewicht verleiht. Sie sind nicht auf die eitle Anerkennung von außen angewiesen, sondern leben – ganz im Gegensatz zu vielen Second-hand-Menschen unserer geblendeten Konsumgesellschaft – ganz aus sich selbst heraus. Denn nur durch die unverfälschte Schönheit kann der Sinn *(das wahre Wesen aller Dinge)* transparent werden. Jeder künstlich geschaffene Schein vergeht, denn das Feuer erlischt, wenn ihm keine brennbare Materie zur Verfügung steht. Die wahre Anmut ist nicht gebunden an materielle Verhaftung, sondern entsteht durch den Widerschein innerer Erleuchtung und ist deshalb unvergänglich.

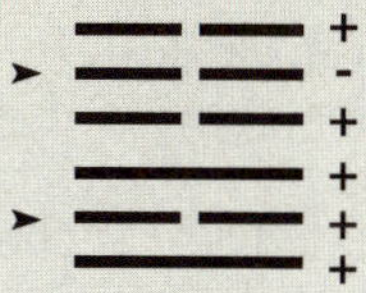

oben: **Die Erde**

das Empfangende
die Hingabe
die Materialisation

DAS WOLLEN

unten: **Das Feuer**

das Haftende
die Klarheit
das Sakral-Chakra

DAS DENKEN

Charakter:

6 schlicht
5 ehrlich
4 unentschieden

3 rechtschaffen
2 eitel
1 unabhängig

36 Die Verfinsterung des Lichts

Die Unterdrückung des Hellen

Situation:

Das Feuer befindet sich unter der Erde. Während das eine sich nach oben wendet, ist die Kraftwirkung des anderen nach unten gerichtet. Das Helle wird unterdrückt (aufgesogen), d. h., es ist verborgen und daher nach außen verdunkelt.

Kommentar:

Im Gegensatz zum Hexagramm 35, bei dem das helle Sonnenlicht *(die Leuchtkraft eines weisen Menschen)* die Erde erhellt, herrscht hier die Dunkelheit der Nacht *(finstere Gestalten)*. Scheinbare Gegensätzlichkeiten, die ihrem Ursprung nach jedoch eins sind, stehen sich in einem illusionären Spiel von Tag und Nacht, Licht und Finsternis, Gut und Böse, Rampenlicht und Schatten, Unterdrükken und Erheben gegenüber. Zwar wird das Helle *(der Edle)* durch das Finstere *(Barbarenhafte)* verdunkelt, bringt aber, durch den Wiederschein in den Konturen verstärkt, das Bedeckende als Schatten in den Vordergrund, so daß dieses sich abhebt und identifiziert werden kann. Dadurch erkennt sich das Helle selbst. Diesem bildhaften Beispiel folgend, kann man auch in Zeiten der äußeren Finsternis verhindern, in den Abgrund einer seelischen Verzweiflung zu stürzen, indem man sein inneres Licht in seiner Klarheit und Leuchtkraft zu verstärken weiß.

Eine gefährliche und von unterschwelliger Aggression durchsetzte Zeit geistiger Dunkelheit *(das UKT Donner ist in der Erde verborgen)*. Das Helle wird von finsteren Mächten bedrängt.

Alles scheint sich gegen einen zu richten, und obwohl man das Gute will, wird man bedroht und verletzt. Die Masse, als das Übelgesinnte und Verfinsterte, neigt zu gewalttätigen Übergriffen. Angst und unterdrückte Aggressionen, die im Inneren der Menschen brodeln und nach außen durchzubrechen versuchen, sind die Urheber solcher Zeiten, in denen ganz nach der Parole: „Willst Du nicht mein Bruder sein, so schlag ich Dir den Schädel ein." verfahren wird. Der einzige Ausweg, der einem in diesen Zeiten bleibt, ist, ein Doppelleben zu führen. Die eigene Identität wird zweigeteilt in das äußere Auftreten und das innere Sein. Indem man nach außen den Anschein erweckt, als würde man die Bedingungen der Finsternis akzeptieren, kann man sich innerlich heraushalten und seiner eigenen Ziele bewußter werden.

Man stelle also sein Licht unter den Scheffel, was bedeutet, daß man im Innern hell bleibt und sich nach außen fügsam und anpassend zeigt, um den drohenden Gefahren zu entgehen und nicht aufzufallen. So offenbart der Edle in solchen bedrückenden Zeiten sein weises Können durch Im-Schatten-Bleiben. Denn was unbedingt zurückgehalten werden muß, ist das Verlangen, die üblen Dinge kritisch ins Licht zu rücken. Auch wenn man sich seiner inneren Klarheit und Vitalität bewußt ist, dürfen die gefährlichen Abgründe *(UKT Wasser)* nicht übersehen werden, die in solchen Zeiten verborgen liegen. Auf der anderen Seite sind es gerade diese bedrückenden Lebensumstände, die die eigene Persönlichkeit formen, indem sie uns das Wesen des Bösen deutlich machen und damit den befreienden Weg eröffnen, durch die Dunkelheit wieder zum Licht zu gelangen.

Nehmen wir die interessante Struktur des Zeichens zum Anlaß, das Wesen der Finsternis und seine Zeichen noch etwas genauer zu betrachten. Da ist zunächst das durch Erde verschüttete Feuer, daß nicht erloschen ist, sondern inwendig leuchtet. Aber, nimmt man das UKT Wasser und OKT Donner hinzu, dann bemerkt man, daß es nicht nur inwendig leuchtet, sondern als heißer Geysir brodelt und aus der Erde hervorbrechen will. Persönlichkeitsbezogen sind hier Talente angedeutet, die sich nicht ohne weiteres entfalten können. Obwohl im Grunde glänzende Fähigkeiten vorhanden sind, werden sie verdeckt. Die Umstände, die das Licht verfinstern, sind zum Beispiel in Milieuschädigungen oder psychischen Verletzungen wie Neurosen, Depressionen oder inneren Spannungszuständen zu suchen *(UKT Wasser/OKT Donner)*. Ein dem Aufbau des Zeichens entnommenes Beispiel ist die von der Mutter *(Erde)* unterdrückte Tochter *(Feuer)*, die, mit subtilen Methoden seelisch gequält *(UKT Wasser)*, der natürlichen Entfaltung ihrer Fähigkeiten beraubt wird. Um sich zu retten, versucht sie, den inneren Wert durch Verstellung zu retten, damit die böse Macht ihn nicht zu fürchten braucht. *(Schein-Dummheit).* Ganz gewiß eine lange und bittere *(Feuer-)*Prüfung, die letztendlich zur wahren Befreiung führt *(UKT und OKT ergeben Hexagramm 40 – Die Befreiung)* oder in der Dunkelheit geistiger Umnachtung endet.

Der libanesische Poet und Dichter Khalil Gibran hat den übergeordneten Sinn der „Nacht" in einigen sehr schönen Versen zum Ausdruck gebracht:

*„Oft denkt und sprecht ihr von der Nacht als der Zeit der Ruhe, doch in Wahrheit ist die Nacht die Zeit der Suche und des Findens. Der Tag gibt euch die Kraft des Wissens (Feuer), und er lehrt eure Hände die Kunst des Empfangens (Erde), aber es ist die Nacht, die euch zur Schatzkammer des Lebens führt (Seele, UKT Wasser). Die Sonne lehrt alle Dinge, nach dem Licht zu streben; doch es ist die Nacht, die alles zu den Sternen hebt."**

Linie 1 *Verbergen Sie Ihre Fähigkeiten durch Verstellung, um Ihr inneres Wesen zu schützen*

Seinem klaren und überlegenen Wesen entsprechend, ist man versucht, sich über alle Schwierigkeiten zu erheben und einfach davonzufliegen. Dabei trifft man jedoch auf die feindliche Übermacht und erkennt seine niederträchtige Struktur.

Angesichts dieser finsteren Aussichten ist es klug zurückzuweichen, um nicht selbst davon geschädigt zu werden. Gerade noch rechtzeitig gelingt es, sich der Aufmerksamkeit des Bösen zu entziehen, indem man den Vögeln gleich, die eine Verletzung vortäuschen, die Flügel hängen läßt und sich flugunfähig gibt. Aber gerade deshalb, weil man nicht teilnimmt an den Irrtümern, denen die andern unterliegen, sondern sich auf besondere Weise verstellt, wirkt man unfähig, so daß einen die Menschen geringschätzig und verächtlich behandeln. Gibt man sich auch augenscheinlich geschlagen, so ist es dennoch wichtig, unwiderruflich an seinen guten Absichten festzuhalten und, nach außen unerkannt, der Verwirklichung seiner Ziele entgegenzustreben.

---

* Khalil Gibran, „Im Garten des Propheten", Goldmann Verlag, 1986, Seite 29 f. (Einschübe in Klammern stammen vom Autor)

Linie 2 *Versuchen Sie zu retten, was noch zu retten ist*

Man befindet sich in einer Situation, in der man trotz des drohenden Damoklesschwertes, das bereits über einem hängt, korrekt und aufrecht bleiben will. Man gerät in Gefahr und wird in Folge davon am linken Schenkel verletzt. Jedoch ist dadurch die Beweglichkeit nicht gänzlich unmöglich gemacht, sondern nur eingeschränkt *(links ist das Zeichen für eine geringfügige Behinderung, der Schenkel steht für die Flexibilität und das Denkvermögen)*. Am Rande des Abgrunds stehend, erkennt man das ganze Ausmaß der finsteren Machenschaften und versucht durch Einsatz seiner ganzen Verstandeskraft *(eines schnellen Pferdes)* sich und die davon Betroffenen zu retten. Diese pflichtgemäße Handlung ist das einzig Richtige und wird die innere Entschlußkraft, sich für das Wohl der anderen einzusetzen, nur verstärken.

Hier bietet sich ein Situationsbild an, das durch die bedrückenden Verhältnisse eines ideologisch verseuchten Regimes in vielen Ländern der Erde zu beobachten ist. Von seinen menschheitsverpflichtenden Zielen überzeugt *(ein Kämpfer für Recht und Gerechtigkeit)* und von allen Gleichgesinnten getrennt, verbringt dieser seine Zeit in der Verwahrung eines Straflagers. Aber selbst die Strapazen der Verhöre und der Folter *(Verletzungen, Zermürbungsmethoden)* vermögen es nicht, ihn aufzuweichen, da es nicht gelingt, sein inneres Licht zu trüben *(die Beweglichkeit und Kraft seiner Gedanken, die in den Texten des I Ging als schnelles und kräftiges Pferd bezeichnet werden)*. Die Gedanken sind frei, und richtig gelenkt ist ihre Kraft so groß, daß auch das Böse damit überwunden werden kann.

Linie 3 *Gehen Sie bei Ihren Aufklärungsarbeiten nicht zu radikal vor.*

Während der Edle aktiv bemüht ist, wieder Licht in die entstandene Unordnung zu bringen, trifft er wie durch die Macht des Schicksals gesteuert, auf den geistigen Urheber der bedrückenden Verhältnisse und kann seiner habhaft werden. Durch diesen Erfolg gelingt es ihm, eine entscheidende Bresche in die vom Bösen triebhaft infizierte Masse seiner Anhänger zu schlagen. Da aber die Gewohnheiten und Verhaltensweisen des Alten tief eingefahren sind, darf man bei seinen Aufklärungsarbeiten nicht zu radikal und unerbittlich vorgehen. Zuviel Licht auf einmal verkraften die vom Irrtum des Dunklen Befallenen nicht, sonst stiftet man mehr Verwirrung, anstatt zur geistigen Erneuerung beizutragen.

Linie 4 *Man entdeckt das Tor zur Finsternis und erkennt, daß Besserung nicht mehr zu erwarten ist*

Man befindet sich am Rande der Gefahrenzone und entdeckt den Eingang zum Terrorbereich der Finsternis. Schnell hat man das Ausmaß der Ansteckungsgefahr erkannt und bemerkt, daß bereits die soziale Schaltstelle des Herzens vom Bösen betroffen ist. Durch die Hoffnungslosigkeit dieser Lage ernüchtert, ergreift man die Flucht, da man erkannt hat, daß Besserung hier nicht mehr zu erwarten ist.

In der Übersetzung Richard Wilhelms wird dieses Bild folgendermaßen überschrieben: Er dringt in die linke Bauchhöhle ein *(erste Linie, Erde, die Eingeweide des Dunklen)* und nähert sich dem Zentrum der Verdunklung *(vierte Linie, Herz),* das durch den Einfluß des Tyrannen *(fünfte Linie, Seele)* bereits verhärtet ist.

Linie 5 *Stellen Sie sich unwissend und passen Sie Sich an*

Es ist eine entsetzliche Lage, in der man sich befindet. Geschwächt und machtlos ist man direkt der Faust des finsteren Tyrannen ausgeliefert. An Flucht ist angesichts der Ausweglosigkeit nicht zu denken, und so ist man dem Terror und der Launenhaftigkeit dieses Unterdrückers schutzlos ausgeliefert. Dem Beispiel eines Sklaven folgend, verbirgt der Edle seine wahren Ideale, stellt sich unwissend und paßt sich an. Aber trotz der schicksalsgeprüften Zeit des Leidens kann das Licht dieses Mutigen nicht zum Erlöschen gebracht werden. So bleiben ihm, auch wenn der Herr der Finsternis dies am Ende als Eingeständnis gegenüber seiner Sache betrachtet, die hohen Ideale erhalten. Selbst wenn diese Art der wiedergewonnen Freiheit kein wirkliches Glück bedeutet, so gleicht es doch dem tiefen Durchatmen nach langer Zeit der Not.

Unterdrückt durch die geistige Dekadenz anderer Menschen, oder den finsteren Impulsen des eigenen, schwachen Geistes ausgeliefert, verbringt dieser eine lange Zeit seelischer Qualen *(karmische Belastungen, die im Lebensplan verzeichnet sind).* Da sich sein Leid aber mit der Zeit zu seinen Gunsten summiert *(Karma wird abgebaut, Schicksal korrigiert),* kann er den Gefahren entkommen, die, durch ein falsches Verhalten begünstigt, leicht zum Wahnsinn *(geistige Umnachtung)* führen könnten.

Linie 6 *Die Macht der Finsternis zerfällt*

Hier ist der Platz des geistigen Oberhauptes der Finsternis, das sich seinem Ende nähert. Er ist der inkarnierte Terror, das Sinnbild geistiger Verderbnis und in seiner Gesinnung darauf ausgerichtet, das Licht des Aufrechten auszulöschen. Nachdem sein machtvoller Einfluß lange Zeit die Guten unterdrückt und geschädigt hat, zerreibt er sich am Ende in seiner Schlechtigkeit selbst und zerfällt. Das Böse, seiner Kraftquelle beraubt, stürzt von seinem hohen Thron hinab in die Tiefen der Erde um dort, vielleicht geläutert, von neuem zu beginnen.

Hier ist die Situation der Wandlung im höchsten Sinne gezeichnet. Die treibende Kraft des Bösen *(das teuflische Prinzip)*, die die Menschen zu Irrtümern verleitet und zu Unrecht diese hohe Stellung eingenommen hat, geht an seiner eigenen Dunkelheit zugrunde, wenn ihm der Widerschein des Lichtes genommen wird *(das Böse kann ohne das Gute nicht existieren)*. Es fällt in sich zusammen *(kehrt zurück zur Erde)* und findet, wieder inkarniert, als seelische Energie erneuten Anschluß, dem Weg des Lichtes zu folgen *(Hexagramm 35)*.

Eine andere Sichtweise, die sich auf die Bewußtseinsstruktur der eigenen Person bezieht, läßt folgende Analyse zu:

Der Geist als minderwertiges Triebstück des Bösen, hat große Bereiche des psychischen Apparates gelähmt und außer Kraft gesetzt *(Seele, Denken, Körper)*. Deshalb entsteht der bereits erwähnte Eindruck von „Scheindummheit", der als äußerer Schutzmantel das innere Licht bewahrt. Es findet sich hier die These bestärkt, daß Heilung und Verderbnis allein dem geistigen Prinzip unterworfen ist.

6. *Die acht Pfade des Geheimnisvollen*

Die Seele

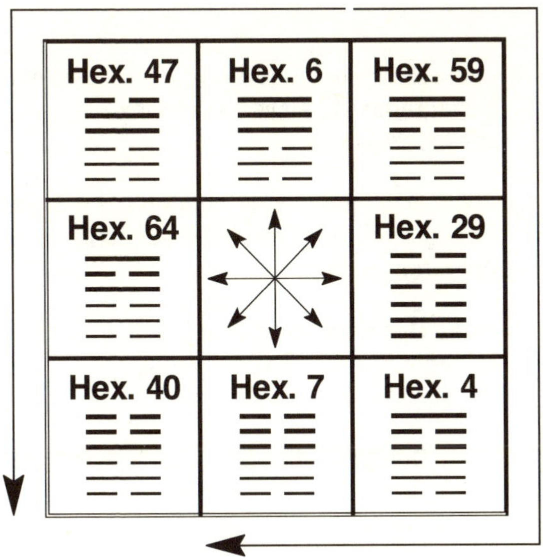

Ursprungszeichen:
Hexagramm 29: *Das Wasser – das Abgründige*

Die Seele, das Schwingungsfeld des Hals-Chakras
Das Geheimnisvolle

Alle Hexagramme des „Hauses der acht Pfade der Fruchtbarkeit" haben als Grundlage das Trigramm des Wassers. Es ist das Symbol der fruchtbaren und beseelenden Zeugungskraft, die in die Materie eindringt, das Zeichen der Seele und deren tiefe Abgründe, der ungreifbaren Gefahren, die einem auf der Wanderschaft begegnen, es ist das geheimnisvoll Eindringende, das Ohr, die Zeit des Winters, der Mühen, es ist die Schlucht, der Abgrund und der Hinterhalt, in den man geraten kann, es sind die Diebe, die heimlich kommen, der Fluß und seine Stromschnellen, die sich durch eine tiefe Schlucht bewegen, das Fließende, das alle Hindernisse übersteigt, in der Familie ist es der mittlere Sohn.

Wandlung durch Veränderung der oberen Zeichen

☰ oben: **Der Himmel** – das Erneuernde, das Kronen-Chakra
Hexagramm 6 – Der Streit
die Konfliktsituation

☱ oben: **Der See** – das Heitere, das Solarplexus-Chakra
Hexagramm 47 – Die Bedrängnis
die Erschöpfung

☲ oben: **Das Feuer** – das Haftende, das Sakral-Chakra
Hexagramm 64 – Vor der Vollendung
die Trugschlüsse

☳ oben: **Der Donner** – das Impulsive, das Stirn-Chakra
Hexagramm 40 – Die Befreiung
die Lösung alter Muster

☴ oben: **Der Wind** – das Bewegende, das Wurzel-Chakra
Hexagramm 59 – Die Auflösung
die Wiedereingliederung

☶ oben: **Der Berg** – das Bewahrende, das Herz-Chakra
Hexagramm 4 – Die Jugendtorheit
die Unerfahrenheit

☷ oben: **Die Erde** – das Hingebende, die Erdung
Hexagramm 7 – Das Heer
die mobilen Kräfte

6 Der Streit

Die Konfliktsituation

oben: **Der Himmel**

das Schöpferische
die kosmische Kraft
das Kronen-Chakra

DAS GEWAHRSEIN

unten: **Das Wasser**

das Abgründige
das Geheimnisvolle
das Hals-Chakra

DIE SEELE

Charakter:

6 rechthaberisch
5 urteilsfähig
4 gutmütig

3 zurückhaltend
2 nachgiebig
1 einsichtig

Situation:

Das Wasser, dessen Bewegungsrichtung nach unten geht, befindet sich unter dem Himmel, der in seiner Kraftwirkung nach oben gerichtet ist. Beide streben auseinander, da sie ihrer Eigenart nach auf entgegengesetzte Richtungen zielen und deshalb kein Zusammenwirken finden.

Kommentar:

Gerade wer sich im Recht glaubt, seine eigene Wahrheit entschlossen nach außen vertreten zu können, läuft Gefahr, durch Haß und Mißgunst, die die Menge einem Andersdenkenden entgegenbringt, in Streit verwickelt zu werden. Was Licht in die streitgeladene Situation bringen kann, ist die Objektivität einer übergeordneten und unparteiischen Instanz *(der große Mann)*, die es versteht, durch sanftes Eindringen in die Ursachen des Konfliktes die unterschiedlichen Aspekte zu beleuchten *(UKT Feuer)* und damit zur sanften Auflösung des Disputs beizutragen. Es gilt also, die Hintergründe der Differenzen bewußt zu machen oder aufzuhellen. Ist man in eine streitbare Situation verwickelt, muß man es vermeiden, sich mit der verhaßten Gegenpartei zu identifizieren, indem man mit aller Macht auf sein Recht besteht. Die eigene positive Lebensrichtung verschwindet hinter der Streitmentalität, der Konflikt schlägt in Feindschaft um und wird verewigt. Man darf den andern seines vermeintlichen Rechtes nicht gewaltsam berauben, indem man sich selbst zum Richter erhebt, sondern muß vielmehr bestrebt sein, die Streitfront sachlich gegeneinander abzustecken und durch weise Kompromisse zu entgiften. Es ist eine ganz natürliche Entwicklung, daß Streit nach Aufklärung strebt, und schon deshalb sollte man, ehe es zu gewaltsamen Auseinandersetzungen kommt, einen Vergleich finden, d. h. sich auf halbem Wege entgegenkommen und das Kriegsbeil begraben. Wie auch immer, das höhere Recht braucht keinen Streit, es scheint letztendlich von ganz alleine durch.

Betrachtet man die Struktur einer streitbaren Energie etwas genauer, erkennt man als wesentliches Merkmal seine unberechenbare Hinterlist *(Wasser)*, getragen von machtvoller Entschlossenheit in der Bewegung. Immer wieder findet man diesen Charakterzug in konfliktgeladenen Streitsituation, die einen Menschen darstellt, der sich, von ungreifbaren Gefahren in der eigenen Seele bedroht, nach außen hart und energisch zu verteidigen sucht. Der innere Widerstreit mit dem höheren Selbst wird auf einen vermeintlichen Widersacher übertragen und mit Nachdruck durchzuringen versucht.

Innen wie außen gerät das Niedere in Streit mit dem Höheren, da beide ihrer Gesinnung nach verschieden sind. Jetzt gilt es, diesen Gegensatz nicht weiter zu verstärken, sondern durch diplomatisches Vorgehen die Diskrepanzen zu entschärfen. Der große Mann, der den Texten nach zu Rate gezogen werden soll, steht hier zum einen für die Kraft der höchsten Weisheit *(Befragung des I Ging)*, mit der man solche Angelegenheiten regeln soll, oder für die Person eines unparteiischen Gerechten, der über der Streitsache steht. Auch dem inneren Widerstreit kann man dadurch begegnen, daß man seine Streitenergie durch bewußte Auflösung mit höheren Inhalten ersetzt und damit zur Wandlung bringt.

Linie 1 *Bereinigen Sie die Streitsache an Ort und Stelle, damit sie nicht verewigt wird*

Sie sind in einer Lage, in der es sinnvoll wäre, jeden Streit zu vermeiden oder so schnell wie möglich zu beenden. Auch wenn Sie bereits durch Gerede davon betroffen sind, sollten Sie doch versuchen, die Streitsache nicht zu verewigen, d. h. immer weiter auszutragen, sondern an Ort und Stelle zu bereinigen. Sie haben es mit einem stärkeren Gegner zu tun, und schon deshalb ist es nicht ratsam, Ihrem Status gewaltsam recht zu verschaffen. Versuchen Sie, tiefere Einsicht in die Lage zu bekommen, indem Sie eine gütliche Einigung anstreben. Auch wenn dieses Verhalten Sie etwas demütigt, können Sie damit ermeiden, daß der Streit eskaliert und Sie womöglich Ihr Gesicht verlieren. Ausfechten des Konflikts bedeutet Streit ohne Ende und schafft immer wieder neue Feinde und zusätzliche Schwierigkeiten.

Linie 2 *Um üble Folgen zu vermeiden, sollten Sie sich weise zurückziehen*

Man ist damit beschäftigt, Licht in die Hintergründe einer streitbaren Angelegenheit zu bekommen, muß dabei aber feststellen, daß man es mit einem überlegenen Gegner zu tun hat. Weder die Beweisführung, die man zu haben dachte, noch die eigene Veranlassung ist eindeutig genug, so daß man sich ganz klar im Nachteil befindet. Deshalb ist es angebracht, sich der Nachgiebigkeit des Klügeren zu besinnen und dem Wasser gemäß zu warten, bis das Hindernis aufgeweicht ist und ohne Schwierigkeiten überwunden werden kann. Bedenken Sie, daß von einem solch ungleichen Streit auch viele Unschuldige betroffen sind, die, weil sie mit Ihnen in Verbindung stehen, automatisch mit hineingezogen werden.

Die hier beginnende Linienkonstellation deutet auf viele gefahrvolle Auseinandersetzungen hin, würde man nicht weise und zurückhaltend reagieren. Zum einen ist nun das Zentrum des unteren Trigramms Wasser erreicht, was soviel bedeutet wie Abgründe, Hinterhalt, Gräben, ungreifbare Gefahren, aber auch symbolisch für Räder steht und den Bogen, den man spannt, um auf den anderen anzulegen. Gleichzeitig beginnt hier die erste Linie des unteren Kerntrigramms Feuer, das neben den klärenden Eigenschaften der Bewußtmachung auch die Aufklärung mit Waffengewalt verdeutlicht. Deshalb werden ihm ganz allgemein Verteidigungswaffen wie Lanzen, Speere, Panzer und Schußwaffen zugeordnet. Sehr leicht könnte also eine kriegerische Auseinandersetzung *(Wortgefechte, Drohungen)* mit Waffeneinsatz *(massive Beschuldigungen)* entstehen, die, im kleinen entbrannt, sich ausweitet und viele nicht direkt Betroffene mit hineinzieht *(Familienfehden, Stammesfehden, Dorffehden und letztendlich Krieg)*. Da aber die Motive, die man sich auf die Fahne geschrieben hat, nicht überzeugend genug sind und der Gegner doch zu übermächtig ist, zieht man sich weise zurück, wodurch schlimme Folgen verhütet werden.

Linie 3 *Das höhere Recht des inneren Wesens kann nicht geraubt werden*

An diesem Platz wird die Charaktereigenschaft symbolisiert, die zur Vermeidung und gleichzeitig zum Ausbruch streitiger Angelegenheiten führt. Man versucht, seine ehrlich gewonnen Erkenntnisse in den Dienst einer höheren Sache zu stellen und bemerkt dabei, daß man sich inmitten eingefleischter Streitigkeiten befindet. Angesichts der Widerstände, die man dadurch zu spüren bekommt, ist es sinnvoll, sich im Hintergrund zu halten und nach außen mehr den traditionellen Wegen zu folgen. Werte, die einem wirklich gehören, können nicht geraubt werden und entfalten sich zur rechten Zeit auch ohne Streit. Deshalb ist es ratsam, keinen Streit übers Knie zu brechen, sondern die Einsicht zu erlangen, daß eine Herausforderung des Stärkeren sich nicht lohnt. Man braucht sich nicht mit seinem Recht zu brüsten. Das Wichtigste ist, das *(erworbene)* höhere Recht des inneren Wesens bleibt bewahrt.

Das I Ging spricht von den höheren Rechten als der „alten Tugend“, die man sich in Form früherer Verdienste erworben hat. Da es sich in dieser Position um die dritte Linie der Persönlichkeit handelt und außerdem das obere Kerntrigramm Wind beginnt, werden hier auch karmische Verdienste angedeutet, die letztendlich die streitbare Situation durchdringen und die Persönlichkeit, auch wenn dies im Hintergrund geschieht, ohne Konflikte ins höhere Recht versetzen.

Linie 4 *Läßt man sich durch höhere Einflüsse besänftigen, erlangt man die Ruhe des Herzens*

Man könnte Gefallen daran finden, sich herumzustreiten, zu bohren und Unfrieden zu stiften, um dadurch selbst in eine bessere Stellung zu gelangen. Angesichts eines schwächeren Gegners, wäre es leicht, die Sache zum eigenen Vorteil hinzubiegen und diesen einfach wegzublasen. Aber durch das eigene Gewissen ermahnt, erkennt man die Ungerechtigkeit dieser Situation und besinnt sich. Denn was auf eine solche herzlose Art und Weise ungleich erstritten wird, kann nicht von Dauer sein, da man immerzu von einer Konfliktgeschwängerten Atmosphäre umgeben bleibt. Um wirklichen Frieden im Herzen zu finden, ist es richtig, sein herausforderndes Wesen abzulegen und sich durch höhere Einflüsse besänftigen zu lassen. Fügen Sie sich dieser Bestimmung, und geben Sie Ihre streitbaren Absichten auf. Ihr Leben wird auf unvergleichbar schönere Art und Weise erfolgreich sein.

Linie 5 *Vertrauen Sie dem Rat eines hochstehenden Schlichters*

Die fünfte Linie des Zeichen die als einzige eine korrekte Stellung innehat, zeigt den Platz der Rechtsprechung, der von einer Autorität besetzt wird, die unparteiisch und mit höchster Kompetenz dem Recht seinen Nachdruck verleiht. Im Namen der höheren Wahrheit vertritt sie den einigenden Richter zwischen den Streitparteien, die die Hintergründe von Konflikten dank ihrer tiefen Erkenntnisgabe in ein neues Licht zu bringen vermag. In einer ruhigen und sachlichen Atmosphäre wird sie versuchen, den Streit, ohne Strafen zu verhängen, durch gütliche Einigung beizulegen. Sind Sie selbst dieser Schlichter oder haben eine strittige Angelegenheit zu klären, dann sollten Sie nach diesem Beispiel verfahren und im Falle der zwei Parteien das Urteil akzeptieren. Hat man wirklich recht, führt das Ganze zu Glück und Erfolg, wenn nicht, erhält man die Gelegenheit zur Korrektur.

Da es sich im ganzen Hexagramm nicht um strafrechtliche Rechtsprechung handelt, sondern um zivile Schlichtungsmaßnahmen, die einer weiteren Eskalation vorbeugen sollen, bezieht sich diese Stellung auf alle gesellschaftlichen Instanzen des Personen-, Schuld-, und Familienrechts. Als zuständige Einrichtung werden sie von entsprechenden Autoritäten vertreten, die in Fällen von Streitigkeiten schlichtend eingreifen.

Gleichzeitig ist hier der Platz der Seele, der Trägerin des Schicksals, die den höheren Lebensauftrag kennt. Sie ist die unparteiische Schlichterin, die das Gesetz des Himmels vertritt und jedem entgleisten Charakterzug seinen Platz zuweist und in seiner Stellung und seinem Recht korrigiert.

Linie 6 *Bittere Bereinigung des Konflikts erzeugt eine Streitspirale ohne Ende*

Dieser gewaltsame Charakter demonstriert seine Macht, indem er Streitigkeiten bis zum bitteren Ende durchfechtet. Hier geht es nicht mehr um einen sachlichen Vergleich, sondern um das Prinzip des Rechthabens, und Rechthabenwollens. Der ganze Aufwand steht in einem beschämenden Verhältnis zum Erfolg, was dieser Rücksichtslose jedoch nicht einsieht, und deshalb gibt er auf keinen Fall nach. Er versucht sich durch Streit auszuzeichnen und seinem Status Geltung zu verschaffen. Mit dieser Einstellung und dem Einsatz aller Mittel bekommt er schließlich Recht gesprochen. Doch ist der Konflikt damit wirklich bereinigt? Oder macht man sich durch ein solches Verhalten nicht eher unbeliebt, ja zieht sich sogar den Haß der andern zu? Dieser Weg ist der Beginn einer Streitspirale ohne absehbares Ende.

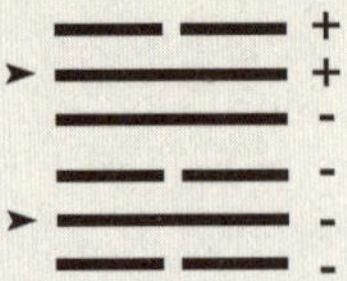

oben: **Der See**

das Heitere
die innere Wahrheit
das Solarplexus-Chakra

DAS FÜHLEN

unten: **Das Wasser**

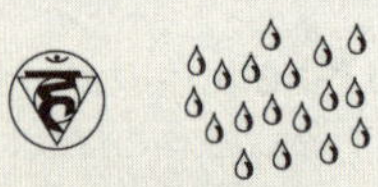

das Abgründige
das Geheimnisvolle
das Hals-Chakra

DIE SEELE

Charakter:

6 unsicher
5 redlich
4 zögerlich

3 rastlos
2 geduldig
1 willenlos

47 Die Bedrängnis

Die Erschöpfung

Situation:

Das Wasser befindet sich unter dem See. Da beide in ihrer Bewegung nach unten gerichtete sind, erschöpft sich das Reservoir des Sees. Er wird leer und trocknet aus. Eine Zeit der Dürre (Unfruchtbarkeit) beginnt. Das ehemals Fruchtbare verödet.

Kommentar:

Um fruchtbare Ergebnisse hervorzubringen, bedarf es sowohl der Kraft innerer Wahrheit als auch des Nährbodens, auf dem diese gedeihen kann. Hier ist das Gegenteil der Fall. Das ganze Kraftpotential ist in die Schluchten widriger Verhältnisse *(der Seele)* abgeflossen, versickert, die Gefühle liegen bloß. Das emotionale Schutzschild *(See)* ist untauglich geworden. Da die Nahrungsquelle erschöpft ist, beginnt eine Zeit der Unfruchtbarkeit. Die Worte haben keinen Gehalt *(sind leer)*, weshalb sie nicht geglaubt werden. Eine harte Prüfung des Schicksals, in deren Verlauf jede Glaubwürdigkeit verloren geht. Man fühlt sich wie gelähmt, da einem der Einfluß nach außen völlig versagt bleibt. Jetzt ist es wichtig, daß man sich innerlich nicht brechen läßt, sondern vielmehr eine unbeugsame Willenskraft entwickelt *(OKT Wind)*, um dieses Schicksal zu überwinden. Es gilt also, aus der Not eine Tugend zu machen und trotz tiefster Erschöpfung sein Kreuz zu tragen und in heiterer Zuversicht weiter zu gehen. Diese innere Kraft der Beständigkeit erzeugt nun einen Gegendruck *(Wind, der zur Wandlung drängt)*, der sich durchsetzt und eine neue und starke Lebensmotivation erzeugt.

In der Außenwelt machen sich die Zeiten der Bedrängnis dadurch bemerkbar, daß die Edlen überall von den Gemeinen unterdrückt werden. In der Struktur des Zeichens symbolisiert durch die dunklen Linien, die die hellen in Schach halten *(in Schach gehaltener Wert)*. Ganz auf sich selbst zurückgeworfen, ruft man nach Zuwendung, die einem aber verwehrt bleibt, weil niemand die Rufe versteht. Galgenhumor ist hier fehl am Platz. Jetzt ist es wichtig, den übergeordneten Sinn, die Hintergründe zu durchforsten, um dieser Leere etwas entgegenzusetzen. Dies kann man erreichen, indem man sich dem tiefsten Kern des Wesens zuwendet, d. h. sein inneres Licht entzündet *(UKT Feuer)*, um Einsicht in die Abgründe zu erlangen und damit die Wandlung herbeizuführen. Eine erfolgreiche Änderung dieser „inkompetenten" Zeiten kann nur durch Charakterstärkung von innen *(Wind/Feuer)* in Gang gesetzt werden, im Laufe derer sich alle Erschöpfungssymptome langsam aufzulösen beginnen.

Linie 1 *Ergeben Sie sich nicht völlig der Hoffnungslosigkeit, sonst geraten Sie immer mehr in Finsternis*

Es ist hier ein Mensch gezeigt, der sich in bedrückenden Umständen befindet und aus einer inneren Schwäche heraus der Gefahr unterliegt, sich von diesen völlig willenlos mitreißen zu lassen. In seiner Verwirrung gerät er nahe an den Abgrund völliger Hoffnungslosigkeit und sieht keine Möglichkeit mehr, aus dieser Lage herauszukommen. Anstatt sich zu sammeln und mit klarem Verstand einen Ausweg zu suchen, gerät er immer tiefer in das Jammertal der Trostlosigkeit, wodurch die ganze Situation noch aussichtsloser wird. Läßt er sich von diesen Umständen weiter bedrücken, verliert er völlig die Kontrolle, und ein Zusammenbruch wäre die Folge. Deshalb ist es wichtig, diesem Schicksalsschlag zu widerstehen, indem man sich aufrafft und versucht, durch innere Haltung seiner Verzweiflung Herr zu werden.

Linie 2 *Bleiben Sie im Innern wahrhaftig, und es wird Ihnen geholfen werden*

Waren es bei Linie eins die äußeren Umstände, durch die man sich bedrängen läßt, so sind es hier die innerseelischen Durststrecken, mit denen man sich auseinandersetzen muß. Dieser Zustand der Erschöpfung ist die Folge alltäglicher Lebensgewohnheiten, die einen auslaugen und unglücklich stimmen. Obwohl es einem äußerlich gut geht, leidet man doch sehr an seiner Abgeschlagenheit und sehnt sich danach, sein Leben irgendwie sinnvoller zu gestalten. Die Lage erscheint ausweglos, und dennoch hält man innerlich an seinen Absichten fest. Gerade diese Art der Hinwendung ist es, durch die einem auf übergeordnetem Weg die Hilfe von Kräften zuteil kommt, die das innere Licht der Hoffnung wieder entzünden können. Aber noch gilt es Hindernisse zu überwinden, denen man auf rational-aktive Weise nicht beikommen kann. Was bleibt, ist durch Geduld und innere Wahrhaftigkeit die widrige Situation zu überwinden.

Nicht auf aktive Weise läßt sich hier ein Wandel der bedrückenden Umstände herbeiführen, sondern durch das stille und bittende Opfer innerer Haltung, durch die einem auf höhere Art und Weise Erleuchtung zuteil wird *(UKT Feuer)*, so daß man widrige Situationen aushalten kann. Denn würde man aus der unglücklichen Situation heraus übermütig aufbrechen, wäre man Gefahren ausgesetzt, deren Abgründen man nicht gewachsen ist *(dritte Linie, Wasser)*.

Linie 3 *Wer sich auf Dinge stützt, die keinen Halt bieten, gerät immer mehr in Bedrängnis*

Der höchste Punkt der Erschöpfung ist erreicht. Bedrängt von den steinigen Wänden des Abgrunds, in dem man sich befindet, irrt man rastlos und unentschieden umher. Aber anstatt einen kühlen Kopf zu bewahren, will man mit aller Gewalt heraus und versucht sich sogar an Dornen und Disteln nach oben zu ziehen, d. h. sich auf Dinge zu stützen, die keinen Halt bieten. Voller Verzweiflung versucht man schließlich, in seine häusliche Geborgenheit, den Kreis seiner Lieben zurückzukehren und stellt mit Entsetzen fest, daß auch diese nicht mehr da sind. Man befindet sich in einer Zwangslage, eingeklemmt zwischen Hindernissen, gegen die man unbedacht angeht. Wenn man dieses orientierungslose Handeln weiter verfolgt, gerät man innerlich immer mehr herunter und bleibt am Ende völlig ausgezehrt auf der Strecke.

In sein Haus zurückkehren, bedeutet auch, daß man versucht, sich zu besinnen und wieder zu Verstand zu kommen. Die Frau, die nicht mehr da ist, symbolisiert die Klarheit des inneren Lichtes, auf das man sich sonst verlassen konnte. Angst und Einsamkeit haben Einzug gehalten in den ansonsten hell erleuchteten Tempel der Wahrhaftigkeit *(UT Wasser – UKT Feuer – OKT Wind)*. Wer sich von Umständen bedrängen läßt, die ihn nicht bedrängen dürfen und dann noch auf kopflose Art und Weise herauszukommen versucht, ist dem Verderben ausgeliefert. Bleibt man aber innerlich aufrecht und tut es der sanften Beständigkeit des Windes gleich, dann entwickelt sich eine Energie, die den Wandel dieser bedrohlichen Lage herbeiführen kann.

Linie 4 *Bleiben Sie fest entschlossen, den bedrückenden Umständen ein Ende zu bereiten*

Es ist hier die Lage eines wohlhabenden und sozial eingestellten Menschen gezeichnet, der zwar gerne helfen will, aber selbst durch äußere Umstände bedrängt und aufgehalten wird. Deshalb erscheint er denen, die auf seine Unterstützung hoffen, zögerlich und wird getadelt. Die ganze widrige Lage bringt ihn selbst in große Verlegenheit, aber er kann nichts tun, weil ihm die Hände gebunden sind. Da er aber, trotz dieser Unsicherheiten in der Handhabung, fest entschlossen ist, eine Änderung der Mißstände herbeizuführen, setzen sich seine guten Absichten schließlich durch.

Der goldene Wagen, wie das I Ging sich ausdrückt, zeigt den Reichtum *(die Subventionen)* und die Ehrenhaftigkeit eines Würdenträgers *(der Minister des sozialen oder auch die Liebe des eigenen Herzens)*, der sich mit besten Absichten auf den Weg gemacht hat, dem in Bedrängnis Geratenen zu helfen. Aber durch herrschsüchtige Interessen mächtiger und reicher Intriganten wird er immer wieder aufgehalten und von ihnen in Beschlag genommen *(verwirrt, geblendet und vom Handeln abgehalten)*. Das Volk murrt zu recht gegen ihn, denn mit seiner halbherzigen Art zu spenden *(tröpfchenweise)*, können die Slums und Elendsviertel nicht wirksam verändert werden. Aber immerhin bleibt er fest entschlossen, den bedrückenden Zuständen ein Ende zu bereiten, was letztendlich dazu führt, daß er sein Ziel erreicht.

Auf die Bewußtseinsstruktur der eigenen Person übertragen verdeutlicht dieser Platz, daß man nur mit halbem Herzen dabei ist, den Ursachen seiner Erschöpfung ein Ende zu setzen, weil man sich von den Einflüssen der eigenen, niederen Gesinnungen immer wieder entmutigen läßt.

5. Linie *Wenn Sie in Ihrem Denken positiv bleiben, werden sich die Dinge nach und nach zum Bessern wenden*

Man fühlt sich im tiefsten Herzen berührt von den bedrückenden Verhältnissen der Menschen und möchte gerne helfen. Da man aber selbst von oben und unten bedrängt wird, findet man keine Unterstützung für sein Rettungswerk. Unter diesen Umständen ist jede Bewegung unmöglich gemacht, durch die man gegen die Verzweiflung der Betroffenen etwas tun könnte. Eine schwere Strafe des Schicksals, die zudem durch Hartherzigkeit derer verstärkt wird, die einem ihrer Stellung nach zur Seite stehen sollten. Wie kann man in solcher Lage sein Profil zeigen, wenn man weder von seiner Umgebung noch von den Kräften des Himmels beachtet wird? Da man sich aber in seinen redlichen Absichten nicht beirren läßt, kommt nach und nach wieder Bewegung in die Umstände. Bis dahin bleibt die einzige Handlung, sich in stiller Sammlung seinem Schicksalszwang zu ergeben und durch positive Gedanken eine Änderung des Ganzen zu unterstützen. Durch diese unzerstörbare innere Haltung, wendet sich das Blatt zum Besseren, so daß man den Worten wieder glauben und den Entscheidungen wieder Folge leisten wird.

Linie 6 *Vertrauen Sie den neuen Umständen, und Sie werden das Leben wieder als lebenswert erkennen*

Obwohl man noch inmitten der Ranken von Wasserpflanzen schwimmt, steht man kurz vor seiner Befreiung, da diese leicht zu durchtrennen sind. Die bedrückenden Zustände beginnen sich zu lockern und man befindet sich im Aufwind. Langsam kehrt die Bewegungsfähigkeit zurück, so daß man auch innerlich wieder wach werden sollte. Aber das Mißtrauen, was aus den vergangenen üblen Zeiten rührt, ist groß und man befürchtet, erneut in den Sog der bedrückenden Abgründe hineingezogen zu werden. Auch wenn die augenblickliche Lage noch etwas verworren scheint, besteht dazu keine Veranlassung. Raffen Sie sich auf, und vertrauen Sie den neuen Zeichen, damit Sie das Leben wieder als lebenswert erkennen. Immerhin sind diese schwachen Ranken keine unzertrennbaren Ketten.

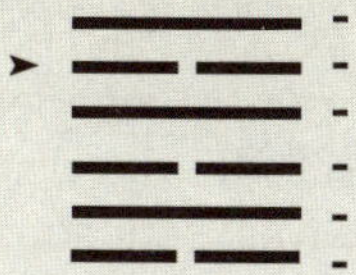

oben: **Das Feuer**

das Haftende
die Klarheit
das Sakral-Chakra

DAS DENKEN

unten: **Das Wasser**

das Abgründige
das Geheimnisvolle
das Hals-Chakra

DIE SEELE

Charakter:

6 unüberlegt
5 wahrhaftig
4 mutig

3 schwach
2 vorsichtig
1 verwirrt

64 VOR DER VOLLENDUNG

DIE TRUGSCHLÜSSE

Situation:

Zwar sind die Kräfte der einzelnen Linien in polarer Entsprechung, jedoch ist ihre Stellung nicht korrekt, was daran liegt, daß die beiden Prinzipien Feuer und Wasser sich im Gegensatz befinden und auseinanderstreben. Es ist, wie wenn die Dinge auf dem Kopf stehen, während man sie betrachtet.

Kommentar:

Ganz im Gegensatz zum Hexagramm 63, bei dem sich alle Linien auf ihrem korrekten Platz befinden, sind sie hier auf den Kopf gestellt. Was normalerweise stark ist, ist schwach und umgekehrt. Zwar ist die ideale Ordnung im Innern angelegt, doch nach außen noch nicht wirksam. Deshalb gilt es, die verborgenen Kräfte vom richtigen Standpunkt aus zu betrachten, damit man ihre Natur erkennen und sie richtig einzuordnen vermag. Doch wie kann man dabei vorgehen, ohne, wie die Texte sagen, dem Übermut eines unerfahrenen Fuchses zu unterliegen, der kurz vor der Vollendung doch noch *(mit seinem Schwanz)* in das eiskalte Wasser des zugefrorenen Flusses kommt?

Zunächst gilt es, das Ziel, nämlich die Beendigung der verwirrenden Verhältnisse, fest im Auge zu behalten und nichts Voreiliges zu unternehmen. Wollte man den Übergang nach alter Manier oder Zielvorstellung erzwingen, so mißlänge das Unternehmen sicherlich. Da die Dinge allem Anschein nach doch nicht kalkulierbar sind, ist es eher angebracht, sachte und behutsam dabei vorzugehen und auf jeden Mißklang zu hören. Sonst könnte es passieren, daß man inmitten der größten Gefahren unliebsam an seine mangelnde Aufmerksamkeit erinnert wird. Mit kurzsichtigem Durchwursteln bewegt man sich auf brüchigem Eis, denn was hier nun geschaffen werden soll, sind dauerhafte und tragfähige Zustände, die dem Provisorium ein Ende setzen. Darum unterscheide man sehr sorgsam das Wesen der Dinge und der Umstände und bestimme danach den Platz, der ihnen naturgemäß entspricht. Denn wo Chaos und Feindschaft der Elemente *(oder: Energien, Prinzipien, Beziehungen)* herrschen, muß man zuerst entwirren, um sie danach neu und korrekt zu verbinden *(demnach muß das Feuer unten, daß Wasser oben sein, was der idealen Harmonie des Hexagramms 63 „Nach der Vollendung" entspricht).*

Läßt man die Linienkonstellation auf die bewußtseinsprägenden Bereiche Bezug nehmen, dann geht es hier um das Einnehmen eines verpflichtenden Standpunktes und nicht, wie bis jetzt trügerisch praktiziert, um eine Ich-lose Verstellungstaktik, nach der man je nach Tendenz zu schauspielern versteht. Anstatt die Problematik weiterhin durcheinanderzumischen, sollte man sich die Eigenschaften und Auswirkungen der einzelnen Energiebereiche bewußt machen. Denn immerhin soll ja ein dauerhaftes und korrekt strukturiertes „Ich" geschaffen werden, das sich endgültig seiner Trugschlüsse entledigt.

Eine weitere bildhafte Erklärung nimmt Bezug auf das Zusammenwirken der beiden Trigramme. Im Innern ist das abgründige und tiefe Prinzip der Seele wirksam, nach außen herrscht der analytische und vernunftorientierte Aspekt des Denkens. Die Seele als Bereich des Schicksals ist der Funktion des Denkens unterworfen, was der natürlichen Kräftehierarchie entgegenwirkt. Beide trennen sich, d. h., sie streben auseinander. Obwohl sie sich bereits gegenseitig durchdrungen haben *(UKT/OKT)*, sind sie noch nicht in sichtbarer Harmonie *(die korrekt angeordneten Farben des Regenbogens)*. Dazu bedarf es der starken Kräfte der Erneuerung, die den ewigen Kreislauf der Wandlung aufrechterhalten und das Unvollendete zu neuem, schöpferischem Anfang bringen *(Hexagramm 1).*

Linie 1 *Solange Sie „im Nebel" stehen, sollten Sie sich zurückhalten*

Um verwirrende Situationen zu klären, bedarf es der Einsicht in die Hintergründe und Ursachen der Lage sowie der Erfahrung des Vorgehens. Nichts von alledem ist bei Ihnen der Fall, und trotzdem sind Sie versucht, den halbseidenen Umständen den Kampf anzusagen. Eine gefährliche Begeisterung, durch die Sie sich unversehens gleich zu Beginn in Schwierigkeiten bringen, deren Umfang nicht abzuschätzen ist. Solange Sie im Nebel der allgemeinen Verwirrungen stehen, sollten Sie sich zurückhalten, um sich den Mißerfolg des Danebengreifens zu ersparen. Denn alles, was Sie jetzt anzufassen versuchen, wird Ihnen wieder entgleiten, so daß Sie am Ende nichts in Händen behalten.

Linie 2 *Wer sich voreilig in Gefahren stürzt, wird mitgerissen*

Auch wenn Sie sich stark fühlen und vielleicht wissen, wie den verwirrenden Umständen ein Ende bereitet werden kann, sollten Sie sich in Ihrer aufschäumenden Dynamik bremsen, da die Zeit zum Handeln noch nicht gekommen ist. Legen Sie eine Besinnungspause ein, und benützen Sie das innere Licht der Wachsamkeit, dann können Sie selbst inmitten der größten Gefahren Ihr Ziel im Auge behalten, ohne dabei träge und nachlässig zu werden. Dieser Weg ist sicherlich eine harte Geduldsprobe, wird Sie aber in Ihrem Beschluß bestärken, im entscheidenden Moment voranzuschreiten und die Dinge zu einem erfolgreichen Ende zu bringen. Wollten Sie sich jetzt voreilig in weitere Gefahren stürzen, würden Sie von den Ereignissen mitgerissen und womöglich darin untergehen.

Linie 3 *Nutzen Sie die Hilfe tüchtiger Gehilfen, um die gefährlichen Abgründe sicher zu überwinden*

Obwohl Sie es trotz der vielen Trugschlüsse geschafft haben, Ihre Angelegenheiten provisorisch zu ordnen, steht es außerhalb Ihrer Möglichkeiten, die Gefahren, die Sie umgeben, auf diesem Wege weiterhin zu bewältigen. Ihre behelfsmäßigen Überbrückungen sind gerade gut genug, um den verwirrenden Umständen nicht ganz schutzlos ausgeliefert zu sein, bilden aber keine starke Grundlage für geordnete Verhältnisse. Wenn Sie eine Beendigung dieser provisorischen Zeiten herbeiführen wollen, dann sollten Sie sich einen neuen Anfang schaffen. Indem Sie zunächst die alten Fehler korrigieren und dann mit Hilfe tüchtiger Gehilfen stabile Brücken bauen, können Sie die Abgründe sicher überqueren und Ihrem Ziel erheblich näher kommen.

Unter den „stabilen Brücken" sind die korrekten Grundsätze oder stabilen Grundlagen jeder erfolgreichen Unternehmung zu verstehen, die Gehilfen sind Menschen oder Ideen, von denen man sich beraten oder beeinflussen läßt, um problembewußter zu werden und danach neu zu entscheiden.

Linie 4 *Mobilisieren Sie alle Kräfte, um die verdrehten Verhältnisse endgültig zu korrigieren*

Der Moment ist gekommen, den Zeiten der Unordnung ein Ende zu bereiten. Im vollen Bewußtsein der Gefahren gilt es nun, durch beherztes und wenn nötig energisches Vorgehen das dämonische Teufelsland des Zerfalls zu erobern und unter seine Kontrolle zu bringen. Es ist ein heißer Kampf, den man führt, der nur dadurch zu gewinnen ist, daß jegliche Zweifel an der Wende zum Besseren nun schweigen. Rückfälle dürfen nicht mehr geduldet werden, denn nur so kann man die Grundlagen neuer und lichtvoller Ordnungen schaffen.

Das Teufelsland, wie die Texte des I Ging sich ausdrücken, bezeichnet die jenseitigen Spähren, das Geisterland der Vorfahren, also okkulte Kräfte oder karmische Belastungen, derer man habhaft werden muß, um ihren Einfluß endgültig zu erschüttern und zu unterbrechen. Dies erfordert unnachgiebigen Mut und Entschlossenheit, damit die unklaren und verdrehten Verhältnisse endgültig korrigiert und ins richtige Licht gesetzt werden können.

Linie 5 *Die Kraft der Beständigkeit beginnt ihre Wirkungen zu zeigen*

Der Kampf, den man geführt hat, um den verwirrenden Verhältnissen ein Ende zu setzen, ist erfolgreich gewesen. Durch die Kraft der inneren Klarheit und Beständigkeit hat man es geschafft, aus den Nebelfeldern des Zerfalls herauszufinden. Das Ende der Gefahren ist erreicht, und man tritt hinaus in das Licht einer neuen und strahlenden Zeit. Trug und Täuschung liegen hinter einem, so daß die Kräfte, nachdem sie entwirrt sind, nun neu verbunden werden können. Durch die Ausstrahlung der eigenen Persönlichkeit angezogen, sammeln sich die Menschen um einen und lassen sich führen, so daß man gemeinsam großen und erfolgreichen Zeiten entgegenschreiten kann. Doch trotz der glücklichen Umstände heißt es, korrekt und standhaft die neue Richtung beizubehalten und nicht zurückzuschauen.

Obwohl hier eine Persönlichkeit gezeigt wird, deren Natur eher nachgiebig ist *(schwache Linie)*, wird sie doch durch Umstände begünstigt, die ihr einen strahlenden Charakter verleihen. Zum einen ist hier das Zentrum des oberen Trigramms Feuer erreicht, zum andern die Schlucht abgründiger Gefahren überschritten *(OKT Wasser)*. Das innere Hexagramm, das aus dem unteren Kerntrigramm Feuer und dem oberen Kerntrigramm Wasser besteht, ist das Hexagramm 63 „Nach der Vollendung“, das hier seine Wirkung zu zeigen beginnt. Wie die Sonne nach einem reinigenden Regen klar und hell erstrahlt, so ist es auch mit dem Licht eines Edlen, der nach langen und abgründigen Verstrickungen im Netz seiner unbewußten Strukturen endlich die seelische Befreiung vollzogen hat und jetzt als Vorbild für andere einer neuen und schöpferischen Zeit entgegensehen kann.

Linie 6 *Bewahren Sie trotz der feucht-fröhlichen Stimmung einen klaren Kopf*

Voller Vertrauen auf die kommende neue Zeit *(schöpferischer Neubeginn)*, verbringt man die Zeit des Wartens in fröhlicher und festlicher Stimmung mit seinen Freunden. Dies ist in Anbetracht der kurz zuvor stehenden Wendung zu neuen Verhältnissen durchaus korrekt. Verliert man aber das rechte Maß, d. h. seine Selbstdisziplin, und unterliegt der Versuchung, erneut mit der Gefahr der ganzen Situation zu spielen, käme man *(kurz vor der Vollendung)* mit seinem Kopf ins Wasser und würde die gewonnene Aussicht auf eine neue Ordnung unbedacht verlieren.

Da es sich hier um die letzte Linie des Hexagramms handelt, bevor eine neue Zeit anbricht *(Hexagramm 1, Das Schöpferische)*, darf man sich zwar des Erreichten freuen, jedoch dabei nicht vergessen, daß es sich, wenn auch aussichtsvoll, immer noch um eine Teillösung handelt. Deshalb darf man keinen Vertrauensmißbrauch betreiben, indem man unüberlegte und rasche Versprechungen abgibt *(z. B. beim exzessiven Feiern, durch einen vernebelten Kopf)*. Denn neue Zeiten können nur durch den korrekten Abschluß der alten herbeigeführt werden.

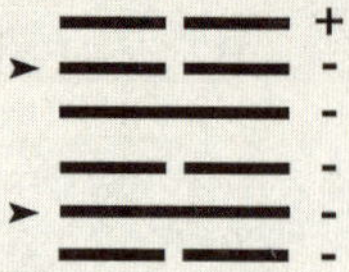

oben: **Der Donner**

das Erregende
die Aktivität
das Stirn-Chakra

DER GEIST

unten: **Das Wasser**

das Abgründige
das Geheimnisvolle
das Hals-Chakra

DIE SEELE

Charakter:

6 wachsam
5 entschlossen
4 strahlend

3 überheblich
2 geschickt
1 ausgewogen

40 Die Befreiung
Die Lösung alter Muster

Situation:

Der Donner befindet sich über dem Wasser, was dem Bild eines gewittrigen Regenschauers entspricht, der die Luft reinigt sowie alles knospende Leben von einem inneren Druck befreit und zur Entfaltung bringt.

Kommentar:

Befreiung heißt, wie durch die beiden Prinzipien deutlich gemacht, das Lösen von spannungsgeladenen Verstrickungen. Das beste Beispiel eines solchen Vorgangs liefert der natürliche Entladungsprozeß eines Gewitters. Dabei ist der auslösende Faktor die hoch elektrische Kraft, die sich im Innern des Geschehens aufgebaut hat. Wird dieser innere Druck zu groß, entlädt er sich durch eine Initialzündung *(Blitz)*, der, gefolgt von Donnerschlag, in einem reinigenden Gewitterregen endet. Dieses ganze Geschehen läßt sich, wie alle Naturerscheinungen, auf die verschiedensten Befreiungsprozesse des Menschen umsetzen.

Eine Lösung aus bedrückenden Umständen entspricht dem mehr oder weniger kurzen, aber dramatischen Entladungsvorgang eines Gewitters. Würde man diesen Befreiungsschlag unter einem Begriff zusammenfassen, so käme man zunächst auf das Prinzip des Donners, der mit seiner initiatischen Sprengkraft aus den Abgründen der Angst und Gefahren herauszuführen vermag. Was aber auf diesen Impuls folgt, ist der luftreinigende Regen, der die ganze aufgelöste Energie wieder zum Fließen bringt.

Donner und Wasser als Symbole des Geistes und der Seele, übernehmen in dieser Verbindung die sehr bedeutsame Rolle der

Befreiung von alten Strickmustern und festgefahrenen Lebensumständen. Wie im Beispiel des Gewitters angedeutet, bedarf es dazu des anreißerischen Impulses, d. h. der ausschlaggebenden Initialzündung, um die Seele *(widrige Umstände)* ihrer Fesseln zu entledigen, ja sie herauszureißen aus den gefährlichen Abgründen alter Bindungen. Es ist die geistige Kraft blitzartiger Erkenntnisse *(Geistesblitze)*, die, hervorgerufen durch das richtige Spannungsverhältnis, diesen giftigen Knoten sprengt, damit sich ihr angespannter Zustand löst. Was hier stattfindet, ist also nichts Geringeres als eine seelische Befreiung von lange aufgestautem Druck, dessen Ursache bis in karmische Beziehungsmuster zurückverfolgt werden kann. Nur ein kurzer, aber überwältigender Augenblick *(Gunst der Stunde)*, der genügt, um alle schicksalsbedingten Verflechtungen und Hemmnisse zu bereinigen. Die Seele erlebt eine geistige Neuverknüpfung, der Lebensplan wird korrigiert, alte Prägungen werden ans Licht gebracht und aufgelöst.

Sind die begangenen Verfehlungen ans Licht gebracht, dann sollen sie Vergebung finden und nicht unnötig verschleppt werden, d. h. man darf nicht aufgeregt immer weiter vorzudringen versuchen, sondern sollte zu den Normalitäten des Lebens zurückkehren. Nach all den bedrückenden Widrigkeiten kann man nun den ewig hemmenden Ballast hinter sich lassen, alten Streit und Hader beiseitelegen und sich entspannen und erholen. Doch trotz der entspannten Lage gilt es aufmerksam zu beobachten, ob nicht irgendwo noch dunkle Wolken lauern, die einen Rückschlag befürchten lassen. Dies betrifft ganz besonders die bereits erwähnten alten Verhaltensmuster, die sich nicht so ohne weiteres auflösen lassen, ja das Befreiende gar nicht so sehr lieben. Es sind die lichtscheuen Gemeinheiten *der Gier, der Unwissenheit und der Furcht*, die ihrer tiefen Verhaftung wegen nur schwer zu knacken sind.

Linie 1 *Natürliche Befreiung bedarf keiner unnötigen Worte*

Auf ganz natürliche Art und Weise, ohne weitere Komplikationen, hat sich die Lösung von Hemmnissen und laufenden Schwierigkeiten vollzogen. Als hätte die Natur den ganzen Vorgang gelenkt – und der menschliche Wille geschwiegen *(man pfuschte nicht unnötig dazwischen)* –, bedurfte es keiner unnötigen Worte, um die Befreiung zu erreichen. Diese unschuldige Lösung ist die Folge der richtigen Einstellung und Verhaltensweise gegenüber verwikkelten Situationen. Nachdem der Weg nun klar und deutlich vor einem liegt, ist es richtig, sich auszuruhen, um neue Kräfte zu sammeln und die bereinigten Verhältnisse zu stabilisieren.

Linie 2 *Wenn es Ihnen gelingt, die „falschen Füchse" dingfest zu machen, wird sich die Situation entspannen*

Es gilt, die „listigen oder falschen Füchse" ausfindig zu machen und zu erlegen, die als lichtscheue Schmeichler ihr abgründiges Unwesen treiben und das öffentliche Leben negativ beeinflussen. Dabei muß man sein ganzes Talent und Geschick aufwenden, damit man sie durch umsichtiges und gezieltes Vorgehen ans Licht bringen und dingfest machen kann. Damit befreit man nicht nur sich selbst, sondern auch die anderen von einem großen Druck und verdient sich ein hohes Lob.

Die „listigen Füchse", von denen die Texte sprechen, sind dem unteren Trigramm Wasser sowie dem unteren Kerntrigramm Feuer und der zweiten Linie, den öffentlichen Belangen, entnommen. Sie bezeichnen die charakterlichen Schwächen der Unwissenheit, der Gier und der Angst, die als hinterlistige Gemeine Unfrieden und Verstrickungen in die menschlichen Beziehungen bringen. Der „gelbe Pfeil", wie die Texte sagen, deutet auf das ausgewogene und zielgerichtete Vorgehen, damit man den tückischen Hemmnissen mit innerer Festigkeit geradeheraus begegnen und „blitzschnell" reagieren kann.

Diese Vorgehensweise kann sich sowohl auf die Lösung verzwickter Fälle in den gesellschaftlichen Bereichen beziehen, aber auch auf das Unbewußte der Person, das durch ein solch gezieltes Vorgehen zumindest vorübergehend von Zwangsvorstellungen *(getrübter Blick des UKT Feuer)* oder vielerlei Triebgefahren befreit werden kann.

Linie 3 *Wer als einfacher Lastenträger im protzigen Wagen fährt, der zieht die Blicke von Räubern auf sich*

Die hier gezeigte Person hat es zwar geschafft, aus ärmlichen und bedrückenden Verhältnissen herauszukommen, ist aber dennoch in ihrem Wesen ein schwacher und beeinflußbarer Charakter geblieben. Aufgrund des Mangels an persönlicher Ausstrahlung fällt es ihm schwer, seine neue Situation entsprechend stilecht zu vertreten. Er versucht sich deshalb ins Licht zu drängen und nach außen hin etwas vorzugeben, was er gar nicht ist. Dadurch zieht er Neider an, die sich seines Besitzes bemächtigen wollen, da sie spüren, ein leichtes Spiel mit ihm zu haben. Wer sich auf diese Weise unrechtmäßig produziert, wird sich demütigenden Angriffen ausliefern und zudem materiellen Schaden erleiden.

Dieses Situationsbild gleicht dem typischen Verhalten eines unterprivilegierten Emporkömmlings oder Neureichen, der an hochmütiger Selbsteinschätzung leidet, da er es den andern „zeigen will". Von seinem Wesen her ein einfacher „Lastenträger" *(Arbeiter)*, präsentiert er sich dennoch in einem protzigen Wagen *(nach außen, durch hochmütiges und protziges Auftreten),* was überhaupt nicht zu ihm paßt; d. h. er will als etwas scheinen, was er gar nicht ist. Als zudem schwacher Charakter *(dritte Linie)* zieht sein aufgeblasener Schatten die Blicke von Räubern auf sich, die es darauf anlegen, sich seines unangemessenen Standards zu bemächtigen. Langsam müßte er verstehen, daß noch viele Mißstände zu korrigieren sind *(Falschheit, Verschlagenheit, Bestechlichkeit)*, bevor er sich auf ein solch hohes Roß *(dickes Auto, starkes Gebahren)* zu schwingen vermag. Bis dahin wäre es angemessener, ein ehrenhafter Lastenträger, *(Mitarbeiter, Angestellter, Arbeiter)* zu bleiben, als zum dekadenten Hochstapler *(Angeber)* zu avancieren.

Linie 4 *Befreien Sie sich von heuchlerischen Mitläufern*

Inmitten von Gefahren verschiedenster Art ist diese leuchtende Persönlichkeit den Übergriffen heuchlerischer Mitläufer ausgesetzt, die sich an sie anzuhängen versuchen, um so mit der Zeit so unentbehrlich zu werden wie die Zehen am Fuß. Will man aber das Vertrauen gleichgesinnter Menschen gewinnen, dann muß man sich von solchen Parasiten befreien, indem man klar zum Ausdruck bringt, daß sie endlich ihre Hände von einem lassen sollen. Denn wenn die Zeiten nahen, in denen man den allgemeinen Komplikationen ein Ende bereiten kann, sind diese undurchsichtigen Nutznießer nur hinderlich, zumal man innerlich sowieso nichts mit ihnen zu tun hat.

Linie 5 *Wenn Sie im Innern entschlossen bleiben, ziehen sich die Gemeinen von alleine zurück*

Man befindet sich im erregenden Aufwind einer initiatischen Entfaltungskraft, die endgültig aus allem Minderwertigen und Hemmenden befreien kann. Da man innerlich fest entschlossen ist, sich von allen Mißständen zu lösen, erkennen die von Falschheit und Gemeinheiten durchsetzten Niederen, daß eine weitere Kontaktaufnahme keinen Sinn mehr macht. Außerdem werden sie durch die dynamische Kraftwirkung, die von einem ausgeht, völlig in den Hintergrund gedrängt, so daß sie sich schließlich von ganz alleine zurückziehen. Indem man eine Lösung des Konfliktes nicht gewaltsam erzwingt, sondern die Zeit für sich arbeiten läßt, gewinnt man im höheren Sinne an positivem Zuspruch. Gleichgesinnte finden Vertrauen in die positive, befreiende Lebensrichtung, der man nun folgt und zollen einem die verdiente Anerkennung, so daß man seine einflußreiche Stellung festigen kann.

Linie 6 *Erlegt man den Habicht auf hoher Mauer, ist man befreit*

Trat bei Linie drei das Räuberische, Gefährliche von hinten in den Lichtschatten des Eitlen, so kommt es hier in Form des Habichts von oben. Er ist das Sinnbild eines mächtigen Gemeinen an hoher Stelle und symbolisiert das allerletzte, aber tückischste Hemmnis, das die endgültige Befreiung zu verhindern sucht *(geistige Entartungen, Dekadenz)*. Obwohl die Befreiung von alten Knoten und Verstrickungen sich hier bereits dem Ende genähert hat, könnte dieses Übel noch lange Schaden anrichten und die endgültige Lösung verhindern. Da es sich also um einen hartnäckigen Widersacher handelt, gilt es, durch eine sorgfältig geplante Tat zur rechten Zeit und mit den entsprechenden Mitteln, gegen diesen vorzugehen. Ist dieser Augenblick gekommen, dann wird es gelingen, diesen linkischen Gemeinen mit einem Schlag zu beseitigen und ungehindert voranzuschreiten.

Wenn man sich einem entflohenen Habicht nähern will, dessen räuberischer Trieb jede Bewegung registriert, dann gilt es zum einen, die rechten Mittel einzusetzen, um seiner habhaft zu werden, und zum andern, den geeigneten Zeitpunkt durch äußerste Wachsamkeit abzuwarten. Zeigt er sich frech und unbeobachtet auf einer Mauer sitzend, dann ist die Möglichkeit gekommen, ihn mit einer gezielten Tat zu fangen.

Dies ist auch der Weg, auf dem man gegen machtvolle Gemeine vorgeht, die üblen Gefallen daran finden, die endgültige Lösung von Schwierigkeiten immer wieder zu verhindern. Im öffentlichen Leben begegnen sie uns zum einen in der Person des hartnäckigen Günstlings, der es verstand, sich über lange Zeit hinweg unentbehrlich zu machen, und zum andern in der Gestalt eines protegierten Dummkopfs, der die dynamische Entwicklung seiner Konkurrenz fürchtet *(sechste Linie = Geist, oberes Trigramm = Geist, deshalb Konkurrenz im Sinne von geistig flach und geistvoll anregend)*. Die Eigensinnige Art, mit der sie ihren Einfluß hartnäckig unter Beweis zu stellen versuchen, ist ein Ärgernis für alle Betroffenen. Da aber die Weichen allgemein auf Befreiung von Knechtschaft aller Art gestellt sind, ist deren Sturz vom hohen Sockel *(Mauer)* nur noch eine Frage des richtigen Augenblicks. Ist dieser letzte Widerstand aufgelöst, dann läßt sich der Fortschritt ungehindert und glaubhaft gestalten.

59 Die Auflösung
Die Wiedereingliederung

Situation:

Der Wind weht über das Wasser und bringt es zum Aufschäumen. Im aufstiebenden Wellenspiel vermischt es sich mit Luft und wird zu Wasserstaub, der sich zerstreut. Mit Energie angereichert, vereinigt es sich wieder mit seinem Ursprung. Das Sanfte durchdringt das gefährlich Dunkle, löst es auf und belebt es neu.

Kommentar:

Durch die Einwirkung des Windes auf das Wasser wird eine Energieanreicherung durch Auflösung angedeutet, in deren Folge Wasserstaub entsteht, der sich in aufgeladener Form wieder sammelt und vereinigt. Ein anderes Beispiel, was den natürlichen Sinn des Hexagramms erklärt, sind die lauen Winde im Frühling, die das Eis in den Flüssen aufzulösen oder zu wandeln vermögen und damit eine Wiedervereinigung des Wassers herbeiführen. Durch Zerstreuung des Erstarrten werden trennende Abgründe aufgetaut und die Wege zu neuer Gemeinsamkeit geschaffen.

Setzt man diesen Vorgang auf die menschlichen Bewußtseinsbereiche um, so läßt sich daraus die Mobilmachung angestauter und komplexhafter Probleme durch Entgiftung ableiten. Das heilende Instrument das diese Stauungen oder Erstarrungen zu zerstreuen vermag, ist die spirituelle Kraft des oberen Trigramms Wind. Er ist das Schiff, mit dem man die stürmischen Gewässer durchqueren kann *(Wind/Holz)* oder, anders ausgedrückt, in die geheimnisvollen Abgründe der Seele einzudringen vermag und diese sanft berührt.

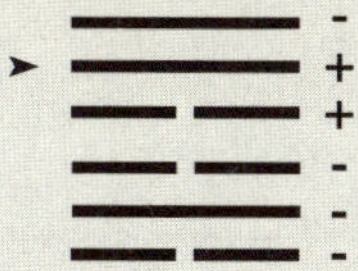

oben: **Der Wind**

das Sanfte
die Energie
das Wurzel-Chakra

DAS EMPFINDEN

unten: **Das Wasser**

das Abgründige
das Geheimnisvolle
das Hals-Chakra

DIE SEELE

Charakter:

6 geistig beweglich
5 weise
4 unabhängig

3 selbstlos
2 entschlossen
1 mutig

Seine Musik ist die sanfte Schwingung hoher Energien *(religiöse Feiern, ergreifende Meditationserlebnisse)* die die Herzen der Menschen berührt und ihre Seelen von Egoismus und Entfremdung entgiftet. Deshalb muß auch der Edle, der sich der Beseitigung solcher Mißstände widmet, dem Hexagramm gleich wie eine Brücke sein, die den trennenden Abgrund überspannt *(UKT Donner, OKT Wind = Holz)*, damit die Menschen dem Bewußtsein ihres gemeinsamen Ursprunges wieder nahegebracht werden können. In seinem Auftreten sanft, ist er doch im Innern vital und von beharrlichem Engagement, was ihn befähigt, den Willen auf gemeinsame Ziele auszurichten. Durch diese alles durchdringende Kraft neuer und höherer Ideale beseelt, schließen sich die trennenden Abgründe, und die Mauer fällt *(als sinnbildliches Beispiel kann der Fall der Berliner Mauer angesehen werden)*. Aufgelöst und im Herzen erschüttert von der heiligen Macht dieser Schicksalsstunde, finden die Menschen zusammen, und alle Entfremdung löst sich in der versöhnlichen Wiedervereinigung.

Dem Ursprung nach wird im Hexagramm 59 die Auflösung egoistischer und entfremdender Tendenzen durch die Kraft des gemeinsamen „Gottesdienstes" beschrieben. Diese Schwingungen oder „ergreifenden Schauer", die, durch dieses Ritual erzeugt, die Herzen berühren, sind zu vergleichen mit einem therapeutischen Werkzeug *(der Edle)*, das die Macht besitzt, den Patienten *(die Seele)* zu heilen. Das Werkzeug dieser Heilung ist die Kraft der Schwingung, die das Trennende zerstreut und zur Wiedervereinigung mit dem gemeinsamen Ursprung bringt. Alles Schicksalhafte taut auf, der seelische Spannungsbogen erweitert sich, der Kontakt mit den positiven Kräften ist wieder hergestellt. Die zuvor erstarrte seelische Energie ist nun für anderes freigesetzt, das ständige Kreisen um die kleine, egozentrische Insel der Fixierungen hört auf. Es beginnt die Resozialisierung oder Wiedereingliederung in das neugewonnene Leben.

Linie 1 *Lösen Sie alle egoistischen Tendenzen, ehe Sie sich weiter vertiefen*

Noch ehe die trennenden Gräben egoistischer Tendenzen sich weiter vertiefen, ist es günstig, diese aufzulösen, denn noch hat sich das komplexhaft Störende nicht verhärtet. Ist die große Überschwemmung erst hereingebrochen, dann ist es sinnlos, die aufgezogenen Gewitterwolken zu zerstreuen oder das Ufer zu verstärken. Zögern Sie nicht, jede erdenkliche Hilfe anzunehmen, um streithafte Blockaden, die zu gegenseitigen Mißverständnissen führen, von vorneherein zu überwinden. Alles widerspenstig Verdrängte läßt sich am besten dann überwinden, wenn es noch keine Eigendynamik entwickelt hat. Wenn Sie auf diese Weise vorgehen, können Sie schlimme Folgen vermeiden und werden erfolgreich sein. Die Texte sprechen von der „Macht eines Pferdes", dessen Hilfe man sich bedienen soll, und meinen damit die Linie zwei, die, im unteren Kerntrigramm Donner, Aktivität, Flexibilität und umsichtige Freunde bezeichnet.

Linie 2 *Korrigieren Sie Ihre verstockten Verhaltensweisen durch höhere Einsichten*

Hier ist das Zentrum der Entfremdung, das sich als Abgrund im eigenen Inneren zeigt. Man wird mitgerissen von der mächtigen Strömung einer emotionalen Überschwemmung, die man selbst ausgelöst hat, und gerät dadurch immer mehr in Isolation. Dies ist die Folge egoistischer und verstockter Verhaltensweisen, durch die man unfähig geworden ist, die Menschen wohlwollend zu betrachten. Bemerkt man nun solche gefährlichen Tendenzen, dann muß man sich aufmachen und versuchen, diese Haltung durch eine höhere Sichtweise zu korrigieren, damit der gallige Unmut aufgelöst wird, der einen daran hindert, aktiv und freundlich auf die Menschen zuzugehen.

Da die zweite Linie ihre Unterstützung bei der fünften Linie findet, kann hier ein Verhältnis angedeutet werden, wie es zwischen einem schwierigen, aber doch willigen Patienten und seinem Psychotherapeuten besteht. Da er spürt, daß seine befremdenden Tendenzen in die Isolation führen, sucht er Rat durch eine wohlwollende Stütze *(Therapeut, höhere Einsicht)*. Durch diese heilende Verbindung kann er sein egoistisch-neurotisches Ich-Verhalten auflösen und zu neuer Gemeinschafts- und Liebesfähigkeit zurückfinden.

Linie 3 *Die Auflösung des egoistischen Ich setzt höhere Energien frei*

Das Ziel, das Sie anstreben, erfordert Ihren ganzen persönlichen Einsatz und liegt außerhalb jeglicher Ichbezogenen Interessen. Um diese große Sache zu verwirklichen, müssen Sie von vorneherein alle egozentrischen Ansprüche zerstreuen, damit die seelische Energie freigesetzt werden kann, die Sie für eine solche Aufgabe brauchen. Die Erfolge, die Sie dadurch erzielen, werden Sie im höheren Sinne erfüllen.

Hier werden die Aspekte des selbstlosen Dienens für andere *(zugunsten einer höheren Aufgabe)* zum Ausdruck gebracht. Eine schwere und hohe Aufgabe, die es erforderlich macht, daß man selbst auf alles verzichtet, was einen hindert, Hand anzulegen, um die große Sache *(die universelle Idee der Auflösung und erneuten Wiedervereinigung)* zu verwirklichen.

Linie 4 *Lösen Sie sich von jeglichem Gruppeninteresse*

Alle Bestrebungen, die sich nicht auf selbstsüchtige Interessen beziehen, sondern ganzheitliche Aufgaben zum Inhalt haben, müssen von jeglichem Gruppeninteresse gelöst und von hoher Warte aus gefestigt werden. Denn bevor man sich an die Arbeit macht, muß man sich den Überblick verschaffen, um zu sehen, wo es zu zerstreuen gilt, damit das Trennende zerbrochen und wieder neue Gemeinschaft entstehen kann. Will man also dem Gemeinwohl dauerhaft dienen, dann ist ein solch unbeeinflußter Standpunkt, außerhalb jeglicher separatistischer Einflüsse, unerläßlich.

Dieser hier gezeigte Edle ist der Fels in der Brandung *(Wasser, OKT Berg)*, der vom Winde umweht, sein „heiliges Instrument" erklingen läßt. Es ist die heilende Musik seines sanften Herzens, mit dessen Hilfe er die giftigen Abszesse der Entfremdung und der dunklen seelischen Fixierungen *(Wasser)* zu heilen versteht. Da er selbst beseelt ist *(fünfte Linie als ärztlicher Ratgeber)* und unter dem Schutz des geistigen Lichtes steht *(OKT Berg)* gelingt es ihm, die Stauungen zu lösen und die harte Nuß zu knacken *(UKT Donner, Holz)*. Der „Arzt", als Sinnbild inspirierender Ideale, sowie die Werkzeuge der Wahrhaftigkeit, der Herzlichkeit und des sozialen Engagements, bilden das Konzept, das eine Resozialisierung des Trennenden nach dessen Auflösung ermöglicht *(Wiedereingliederung)*.

Linie 5 *Die Macht höherer Schwingung erzeugt eine vermittelnde Gemütsstimmung*

Wie das Schwitzen die kräftezehrende Auswirkung einer fiebrigen Krankheit zerbrechen kann, so ist es in Zeiten der Trennung die Macht einer bewegenden Idee, die alle Stauungen löst und die Menschen wieder miteinander vereinigt. Um dies zu erreichen, bedarf es des sanften „Herrn der Auflösung“, der erfüllt ist von wohlwollender Liebe. Da er es vermag, sein Licht von hoher Stelle aus leuchten zu lassen, kann er die tiefsitzenden Knoten erkennen, die alles in ihrem Sog zu verschlingen drohen. Durch Gewalt läßt sich hier nichts verändern, und so wählt er den Weg, durch höhere Schwingungen eine vermittelnde Gemütsstimmung zu erzeugen, mit deren Hilfe alle Stockungen aufgelöst werden können. Die Volksseele wird berührt, zum Aufschäumen gebracht und neu bereichert. Endlich spricht man wieder miteinander und vereinigt sich schließlich zu gemeinsamer Arbeit.

Durch das heilende Schwitzen wird die Entgiftung des Kranken angedeutet *(Wind/Wasser-Einwirkung)*. Der „sanfte Herr der Auflösung" bezeichnet das obere Trigramm Wind und die fünfte, starke Linie der kreativen Autorität. Das „Licht von hoher Stelle" wiederum nimmt Bezug auf die obere, starke Linie des Kerntrigramms Berg. Durch die „höhere Schwingung", die dieser erzeugt, wird neben den spirituell bewegenden Einwirkungen auch die Wirkung der chinesischen Geomantie „Feng Shui" *(Wind und Wasser)* zum Ausdruck gebracht, die auf der Energieebene den Lebens- und Wirkraum des Menschen positiv beeinflußt, indem sie Negativ-Schwingungen auflöst *(die fünfte Linie als Arzt, Psychotherapeut, Magier oder Feng-Shui-Meister)*.

6. Linie *Entziehen Sie sich allen angstverursachenden Bedrohungen*

Sie sind permanent vorhandenen Gefahren ausgesetzt, die Sie zwar nicht unmittelbar berühren, aber dennoch latent auf der Lauer liegen. Vermeiden Sie alles, was zu einer direkten Auseinandersetzung mit diesen angstverursachenden Bedrohungen führt, wenn nötig, lösen Sie sich in Luft auf, indem Sie sich der Sache ganz einfach entziehen. Probleme auf diese Weise zu umgehen, ist ein Ratschlag, den Sie nicht nur zum Schutz der eigenen Person anwenden dürfen, sondern auch zum Wohl der Ihnen nahestehenden Menschen, denen Sie dies vermitteln müssen. Helfen Sie, ihnen drohende Gefahren aufzuzeigen, sich zu retten, bevor sie davon überschwemmt werden, und sie aufzulösen, falls sie bereits davon ergriffen sind. Da Sie ein hohes Verständnis der Sachlage haben und gleichzeitig sehr beweglich sind, können Sie erfolgreich dazu beitragen, Schwierigkeiten zu verhindern oder, wenn nötig, geschickt zu zerstreuen.

Diese hier gezeigte Person ist selbst von entfernten Gefahren unterschwellig bedroht *(dritte Linie des unteren Trigramms Wasser, Verletzungen der Person)*. Da sie jedoch eine schnelle Auffassungsgabe besitzt *(geistige Leuchte)* und dazu höchst beweglich ist *(Wind)*, wird sie ihre hohen Fähigkeiten dazu nutzen, nicht nur das persönliche Leben von solcherlei Gefahren fernzuhalten oder sanft herauszulösen, sondern auch den anderen Wege und Lösungsmöglichkeiten aufzeigen, diese zu vermeiden.

29 Das Abgründige
Das Geheimnisvolle

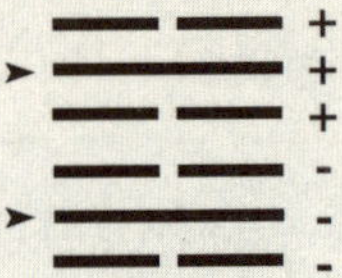

oben: **Das Wasser**

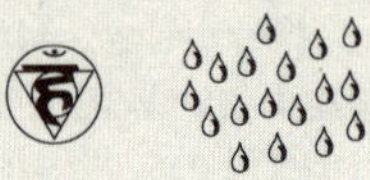

das Abgründige
das Geheimnisvolle
das Hals-Chakra

DIE SEELE

unten: **Das Wasser**

das Abgründige
das Geheimnisvolle
das Hals-Chakra

DIE SEELE

Charakter:

6 eigensinnig
5 weise
4 ehrlich

3 beständig
2 unruhig
1 abgestumpft

Situation:

Abgrund über Abgrund, so die Bedeutung des Doppelzeichens Wasser, das sich auf die Schluchten bezieht, durch die sich der Wildbach, von oben gespeist, dem Meer entgegen bewegt. Dabei überwindet er jedes Hindernis durch Überfließen oder Umfließen und strebt in dauernder Beständigkeit seinem großen Ziel entgegen.

Kommentar:

Im übertragenen Sinne symbolisiert das Hexagramm 29 gefahrvolle Schluchten oder Abgründe, in denen man sich befindet und aus denen man herauskommen kann, wenn man sich wie das Wasser verhält. Es sind die zwei starken Yang-Striche, die das von Felswänden oder hohen Ufern umgebene Flußbett darstellen, in dem sich das Wasser bewegt. Auf den Menschen bezogen stellt es die im Körper eingeschlossene Seele dar, die, einem Wildbach gleich, die Abgründe des Lebens durchfließt. In der Verdoppelung des Trigramms Wasser, herrscht sowohl von außen *(oben)* als auch von innen *(unten)* eine Dominanz des abgründig-seelischen Prinzips vor. Die gefährliche Situation seelischer Überladung ist eingetreten, aus der kein klarer Gedanke mehr analytisch, befreiend heraushelfen kann, da die Felswände zu hoch oder die Ufer zu schlammig sind, um über sie das Wasser zu verlassen. Wollte man dennoch versuchen, sich über das schlammige Ufer zu retten oder sich an den schroffen Felswänden festzuklammern, würde man sich um so mehr in der gefährlichen Lage verstricken.

Die einzig rettende Tätigkeit in einer solch gefahrvollen Situation ist die Beständigkeit des eigenen Wesens. Nur durch diese Kraft kann es gelingen, Herr der schwierigen Situation zu werden. Gefahren über Gefahren, oder wie man im Volksmund sagt: „Vom Regen in die Traufe", das darf kein Dauerzustand sein. Denn nimmt man das Hexagramm sinngemäß, so käme dies gefährlicher Verwegenheit nahe, die irgendwann unweigerlich zum Verhängnis wird. Deshalb gilt es, sich ihr zu stellen und ohne Gewaltakte, allein durch das richtige Verhalten, herauszukommen. Folgt man dem Beispiel des Wassers, so ist es seine Wesensart, die es zu verinnerlichen gilt. Vital und unbeugsam und doch anpassend, füllt es langsam jede Höhlung aus, bis das Hindernis überflossen wird. Sein Herz ist die Treue und Beharrlichkeit, mit der es sein Ziel verfolgt. Was auch immer seinen Fluß behindert, es findet einen Weg darüber hinweg, weil es seinem Wesen entspricht, daß nicht anders kann als zu fließen.

Wer vor Angst erstarrt, der blockiert seine eigenen Möglichkeiten, weil er *(unbewußt)* die Überwindung dessen verhindert, was ihm diese Angst einflößt. Anstatt die Mißstände zu bereinigen, verharrt man in der Gefahr und verstrickt sich immer mehr in ihr. Seelische Stauungen, die sich in verschiedenen Komplexen äußern, sind die Folge. Der innere Druck steigt und richtet sich gegen einen selbst. Die Beziehungen nach außen werden unberechenbar und abgestanden. Man wird mißtrauisch, kapselt sich ab und nimmt die Umwelt nur noch entfernt als etwas Bedrohliches wahr. Die Angst wird stärker und löst, da sie ja überwunden werden soll, Wiederholungszwänge aus, die immer wieder in gefahrvolle Situationen führen. Man fühlt sich eingeschlossen und beengt und verliert jegliches Interesse an Menschen und Dingen. Die Seele *(das Wasser)* ist ihrem Wesen beraubt und muß durch eine Überschwemmung, ausgelöst durch den inneren Druck, wieder zum Fließen gebracht werden.

Immer und überall hält uns die Natur auf beeindruckende Art und Weise vor Augen, welches Verhalten für welchen Umstand das geeignete ist. Im Beispiel der gefahrvollen Auseinandersetzungen und seelischen Konflikte zeigt uns das Wesen des Wassers in seiner gesamten Struktur, was der Weg zur Überwindung solcher Hindernisse ist. Im Geiste und im Herzen ist es seinem Wesen treu und verfolgt mit Beharrlichkeit sein großes Ziel. Gleichzeitig steht es für das kreativ-kommunizierende Prinzip, das durch beständiges Wiederholen *(Lehren und Lernen in Form des Speicherns)* im Fluß gehalten wird. Man lernt das Wesen der Gefahren kennen, indem man die eigenen seelischen Hindernisse aufarbeitet und überwindet. Denn Seelenenergie muß fließen, damit man seinem Selbst gemäß, als Seele von Mensch dem Leben begegnen kann.

Linie 1 *Sich an Gefahren zu gewöhnen verdoppelt die Gefahr*

Ist man lange Zeit mit unberechenbaren Situationen konfrontiert, gewöhnt man sich daran, ja verinnerlicht diese sogar. Man befindet sich also nicht nur äußerlich am Rande des Abgrunds, sondern wird auch im Kern des eigenen Wesens davon beeinflußt. Dabei überläßt man immer mehr den negativen Kräften die Führung, so daß die Lage sich zusehends verschlimmert, wollte man auf diesen unsicheren Wegen weiterschreiten. Zu schwach, um diese Abgründe zu durchschauen, wäre es angebracht stehenzubleiben und einen günstigeren Zeitpunkt abzuwarten.

Der gefährliche Sumpf anhaltender Widrigkeiten, hat auf das eigene Wesen abgefärbt. Dies ist die Folge einer Charakterschwäche *(erste Linie, Beeinflußbarkeit, fehlendes Urvertrauen, willensschwach)*, die sich auch durch das „soziale Gewissen" *(vierte Linie, Herz)* nicht ausgleichen läßt, da dieses selbst im Sumpf steckt, d. h. durch Gewohnheiten abgestumpft ist. Zu weit klaffen die Abgründe auseinander *(erste bis vierte Linie)*, so daß eine helfende Hand *(vierte Linie, soziale Stütze der Gesellschaft)* nicht gereicht werden kann. Durch Weiterschreiten auf diesem Weg gerät man vollends in den drohenden Abgrund *(zweite Linie)* und entfernt sich immer mehr von den positiven Kräften. Der dauernde Kontakt mit bedrohlichen Umständen macht das Wesen gewöhnlich, so daß man die gesunde Geistesgegenwart verliert *(UKT Donner)*, um entsprechend zu reagieren, wenn es darauf ankommt.

Linie 2 *Versuchen Sie sich mit kleinen Bemühungen über Wasser zu halten*

Wenn man sich inmitten einer Gefahr befindet, ist man geneigt, sich mit energischen Methoden daraus zu befreien. Jedoch ist diese hier vorherrschende Schwierigkeit zu überwältigend, als daß man sie mit einem kühnen Streich überwinden könnte. Zu hoch sind die steilen Wände des Abgrunds, der Handlungsspielraum ist eingeschränkt und der Blickwinkel getrübt. Unter diesen Umständen ist es von Vorteil, sich ruhig zu halten und darauf bedacht zu sein, sich durch kleine Bemühungen über Wasser zu halten. Größere Erfolge sind unter diesen Umständen ganz unmöglich.

Betrachtet man das ganze Zeichen, so erkennt man, daß außer dem ersten Abgrund *(Linie 1)* weitere Gefahren vor einem liegen

(OT Wasser). Und obwohl man den moralischen Antrieb verspürt *(UKT Donner),* diese unter allen Umständen zu durchdringen, ist es angebracht sich zurückzuhalten *(OKT Berg)* und seine Kräfte zu schonen, damit man die ganze Palette der Widrigkeiten überstehen kann.

Linie 3 *Vertrauen Sie der inneren Gewißheit, daß sich ein Ausweg zeigen wird*

Egal wohin man sich wendet, ob nach vorne oder nach hinten, und selbst wenn man stehenbleibt, sieht man sich von abgründigen Gefahren gefangen. Nichts als Hinterhalt und Tücke umgeben einen, und kaum ist man dem direkten Zugriff einer Gefahr entronnen, lauert schon die nächste, in deren Abgrund man zu stürzen droht. Auch wenn dies kein einfach auszuführender Ratschlag ist, so gilt es doch, in innerer Beständigkeit zu verharren und nicht zu handeln, bis sich die Lage von alleine beruhigt.

Ein anderes Bild dieser äußerst üblen Lage: mitten im angespülten Schlamm zweier Flüsse *(Schwemmland, Sumpf),* die bedrohlich über die Ufer gestiegen sind, muß er untätig verharren. Geht er zurück, gerät er in das reißende Wasser, geht er nach vorne, gerät er noch tiefer in den Schlamm, und selbst wenn er sich aus diesem herausziehen könnte, käme er erneut an das immer noch wilde Gewässer des Flusses.

Auf die eigene Person bezogen, deutet dieses „Gar-nichts-mehr-tun-Können" darauf hin, daß die vitalen und emotionalen Reserven aufgebraucht sind *(dritte Linie ist zu schwach, was soviel bedeutet wie Handlungsunfähigkeit durch neurotische Verstrickungen, Blokkaden oder gestörte Lebensmotivation),* Der Verlust der Vitalkräfte kommt durch die fast unerträglichen Belastungen der Lage, in der man sich befindet *(UT Wasser in Verbindung mit UKT Donner).* Eines kommt zum anderen, und letztendlich kann man nichts anderes tun, als an der inneren Gewißheit festzuhalten, daß sich eine Möglichkeit zeigen wird, aus diesem Sumpf herauszukommen.

Linie 4 *Wenn Sie an einsichtiger Stelle mit Ihrer Aufklärungsarbeit beginnen, erringen Sie mühelos Erfolge*

Man ist in der Lage, auf direkte und unkomplizierte Weise einem hochstehenden Edlen, der selbst inmitten der Gefahren steckt, hilfreich die Hand zu reichen. Alle in regulären Zeiten anfallenden Formalitäten einer solchen gegenseitigen Annäherung entfallen. Was zählt, ist die wahrhaftige Gesinnung des Herzens, mit der man sich an der gegenseitigen Rettungsaktion beteiligt. Selbst zu schwach, um alleine aus den Widrigkeiten herauszukommen, wird man doch von ehrlichen Absichten getragen und erfährt durch die Hilfestellung, die man leistet, eine große Bestärkung. Da man die geistige Klarheit besitzt, um sich mit der Situation entsprechend auseinanderzusetzen, kann man durch beständige und treue Aufklärungshilfe das Selbstvertrauen des Edlen wieder stärken. Indem man so bei der einsichtigsten Stelle mit seiner Aufklärungsarbeit beginnt, erlangt man moralisch stabile Erfolge und kann von da aus zielgerichtet weitergehen.

Der hochstehende Edle bezieht sich auf die fünfte Linie *(oberste Linie des OKT Berg sowie mittlere Linie OT Wasser)*, die sowohl den kreativ-seelischen Aspekt bezeichnet als auch das innere Licht der Weisheit. Die gemeinsame Rettungsaktion zeigt die Verbindung von Herz *(das sich bereits aus dem gröbsten Sumpf gelöst hat)* und Seele *(die noch mitten im Abgrund der Gefahren steckt)*. Zeigt man in Zeiten großer Gefahren herzliche Anteilnahme und Bereitschaft, aktiv und ohne große Formalitäten zu helfen, wo die Hilfe gebraucht wird, so hilft man auch sich selbst und kann ohne moralische Verirrungen aus dem Schlamm herauskommen und weiterschreiten.

Linie 5 *Gehen Sie bei der Bewältigung von Problemen nicht über das Notwendige hinaus*

Seien Sie bei der Bewältigung Ihrer Probleme zwar gründlich, aber immerzu darauf bedacht, nicht über das Notwendige hinauszugehen. Denn wer in gefahrvollen Zeiten ehrgeizig das nötige Maß überschreitet, der setzt sich zusätzlichen Gefahren aus. Wie das Wasser einer natürlichen Gesetzmäßigkeit folgend nur so weit ansteigt, bis das Hindernis überwunden werden kann, so nutzt auch der Edle seine moralische Kraft und Beständigkeit, um langsam wie das Wasser bis zum äußersten Rand der Gefahr emporzusteigen und unbehindert darüber hinwegzufließen. Was will man mehr, als ganz unauffällig und leicht aus dem bedrohlichen Abgrund herauszukommen. Darüber hinaus ist in dieser Lage nichts zu erreichen.

Trotz seines im Inneren beständigen und geistvollen Wesens, hat dieser viele Mühen und Plagen, da der seelische Druck *(Wasser/Donner)* groß ist. Sein geistiges Licht, das ihn von all den Gemeinen unterscheidet, leuchtet im Verborgenen, und da es seine Lage nicht zuläßt *(er steckt mit seinen Füßen im Schlamm und wird durch unsichtbare Ketten blockiert)*, selbst aktiv mit Hand anzulegen, um die Probleme zu beseitigen, liegt seine Pflichterfüllung in der Belehrung anderer, so daß durch langsame, aber beständige Aufklärung *(Ansteigen des geistigen Niveaus)* die Gefahren überwunden werden können. Wie ein Leuchtturm in der stürmischen See weist sein Licht den Weg, damit nicht in der allgemeinen Verwirrung noch mehr Unheil entsteht.

Innerhalb der Persönlichkeitsstruktur wird angedeutet, daß man trotz der herrschenden Problematik *(seelischer Druck)* nicht flieht, sondern versucht, alles nach und nach zu verarbeiten, um das Gestaute wieder zum Fließen zu bringen. Die triebhafte Objektbezogenheit *(Donner/Berg)*, d. h. der konfrontierende Standpunkt, den man gegenüber Gefahren einnimmt, kann zur Ich-Stärkung ausgebaut werden *(Loslassen, das Vertrauen in sein inneres Licht gewinnen, den Weg des geringsten Widerstandes wählen, Ich-Panzerung vermeiden).*

Linie 6 *Verstrickt in einer Dornenhecke kann man weder nach vorne noch zurück*

Hoffnungslos verstrickt in seine inneren Zwänge, gerät dieses verbohrte Wesen in eine Sackgasse, aus der es kein Entkommen mehr gibt. Dies ist die Folge des eigensinnigen Vorgehens, mit dem er versucht, aus der Gefahr herauszukommen. Anstatt wie andere dem bewährten Beispiel des Wassers zu folgen, das durch geduldiges Ansteigen einfach über die Hindernisse hinwegfließt, versucht dieser, auf brachiale Art und Weise über die steilen Abhänge zu entkommen. Dabei verfängt er sich in einer Dornenhecke und kann weder vor noch zurück. Wie ein Gefangener, der selbstverschuldet hinter mit Stacheldraht verwehrten Mauern sitzt, bleibt ihm nichts anderes übrig als zu warten, bis sich durch höhere Einsicht ein Ausweg findet.

„Drei Jahre" wird dieser Zustand dauern, so sagen die Texte, bis es gelingt, einen Ausweg zu finden. Das heißt, wenn das Zeichen sich zu Hexagramm 30 „Die Bewußtmachung" wandelt und man beginnt, durch übergeordnete Einsicht die Dinge zu verstehen. Oder anders ausgedrückt, man kommt heraus aus dem dualen „Ich-und-die-Umstände"-Denken, zu einem dritten Faktor, der die Sache vom Horizont aus beleuchtet.

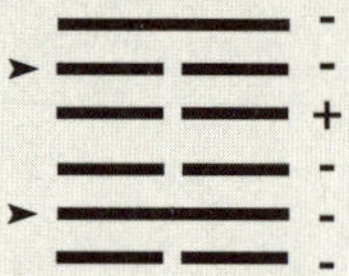

oben: **Der Berg**

das Ruhighalten
das Beharrlichkeit
das Herz-Chakra

DER KÖRPER

unten: **Das Wasser**

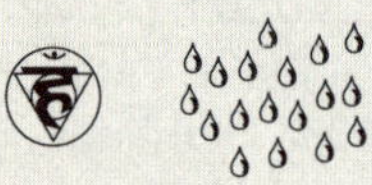

das Abgründige
das Geheimnisvolle
das Hals-Chakra

DIE SEELE

Charakter:

6 intelligent
5 aufgeschlossen
4 trotzig

3 hinterlistig
2 überlegen
1 unerfahren

4 Die Jugendtorheit

Die Unerfahrenheit

Situation:

Das Wasser befindet sich unter dem Berg und stellt damit eine frische und klare Quelle dar, die sich durch das feste Gestein ihren Weg bahnen muß. Tritt sie ins Leben, ist sie zunächst orientierungslos, füllt aber nach und nach alle tiefen Hindernisse aus und fließt darüber hinweg, bis sie schließlich ihre Richtung gefunden hat.

Kommentar:

Die Quelle, als Symbol der frischen Jugend oder Unerfahrenheit, tritt nach langer Ruhe und Reinigungszeit *(Läuterung)* in der Tiefe des Berges *(des Stillstands, der Dunkelheit, dem Zwischenleben)* hinaus in den Lebenskampf. Auf ihrem langen Weg durch die Erde und das Gestein des Berges ist sie zwar mit Energie *(Erfahrung)* angereichert, findet nun aber eine ganz neue Situation vor sich. Bis zu diesem Zeitpunkt mit Druck nach oben gebracht, lernt sie jetzt, die Hindernisse durch Fließen zu überwinden. Zum einen wird im Hexagramm 4 ganz klar der Vorgang der Reinkarnation oder der Wiedergeburt der Seele *(Wasser)* in einem neuen Körper *(Berg)* und damit die schicksalshafte (Weiter-)Entwicklung des alten und neuen Lebens zum Ausdruck gebracht, zum andern die Situation der Unerfahrenheit gegenüber neuen Situationen, auf die man trifft. Wohin sich wenden, wie sich verhalten? Der Weg der Erfahrungen beginnt von neuem, gesäumt von vielen Gefahren, denen man durch das beharrliche Studium der Lebensgesetze entsprechend zu begegnen lernt.

Hier zeigt sich die Bedeutung des Zeichens, die in der „heiligen Arbeit" der Charakterbildung zu finden ist. Dabei steht aber weniger die Belehrung als solche im Vordergrund, sondern vielmehr die Art und Weise – ausgedrückt durch das Schüler-Meister-Verhältnis *(Berg, Wasser)* –, wie diese korrekterweise zu erfolgen hat. Ganz am Anfang des besiegelten Lehrverhältnisses steht der gründliche Einweihungsprozeß in das „Geheimnisvolle", der, dem Donner gleich *(UKT)*, den jungen Toren aus seiner Orientierungslosigkeit erweckt und ihm die Richtung zeigt.

Doch um zu lernen bedarf es nicht nur der inneren Bereitschaft, die sich der Unerfahrenheit bewußt ist, sondern auch des geeigneten Lehrers, der dem eigenen Entwicklungsstand entspricht. Denn nur aus der Erkenntnis der eigenen Unreife kann sich ein korrektes Lehrer-Schüler-Verhältnis entwickeln. Ist man also gewillt, ein fruchtbares Lehrverhältnis einzugehen, dann müssen einige wichtige Regeln beachtet werden. Der wichtigste Grundsatz ist die korrekte Annäherung, die nicht darin besteht, daß der Lehrer den Schüler aufsucht, sondern umgekehrt. Nur wenn dieser sich ernsthaft bemüht und aufnahmebereit zeigt, wird er die gewünschte Auskunft erhalten. Hier sei das Beispiel einer I-Ging-Befragung angeführt, aus der man nur dann eine klare Antwort erhält, wenn man nicht zweiflerisch dieser Quelle des Wissens entgegentritt. Nur durch klare Fragen, mittels denen man seine Bereitschaft zum Lernen zeigt, erhält man eine klare Antwort. Ist man jedoch dem weisen Ratgeber gegenüber mißtrauisch oder gar aufdringlich, so wird sich dieser zurückziehen und keine weitere Belehrung mehr erteilen. Ein solch verbohrter Schüler, der nicht hören will, fällt dem Meister mit seinem pubertären Unverstand nur zur Last. Deshalb wird er sein „Nicht-hören- und nicht-verstehen-Wollen" mit Schweigen bestrafen. Das I Ging als geistiger Meister wird in einem solchen Fall auf die Jugendtorheit hinweisen, damit der Fragende auf sein unreifes Wesen aufmerksam gemacht wird.

Kommen wir noch einmal auf den in der Unerfahrenheit verborgenen Aspekt der seelischen Wiedergeburt zurück, dann bezeichnet der frische Quell die Seele *(der junge Tor)*, die auf ein neues hinaus ins feindliche Leben tritt. Gemäß ihres Entwicklungsstandes sucht sie sich ihre Lehrer, als deren Kind sie sich neu verkörpert. Als „alte" neu inkarnierte Seele ist sie gewillt, auf ihrem Weg der höheren Entwicklung weiter zu lernen, und auch die Eltern *(die Lehrer)* sind bereit, diesem Wesen auf seinem neuen Weg zu helfen, da es ihre höhere Bestimmung ist. Ein neuer Entfaltungskreislauf *(der Seele)* beginnt, dessen Grundlage das schicksalshaft geprägte alte Wissen vergangener Leben ist. Lernen ist also etwas triebhaft Innewohnendes, eine geistige Kraft, die den Menschen auf seiner Entwicklungsspirale bis zum Gipfel der höchsten Erkenntnis trägt.

Diese verantwortungsvolle Aufgabe kann nur erfüllen, wer in sich selbst aufrichtig bemüht ist, den Geheimnissen des Lebens auf die Spur zu kommen. Denn welch sträfliche Jugendsünden sich aus unbefriedigter Wissensgier entwickeln können, nur weil die gründliche Einweihung in die geistigen Lebensgesetze vernachlässigt wurde, kann man an Hand der vielen haltlosen Menschen *(Jugendlichen)* erkennen, die in asozialen Verhältnissen ihrem Schicksal „ausgeliefert" sind.

Linie 1 *Der jugendliche Tor wird mit den Gesetzen des Lebens konfrontiert*

Um die jugendliche Unerfahrenheit zur Reife zu bringen, ist es von Nöten, sie mit den Gesetzen des Lebens zu konfrontieren. Da sie Ihrer Unwissenheit entsprechend geneigt ist, mit unbekannten Schwierigkeiten allzu lässig umzugehen, ist es angebracht, ihr durch belehrende Maßnahmen den Ernst der Sache zu zeigen. Doch darf die jugendliche Naivität nicht durch extremen Druck gemaßregelt werden, damit die Strenge nicht zur starren Regel wird. Gerade soviel wie notwendig ist, um die Entwicklungsrichtung zu korrigieren. Beschränkung durch Strenge darf nicht als geistig-seelische Fessel benutzt werden, sondern nur zur elementaren Grundschulung. Sozusagen als erste Zehenübung vor den weiteren Schritten.

Hier könnte der im Volksmund bekannte Spruch „Er (oder sie) ist noch grün hinter den Ohren" angewendet werden. Denn nicht nur die kindlich-jugendliche Unerfahrenheit ist hier angedeutet, sondern auch die mangelnden Kenntnisse eines Neulings, der mit einer ihm fremden Situation konfrontiert wird. Übermütig ist er versucht darauf loszuschießen, ohne die genaue Richtung zu kennen. Doch bald muß er erkennen, daß er mit diesem spielerischen Verhalten keine reifen Resultate erzielen kann. Er nimmt sich selbst in Zucht, geht mit größerem Ernst an die Sache, was in dieser Lage genau das richtige ist. Doch darf er auch dabei das rechte Maß nicht überziehen, da sonst seine natürliche Entwicklung gelähmt wird. Sowohl dem Schüler als auch dem Lehrer gilt dies als Leitfaden.

Linie 2 *Die Kraft Ihrer geistigen Überlegenheit läßt Sie die Bürde Ihrer Verantwortung tragen*

Dieser hier gezeigte starke Weise ist zwar nach außen hin nicht mächtig, aber durch seine geistige Überlegenheit und Würde fähig, die auf ihm lastende Bürde der Verantwortung gegenüber seinen Schützlingen zu tragen. Er kennt die menschlichen Schwächen und Unberechenbarkeiten und erträgt die Unreifen in milder und weiser Nachsicht. Immer erreichbar und zugänglich, gleicht er dem reifen Seelsorger, der als ruhender Pol alle in vornehmer und zurückhaltender, aber um so beeindruckender Art und Weise inspiriert. Durch diese charakterliche Vereinigung von innerer Überlegenheit und äußerer Zurückhaltung gelingt es ihm, als Lehrer und Volksbildner zur Entwicklung der Menschen erfolgreich beizutragen.

Verschiedene Interpretationsmöglichkeiten können für diesen zweiten Platz angewendet werden. Als starker und gleichzeitig beherrschender Yang-Strich am Platz des Denkens, der zwischenmenschlichen Beziehungen und der Vergeistigung *(UKT Donner)*, zeigt es den ältesten Sohn, der in gutem Einverständnis mit seiner Frau *(fünfte Linie, oberste Linie OKT Erde)* seinen Schützling *(erste Linie)* motivierend und ohne Druck erzieht. Obwohl es wie in jeder Familie Turbulenzen gibt *(UKT Donner)*, entwickeln sich keine Launen, da er durch sein achtsames und zugleich motivierendes Wesen den nötigen Spielraum läßt.

Ein anderes Bild ist der weise und überlegene Lenker *(Berg)* einer größeren Gemeinschaft, dessen offene und doch initiatische Eigenschaften *(UKT Donner)* das Ergebnis seiner kontrollierten Anima sind *(das Weibliche, OKT Erde)*. So ist er nicht nur hingebend weich und bescheiden, sondern auch inspirierend und im Innern kraftvoll überlegen, um die Schwächen und Torheiten der Menschen mit Nachsicht zu tragen.

Linie 3 *Triebhaften Annäherungsversuchen darf sich der Lehrer nicht entgegenkommend zeigen*

Korrumpierbar durch Reichtum und einflußreiche Stellung zeigt dieser Platz einen schwachen, ja bisweilen rücksichtslosen *(hinterlistigen)* Charakterzug von Menschen, die beim Anblick einer hochstehenden Persönlichkeit sich selbst vergessen und voll berechnender Ergebenheit versuchen, in deren Herz einzudringen. Dieses Verhalten gleicht der unmoralischen Haltung einer Frau, die sich hingibt, nur um an das Geld eines reichen Mannes heranzukommen oder dem eines unreifen Aufsteigers *(Neulings)*, der für schnellen Gewinn selbst seine Seele verkauft. Solch unkultivierten und triebhaften Annäherungsversuchen *(Ergebenheitsbezeugungen)* darf sich der Lehrer nicht entgegenkommend zeigen, da dies auch für den Schüler nicht von Vorteil ist. Ohne korrigierende Maßnahmen läuft man mit diesen charakterlosen Zügen Gefahr, völlig zu versumpfen *(zu verwahrlosen)*.

Linie 4 *Mit einer verbohrten Einstellung blockieren Sie alle weiteren Reifeprozesse*

Völlig in Unwissenheit gefangen, beharrt dieser Hitzkopf auf seinen unrealistischen Standpunkten. Verstrickt in leere Einbildungen und trotzig darauf bedacht, seinen eigenen Weg zu gehen, verschmäht er es, sich der Führung eines starken und weitsichtigen Lehrers anzuvertrauen. Daß man mit dieser verbohrten Einstellung jeden weiteren Reifeprozeß blockiert und sich letztendlich selbst im Weg steht, will er einfach nicht begreifen. Zudem ist diese Haltung ignorant und aufs äußerste unsozial, da man selbst die wohlgesinnten Menschen damit vor den Kopf schlägt. Das einzige, was diesen Toren zur höheren Einsicht bringen kann, ist, daß man ihn völlig sich selbst überläßt und ihm die beschämenden Demütigungen nicht erspart, die sein unmögliches Gebahren mit sich bringt.

Linie 5 *Kindliche Unschuld gegenüber der Quelle des Lichts wird belohnt*

Wer mit kindlicher Anspruchslosigkeit, ganz aus seinem Herzen bestrebt ist, sein Wissen zu erweitern, dem wird sicher von kompetenter Seite aus geholfen.

Dies ist der Platz eines allem Neuen gegenüber aufgeschlossenen und lernwilligen Schülers, der sich eine gewisse natürliche Kindlichkeit erhalten hat *(Unbefangenheit ohne berechnende Absichten)*. Er ist nicht süchtig in seiner Bewunderung für den Meister, sondern steht in einem reifen Lehrverhältnis und zeigt sich würdig und dankbar gegenüber der Quelle der Belehrung.

Linie 6 *Nutzen Sie Ihre höhere Intelligenz, um Bestrafungen erfolgreich durchzuführen*

Im Unterschied zu den aufrüttelnden Erziehungsmaßnahmen, die der reinen Vorbeugung dienen, ist es manchmal angebracht, einen unbelehrbaren Toren durch strengere Maßnahmen zu bestrafen. Wer nicht hören will, muß am eigenen Leibe den Schmerz der Zurechtweisung spüren. Dabei gilt es aber, sich nicht zu zornigen Handlungen gegenüber dem zu Belehrenden hinreißen zu lassen, sondern lediglich durch Abwehr weitere Übergriffe zu verhindern. Strafe zum Selbstzweck führt zu Unterdrückung und Rebellion und nicht zu einer Korrektur der falschen Haltung.

„Wer Gewalt sät, erntet Gewalt", weshalb hier nicht gleiches mit gleichem Vergolten wird, sondern durch reine Abwehr *(reife Erfahrung, höhere Macht, körperliche Überlegenheit)* weiteren Überschreitungen vorgebaut wird. Man benutzt sozusagen seine höhere Intelligenz, um die entsprechende Bestrafung erfolgreich und für das Ganze förderlich anzuwenden.

Krankhafte und unberechenbare Gewaltanwendung, wie sie von vielen „verbohrten" politischen Führern praktiziert wird, dient nicht der Abwehr unberechtigter Übergriffe, sondern der Befriedigung des eigenen unterdrückten Wesens.

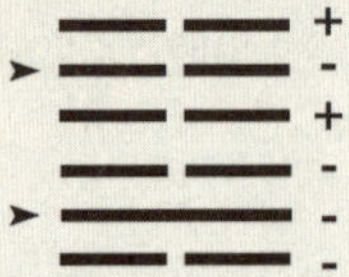

oben: **Die Erde**

das Empfangende
die Hingabe
die Materialisation

DAS WOLLEN

unten: **Das Wasser**

das Abgründige
das Geheimnisvolle
das Hals-Chakra

DIE SEELE

Charakter:

6 flexibel
5 beharrlich
4 besonnen

3 unfähig
2 entschlossen
1 diszipliniert

7 Das Heer

Die mobilen Kräfte

Situation:

Wasser unter der Erde deutet auf ein großes Reservoir, das jederzeit zur Verfügung steht, wenn es gebraucht wird. Der zentrale, starke Strich bezeichnet den Wasserzufluß als Quelle der Kraft, um den herum sich das Grundwasser sammelt.

Kommentar:

Betrachtet man die Struktur des Zeichens, so läßt sich das Wesen eines Heeres leicht erkennen. Im Innern gefährlich *(Wasser)* und autoritär, nach außen gehorsam *(Erde)*, stellt es wie das Grundwasser ein mobiles Kräftepotential dar, das von zentrale Stelle aus gelenkt wird. Diese Position wird besetzt von der zweiten Linie, die als strenger Feldherr alle Schwachen zu einer mächtigen Masse um sich vereint. Ohne diesen zentralen Sammelpunkt, der als Quelle der Nahrung jene Begeisterung hervorruft, welche die Masse zu disziplinieren weiß, läßt sich etwas Großes nicht erreichen. Auch wenn dieses hier gezeigte Bild der kriegerischen Verteidigungsbereitschaft einer Armee und seines Volkes entnommen ist, so soll doch die Auseinandersetzung mit Waffengewalt etwas sein, das nur als letzte Maßnahme ergriffen werden darf. Vielmehr bezieht sich das Sinnbild des Heeres auf die gesammelte Kraft im eigenen Inneren, deren Impulsgeber die starke Linie des Denkens ist. Sie ist es, die als Wasserzufluß das Reservoir oder die streitbare Macht durch ihre Klarheit und Disziplin langsam stärkt und erweitert, damit die eigene Laschheit und Verderbnis *(Klippen, Widerstände)* nach und nach beseitigt werden kann. Aufklärung durch Überzeugungskraft und nicht Vergewaltigung durch unkontrollierte Machtanwendung ist das Mittel, mit dem man die niederen Triebkräfte beeinflussen kann.

Aus den ganzen kriegerischen Auseinandersetzungen der Menschheit, lassen sich Rückschlüsse auf das innere Wesen der Persönlichkeit schließen, das letztendlich einen Kampf gegen sich selbst führt. Jeder Krieg ist ein Befreiungsstoß der Seele und setzt *(kollektiv)* karmische Auflösungsprozesse in Gang. Doch diese brachialen Maßnahmen lassen sich umgehen, indem man, ganz dem Sinnbild des Heeres entsprechend, bereit ist, sich der Führung des geistigen Lichtes anzuvertrauen *(zweite Linie, als mehrfach befähigter General, ein brillanter Geist)* und die Armeen gegen sich selbst marschieren läßt. Nur durch die klare, analytische Kraft des Denkens können die Gemeinheiten von Grund auf durchdrungen und aus dem Sumpf verabscheuungswürdiger Auseinandersetzungen gerettet werden. Diesen Kampf kann aber nur gewinnen, wer im vollen Bewußtsein der Problem- oder Sachlage handelt. Durch zu strengen Drill *(Ratio, Vernunft)*, werden die Bewußtseinsbereiche unterdrückt und beginnen Widerstand zu leisten. Deshalb gilt es, ganz dem Vorbild eines weisen und klarsichtigen Generals zu folgen und seine Leute *(Bewußtseins-Strukturen)* durch Begeisterung zu diszipliniertem Verhalten zu erziehen.

Der Feldherr, der diese Aufgabe übernimmt, steht hier symbolisch für die strategisch beseelende Kraft der Gedanken, mit deren weitsichtigen Eigenschaften zunächst eine strenge Analyse der Situation vorgenommen wird. Ist dies getan, dann heißt es eine klare und begeisternde Strategie zur Überwindung der Störfaktoren zu entwickeln, damit die Bereitschaft und Beharrlichkeit *(der Bewußtseins-Strukturen)* in der Verwirklichung der Zielsetzung geweckt werden kann. Die zuvor verwahrloste Seele wird von der geistigen Kraft *(die Energie welche durch den Plan erzeugt wird)* ergriffen, steigt auf, ihrer höheren Bestimmung entgegen *(Wasser/Donner)*. Die Saat ist aufgegangen, der Lebens-Baum entfaltet sich *(Donner)*, eine neue, schöpferische Gemeinschaft der Bewußtseinsbereiche entsteht *(Hexagramm 13)*.

Auch die Menschen, die einem Heer entsprechend für die Umsetzung großer Ziele zu gewinnen sind, darf man nicht mit unrealistischen Zielvorstellungen zu blenden versuchen. Der triftige Grund und die edlen Absichten müssen vorhanden sein, damit durch echte Begeisterung die Kraftwirkung einheitlich gemacht werden kann. Wieder bedarf es der beseelenden und initiatischen Persönlichkeit *(eines weisen Generals)*, die sich allein durch ihre beeindruckende Präsenz ins Bewußtsein der Menschen zu setzen versteht. Da er nicht aus eigenmächtigen Motiven handelt, sondern den Auftrag eines gütigen Herrschers erfüllt *(fünfte Linie, die Seele)*, gewinnt er die Liebe des Volkes. Sein ganzes Vorgehen zeichnet sich durch überlegte und überzeugende Schritte aus, die nur als letzte Möglichkeit den Einsatz von härteren Maßnahmen miteinbeziehen. Ganz im Gegenteil zu vielen Beispielen der Kriegsgeschichte vertritt das Heer in seinem korrekten Wesen keine alles beherrschende Militärdiktatur *(kalte Ratio überwiegt Milde und Gerechtigkeit)*, sondern viel eher das Prinzip von Sieg *(über die eigene Verwahrlosung)* und Friede, nicht Kampf ohne Ende.

Linie 1 *Klare und ineinandergreifende Organisation ist die Grundlage jeder erfolgreichen Unternehmung*

Bei der Aufstellung eines Heeres, das beabsichtigt gegen feindliche Kräfte vorzurücken, bedarf es einer geplanten und ordnungsgemäßen Vorgehensweise. Die Gründe, die man für einen Feldzug anführt, müssen mit gerechten und höheren Zielen übereinstimmen. Um Mißerfolge zu vermeiden gilt es, äußerste Disziplin zu zeigen. Nur wenn die Struktur innerhalb der Truppe klar und ineinandergreifend organisiert wird kann man verhindern, daß bei der ersten Feindberührung alle auseinandergesprengt und orientierungslos durch die Gegend läuft. Ohne solche offiziell gültigen Regelungen werden die Unternehmungen von Mißerfolg begleitet sein.

Ganz allgemein sollten diese Verhaltensregeln bei allen gefährlichen Unternehmungen, bei denen man auf die Unterstützung anderer angewiesen ist, ihre Beachtung finden. Aber noch ein weiteres soll durch das Sinnbild des marschbereiten Heeres zum Ausdruck gebracht werden, nämlich daß man, ganz den strategischen Gesichtspunkten einer Armee entsprechend, bereit sein muß, die gesammelten Kräfte gegen sich selbst marschieren zu lassen. Da es sich bei der Ausgangsstellung um eine schwache Linie handelt, ist es von ausschlaggebender Bedeutung, alles ordnungsgemäß zu bedenken und zu planen, damit man nicht erst durch schockartige Einbrüche der feindlichen Energien erschüttert und aufgeweckt wird.

Linie 2 *Wer vom Geist der Sache ganz beseelt ist, findet die nötige Unterstützung*

Das Heer als gesammeltes Kräftepotential hat seine Stellung in einem geschützten Graben inmitten der Gefahren eingenommen. Eine ausgezeichnete Stellung, deren zentrale Kraftquelle die Person ihres Generals ist. Er steht in direkter Verbindung mit seinen Stellungen und zeigt Entschlossenheit im Durchfechten seiner Pläne. Seine sprühende Anziehungskraft, sein Mut und seine strategischen Fähigkeiten sind die von höherer Stelle ausgezeichneten Charaktermerkmale, die ihn zu großen Taten befähigen. Da in seiner Person das ganze Heer geehrt ist, findet er die nötige Unterstützung die er braucht, um die an ihn gestellte Anforderung zu tragen.

Hier ist der zentrale oder strategische Platz des Geschehens von dem Sieg und Niederlage abhängig sind. Da er sich nahe an den feindlichen Linien befindet *(Linien 4 bis 6)* besteht, trotz der geschützten Stellung, erhöhtes Kriegsrisiko. Es gilt, Kontakt aufzunehmen, und mit Hilfe strategischer Fähigkeiten den Feind zu besiegen. Durch das hier beginnende untere Kerntrigramm Donner wird aber auch Entschlossenheit zum Ausdruck gebracht, mit der es gegen die Übeltäter vorzugehen gilt. Weil er sich auf seine Leute verlassen kann, sind die Erfolgsaussichten gut.

Neben dem Generalsposten in einer Armee, ist dies der Platz des Denkens, das sinngemäß die Aufgabe eines solchen übernimmt. Gleichzeitig beginnt hier die erste Linie des UKT Donner, durch dessen Einfluß die herausragenden Charakterzüge definiert werden, welche das Feld bestimmen. Als „kluger Kopf" des Unternehmens organisiert er seine Feldzüge, gegen die Widerstände und Trägheiten in der eigenen Person *(alle schwachen Yin-Linien)*, in Übereinstimmung mit dem weisen Plan höherer Kräfte *(fünfte Linie als spirituelle Inspiration oder die dreimalige Auszeichnung wie die Texte sagen, als Segnung vom Himmel).*

Linie 3 *Eine unfähige Führung an wichtigem Platz führt sicher ins Verderben*

An diesem schwachen Platz zeichnen die Texte das Bild einer Leiche, die im Wagen fährt, was soviel bedeutet wie eine unfähige Führung oder widersprüchliche Zielsetzung, die den Weg ins Unheil bestimmt. Der zuvor starke Platz des Generals wurde von einem unqualifizierten Doppelgänger eingenommen, der den Fähigen verdrängt hat. Von falschen Umständen ausgehend, triebhaft gelenkt von aberwitzigen Vorstellungen, versucht er krampfhaft, seiner Stellung gerecht zu werden. Aber was ihm fehlt ist die strategische Klarheit und Überzeugungskraft einer starken Persönlichkeit, und so ist das Unheil für ihn und seine Getreuen vorgezeichnet.

Übernehmen bei den bewußtseinsklärenden Auseinandersetzungen die schwachen oder gemeinen Eigenschaften die Führung *(Lei-*

chen die im Wagen fahren, d. h. sich hervortun), dann kann dies nur zu unheilvollen Niederlagen führen.

Auch die Handlungen, die in solcher Situation von einer unfähigen Person angeordnet werden, nehmen einen üblen, ja sogar vernichtenden Ausgang. Große Verluste an angesammelter Kraft sind zu verzeichnen, da man zu spät erkennt, daß der Kampfgeist der angespannten Lage nicht gewachsen ist. Die Truppen oder Mitstreiter werden aufgerieben, d. h. durch Unüberlegtes „in Marsch setzen", außer Gefecht gesetzt. Allein mit schwächlicher Gefühlsduselei *(dritte Linie Fühlen)* und gefährlicher Unerfahrenheit *(obere Linie Wasser)* ist hier nicht siegreich davonzukommen.

Linie 4 *Um schmerzliche Niederlagen zu vermeiden, sollten Sie sich besonnen zurückziehen*

Auch dem mächtigsten Heerführer sei angeraten, sich beim Anblick eines überwältigenden Potentials an feindlichen Kräften zurückzuziehen, d. h. klug und geordnet auszuweichen. Kein fluchtartiges „Auf-dem-Absatz-kehrt-machen"-Manöver, sondern ein besonnener Rückzug. Auch Mut und Stärke schließen eine solche Verhaltensweise nicht aus, wenn damit verlustreiche und schmerzliche Niederlagen vermieden werden können.

Auch wenn es einem zunächst im Herzen weht tut, den Fortschritt hier zu bremsen, wo die *(Land-)*Gewinne so nahe vor einem liegen, mit Weichheiten ist der Feind nicht zu beeindrucken. Deshalb ist es besser, die Taktik zu ändern und mit seinen Gefolgsleuten in eine sichere Umgebung auszuweichen.

Linie 5 *Übertragen Sie die Befugnisse an einen starken Helfer, damit die Feinde verjagt werden können*

Barbarische Heerscharen sind in das Territorium des Herrschers eingebrochen und müssen gejagt werden bevor das Land verwüstet und die reifen Felder geplündert sind. Nun gilt es, Autorität zu zeigen und gezielt gegen die eingefallenen Feinde vorzugehen. Auf jeden Fall muß vermieden werden, daß ein undiszipliniertes Durcheinander entsteht, in dem alle emotional aus dem Bauch heraus aufeinander losgehen. Dazu bedarf es der Donnergewalt eines erfahrenen Feldherrn, der nicht mit Schwachheit, sondern überlegener Taktik vorzugehen weiß. Da man selbst diese Charaktereigenschaften nicht repräsentiert, müssen die Befugnisse an einen geeigneten Starken übertragen werden. Nur damit läßt sich die Gefahr vermeiden, am Ende völlig aufgerieben zu werden.

Eine im I Ging sehr unübliche Situation ist eingetreten. Der normalerweise erhabene Platz einer starken Autorität ist nicht nur schwach, sondern befindet sich auch inmitten des durcheinanderwogenden Kampfgetümmels, dem er nicht Herr werden kann. Er delegiert nun endlich, nachdem er bereits einen Fehler beging *(dritte Linie, der schwache Kommandant der ihm das ganze miteingebrockt hat),* die Befugnisse an den starken Heeresführer *(zweite Linie, klar und diszipliniert),* der es versteht, mit Strategie und fähigen Helfern die Sache zu bereinigen.

Innerhalb der bewußtseinsprägenden Felder, liegen die schwachen Linien des Fühlens, des Körpers, **der Seele** und des Geistes miteinander im Clinch. Anders ausgedrückt: die Seele *(der Herrscher als fünfte Linie)* wird von feindlichen und verdorbenen Inhalten überschwemmt. Diese gilt es zu „vernichten", da sie sein klares und starkes Leitbild zu ertränken suchen *(zweite Linie, Denken).*

Linie 6 *Wenn Sie die falschen Menschen mit hohen Aufgaben betreuen, entsteht neue Feindseligkeit*

Die gefährliche Unternehmung ist siegreich beendet. Die Kraft höherer Ziele hat gesiegt. Nun gilt es darauf zu achten, daß man seiner Stellung gerecht wird und bei der Belohnung seiner Getreuen keine ungeeigneten Leute an einflußreiche Posten setzt. Man mag sie für ihre Hilfe belohnen, aber keinesfalls mit ehrenhaften Aufgaben betreuen, damit keine neue Saat der Feindseligkeiten gesät wird.

Hier ist der Platz des Königs *(geistiges Oberhaupt)*, der als Verwalter der eroberten Territorien seine Truppen *(geläuterte Energiefelder)* und Heerführer *(zweite Linie, als Leitlinie)* belohnt. Ist er bei der Verteilung unvorsichtig oder gar labil, dann werden seine ungeeigneten Verwalter, den Wölfen im Schafspelz gleich, zu Übergriffen auf die Bevölkerung *(die anderen Bewußtseinsbereiche)* neigen. Äußerst wachsweiche Umstände herrschen vor, in denen der Keim neuer Feindseligkeiten bereits gelegt ist.

7. *Die acht Pfade der initiatischen Kraft*

Der Geist

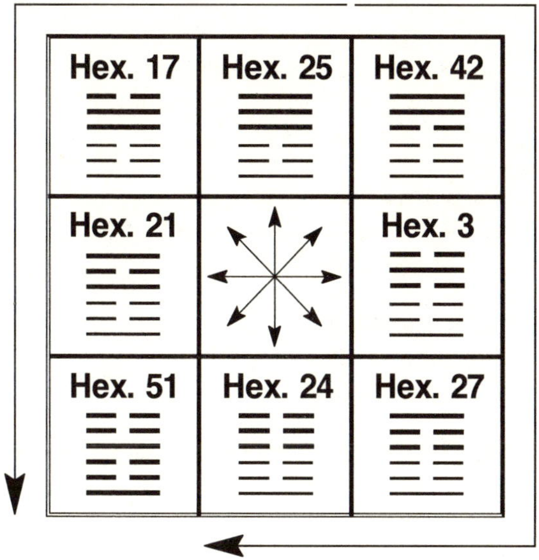

Ursprungszeichen:
Hexagramm 51*: Der Donner – die Erschütterung*

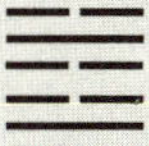
Der Geist, das Schwingungsfeld des Stirn-Chakras
Das himmlische Gericht

Alle Hexagramme des „Hauses der acht Pfade der initiatischen Kraft" haben als Grundlage das Trigramm des Donners. Er ist das Symbol der erweckenden Schöpferkraft, die alles Leben zur Entfaltung bringt, das Zeichen des himmlischen Geistes, das Visionäre und triebhaft Gelenkte, der frische Keim, der Furcht und Zittern bringende Erneuerer, er ist die treibende Kraft des üppigen Wachstums im Frühling, das Erregende und Aktive, die reine Lebenskraft, sein Ausdruck ist das Impulsive und Heftige, er ist der Fuß, der sich auf jede Einwirkung hin in Bewegung setzt, der Osten, das blitzartig Wirkende, das Befreiende, in der Familie ist es der älteste Sohn, sein Sinnbild ist der Drache, seine Farbe ist das helle Grün der jungen Triebe im Frühling.

Wandlung durch Veränderung der oberen Zeichen

☰ oben: **Der Himmel** – das Erneuernde, das Kronen--Chakra
Hexagramm 25 – Die Unschuld
die Natürlichkeit

☱ oben: **Der See** – das Heitere, das Solarplexus-Chakra
Hexagramm 17 – Die Nachfolge
die Anpassung

☲ oben: **Das Feuer** – das Haftende, das Sakral-Chakra
Hexagramm 21 – Das Durchbeißen
der Strafprozeß

☴ oben: **Der Wind** – das Bewegende, das Wurzel-Chakra
Hexagramm 42 – Die Mehrung
die Bereicherung

☵ oben: **Das Wasser** – das Geheimnisvolle, das Hals-Chakra
Hexagramm 3 – Die Anfangsschwierigkeit
die Geburt der Idee

☶ oben: **Der Berg** – das Bewahrende, das Herz-Chakra
Hexagramm 27 – Die Ernährung
das Einverleiben

☷ oben: **Die Erde** – das Hingebende, die Erdung
Hexagramm 24 – Die Wiederkehr
das Zurückkommen

25 Die Unschuld
Die Natürlichkeit

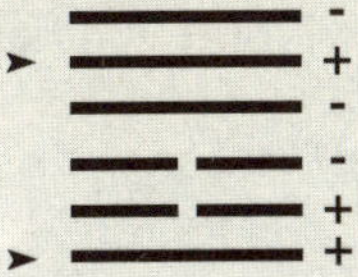

oben: **Der Himmel**

das Schöpferische
die kosmische Kraft
das Kronen-Chakra

DAS GEWAHRSEIN

unten: **Der Donner**

das Erregende
die Aktivität
das Stirn-Chakra

DER GEIST

Charakter:

6 geduldig
5 weitsichtig
4 labil

3 naiv
2 absichtslos
1 unschuldig

Situation:

Der Donner als Symbol der ursprünglichen Entfaltungskraft befindet sich im Gefolge der kosmischen Intelligenz. Sinnbildlich wird damit das natürliche Wachstum der Pflanzenwelt im Frühling zum Ausdruck gebracht, das einzig und allein dem Gesetz der himmlischen Ordnung folgt.

Kommentar:

Entsprechend der natürlichen Bewegungsfolge der Natur, kann auch der Mensch zum Werkzeug des Himmels werden, indem er ganz ohne berechnende Absicht in Übereinstimmung mit dem göttlichen Willen handelt. Echte und unverfälschte Entwicklung in jeder Hinsicht kann nur durch unschuldiges und nicht mit Hintergedanken durchsetztes Handeln erlangt werden. Ist der Mensch im Herzen durchdrungen vom Geiste Gottes *(seinen schöpferischen Visionen)*, findet er zurück zu seinem unschuldigen Wesen, ganz so wie er einst, ohne den triebhaften Dschungel der Manipulation und Berechnung, als Teil der universalen Vielfalt seinen Platz erhielt. In diesem Eins-Sein mit seiner ursprünglichen Natürlichkeit *(instinktive Sicherheit)* verliert auch das Unerwartete, schicksalhaft Gelenkte, seinen erschütternden Charakter und wird zum Spiegelbild der inneren Beharrlichkeit *(„Unschuld des Herzens“)*, mit der man den Gesetzen des Himmels folgt.

Aber nicht alle absichtslosen Empfindungen sind natürlich im Geiste der schöpferischen Kraft. Folgt man allein den triebhaften Impulsen und handelt unüberlegt und rücksichtslos, nur seinem sturen Willen folgend, dann kehrt sich die unschuldige *(unbewußte, impulsive oder naive)* Tat in ihr Gegenteil. Das Unerwartete bricht in Form von harten Schicksalsschlägen aus „heiterem Himmel“ über einen herein und bringt dramatische Wendungen *(etwas Neues)* ins Spiel. Deshalb muß auch der Instinkt geschärft und durch Meditation *(Ruhe in die Bewegung bringen)* mit seinem höheren Ursprung in Kontakt gebracht werden. Harmonische, d. h. nicht unter berechnender Absicht stehende Entfaltung vollzieht sich ruhig und gefaßt, weil sie in Übereinstimmung mit dem Willen des Schöpferischen steht.

Behält man aber den Kopf *(das höhere Sehen)* im Himmel und die Füße *(das impulshafte Reagieren) auf der Erde*, kann man die Wurzel *(das Ursprüngliche)* und den Gipfel *(das Ziel)* der kosmischen Bewegungsrichtung erfassen und in sich aufnehmen. Man selbst wird in seiner Spontanität ein Teil dieser universalen Gesetzmäßigkeit und gleichzeitig Träger und Auslöser neuer und visionärer Entfaltungs- und Wandlungsprozesse.

Aus psychologischer Sicht betrachtet, könnte man die unerwarteten Aspekte auch als unbewußte Triebansprüche bezeichnen, die sich ganz plötzlich in den Vordergrund drängen. Auf das Zeichen bezogen also eine Störung im schöpferischen Vordergrund. Jedes Unglück oder die Neigung zu Unfällen, von denen man ja ganz plötzlich getroffen wird, sind die Folge unbewußter, d. h. nicht in Übereinstimmung mit den kosmischen Gesetzen durchgeführter Aktionen *(unbeherrschte Willenskraft, man spielt den „Herrn über sein Schicksal“ und erhält seine Lektion je nach Schwere des Vergehens)*. Was also ist Krankheit oder jedes Unglück anderes, als eine „Symptomgebärde“ für erlittene Kränkungen oder Verfehlungen *(z. B. vegetative Störungen, die sich als Krämpfe oder Erregung des Unbewußten zeigen)*, die beseitigt werden wollen, um das Wesen wieder zur geistigen Quelle natürlicher Unschuld zurückzuführen.

Linie 1 *Wer in unschuldigem Wandel ganz der inneren Stimme folgt, wird sein Ziel erreichen*

Hier, am elementarsten Platz der Entfaltung, beginnt sich unter Leitung der kosmischen Kraft das junge frische Leben zu regen und symbolisiert im übertragenen Sinne das unschuldige Wandeln eines Wesens, daß ganz seiner inneren Eingebung *(der Stimme des Herzens und seinen Empfindungen)* folgt. Seinem ursprünglichen Charakter entsprechend, tritt er mutig und völlig unbekümmert ins offene Leben hinaus. Bereits in ihren Keimen kann er die Möglichkeiten seines Wirkens erfassen und spontan handeln. Er ist das natürliche Abbild des absichtslosen Seins, ein instinktiv sicheres Wesen, ein erfrischender Geist, der durchaus als echtes Naturtalent bezeichnet werden kann.

Als initiatischer Herr der Erregung, nimmt diese Linie des unteren Trigramms Donner den ihr entsprechenden Platz der instinktiven Spontaneität ein. Ganz der kosmischen Ordnung verbunden, entfaltet sie das frische und unschuldige Leben im Frühling und folgt damit im Geiste ihrer unabänderlichen Wesensart. Eine solchermaßen natürlich wirkende Kraft *(Person)* wird ihr Ziel immer erreichen.

Linie 2 *Wer ohne Hintergedanken sein Feld bestellt, wird das Ziel erreichen*

Jede Arbeit, die ihrer Zeitbestimmung nach getan werden muß, darf nicht unter dem Blickwinkel der Bereicherung betrachtet werden. Ein Bauer, der Hand anlegt und sein Feld bestellt, tut dies in vollem Vertrauen auf die Ernte, ohne den entsprechenden Ertrag zu kennen. Deshalb gilt es, sich diesem Landmann gleich klare Ziele zu setzen und diese beharrlich, ganz in der inneren Überzeugung ihrer Richtigkeit, zu verfolgen. Steht die Bestrebung in Übereinstimmung mit der Zeit und der Aufrichtigkeit des Herzens, dann wird die Ernte nicht ausbleiben. Wann und in welchem Ausmaß diese erfolgen wird, weiß nur der Himmel genau *(als Sprichwort: „Weiß der Himmel wann oder wie.“)*.

Linie 3 *Des einen Gewinn ist des andern Verlust*

Es gibt Umstände, in denen, durch andere ausgelöst, unerwartetes Unglück über einen hereinbrechen kann. Auch der redlichste Mensch kann davon betroffen werden, was als Hinweis gelten kann, selbst bei den absichtslosesten Handlungen den richtigen Zeitpunkt und Ort zu beachten. Unerwarteter Verlust wird die Folge sein und läßt die Vermutung zu, daß man natürliche Unbekümmertheit mit schwächlicher Naivität verwechselt hat. Man darf die Schuld nicht bei Bekannten oder Nachbarn suchen, sondern muß sich, auch wenn man scheinbar völlig unschuldig diesem Unglück ausgeliefert ist, ehrlich *(Hand aufs Herz)* seine eigene Gleichgültigkeit eingestehen. Dies bedeutet jedoch nicht, daß man seine unschuldige Haltung aufgeben soll, sondern vielmehr dieses Unerwartete als Anlaß nimmt, um sich mit den Gesetzmäßigkeiten des Wandels und der karmischen Einflüsse zu beschäftigen, damit das Prinzip der Natürlichkeit vor einem neuen Hintergrund erscheint.

Auch wenn man in seinen Handlungen ohne Falschheit ist, darf man doch andere nicht in Versuchung führen, wie dies durch die angebundene Kuh *(das Symbol der Fügsamkeit)* symbolisiert wird, die, unbewacht am Wegrand angebunden, von einem Fremden gestohlen wird. Eine solch naive Unbekümmertheit hat ihren Preis oder wie ein Sprichwort sagt: „Des einen Verlust ist des andern Gewinn". Verlust und Gewinn nehmen in diesem Falle auch Bezug auf die persönlichen Erfahrungen, die damit einhergehen. Äußerer Verlust durch unschuldige Haltung ist nicht zwangsläufig eine Strafe, sondern soll auch bewirken, daß man die tieferen Zusammenhänge solch unerwarteter Ereignisse verstehen lernt. So bleibt zwar das Unglück an sich ein echter Verlust, wird aber gleichzeitig zu einem inneren Gewinn.

Linie 4 *Bleibt man seinem unschuldigen Wesenskern treu, wird man auch die Gunst des Schicksals auf seiner Seite haben*

Hier ist der Platz des Herzens erreicht, der gleichzeitig die oberste Linie des UKT Berg und die erste Linie des OKT Wind einnimmt. Obwohl sich auf normalerweise schwachem Platz ein starker Strich befindet, wird dieser von Weisheit und Sanftmut beherrscht. Trotzdem bleibt die ganze Situation labil, weshalb man dauernd darauf bedacht sein muß, den Überblick zu wahren und sich nicht von den Absichten seiner Umgebung beeinflussen zu lassen. Bleibt man aber seinem innersten Wesen treu *(beharrlich in seinem unschuldigen Wesenskern)*, wird man die Gunst des Schicksals auf seiner Seite haben.

Linie 5 *Lassen Sie dem Schicksal seinen Lauf*

Manchmal tritt eine unerwartete Wendung im Leben ein, die im ersten Moment als unglücklich erscheint, aber in Wahrheit tiefere Ursachen hat. Da gilt es nun nicht krampfhaft zu versuchen, dieses Übel *(Krankheit)* mit äußeren Mitteln zu beseitigen *(Medizin)*, sondern der Natur *(dem Schicksal)* ihren Lauf zu lassen, und es wird sich von alleine lösen.

Unerwartete und plötzlich eintretende Übel, die einen wie aus heiterem Himmel treffen, sind vom Schicksal bestimmt und haben höhere Gründe. Deshalb dürfen sie nicht mit willkürlichen Mitteln von außen manipuliert werden *(keine wesensfremde Arznei be-*

nutzen), da diese nicht helfen wird, ja ganz im Gegenteil die Vitalkräfte unnötig belastet. Dies ist zwar auf der einen Seite als Hinweis auf eine passende, energetische Medizin zu sehen *(keine medizinische Wunderkur, sondern die heilende Natur selbst)*, zum andern aber auch ein Rat, selbst damit vorsichtig zu sein, da das hier bestehende Übel durch die innere Weisheit des eigenen Wesens geheilt werden kann *(durch Auseinandersetzung mit den Gesetzen der Natürlichkeit).*

Psychologisch betrachtet begegnet uns das Prinzip des schuldlosen Krankseins *(Willensschwäche, OKT Wind, Potenzschwäche, UKT Donner)* in ehelichen Verbindungen oder auch nichtehelichen partnerschaftlichen Gemeinschaften, in denen der starke Partner *(fünfte Linie)* den latenten Spannungsherd des schwächeren übernimmt *(zweite Linie UT Donner)* und stellvertretend für diesen erkrankt. Wie kann die Medizin heißen, die hier wirksam wird?

Linie 6 *Die einzige Handlung, die jetzt noch möglich ist, ist das Üben in Geduld*

Die Zeit des unschuldigen Handelns ist verstrichen, was im Klartext bedeutet, daß jede spontane Aktion ins Unglück führt. Wer jetzt kopflos wider das Schicksal Fortschritt erzwingen will, der verrennt sich in der Situation und macht trotz bester Absichten alles verkehrt. Am besten akzeptiert man den Umstand, daß man ganz einfach zu spät gekommen ist und wartet ganz in Ruhe, bis die Zeiten sich wieder ändern.

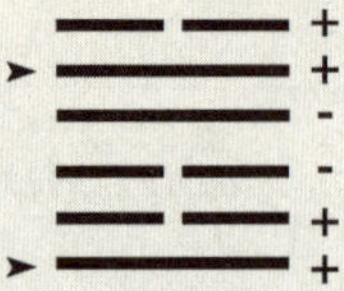

oben: **Der See**

das Heitere
die innere Wahrheit
das Solarplexus-Chakra

DAS FÜHLEN

unten: **Der Donner**

das Erregende
die Aktivität
das Stirn-Chakra

DER GEIST

Charakter:

6 weise
5 aufrichtig
4 wahrhaftig

3 beharrlich
2 wankelmütig
1 beweglich

17 Die Nachfolge
Die Anpassung

Situation:

Der explosiv-bewegende Charakter des Donners befindet sich unter dem heiteren Prinzip des Sees und wird von ihm geführt. Die aktiven Kräfte des Frühlings, die auch den Sommer hindurch noch am Wirken sind, räumen nun das Feld zugunsten des Herbstes und ziehen sich zurück. Dies ist ein natürliches Zeichen der Nachfolge, durch Anpassung an die Zeiterfordernisse.

Kommentar:

Ganz im Gegenteil zu Hexagramm 54 „Das heiratende Mädchen" begibt sich hier das männlich Starke unter das weiblich Schwache und leistet ihm Gefolgschaft. Nicht die triebhaften Neigungen übernehmen die Führung, sondern das gefühlvolle, wahrhaftige Element der freundlichen Aufforderung *(See)*, mit der man andere zur Nachfolge bewegt. Waren es dort die sexuell-erotischen Neigungsverhältnisse, die durch das heitere Wesen eines jungen Mädchens symbolisiert wurden, das sich in der Gefolgschaft eines älteren, von Triebhaftigkeit gelenkten Mannes befand, so werden sie hier der korrekten Ordnung zugeführt. Der stärkere Partner *(das Triebhafte)* stellt sich freiwillig unter das Schwache *(das Gefühlvoll-Wahrhaftige)*, d. h. er paßt sich an und überläßt ihr die Führung.

Anpassung heißt, durch Sprechen und Schweigen, durch Aktivität und Ruhe, durch Ausbreitung und Besinnung den Zeiterfordernissen Folge zu leisten. Deshalb muß derjenige, der andere zur Nachfolge bewegen will, zunächst lernen, sich selbst anzupassen, denn nur durch Dienen kommt man zum Herrschen. Stellt man sich also freiwillig in den Dienst des Schwächeren, so ist das kein Zeichen berechnender Absicht, sondern ein vorbildliches Verhalten, mit dessen Hilfe man die freudige Übereinstimmung erreichen kann.

Wollte man mit Gewalt oder List die Nachfolge erzwingen, so würde man sicherlich auf Widerstand stoßen. Jede Bewegung ohne wahrhaftige Motivation *(Veranlassung)* führt zu Unstimmigkeiten, weshalb dauerhafte Erfolge nur durch Beharrlichkeit im Rechten und Guten, d. h. an die korrekten Umstände angepaßt, erreicht werden können. Sowohl vom Führenden als auch vom Geführten sind Taktgefühl und gegenseitige Rücksichtnahme gefordert So darf sich weder das Schwache überheblich gegenüber dem anpassungswilligen Starken zeigen noch das Starke in zynischer und herablassender Art dem Schwächeren demonstrieren, daß es schwach ist.

Sind die eigenen Motive triebhaft gesteuert, wird man immer der Gefahr unterliegen, den falschen oder oberflächlichen Dingen anzuhängen. Denn blinde oder überspannte Freude in der Nachfolge kann sehr schnell ins Verderben führen. Man spricht nicht mehr die eigene Sprache, sondern richtet sich wie ein Fähnlein im Wind nach momentanen Trends oder gesellschaftlichen Richtungen. Auch das äußerlich bezauberndste Wesen kann, wird es von aggressiven Trieben gelenkt, andere demütigen und zur Nachfolge zwingen *(der Pantoffelheld, UT Donner)*. Dank der feinen, angepaßten Sprachkünste *(immer heiter)* können diese gewalttätigen Eigenschaften nach außen kaschiert oder als Mittel zur subtilen Versklavung anderer eingesetzt werden *(Anpassung als Verstellung)*. Der wahre Charakter kommt erst später zum Vorschein.

Bezieht man den natürlichen Sinn des Zeichens auf die innere Wesensstruktur der eigenen Person, so ist es der Geist als Symbol des Männlichen, der sich dem Gefühl, das der jüngsten Tochter zugewiesen wird *(das Heiter-Weibliche)*, unterordnet. Nicht mehr der impulsiv-triebhafte Charakter des starken Mannes in mir übernimmt das Feld, sondern das junge, einfühlsame Mädchen, als Anteil meiner tieferen Weisheit. Der ältere Mann folgt der Stimme des Mädchens in sich, die reife Frau den begeisternden Impulsen des kleinen Jungen in ihr. Dem Wandel der Jahreszeiten entsprechend wird also ein Ausgleich geschaffen zwischen impulsiver Durchsetzungskraft und spiritueller Motivation. Das eine nimmt sich zu Gunsten des anderen zurück, wodurch beide eine Bereicherung erfahren. Die Gefühle *(das Mädchen)* werden durch den ruhenden Geist mit Visionen *(das Männliche)* durchdrungen, die Vitalkräfte erneuert und erfrischt.

Was letztendlich erreicht werden soll, ist das spirituelle Wachstum *(geistige Übereinstimmung mit dem Wahrhaftigen)* durch beharrliche Anpassung an die wahren Bedürfnisse der Zeit.

Linie 1 *Wer andere leiten will, muß sich selbst anzupassen verstehen*

Obwohl Sie die Kompetenzen hätten, von anderen Pflichttreue zu verlangen, sollten Sie darauf nicht beharren. Wählen Sie den Weg der Wissenserweiterung, indem Sie sich die Meinungen anderer anhören und dabei keine Ausnahme machen, egal in welcher Stellung, Reife oder Alter diese sind. Wer andere leiten will, muß selbst in seinem Wesen zugänglich bleiben und, wie die Texte sagen, „zur Tür hinausgehen" und mit den Menschen offen verkehren. Passen Sie sich an, ohne dabei Ihre Grundsätze aufzugeben.

Dies ist einer der herrschenden Plätze des Hexagramms und zeigt den einfühlsamen und starken Charakter einer hoch qualifizierten Persönlichkeit *(Direktor eines Betriebes)*, die, ganz entgegen den herkömmlichen Methoden, sich an seine Untergebenen *(Mitarbeiter)* wendet, um deren Meinungen anzuhören und sich auch davon bestimmen läßt. Er liebt es, sich an Ort und Stelle persönlich zu informieren und dabei Kontakt mit seinen Leuten aufzunehmen *(ohne hierarchische Rücksichtnahme verkehrt er unbefangen mit allen)*, ja er ist sogar, bereit ihnen Mitbestimmung einzuräumen. Dieser Vertrauensbeweis des Stärkeren gegenüber dem Schwachen ist es, der freiwillige Nachfolge bewirkt.

Bewußtseinsbezogen sind es die starken, impulsiven Empfindungskräfte *(erste Linie)*, die sich dem Denken *(zweite, schwache Linie)* anpassen müssen, damit nicht nur instinktiv reagiert, sondern bewußt agiert werden kann. Denn Wissen wird nicht allein aus einer Quelle genährt, sondern aus vielen verschiedenen.

Linie 2 *Folgt man dem Unwürdigen, verliert man den Anschluß an höhere Werte*

Anstatt sich an den höheren Werten zu orientieren *(fünfte Linie)* ist man geneigt, den Unwürdigeren *(Werten oder Menschen)* zu folgen, weil dies beim ersten Hinsehen der weniger anstrengende Aspekt zu sein scheint. Wer aber ein bedeutendes Ziel anstrebt und dabei den bequemeren Wegen folgt, der wird niemals ankommen. Jetzt gilt es, sich zu entscheiden, denn man hat entweder „eine gute oder eine schlechte Gesellschaft" *(I Ging)*, beides zusammen ist unmöglich. Aber dies erfordert nicht nur Courage, sondern auch Anpassungsfähigkeit, was für den Weg zu höheren Einsichten unumgänglich ist. Noch ist es Zeit, die eigene Motivation zu prüfen, denn hat man sich dem Unwürdigen erst einmal zugewandt, verliert man den Anschluß an höhere Werte *(Menschen)* immer mehr.

Linie 3 *Folgen Sie konsequent dem Weg des Guten*

Diese Linie befindet sich im Aufwind des OKT Wind und stellt außerdem den Platz unterhalb des UKT Berg dar, womit angedeutet wird, daß man den Anschluß an bedeutende Menschen *(Kräfte)* gefunden hat und sich von der niederen und zweifelhaften Gefolgschaft trennen kann. Aber noch ist man nicht auf dem Gipfel des Erwünschten angekommen, weshalb man weiterhin entschlossen und beharrlich dem Weg des Wahren folgen muß, um nicht wankend zu werden. Nur durch diese konsequente Anpassung wird man finden, was man sucht und dabei gleichzeitig seinen Charakter stärken.

Wer dem starken Mann folgt *(höheren Idealen, wertvollen Menschen)*, der verliert den kleinen Knaben *(das Niedere oder Oberflächliche)*. Es gilt aufzupassen, daß es nicht zu Spannungen *(von unten)* oder berechnenden Schmeicheleien *(von oben)* kommt.

Linie 4 *Lassen Sie sich nicht von falschen Nachfolgern beirren, sondern bleiben Sie Ihren Grundsätzen treu*

Es ist hier eine Person gezeigt, der es gelungen ist, in eine hohe Position aufzusteigen *(in ihrer Entwicklung weiterzukommen)*. Dies liegt in ihrem natürlichen und aufrichtigen Wesen begründet, mit dem sie sich den anderen Menschen verbunden sieht. Doch wie so oft bei einem solchen Charakter, findet sich eine Anhängerschaft allzu gläubiger Jünger ein, die sich durch gespielte Unterwürfigkeit einen Vorteil zu erschleichen hoffen *(ihr Fähnlein in den Wind hängen, um nach oben zu kommen)*. Auch wenn man selbst das Rechte und Wahre im Sinn hat, so ist doch die eigene Stellung sehr labil, und man muß darauf achten, daß man sich nicht an diese falschen Anbeter gewöhnt, sondern den Grundsätzen treu bleibt, die einen hierher gebracht haben *(sich nicht jedem gegenüber nachgiebig zeigen, sondern eine klarere Auswahl treffen)*. Um die eigene Unabhängigkeit in alle Richtungen zu bewahren, ist es am besten, man dient diesen Anhängern lediglich als Wegweiser zu den wahren und höheren Kräften, dann bleibt man von jeglichem Schaden bewahrt.

Linie 5 *Folgen Sie dem Wahren und Guten*

Hier am zweiten herrschenden Platz des Hexagramms, findet sich ein starker und in seinem ganzen Wesen korrekter Edler mit heiterer und weltoffener Gesinnung. Sein innerer Reichtum ist ein natürlicher Besitz *(OKT Wind),* und ganz diesem entsprechend folgt er seinen weisen und guten Vorbildern *(sechste Linie)* hoher Ideale. Eigene Anhängerschaft braucht er keine, da ihn diese nur vom Wesentlichen ablenken würden. Indem er sich selbst den höchsten Anforderungen unterstellt *(sechste Linie),* wird er sein hohes Ziel erreichen.

Auf die gleiche Weise wie beim ersten Platz der starken Empfindungskräfte, ist es hier die Seele *(das Feld der kreativen Auseinandersetzung mit dem Leben),* die bereit sein muß, sich an die korrekte Linie des Geistes anzupassen, um die Lebensmotivation immer wieder neu auszurichten *(geistige Motivation, den natürlichen Wegen zu folgen).* Die Seele oder das Schicksal folgt der Weisheit des Geistes, das Kreativ-Inspirierende stellt sich unter das Intuitive.

Linie 6 *Stellen Sie Ihr Wissen in den Dienst der Suchenden*

Hier in den oberen Regionen der geistigen Welt findet sich ein Lehrer und Weiser, der die Abgeschiedenheit außerhalb des Weltgetriebes bevorzugt. Er folgt den höchsten Idealen *(höhere Motivation)* und ist nicht auf personenbezogene Nachfolge ausgerichtet. Da die anderen *(seine selbst hoch entwickelten Verehrer)* aber nicht von ihm lassen und ihm zudem große Ehren erweisen *(er wird von einflußreicher Stelle geehrt),* entscheidet er sich, noch einmal in weltliche Dienste zu treten und mit seiner Weisheit den Führung Suchenden auf ihrem Weg zu helfen.

Die oben genannte einflußreiche Stelle, durch die dieser geehrt wird, bezieht sich auf die fünfte Linie der Seele, wodurch im höchsten Sinne deren feste *(schicksalhafte)* Verbundenheit mit dem Geist zum Ausdruck gebracht wird. Indem man also seine geistigen Fähigkeiten in den Dienst der *(geistig)* Suchenden stellt, hilft man diesen, ihr Schicksal zu festigen.

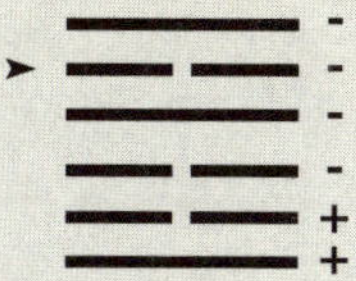

oben: **Das Feuer**

das Feuer
die Klarheit
das Sakral-Chakra

DAS DENKEN

unten: **Der Donner**

das Erregende
die Aktivität
das Stirn-Chakra

DER GEIST

Charakter:

6 unverbesserlich
5 gutmütig
4 brillant

3 beschämt
2 empört
1 ignorant

21 DAS DURCHBEISSEN
DER STRAFPROZESS

Situation:

Die Klarheit der Sonne befindet sich über dem erregenden Zeichen des Donners. Mit gewittrigen Schauern beißt sich der Frühling durch die letzten Widerstände der winterlichen Starre. Spannungen werden gelöst, das Schöne kann sich entfalten.

Kommentar:

Eine weitere sinnbildliche Erklärung des Durchbeißens bezieht sich auf die Linienstruktur des Hexagramms selbst. Die starken Linien oben und unten stellen die Lippen oder die Kiefer eines Mundes dar, die Schwachen die Zähne, die auf ein Hindernis beißen. Um den Mund wieder schließen zu können *(die Lippen zu vereinigen)*, muß das Hindernis energisch durchbissen werden. Der Prozeß des Durchbeißens und der darauffolgenden Klärung findet seine Anwendung in den Gesetzen und Strafen einer Regierung, die dadurch schwerwiegende Konflikte oder Hindernisse *(Verbrechen und Übertretungen, die das Recht der Allgemeinheit oder auch einzelner verletzen)* im Zusammenleben der Gemeinschaft energisch beseitigen kann. Die gesamte Struktur dieses Hexagramms weist also auf das Verurteilen von verbrecherischen Elementen hin *(vierte Linie, als mittlerer Strich des OKT Wasser)*, was durch das Auge des Gesetzes auf korrekte Art und Weise geschieht. Dieses wird vertreten durch den ehrfurchtgebietenden, aber in seinem Wesen herzlichen (*milden*) Richter *(fünfte Linie)*, der es versteht, als ruhender Pol mit klarem Verstand die Verhandlung zu leiten. Sind alle Sachverhalte geklärt, die Zeugen vernommen, das Spannungsfeld auf den höchsten Punkt gestiegen, erhebt sich das Gericht, um dem lösenden Gewitter gleich das Urteil zu verkünden. Dabei ist jedoch, um dem Sinn eines klärenden Prozesses gerecht zu werden, darauf zu achten, daß die gewählte Strafform der Härte des Deliktes entspricht. Bloße Milde und Klarheit walten zu lassen, wäre zu nachsichtig, bloße Härte und Erregung zu heftig. Deshalb ist eine gewissenhafte Klärung der Ursachen und Hintergründe notwendig, um ein gerechtes Urteil zu sprechen. Strafen und Gesetze bestehen nicht um ihrer selbst willen, sondern um die Menschen vor gewaltsamen und unbewußten Übergriffen zu schützen

Gerade deshalb ist das Durchbeißen von Hindernissen kein sanfter Lösungsweg, sondern bedeutet energisches Durchgreifen, bis die Dinge geklärt sind. Dabei gilt es aber, den legalen und anerkannten Weg der Gerechtigkeit zu gehen und nicht durch faule Kompromisse oder gewalttätige Selbsthilfemaßnahmen die Sache zurechtzubiegen. Der natürlichen Aussage des Hexagramms gleich *(Blitz und Gewitter)*, können solche Störfaktoren nur durch eindeutige und einer übergeordneten Gesetzmäßigkeit unterliegenden Maßnahmen beseitigt werden. In einer Gesellschaft ohne Recht und Ordnung herrschen Anarchie und Selbstjustiz, also nicht Gerechtigkeit im höheren Sinne, sondern das Waffen- und Faustrecht der Gewalttätigen. Prozeß und Strafe oder Gericht und Urteil nehmen, wie alle Vorgänge im menschlichen Leben, Bezug auf das Naturgesetz der Wandlung, mit der das Alte vor Sinnlosigkeit *(Unbrauchbarkeit)* bewahrt wird, damit der Kreislauf der ewigen Erneuerung in Gang gehalten werden kann. Aus der Dunkelheit der Erde (dem triebhaften Untergrund) zum Licht der Sonne. Dieses natürliche Bestreben der Natur wird uns durch die Strafe des hohen Richters vor Augen gehalten, der den Täter der gerechten Strafe zuführt.

Jede unbewußte oder triebhafte Tat kommt, ihrer ganz natürlichen Entwicklungsrichtung entsprechend, irgendwann ans Licht. Ist der Keim *(die geistige Saat des Unrechts)* erst gesät, drängt er, durch das Streben nach Licht genährt, unweigerlich dazu, Gestalt anzunehmen, um von seinem Schattendasein befreit zu werden. Dies läßt sich am Beispiel eines Gewitters deutlich machen, das sich dann entlädt, wenn sich in der Atmosphäre *(dem gesellschaftlichen, zwischenmenschlichen Spielraum)* eine Spannung aufgebaut hat, die durch eine von der normalen Klarheit abweichende, zweite Luftschicht zustande kam. So ruhig sich dieser Vorgang im Hintergrund abspielt, zeigt er sich doch in dunklen Wolken *(vorausgehende Hinweise)*, um sich dann in lautstarkem *(öffentlichem)*

Grollen und hellem Blitz des Donners ganz plötzlich zu entladen *(der Stimme und dem Licht der Gerechtigkeit).* Bezieht man diesen ganzen Vorgang auf die Bewußtseinsstruktur, so ist der gerechte Richter mit der Macht des Schicksals zu vergleichen, das über das Strafmaß entscheidet *(den Schicksalsschlag)*, um das verhärtete Wesen wieder zur höheren Einsicht zu bringen *(dem Tao).* Diese verhärteten Hemmnisse *(Habgier, Hartherzigkeit, Egoismus)* können also nur durch konsequentes und energisches Durchbeißen, d. h. geistige Aufklärung beseitigt werden, damit man sich an den schweren Brocken nicht andauernd verschluckt, oder durch den faulen Zahn *(vierte Linie)* an seiner Ernährung gehindert wird.

Linie 1 *Nehmen Sie die Umstände als Mahnung, auf dem Pfad des Schlechten einzuhalten*

Diese und die oberste Linie sind es, die den Angeklagten in einem Strafprozeß zugeordnet sind *(Empfinden als unbewußter Straftäter, Geist als dekadenter und unverbesserlicher „schwerer Junge")* und symbolisch für die Art und das Maß des Verbrechens stehen, das sie begangen haben. Dieser hier gezeigte Unbeherrschte, steht für den ersten abweichenden Schritt einer kleinen Gesetzesübertretung, die sich noch leicht korrigieren läßt. Als Strafe trägt er die „Füße im hölzernen Block", d. h. er wird durch Fesseln am Weiterschreiten gehindert. Diese Bewegungseinschränkung gilt hier als Mahnung oder abschreckende Zurechtweisung, dem Pfad des Schlechten nicht länger zu folgen.

Die Fesseln, die er trägt, nehmen Bezug auf die Einhalt gebietenden Impulse des eigenen Herzens, die einen zum In-sich-Gehen zwingen, damit man zur Besinnung kommt. Unbeherrschtes oder unbewußtes Vergehen wird bewußt gemacht und aufgelöst *(bewußter Umgang mit triebhaften Kräften).* In der Rechtssprache ausgedrückt, könnte dies ein Hinweis auf Untersuchungshaft sein, um die Sachverhalte zu klären. Obwohl eine Besserung hier noch leicht möglich ist, wird doch der Ruf dieses von Natur aus schon leicht zu Erregenden weiter in Mitleidenschaft gezogen.

Linie 2 *Auch wenn einem das Strafmaß etwas zu streng erscheint, so ist es doch gerecht*

Dies ist der unterste Platz der Rechtsprechung und symbolisiert neben der Funktion des Denkens den Platz eines Richters, dem beim Verurteilen eines Straffälligen der feine Spürsinn etwas abhanden kommt. Empört über das Vergehen dieses gewalttätigen Sünders *(erste Linie)*, greift er hart und gnadenlos zu. Obwohl diese zornige Entrüstung etwas zu weit geht, ist das Strafmaß, auch wenn es zu streng erscheint, angebracht und wird den Schuldigen zur Besinnung bringen *(er wird einsichtig)*.

Auch wenn hier eine korrekte Linienstellung vorgefunden wird, fehlen diesem Richter die starken, inspirierenden Kräfte einer höheren Sichtweise *(fünfte Linie)*, was ihn seinem Umfeld und seiner gerichtlichen Position entsprechend *(Einzelrichter im UT Donner und UKT Berg)*, leicht auffahrend und verhärtet reagieren läßt. Vielleicht sollte er die Motive, auch wenn sie ganz klar erscheinen, doch in einem etwas „anderen Licht" überprüfen, bevor er im Blitzverfahren aburteilt.

Linie 3 *Auch wenn man der verdorbenen Sache nicht gewachsen ist, werden die Bemühungen um Gerechtigkeit doch belohnt*

Eine schwache Linie auf starkem Platz zeigt eine richtende Person, die einer Strafsache gerecht werden soll und dieser nicht gewachsen ist. Es handelt sich dabei um eine giftige Angelegenheit, in deren Folge man den abgrundtiefsten Verstrickungen krimineller Machenschaften auf die Spur kommt. Die darin Verstrickten sind zu gerissen und geben sich nicht leicht geschlagen, so daß man sich gedemütigt fühlt. Die ganzen Nachforschungen geraten ins Stocken und kommen nicht wie gewünscht voran. Auch wenn dies sehr bedauerlich erscheint, so war doch das ganze Vorgehen berechtigt und wird seine Wirkung in der Zukunft nicht verfehlen *(das Übel ist gebrandmarkt)*.

Die giftige Angelegenheit bezieht sich auf das OKT Wasser und im speziellen auf die mittlere, vierte Linie *(das Herz)* des gesamten Hexagramms. Sie ist das Hemmnis *(asoziale Verbrechernatur, verhärtet, habgierig, unkultiviert)*, das durchbissen werden muß, um wieder klare und spannungsfreie Zustände zu schaffen.

Linie 4 *Nur wenn man sich der Schwierigkeiten bewußt leibt, kann es gelingen, die Übel ans Licht zu bringen*

Die Schwierigkeiten, die es hier zu durchbeissen gilt, werden mit dem harten Knorpel eines getrockneten Fleischstücks verglichen. Inmitten von gefahrvollen Spannungsfeldern treffen wir auf den ruhenden Pol einer strategisch brillanten Persönlichkeit *(Vollzugs-*

richter oder Verteidiger), die es versteht, ihre Waffen *(der Anklage oder Verteidigung)* mit geschickter Hand zu führen. Ihre Pfeile die sie schießt, symbolisieren die Geradlinigkeit und durchschlagende Urteilskraft, mit der sie das Übel durchbohrt. Trotz ihrer Fähigkeiten ist dies eine kraftraubende und ihre ganze Aufmerksamkeit fordernde Arbeit. Nur durch äußerste Beharrlichkeit gelingt es ihr immer wieder, die schwerwiegenden und verstrickten Angelegenheiten ans Licht zu bringen *(aufzudecken)*.

Der kompetente Platz einer Instanz, die berechtigt ist, Strafen zum Vollzug zu bringen oder auch abzuwehren. Dies erklärt sich durch die unterschiedlichen Energien, die hier zusammentreffen. Kompetent durch ihre weise und klarsichtige Erkenntnisgabe, kann diese von hoher Stelle aus *(UKT Berg/OT Feuer)* ihr Urteil sprechen. Gleichzeitig symbolisiert der zentrale Gipfelpunkt den Charakter eines Verteidigers, der mit brillanten Plädoyers das Urteil abzuwehren versteht *(OKT Wasser/UKT Berg)*.

Auf die Energiestrukturen bezogen ist es das Herz, was als zentrale Kraft des sozialen Bewußtseins alle Eigenschaften in sich vereint, um die hartnäckigen Probleme zu durchbeißen. Problem und Lösung in einem!

Linie 5 *Behalten Sie die lauernden Gefahren im Auge*

Hier ist der verantwortungsvolle Platz eines Staatsanwalts, der das hohe Auge des Gesetzes zu vertreten hat. Ihm unterliegen die schweren Bestrafungen, was seinem gutmütigen Wesen entsprechend keine leichte Aufgabe für ihn ist *(schwache Linie auf starkem Platz)*. Um der an ihn gestellten Anforderung gerecht zu werden, muß er sich immerzu den lauernden Gefahren und Hinterhalten bewußt sein, die seine Arbeit mit sich bringen. Wie „gelbes Gold", so sagen die Texte, muß sein Charakter sein. Mild in der Ausführung, aber streng in der Sache. Ein unparteiisches und gerechtes Verfahren *(der Mitte)*, was im Zweifelsfall für den Angeklagten spricht.

Auf der einen Seite ist das milde Wesen dieses Verantwortung Tragenden *(die Seele, als inspirierende Instanz)* eine positive Eigenschaft, stellt aber gleichzeitig eine Schwachstelle dar *(normalerweise starke Linie als ehrfurchtgebietende Autorität)*, derer man sich bewußt sein muß, um „Justizirrtümer" oder gar Bestechlichkeit auszuschließen.

Linie 6 *Wer allen Ratschlägen gegenüber taub ist, gerät immer mehr ins Unglück*

Im Unterschied zur ersten Linie, bei der es sich um einen leicht zu bessernden Straffälligen handelt, wird hier ein „schwerer Junge" mit unverbesserlichen Charakterzügen gezeigt. Freispruch oder mildes Urteil sind für ihn ausgeschlossen. Als Zeichen seines verstockten und in seiner ganzen Gesinnung uneinsichtigen Wesens, trägt er einen „hölzernen Kragen", in dem die Ohren verschwinden, was im übertragenen Sinn auf Gefängnis oder andere Zwangsmaßnahmen schließen läßt. Bleibt er weiterhin für jede Warnung taub, wird er, als nicht mehr besserungsfähig, immer wieder rückfällig werden.

Diese letzte Linie ist der Platz des Geistes, der in seiner starren, karmisch verhafteten Dekadenz nicht bereit ist, den Signalen der Seele Folge zu leisten und sich seines himmlischen Ursprunges zu erinnern *(seine „Ohren" sind taub).*

Kungtse (Konfuzius) bemerkt sehr treffend dazu:

*„Wenn das Gute sich nicht ansammelt, reicht es nicht aus, einen berühmt zu machen. Wenn das Böse sich nicht ansammelt, ist es nicht stark genug, einen zu vernichten. Der Gemeine denkt deshalb, Gutes im Kleinen habe keinen Wert und unterläßt es. Er denkt: kleine Sünden schaden nichts. Darum gewöhnt er sie sich nicht ab. So sammeln sich seine Sünden an, bis sie sich nicht mehr bedecken lassen, und seine Schuld wird so groß, daß sie sich nicht mehr lösen läßt."**

---

*R. Wilhelm, I Ging

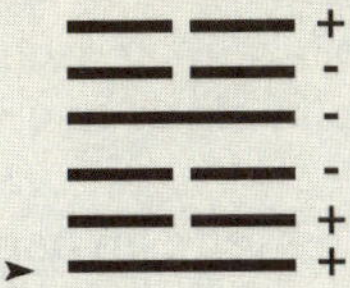

oben: **Der Donner**

das Erregende
die Aktivität
das Stirn-Chakra

DER GEIST

unten: **Der Donner**

das Erregende
die Aktivität
das Stirn-Chakra

DER GEIST

Charakter:

6 zurückhaltend
5 gefaßt
4 träge

3 fassungslos
2 einsichtig
1 angespannt

51 Die Erschütterung

Das himmlische Gericht

Situation:

Die Verdoppelung des Trigramms Donner symbolisiert die vitale Kraft der schöpferischen Energie im Frühling, die die Samen sprengt und alles zum Keimen bringt. Die ganze Vielfalt der Natur entfaltet sich, das Leben wird erneuert. Das erschütternde Wesen des Göttlichen gibt sich in der Schönheit der Formen zu erkennen.

Kommentar:

Erschütterungen sind, so sehr sie auch von der Aura der Furcht und des Schreckens umgeben sind, wichtige Prozesse der geistigen Erneuerung. Dem anfallartigen Geschehen voller Spannung *(plötzlicher Geburtswehen gleich)* folgt die freudige Erlösung, das göttliche Geschehen bringt die Wesen und Dinge zur Entfaltung. Erschütterungen, egal ob sie das Herz oder die Seele betreffen, sind nichts Abwegiges, sondern ein Zeichen der vitalen Geisteskraft, die aufrüttelt und löst, damit das Leben sich erneuert und weiter entwickelt. Fruchtbare Prozesse dieser Art durchziehen die Natur und den Menschen in regelmäßiger und doch unberechenbarer Folge das ganze Leben hindurch. Gerade dieses nicht Berechenbare ist es, was den Menschen vor Furcht zum Zittern bringt. Furcht vor dem unbekannten Neuen, dem es nun auf die richtige Art und Weise entgegenzugehen gilt. Sowohl der Vorgang der Zeugung als auch der Geburt sind solche Symbole einer Erschütterung (Erregung), in deren Folge neues Leben, aus dem Keimhaften befreit, zur körperlichen Entfaltung drängt. Nach der schrecklichen Anspannung während der Wehen, folgt die Freude und tränenreiche Erlösung im Glück *(Schreien und Stöhnen, Lachen und Plaudern als Charakter des Donners)*. Der Geist als schöpferische Lebenskraft ist es, der den Körper und die Seele in einen neuen Kreislauf des Werdens und Vergehens bringt.

Immer werden wir durch solch spannungsreiche Kräfte im ganzen Wesen unserer Person erschüttert. Auf der körperlichen Ebene durch Krämpfe und Zittern, im Herzen durch Ehrfurcht, in der Seele durch Verwirrung und Angst *(„geht an die Nieren", OKT Wasser)* und nach außen durch panische Aufregung oder euphorische Begeisterung. Hat man aber den tieferen Sinn dieses Zittern und Furcht bringenden Bebens erkannt, so bleibt man ruhig und gefaßt und harrt in ehrfürchtiger und abwartender Haltung der Dinge die da kommen. Will man dieses Kommende in seinen Geburtswehen nicht unnötig erschweren, darf man sich nicht aus lauter Furcht unnötig verkrampfen. Denn, auch wenn die Spannung bis an die Grenzen der Belastbarkeit gehen kann, der Sinn solcher Erschütterungen ist die Erneuerung. Wieder ist es die Natur, die uns diesen fruchtbaren Vorgang Jahr für Jahr durch das Hervorbrechen des jungen Lebens aus der Behaglichkeit der Winterruhe demonstriert. Dieser Prozeß ist in der Entwicklungsspirale des Lebens angelegt und führt, hat man die richtige Einstellung dazu gewonnen, zu neuer Beweglichkeit. Schöpferische Impulse, die das innere Wesen ergreifen, entfalten sich nach außen, die ganze Persönlichkeit wird erneuert, eine Wende im Lebensrhythmus tritt ein. Sträubt man sich aber aus lauter Furcht vor dem Unbekannten dagegen, gerät man in Verwirrung und Erregung und richtet die gewaltige Kraft gegen sich selbst, ja verschlimmert alles noch viel mehr. Epilepsie, Krampfanfälle, nervöse Erregungszustände, unbändige Triebhaftigkeit, Wut und Zornausbrüche, die sich gegen den eigenen Körper oder Schwächere richten, sind die Folgeerscheinungen solchermaßen unterdrückter Spannungen.

Alles Leben ist dem Kreislauf des Wandels unterworfen, der, mit der göttlichen Idee, dem Keim des neuen Lebens beginnend, sich körperlich und seelisch entfaltet, im Geiste seines himmlischen Ursprunges entwickelt, aufblüht und vergeht. Unter diesem Gesichtspunkt betrachtet symbolisiert das Zeichen das in den karmischen Raum des Körpers eingedrungene Geistwesen, das zur Entfaltung und spirituellen Wiedervereinigung mit seinem göttlichen Ursprung drängt. Erschütterungen sind letztendlich als ein dem Wesen des Geistes eingeprägter Versuch zu verstehen, sich von der Fessel der Verkörperungen *(karmischer Bindungen)* zu befreien. Je mehr man sich diesen elementaren Neuerungsversuchen des (göttlichen) Geistes gegenüber öffnet, d. h. es geschehen läßt, desto mehr werden wir im Herzen vereint mit der schicksalprägenden Kraft des höchsten Wesens.

Linie 1 *Ist die Erschütterung überstanden, folgen Erleichterung und Freude*

Eine große Anspannung liegt in der Luft, etwas Neues, Unbekanntes bahnt sich an. Es meldet sich eine Kraft, die wie eine unsichtbare Hülle *(Aura der Angst)* das ganze Wesen in seinen Grundfesten erfaßt. Unruhe macht sich breit, man wittert Gefahren und ängstigt sich vor diesem Unbekannten. Der brodelnden Spannung eines Unwetters gleich, steigt der innere Druck, das Ereignis kommt näher. Man sieht sich um und denkt: Warum ich? Was hab ich getan? Doch Zeiten der Erschütterung sind Zeiten der Erneuerung und nehmen im Kreislauf des ewigen Wandels ihren ganz natürlichen Stellenwert ein. Obwohl die bedrohliche Anspannung fast unerträglich erscheint, löst sie sich, sobald man dieses Gericht durchschritten hat. Erleichterung breitet sich aus, man fühlt sich erfrischt und zu neuen Aktivitäten bereit. Und so ist es gerade dieser furchteinflößende Prozeß der Erschütterung *(des Alten, Schlafenden)*, der die neuen Lebensgeister weckt und dadurch allgemeinen Fortschritt bewirkt.

Hier ist der Platz einer initiatischen, erschütternden Urkraft *(der Empfindungen)*, die jede Faser des Körpers durchdringt, Beengung schafft *(im Herzen)* und überfallartige Angst *(Gänsehaut)* erzeugt. Kein klarer Gedanke läßt sich mehr fassen, das Kribbeln wandelt sich zu Schrecken im Bauch *(Solarplexus, der Körper zittert)*. Geht man aber auf die rechte Art und Weise durch diesen Zyklus hindurch *(indem man sich auf die unterschiedlichsten Veränderungen einstellt)*, folgt auf das Hu-Hu der Angst das Ha-Ha der entspannten Heiterkeit.

Mit solchen stoßartigen Erschütterungen befreit sich auch die Erde von innerem Druck *(Erdbeben)*, die Natur aus ihrem Winterschlaf *(Samen und Keime)*, starke unwetterartige Gewitter von atmosphärischen Spannungen. Aber auch instinktgesteuerte Kräfte entladen sich in Zorn und Wutausbrüchen *(sehr gefährlich, weil gegen Schwächere gerichtet)* oder zeigen sich in anfallartigen Zuständen verschiedener Art.

Linie 2 *Im Angesicht erschütternder Ereignisse ist es angeraten, sich an einen sicheren Platz zurückzuziehen*

Das Ereignis, durch das eine gefahrvolle Situation entstanden ist, gleicht der Springflut nach einem Beben, die mit ihrer gewaltigen Stoßkraft unaufhaltsam das Land ergreift. Da man sich unmittelbar in der Bewegungsrichtung dieser Druckwelle befindet *(die bedrohliche Empfindung),* heißt es, sich richtig zu verhalten. Widerstand gegen diese urwüchsige Kraft *(Terror, Panik, blinde Wut)* zu leisten ist zwecklos. Jetzt gilt es, sich so rasch wie möglich in Bewegung zu setzen, um dem drohenden Unheil zu entgehen. Dabei darf man sich aber weder kopflos von der Panik bestimmen lassen noch an seinen Besitz denken, den man dabei verliert. Der sicherste Platz sind die Höhen, weit außerhalb *(oberhalb)* des Geschehens, wo man sicher ist und von der Welle der Gewalt nicht erfaßt werden kann. Auch wenn die erlittenen Verluste zunächst sehr schmerzlich erscheinen, wird man doch in Zukunft mehrfach dafür entschädigt.

Unmittelbar über dem Initianten liegt die die zweite Linie des klaren Denkens, das von den starken Empfindungen *(das Gemeine, das Böse)* überrollt zu werden droht. Deshalb soll man sich in die Ruhe der Meditation zurückziehen, zu sich selbst finden und sich von oben *(der fünften Linie)* inspirieren lassen, um heil davonzukommen. Seinen Besitz, den man nach „sieben Tagen" wiederbekommt *(das klare Denken, Kontakt mit den Mitmenschen, seine „sieben Sinne", Besonnenheit)*, nimmt Bezug auf einen Entwicklungszyklus, der sich nach den erschütternden Ereignissen und der dadurch gewonnen Erneuerung zeigen wird.

Linie 3 *Inmitten des Aufruhrs gilt es Haltung zu bewahren, um den Schock zu überwinden*

Hier am Platz des aktiven Handelns findet sich ein schwaches *(unbewußtes)* Wesen, das von einem äußeren Schicksalsschlag getroffen, völlig fassungslos und verängstigt vor diesem Ereignis steht und nicht weiß, wie es sich verhalten soll. Völlig außer sich, inmitten des ganzen Aufruhrs, droht es, in einen Abgrund der Hoffnungslosigkeit zu fallen und sich der Erschütterung schweigend zu ergeben. Doch das darf nicht sein. Man muß sich fangen, Haltung bewahren und diesen Schock als Anstoß der Natur betrachten, neue Wege des Handelns zu finden, indem man sich an stärkeren Kräften orientiert, d. h. sich in einen höheren Erkenntnisstand versetzt, um diese Schicksalsschläge zu überwinden.

Die stärkeren Kräfte beziehen sich *(in diesem Fall)* zum einen auf die vierte Linie des UKT Berg, die als Platz des Herzens und der höheren Weisheit auf die innere Haltung zielt und zum andern auf die Hilfe, die durch einen einflußreichen *(soziale Unterstützung, einen weisen Rat aus höherer Sicht)* und in sich gefestigten Menschen gegeben sein kann.

Linie 4 *Wer keine Veranlassung sieht, sich seiner Trägheit zu entledigen, gerät immer mehr in den Schlamm*

Weder massive Widerstände vor noch hinter einem sind die Ursachen dieser hier gezeigten Bewegungslosigkeit. Vielmehr ist es der angeschwemmte Schlamm eines schockierenden Ereignisses *(die Ausläufer der gewaltigen Springflut von Linie 1)*, der einen, mangels innerer Motivation, etwas dagegen zu tun, zu verschlingen droht. Voller Verwirrung und Unverständnis über diese Zustände fühlt man sich wie gelähmt und fragt sich, was dieses Chaos bedeuten soll. Mit einer dermaßen laschen Einstellung gerät man immer mehr in den Strudel der Gleichgültigkeit, aus dem man nur schwer wieder herausfinden wird.

Die Impulse der Erneuerung erfassen zwar auch diesen Schwachen, jedoch sieht er weder innerlich noch äußerlich eine Möglichkeit, etwas Sinnvolles zu unternehmen *(UKT Berg/OKT Wasser)*. Seiner blockierten Instinktkraft unterworfen, gerät er immer mehr in den lähmenden Schlamm *(den Abgrund der Angst und Verwirrung)*, aus dem es kein einfaches Entrinnen mehr gibt. Ein träger und verwirrter Geist, der inmitten von Schwachheiten *(vier Yin-Linien)* darin unterzugehen droht.

Linie 5 *Bleiben Sie im Zentrum der Erschütterung, dann können Sie von den Turbulenzen nicht erfaßt werden*

Erschütterung folgt auf Erschütterung, und in keiner Richtung ist ein Fluchtweg offen. Auf dem Höhepunkt der Gefahren, die sowohl von inneren als auch von äußeren Schrecken geprägt sind, ist es am besten, sich im Zentrum zu halten und weder in die eine noch in die andere Richtung ruckartige Befreiungsversuche zu unternehmen. Bleibt man auf diese Art gefaßt und versucht sich statt dessen an einem inneren Bezugspunkt zu orientieren, kann man verhindern, daß man von den Turbulenzen erfaßt und wehrlos hin- und hergeworfen wird.

Trotz seiner hohen Stellung ist dieser hier ohne Hilfe von oben und unten eingekesselt inmitten Schrecken bringender Unannehmlichkeiten. Aber er schafft es, durch geeignete Vorkehrungen, anpassend im Zentrum der Geschehnisse zu bleiben und kann auf diese Weise Verluste oder Rückschritte vermeiden.

Linie 6 *Rückzug in die Stille ist der richtige Weg, um dem ganzen Tumult zu entgehen*

Die ganze Struktur der Gesellschaft ist vom Wesen der Furcht erschüttert und in Herz und Seele getroffen. In einer solchen Situation einen kühlen Kopf zu bewahren ist sehr schwer. Ließe man sich aber von der ganzen tumultartigen Stimmung anstecken oder wäre gar versucht, direkt dagegen anzugehen, würde man von der erregten Masse mitgerissen. Eine solche kollektive Verwirrung ist nicht aufzuhalten, und deshalb sollte man jede Handlung vermeiden, indem man sich in die Stille zurückzieht und wartet, bis sich das Tohuwabohu gelegt hat. Dies wird zwar auf allgemeines Unverständnis stoßen, ist aber der beste Weg, um selbst zur Klarheit zurückzufinden.

„Wenn es noch nicht den eigenen Leib ergriffen hat, sondern erst die Nachbarn, dann ist dies von Vorteil", so das I Ging. Da es sich hier um die oberste Linie des Hexagramms handelt, bezieht sich „der befallene Leib" auf den Geist der eigenen Person, der sich, um vor den „erregten Nachbarn" *(die von Turbulenzen erschütterte Seele)* Schutz zu finden, auf das Hochplateau außerhalb des Geschehens zurückzieht *(durch eine geeignete Meditationstechnik den Geist von den Verwirrungen der Umgebung lösen, indem man ihn in höhere Regionen wandern läßt oder allgemein geistigen Schutz sucht).*

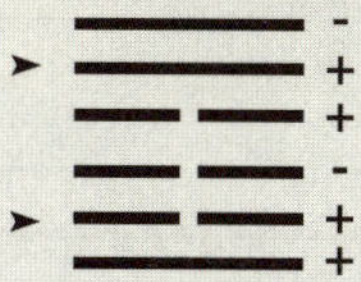

oben: **Der Wind**

das Sanfte
die Energie
das Wurzel-Chakra

DAS EMPFINDEN

unten: **Der Donner**

das Erregende
die Aktivität
das Stirn-Chakra

DER GEIST

Charakter:

6 raffgierig
5 wahrhaftig
4 vertrauenswürdig

3 aufrichtig
2 beständig
1 vital

42 DIE MEHRUNG
DIE BEREICHERUNG

Situation:

Der Wind, als Symbol der himmlischen Energie, hat sich mit einem Attribut seiner Stärke (vierte Linie) unter die Erde begeben, um sie zu mehren. Der Geist, als göttliche Lebenskraft, hilft der Materie, sich zu entwickeln und zur Fülle zu gelangen. So wird durch Mehrung des Unteren der Kreislauf der Schöpfung deutlich gemacht.

Kommentar:

Mehrung oder Bereicherung entsteht durch Verteilen des Überflusses an die Bedürftigen. Indem so das rangmäßig Obenstehende von seinem Überfluß *(Wissen, Einfluß, Erfahrung, Geld)* an das Bedürftige (*Begabte*) abgibt, trägt es zu dessen Entfaltung bei und wird selbst seelisch und geistig bereichert. Mehrung oder Bereicherung ist also im höchsten Sinne des Lebenskreislaufs ein Vorgang, der beiden Teilen fortschrittlichen Nutzen bringt. Betrachtet man diesen Zusammenhang durch seinen natürlichen Hintergrund, dann ist es die Zeit des Frühlings und des Frühsommers, der diesen Entwicklungs- und Wachstumsprozeß symbolisiert. Donner und Wind als dynamischste Zeichen des Lebenskreises, bilden den Anfang und Fortschritt allen üppigen Wachstums. Der Donner, als keimende Urkraft des schöpferischen Atems, erweckt die Formenvielfalt zum Leben, der Wind breitet sie aus und bringt sie zur Entwicklung. Das Obere dient dem Unteren und letztendlich sich selbst.

Ganz dem Beispiel der Naturkräfte folgend, ist der Edle bestrebt, das Wesen der gegenseitigen Mehrung in der Entwicklung seiner eigenen Person zu verwirklichen. Denn, wer andern Vorbild und Quelle der Kraft sein will, muß bereit sein, zu dienen und diesen Bestrebungen, ohne im Geiste selbstgefällige Absichten zu haben, beharrlich folgen. Mehrung bedeutet also nicht nur ein Spenden nach unten, sondern ist gleichzeitig eine Minderung der eigenen schlechten Gewohnheiten oder Nachlässigkeiten *(Verschwendung, unbeherrschtes und überhebliches Verhalten)*. Je mehr man gibt, desto größer wird der eigene Reichtum, d. h. man optimiert das Gute durch Imitation dessen, was man an andern als förderungswürdig erkennt und verringert dadurch das Schlechte im eigenen Charakter. So wird das hingebende Wirken des Edlen vom Prana der himmlischen Kräfte genährt. Seine Visionen sind die keimenden Impulse einer sanften Macht, die ihm die Kraft verleiht, zu einem starken und energiespendenden Wesen heranzuwachsen.

Doch auch die Zeit der Mehrung ist nicht von Dauer, sondern wandelt sich, der Dynamik beider Prinzipien entsprechend, rasch. Allein deshalb muß die Intensität dieser frischen und natürlichen Fortschrittskraft spontan und konsequent genutzt werden, um allgemeine positive Entwicklung zu ermöglichen. Anstatt seinen Reichtum *(sein Wissen, seine Energie, sein Geld)* zu horten oder zu konservieren, investiert man es in sinnvolle Projekte oder entwicklungsfähige Unternehmen und läßt es für sich arbeiten. Hier kommt auch die andere Seite der Medaille zum Vorschein, die sich in Raffgier und egoistischen Vermehrungstendenzen zeigt. Versinkt man in dieser selbstgefälligen Bequemlichkeit, so daß die Schätze ungenutzt liegenbleiben, werden sie zerfallen oder durch den Sinn des Hexagramms ausgedrückt, dem Ausbeuter seinen verdienten Lohn zurückerstatten *(der Schädiger wird selbst zum Geschädigten)*. Um Wachstum *(Energie)* immer wieder zu aktivieren, muß der Kreislauf der Wandlung durch Mehrung des aufstrebenden Neuen in Gang gehalten werden. Man steckt Energie *(Geld)* in seine Visionen oder die begeisternden Ziele begabter Mitmenschen und erhält als Resonanz eine starke Förderung der eigenen Person. Indem man also auf diese Weise andern eine Bestätigung gibt, d. h. ihre geistige Reifwerdung unterstützt, wird man selbst bestätigt *(Verlag, Verleger)*.

Der Geist als fruchtbarer Quell des Schöpferischen ist die initiatische Kraft, die gesandt ist, dem Leben Form zu geben und dieses durch Wandlung *(Bereicherung, Mehrung)* zu seinem Ursprung zurückzuführen. Oder anders ausgedrückt: Die Kraft *(der Geist)* steigt auf, verkörpert sich durch die Form und wandelt sich wieder zu Energie. Energielosigkeit ist deshalb immer ein Mangel an fehlender Bereitschaft in Neues zu investieren, sich zu wandeln und mit alten Gewohnheiten zu brechen.

Linie 1 *Betrachten Sie Ihren Energiezuschuß als Ansporn, wertvolle Ziele anzustreben*

Hier ist das Zentrum der erregenden Geisteskraft, die als energiegeladener Quell einer höheren Macht alles Leben zur Entfaltung bringt. Da sie durch eine Kraftlinie mit ihrem schöpferischen Ursprung in Verbindung steht *(vierte Linie)*, kann dies als große und erfolgversprechende Gunst gewertet werden. Ein Mensch, der eine solche energetische Bereicherung erfährt, wird befähigt sein, große Dinge zu leisten, zu denen er normalerweise nicht in der Lage wäre. Da er aber, ganz dem anfangs genannten Umstand entsprechend, in höherer Verpflichtung steht *(einen Vertrauensvorschuß genießt)*, muß er bei allen Initiativen, die er ergreift, von selbstsüchtigen Trieben frei bleiben, damit für alle Beteiligten ein optimaler Nutzen entsteht. Faßt er diesen Energiezuschuß als persönlichen Ansporn auf, wertvolle Ziele zu erreichen, werden seine Ideen auf allgemeine Zustimmung stoßen.

Die erste starke Linie als Zentrum des Erregenden symbolisiert den zur Erde gesandten Geist der kosmischen Kraft *(der Himmel, der Geist Gottes)*. Nimmt man die beiden Urprinzipien Himmel und Erde und verändert ihre Struktur, indem man dem Starken eine schwache und dem Schwachen eine starke Linie zuteilt, erhält man die beiden Trigramme Donner und Wind. Es findet sich hier der natürliche Ursprung der Mehrung, die von einem höheren *(spirituell Reichen)* zugunsten eines Bereitschaft signalisierenden Niederen und fähigen Visionärs ausgeht. Aufgrund dieses Umstands besteht also eine gewisse Vertrauensverbindung nach oben *(vierte Linie des Herzens)*, was der hier gezeigten Situation ein makelloses Vorzeichen verleiht.

Die starke und ursprüngliche Empfindungskraft *(das Instinktive)* wird hier durch die sanfte Energie des Herzens bereichert, so daß sie trotz ihrer unbeherrschten Bewegungslust von edler Gesinnung bleibt.

Linie 2 *Wer mit seinem ganzen Wesen in Übereinstimmung mit dem Willen des Schöpferischen steht wird begünstigt*

Es findet sich hier ein hingebendes und korrektes Wesen, das aus dem Füllhorn der kosmischen Kraft genährt wird. Dies liegt in seinen wahrhaftigen Charakterzügen begründet, die diesen Umstand begünstigen. Beharrlich folgt es dem Weg eines Dieners der höchsten Weisheit und ist so stets dem Guten verpflichtet. Wo eine solche natürliche Übereinstimmung mit den Weltgesetzen besteht, kommt der Gewinn von ganz alleine.

Auch wenn dieser von höchster Stelle aus begünstigt wird, darf er sich durch diesen Umstand nicht verführen lassen, euphorisch oder gar überheblich zu werden. Seine Aufgabe ist das Helfen durch Dienen, und diesem Lebensprinzip gilt es treu zu bleiben, auch wenn man damit im Schatten mächtiger Nachbarn bleibt *(erste Linie als treibende Kraft)*. Wollte er den gewonnen Reichtum *(seinen Zuschuß an Energie)* zum eigenen Profit benutzen, würde sich die Quelle seines Glücks verschließen.

Zehn paar Schildkröten können dem hier angedeuteten Glück nicht widerstehen, so sagen die Texte.* Diese magischen Symbole des Glücks haben eine hohe Bedeutung. Das Schildkröten-Diagramm gilt als Ursprung des I Ging und rührt von der Überlieferung, daß durch die Musterung eines Schildkrötenpanzers die Trigrammanordnung des frühen Himmels bestimmt werden kann *(Fu Hsi)*. Die Zahl zehn symbolisiert die Vollendung oder das makellose Gleichgewicht von Yin und Yang *(die Übereinstimmung mit dem Tao, als Zentrum der Kraft)*. Deshalb: Wer in seinem Denken hingebend und beständig bestrebt ist, Bewußtheit über die Quelle der Kraft zu erlangen *(fünfte Linie, als Glücksquell des Göttlichen)* und diese Mehrung anderen zuteil werden läßt, wird vom Himmel gesegnet.

Linie 3 *Wer auch in schwierigen Zeiten den guten Kräften vertraut, wird im höchsten Sinne gemehrt*

Obwohl man von Ehrgeiz getrieben wird, ist die eigene Stellung schwach, so daß man in seinem Tun nicht immer in Übereinstimmung mit den herrschenden Kräften steht *(dem göttlichen Willen)*. Anders ausgedrückt wird dieser Mensch, auch wenn er bestrebt ist, seiner Umgebung zu dienen, immer wieder mit schwierigen Situationen konfrontiert. Er läßt sich jedoch dadurch nicht beirren, sondern bleibt seinen inneren Grundsätzen treu, beharrlich dem Weg des Guten zu folgen. Dies ist der korrekte Weg, Fortschritt zu erlangen, da in Zeiten der Bereicherung die herrschenden Kräfte so groß sind, daß selbst zunächst Unheilvoll erscheinende Ereignisse für denjenigen von Nutzen sind, der davon betroffen wird. Er

---

* R. Wilhelm, „I Ging“, 42.2

wird von seinen Fehlern gereinigt und erlangt eine innere Festigkeit, die nicht nur einen Gewinn für ihn selbst bedeutet, sondern auch für die anderen. Was für den Menschen gut und richtig ist, unterliegt allein der richtungsweisenden Schöpferkraft.

Hier, am Platz des Fühlens und der inneren Wahrheit, werden karmische Einflüsse wirksam, die auf manchmal unverständliche Weise von oben korrigiert werden. Da man in diesem Fall machtlos ist und nichts schlimmer wäre, als unüberlegt zu handeln, wende man sich an die nächsthöhere Instanz *(vierte Linie der sozialen Unterstützung)*, mit deren Hilfe man als Art Vermittler nach oben *(fünfte Linie als Quelle des Reichtums)* nach und nach seine Sünden bereinigen kann. Es gilt also, trotz der unerwarteten Ereignisse wahrhaftig zu bleiben *(mit dem Herzen zu kommunizieren)* und sich in der Mitte zu halten *(nicht kopflos reagieren oder versuchen, mit dem eigenen Willen aus der Patsche herauszukommen)*, sondern dem Willen der segenspendenden Kräfte im Herzen zu vertrauen. Denn letztendlich bedeutet die Klärung karmischer Übel eine Mehrung im höchsten Sinne.

Linie 4 *Als gerechter Vermittler zwischen oben und unten ist es angebracht, sich in der Mitte zu halten*

Man ist in der Lage, die Rolle eines Vermittlers zwischen oben und unten einzunehmen, was durch die schwache Linie des oberen Zeichens Wind symbolisiert wird. Sie ist der Eingang zum Tempel *(der heiligen Stadt)* des Reichtums, dem Platz des einflußreichen Spenders. Als Gesandter dieser hohen Quelle der Kraft gilt dieses milde Wesen, als Segensüberbringer, der die im Geiste erweckten Menschen nährt. Dabei muß er sich jedoch stets des Vertrauens bewußt sein, was ihm von beiden Seiten entgegengebracht wird und die ihm übereigneten Schätze denen zukommen lassen, für die sie bestimmt sind. Deshalb ist der beste Weg der Weg der Mitte, auf dem man sowohl den Oberen als auch den Unteren gerecht werden kann. Auf diese Weise lassen sich große und weitreichende Unternehmungen ohne Komplikationen verwirklichen.

„Die Hauptstadt wird verlegt", so sagen die Texte*, und deuten damit an, daß der gesamte Gewinnüberschuß vom fünften Platz des einflußreichen Zentrums *(Quelle des Reichtums)* dem untersten Platz der geistigen Neuorientierung zufließt. Doch dies geschieht nicht auf direktem Wege, sondern über einen Vermittler, der in der Rolle des Sozialministers diese Aufgabe übernimmt. Seinem sanften und

---

* R. Wilhelm, „I Ging", 42.4

gerechten Charakter entsprechend *(erste Linie OT Wind, UKT Erde, OKT Berg)* erfüllt er diese Aufgabe mit Bravour.

Auf die Bewußtseinsstruktur bezogen, sind es die triebhaften Empfindungen *(Instinktkräfte)*, die aus der spirituellen Kraftquelle mittels der sanften Kraft des Herzens bereichert werden *(auf das höhere Bewußtsein ausgerichtet)*. Es folgt also, um dies erweiternd zu erläutern, eine Neuorientierung des Ich-Zentrums. Die bis jetzt alleinig herrschende, schicksalhafte „Stadt der Seele" überläßt einen Teil ihres Reichtums dem erfrischenden Initiator auf unterstem Platz *(erste Linie, der Bewegung schaffenden Instinktkraft)*. Da es aber keine direkte Verbindung zwischen beiden gibt, bedarf es des kompetenten, neutralen Vermittlers *(die Beteiligung des Herzens)*, um die guten Absichten glaubhaft zu machen.

Linie 5 *Wer mit Wahrhaftigkeit im Herzen andere bereichert, stimmt mit dem höchsten Wesen überein*

Hier ist das Zentrum der Mehrung, der Glücksquell, das Füllhorn, das seinen Reichtum über die Unteren ergießt. Ein ruhender Pol voller Weisheit, ein Beschützer und Förderer der Bedürftigen, der mit dem höchsten Wesen übereinstimmt. Er handelt völlig selbstlos und gerecht und ist in seiner ganzen Einflußnahme auf die Bedürfnisse der anderen ausgerichtet. Da seine Anordnungen eine fruchtbare Mehrung der Menschen bedeuten, findet er von allen Seiten Anerkennung.

Im übertragenen Sinne ist hier die hohe Aufgabe der spirituellen Einweihung und Lebensführung gezeigt, wie sie uns in der Botschaft Gottes *(des Schöpferischen)* durch Jesus *(die Seele der kosmischen Kraft)* vermittelt wird. Die höchste Art der Nächstenliebe durch selbstloses und gerechtes Dienen. Diese Aussage wird auch unterstützt durch das OKT Berg, das symbolisch als Stellvertreter der göttlichen Weisheit gilt.

Linie 6 *Wer voller Raffgier nur an die eigene Bereicherung denkt, den trifft das Schicksal von hinten*

Es ist hier ein Wesen gezeigt, das trotz seiner hohen Begabungen blind seinen persönlichen Vorteil sucht. Seine Gesinnung widerspricht dem Gebot der Stunde, das darin besteht, von seinem Reichtum an andere abzugeben. Raffgierig und geizig, ist er nur auf Selbstbereicherung aus und will von Zuwendungen an andere nichts wissen, obwohl er dazu ohne weiteres in der Lage wäre. Wer sich auf solche Weise vom Geist der Mehrung entfernt, den trifft das Schicksal als

Schlag von hinten *(die Strafe folgt auf den Fuß)*. Ein heftiger Sturm der Entrüstung bricht los, man wendet sich gegen ihn, und völlig vereinsamt ohne Freunde, ist er den Angriffen von unten ausgeliefert. Alles, was er egoistisch gehortet hat, wird ihm jäh entrissen.

In der Natur findet dieser Vorgang eine ganz natürliche Entsprechung. Da die beiden Trigramme Donner und Wind die beiden auf Entfaltung und Wachstum ausgerichteten Prinzipien sind, ist ihr Wesen auf Fülle und, infolge davon, Spenden ausgelegt. Gleichzeitig symbolisieren die beiden einen Baum. Dabei stellt der Donner das frische Holz dar, der Wind den ausladenden und sanft rauschenden Wipfel. Bleibt nun dieser füllige Baum ohne Resonanz von unten *(Lebenskraft zum Wachstum)*, stirbt er langsam ab *(wird innen hohl, verliert seine Blätter)* und wird kahl. Seine ganze Fülle wird ihm *(ganz natürlich)* geraubt.

Der Geist entzieht sich seiner ursprünglichen Bestimmung, die schwachen Kräfte zu bereichern, d. h. für ihre Belebung und Erneuerung zu sorgen und entledigt sich *(in Überzeugung seiner überlegenen Abstammung)* des ihm anvertrauten Aufgabenbereichs. Eine Entartung *(geistige Dekadenz)*, die ihrer natürlichen Strafe nicht entgeht.

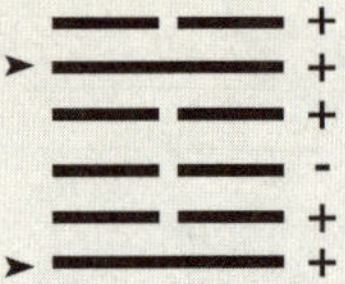

oben: **Das Wasser**

das Abgründige
das Geheimnisvolle
das Hals-Chakra

DIE SEELE

unten: **Der Donner**

das Erregende
die Aktivität
das Stirn-Chakra

DER GEIST

Charakter:

6 unrealistisch
5 behutsam
4 milde

3 unreif
2 zurückhaltend
1 begeisternd

3 Die Anfangsschwierigkeit

Die Geburt der Idee

Situation:

Der Himmel will den fruchtbaren Regen spenden, die Erde ihre jungen Keime entfalten. Beide folgen ihrem Sinn, werden jedoch, obwohl sie sich ihrer Kraftwirkung nach entgegenkommen, durch das Hindernis der Wolken daran gehindert. Die Luft ist voller chaotischer Fülle, die sich aber in einem befreienden Gewitterregen löst, der alles Leben zur vollen Reife bringt.

Kommentar:

Die Anfangschwierigkeit ist dem Sinnbild des Hexagramms entnommen eine Zeit, in der das Junge, Keimhafte bei seiner Entwicklung auf Schwierigkeiten trifft, die ihm den Weg nach oben erschweren. Die Idee, dieser dynamische erneuernde Impuls, muß aus seiner triebhaften Ursprünglichkeit hineinwachsen ins Leben, muß beseelt und geformt werden, um seiner kosmischen Bestimmung *(Schicksal)* gerecht zu werden. Auf die menschliche Gestaltwerdung bezogen, ist dieser Prozeß vergleichbar mit einer Erstgeburt, die naturgemäß mit Ängsten und Verspannungen verbunden ist, die den Vorgang erschweren. Doch schließlich werden die Wehen so stark, der Druck so heftig, daß sich die Gebärende dem Schmerz ergibt und das Kind geboren wird. Solche schwierigen Geburtsvorgänge sind aber nicht alleine zu bewältigen, sondern verdanken das erfolgreiche Gelingen der tatkräftigen Unterstützung einer erfahrenen Hebamme, die als Geburtshelferin aktiv mit Hand anlegt, um den jungen Sproß ins Leben zu bringen.

So ist auch der Edle in Zeiten verwirrender Anfangsprobleme wie ein Geburtshelfer dabei, den chaotischen Zeitgeist zu ordnen und in die richtigen Bahnen zu lenken, damit sich das Neue seinem Wesen nach ungehindert entwickeln kann. Zwar ist schon Bewegung in das keimhaft Neue gekommen, was ihm jedoch fehlt, ist der seelische Inhalt oder der fruchtbare Hintergrund, der noch nicht allgemein ersichtlich ist. Darum muß dieses Veränderung schaffende Neue beharrlich gelenkt, gehegt und gepflegt werden, damit es seelische Reife erhält und seine Richtung findet. Angesichts der undurchsichtigen Verhältnisse gilt es also zunächst, seine Euphorie über das Neugeschaffene zu bremsen, um nicht durch unbeherrschtes Vorangehen sein Schicksal zu provozieren. Das bedeutet allerdings nicht, daß man das Vorgenommene aufgeben soll, sondern lediglich, daß man umdisponiert, das Improvisieren unterläßt und auf gar keinen Fall etwas in eigener Regie unternimmt. Besser, man beginnt die Sache etwas zu pessimistisch, als daß man dem leichtfertigen Optimismus des seelisch unreifen Anfängers oder Draufgängers unterliegt *(noch grün hinter den Ohren, UT Donner, OT Wasser)*. Schließlich herrschen in Zeiten der Startschwierigkeiten undurchsichtige Verhältnisse vor, die einem die Geburt ungemein erschweren, so daß Leichtfertigkeit geradezu als halsbrecherisches Wagnis bezeichnet werden kann.

Deshalb ist auch der ernsthaft Bemühte auf die Unterstützung fähiger „Geburtshelfer" angewiesen, mit denen gemeinsam er die vom Chaos geschwängerte Situation entwirren und zum Fortschritt bringen kann *(den gefährdeten Talenten, Visionen, Begabungen und Erneuerungen zum Durchbruch verhelfen)*. Durch Beharrlichkeit und Hingabe an die Verwirklichung des Neuen, beginnt es stetig zu reifen und findet am Ende seine höhere Bestätigung als selbständiges Unternehmen mit Format. Ein stabiles Fundament aus gesunden Grundsätzen, im Geiste gereift und in seinen Festen wie ein Berg, erhält am Ende ein sicheres Dach, unter dem alle Geburtswehen neuer Aktivitäten gemeinsam bewältigt werden können.

Analysiert man das Zeichen auf die psychologischen Hintergründe von Startschwierigkeiten, so sind zwar visionäre Vorstellungen oder kreative Impulse vorhanden, die aber durch angsterzeugende Schwierigkeiten *(seelische Blockaden)* davon abgehalten werden, sich zu verwirklichen. Die Angst wirkt als Hindernis der Aktivität, so daß man mit seinen Ideen immer in den Kinderschuhen stekkenbleibt. Die Folge davon ist geistige Verwirrung, die sich aber löst, sobald die Hemmung überwunden, oder der Rückwärtsgang eingeschaltet wird *(man zieht sich in sein Schneckenhaus zurück)*. So gesehen können Gestaltwerdungsvorgänge auch als Identitätskrisen der Seele bezeichnet werden, die der Geist auf dem Weg durch den Raum der irdischen Bindungen *(schicksalsbedingten Verknüpfungen)* auszulösen vermag.

Linie 1 *Ziehen Sie geeignete Helfer zu Rate, und bremsen Sie Ihren Optimismus*

Die Qualität *(die Inhalte)* und der Erfolg einer Unternehmung hängen im wesentlichen von den korrekten Anfängen ab. Stößt man gleich zu Beginn eines Vorhabens auf erschwerende Hindernisse, dann darf man nicht versuchen, das Gewünschte mit Gewalt durchzusetzen, sondern muß sich zurückhalten und den Weg zum angestrebten Ziel neu überdenken. Was man zur Beseitigung solcher Hemmnisse braucht, sind geeignete Helfer, die man aber nur dann finden wird, wenn man seinen energischen Charakter bremst und bescheiden auf sie zugeht. Da man aber mit seinen Ideen begeisternd wirkt, finden sich die Menschen bei einem ein, die bei der Bewältigung der anfänglichen Schwierigkeiten behilflich sind.

Es ist hier die Situation eines mutigen und draufgängerischen Anfängers mit viel Talent gezeigt, der eine Menge geballte Startenergie besitzt, mit der er so manche Idee in die Tat umsetzen könnte. Ganz im Selbstverständnis eines Feudalherrn, setzt er sich mit seinem ganzen Optimismus in Bewegung. Doch da bekommt er zu spüren, daß er trotz seines Elans nicht befähigt ist, sich als Problemlöser Nummer eins aufzuspielen. Problemgeschwängerte Umstände können nicht allein mit forschem Auftreten entbunden werden, sondern bedürfen der geeigneten Helfer *(höhere Einsichten, Kenntnis der übergeordneten Ursachen)*, denen man sich, um deren Bereitschaft zu wecken, entgegenkommend zeigen muß.

Starke, energiegeladene Empfindungen *(Urvertrauen)* bringen von unten Unruhe und Bewegung in die Struktur. Der Geist drängt zur Gestaltwerdung *(Lösung der Situation)*, trifft aber in seiner unbändigen Bewegungslust auf den in oberen Bereichen herrschenden „Meister des Schicksals“ *(fünfte Linie)*, der ihn in zeitliche Schranken weist. Seine Aufmerksamkeit wird auf geeignete Helfer gerichtet *(vierte Linie, Herz)*, mit denen er den „Herrn des Schicksals“ überzeugen kann.

Linie 2 *Bleibt man auch in schwierigen Zeiten seiner höheren Motivation treu, wird man die richtige Lösung finden*

Im Umfeld von Verderbnis und schicksalshaften Gefahren gerät diese „Braut" in ein spannungsgeladenes Dreiecksverhältnis, das durch einen aktiven Helfer und von oben motivierte, höhere Erkenntnisse entsteht, die ihr in dieser Situation als Erlöser erscheinen. Der eine, stark und mutig in seinem Auftreten, prescht heran und bietet rasche Hilfe an. Man ist beeindruckt und zugleich erschreckt und mißtrauisch. Nach und nach stellt es sich aber heraus, daß er in bester Absicht kommt, um die Lage zu entspannen. Trotzdem erkennt man, daß sein Hilfserbieten nicht der geeignete Weg ist, um das Problem korrekt zu lösen. Deshalb entschließt man sich zu warten und seiner höheren Zielvorstellung treu zu bleiben. Mit solch verführerischen Erleichterungen, zumal wenn sie einem von Seiten angeboten werden zu denen man normalerweise keine Beziehung unterhält, muß man vorsichtig sein, da sie einem so stark in die Pflicht nehmen können, daß man seinen freien Entscheidungsspielraum verliert.

Ganz offensichtlich ist hier der höhere Weg zur Lösung undurchsichtiger Anfangsschwierigkeiten angedeutet, der nicht darin besteht, allein auf euphorische Angebote *(auch die eigene Euphorie)* zu vertrauen, sondern die tieferen Hintergründe der problemschwangeren Situation zu durchschauen *(die seelischen Inhalte zu verstehen)* und abzuwarten, bis der Weg zum Handeln auf korrekte Weise freigegeben wird.

Die „Braut", von der im Text gesprochen wird, symbolisiert die klaren Gedanken *(das Licht der Bewußtheit)*, die von unten durch die verführerischen Hilfsangebote starker Empfindungskräfte bedrängt werden. Angesichts der direkten Nachbarschaft ist dies als „ehrliche" Absicht zu werten. Da die Entsprechung des Denkens aber der inspirative Bereich der Seele als der wahre Freier ist, entschließt sich die Braut zu warten, damit sie nach der Erfüllung der Zeit ihrem Seelenpartner zugeführt werden kann *(OKT Berg/ fünfte Linie OT Wasser, der höhere Lösungsweg)*.

Linie 3 *Wer ohne Führer in einem fremden Wald jagt, der wird sich verirren*

Dieser unreife Optimist wird verglichen mit einem Jäger, der sich in einen fremden Wald begibt, um dort zu jagen. Obwohl er weder die Umgebung kennt noch genau weiß, wo sich das Objekt seines Jagdfiebers befindet, lebt er in dem dummen Glauben, sein Ziel ohne einen eingeweihten Führer zu erreichen. Schon bald wird er die Orientierung verlieren *(er steht verloren im Wald)* und resigniert die Jagd beenden. Welch demütige Lage, die er sich ersparen könnte, wenn er dem Wunsch entsagen würde, das Wild auf eigene Faust zu erlegen.

Der Wald, in dem sich dieser energische Dummkopf verirrt *(UT Donner = Holz)*, ist der Dschungel von Hindernissen, aus denen man versucht, ohne aufgeklärte Führung herauszufinden. Innerlich leer und von nervöser Unruhe ergriffen, versucht man, seinem Schicksal auf Nebenwegen zu entkommen. Ohne feste Grundsätze *(Bodenständigkeit, gesunde Antriebskraft, erste Linie)* und höhere Motivation *(seelischer Inhalt)* einfach darauflos zu stürmen, das wird man unter Klagen zu bedauern haben.

Hier ist der Ort des Fühlens, der Sitz der Persönlichkeit und des aktiven Handelns. Da es sich um eine schwache Energie auf normalerweise starkem Platz handelt, die außerdem in keiner Beziehung zu den inhaltsstarken Kräften des Empfindens und der Seele steht, kann dies als Zentrum der Orientierungslosigkeit betrachtet werden *(Linien 1 bis 3)*. Auf die eigenen Gefühle kann man sich nicht verlassen, die Beweggründe sind völlig unbewußt, das Ziel liegt im Verborgenen. Wäre es da nicht besser, das Unternehmen abzublasen und sich weise belehren zu lassen?

Linie 4 *Hat man selbst nicht genügend Kraft, um voranzukommen, ist es gut, aktive Helfer zu haben*

Dieser milde und weiche Charakter befindet sich kurz vor der Überwindung eines ihn belastenden Hindernisses, hat aber nicht genügend Kraft, um es alleine zu bewältigen. Seine Situation gleicht einer Person, die zwar einen Wagen sieht, der sie voranbringen könnte *(die seelischen Inhalte)*, dem jedoch die ziehenden Pferde fehlen. Doch diese bieten sich in Form starker und aktiver Helfer an, denen er zwar zunächst mit Mißtrauen und Zurückhaltung begegnet, aber dann erkennt er, daß er ohne sie nicht weiterkommt. Bringt er es trotz seines eitlen Stolzes über sich, ihnen die Hand zu reichen, dann wird alles gut gehen.

Es ist hier die umgekehrte Situation zu Linie 1 gezeigt *(dort genügend Kraft, aber unklare Inhalte)*, was auf eine Person hindeutet, die zwar geeignet ist, die Hindernisse zu überwinden, aber nicht die nötigen Kraftreserven hat. Deshalb muß sie geistig motiviert werden *(neue Impulse erhalten, eine Energiespritze bekommen)*, damit die schwierige Lage überwunden werden kann.

Die ganze Lage ist vergleichbar mit der bedrückenden Stimmung, wie sie kurz vor einer Erstgeburt entsteht, bei der die starken Impulse fehlen, die Bewegung in den durch Erschöpfung erschwerten Vorgang bringen. Man ist zwar im Herzen bereit, doch das allein genügt nicht, um das Kind zu gebären. Dazu bedarf es der starken Geburtshelfer *(der impulsgebenden Kraft der Wehen von Linie 1, die motivierende Hebamme)*, mit denen man zusammenarbeiten muß, damit die Geburt erfolgreich zu Ende gebracht werden kann *(man muß sich der geistigen Führung übergeben)*.

Linie 5 *Solange Ihnen von unten kein Vertrauen entgegengebracht wird, sollten Sie sich zurückhalten*

Auch wenn dieser hochstehende Krisenherr *(fruchtbare Quelle)* bemüht ist, seine guten Absichten nach unten verständlich zu machen, bleibt es ihm doch verwehrt zu helfen, da ein problemgeschwängerter Dschungel von undurchsichtigen Verhältnissen eine sinnvolle Kommunikation unmöglich macht. Da gilt es nun, behutsam vorzugehen und nichts unüberlegt zu unternehmen. Solange einem keinerlei Vertrauen oder tatkräftige Unterstützung entgegengebracht wird, ist es weise, mit Zurückhaltung zu reagieren, bis die Hintergründe der chaotischen Verhältnisse aufgeklärt sind. Inhaltsschwere Vorhaben, die nicht vom festen Fundament eines gesunden Vertrauens getragen werden, können verheerende Folgen haben.

Dieser, im regulären Fall einflußreiche Fruchtbarkeitsquell, meint es gut mit den Unteren, hat aber mit seinen wohltuenden Absichten große Mühe durchzukommen. Schuld daran ist das undurchsichtige Durcheinander, wie es die Struktur des Zeichens von dieser Stellung aus erklärt:

Linie 5 befindet sich als Spender inmitten abgründiger Gefahren *(OT Wasser, gefangen in einer Schlucht)* und wird zur Zurückhaltung gezwungen *(OKT Berg)*;

Linie 2 *(das Denken, die Freunde)* würde zwar gerne ihre hilfreiche Hand nach oben reichen, ist aber zu schwach, weil sie von einem aufdringlichen Naturwesen *(starke Empfindungen, hartnäkkiger Freier)* massiv bedrängt wird *(damit beschäftigt ist, die verführerischen Triebkräfte abzuwehren)*;

Linien 1 und 5, die zwei herrschenden Yang-Striche *(der mächtige Initiator und der höhere Fruchtbarkeitsquell der Seele)*, wirken wie zwei aufeinander angewiesene Rivalen. Der eine hat den Wagen (5), der andere die Pferde (1). Die Pferde als Symbol der geistigen Kraft, der Wagen als Fahrzeug der Gottheit *(des fruchtbaren Quells)*. Was also nützt das eine ohne das andere?

Linie 3, die Gefühlswelt, als völlig desorientierter Jäger auf verlorenem Posten *(verwirrte Motivationen);*

Linie 4, der Körper *(die Motivation des Herzens),* ist zu schwach und unentschlossen, daher mehr auf die starke Zugkraft erregender Impulse fixiert *(Linie 1).*

Linie 6 *Versteigen Sie sich nicht noch mehr in ihrem Eigensinn, sondern kehren Sie um*

Während bei Linie 4 Bestrebungen aufgezeigt wurden, Pferd und Wagen durch korrekte Maßnahmen zu vereinen, d. h. Lebenskräfte zu aktivieren, um in Übereinstimmung mit den seelischen Inhalten zu kommen, hat sich dieser aufgemacht, um sein Schicksal nach eigener Vorstellung zu überwinden. Unrealistisch wie er ist, hat er sich in der steilen Felswand verstiegen und weiß nicht mehr weiter. Seine Antriebskräfte und seine höheren Beweggründe *(seelische Inhalte)* haben ihn verlassen, so daß er völlig verzweifelt in den Seilen hängt und aufgibt. Ein trauriges Ende, dem nur dann eine andere Richtung gegeben werden kann, wenn er sein Unternehmen abbricht und noch einmal ganz neu beginnt.

Im Herzen krank, verfällt dieser Unglückselige in Melancholie und vergießt blutige Tränen über das traurige Ende seiner vergeblichen und von vorneherein falsch motivierten Bemühungen. Aus kleinen Anfangsschwierigkeiten wurde ein Berg von Problemen, nur weil er sich unbedacht auf den Weg gemacht hat, seinem Schicksal zu trotzen.

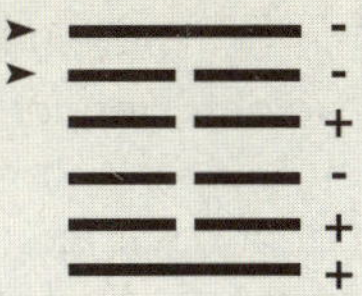

oben: **Der Berg**

das Stillehalten
die Beharrlichkeit
das Herz-Chakra

DER KÖRPER

unten: **Der Donner**

das Erregende
die Aktivität
das Stirn-Chakra

DER GEIST

Charakter:

6 weise
5 selbstlos
4 weitsichtig

3 ehrlos
2 wankelmütig
1 neidisch

27 Die Ernährung
Das Erhalten der Form

Situation:

Das obere Trigramm Berg als Symbol des Vorfrühlings deutet mit seiner starken Yang-Linie auf die geistige Kraft eines Samenkorns hin, das zur Erde fällt und sich im Trigramm des Donners als junger Keim entfaltet. Beide sind Teil einer höheren Kraft, die den Kreislauf der Ernährung in Bewegung halten.

Kommentar:

Eine weiterführende Erklärung des Gedankens der Ernährung liegt in der Struktur des Hexagramms selbst. Mit seinen zwei starken Linien oben und unten sowie den schwachen Linien in der Mitte, stellt es eine geöffnete Mundhöhle dar, die von oben durch den festen Oberkiefer und von unten durch den beweglichen Unterkiefer begrenzt wird *(der Unterkiefer als Symbol energischer Charakterzüge)*. Ernährung im Sinne der beiden Prinzipien Donner und Berg geht aber weit über die orale Nahrungsaufnahme hinaus. Vielmehr soll dabei auf das Zusammenwirken von Materie *(die Erde)* und Energie *(die Lebenskraft)* hingewiesen werden, das den fortlaufenden Nahrungskreislauf der Natur aufrechterhalten. Trotz allem ist das erste Symbol, das wir mit dem Wort Ernährung in Verbindung bringen, der Mund, durch den wir uns etwas einverleiben *(Essen und Trinken)*, was den Körper am Leben erhält *(erhalten soll!)*. Genau hier aber sollte, um die Wahrheit des alten Sprichwortes: „Der Mensch ist, was er ißt." aufzufrischen, die Frage nach der Qualität dessen, was ich zu mir nehme, einen vorrangigen Stellenwert einnehmen. Statt dessen stößt man gleich zu Beginn der Begriffsdefinition Ernährung auf den großen Irrtum, der sich mit der unbewußten oder egoistischen Eigenschaft verbindet, Quantität (also Menge), mit Qualität zu verwechseln. Auf welche Bereiche der Ernährung dies auch seine Anwendung findet, immer sollten man auf die Güteklasse der Produkte achten, mit denen wir unseren Magen und unseren Charakter füttern und nicht auf die Menge, die letztendlich nur den mangelhaften Wert kompensieren soll.

Deshalb gilt es, in der Vielfalt des Angebotes zu unterscheiden zwischen wertvoller, d. h. dem Ganzen Nutzen bringender Vollwert-Nahrung *(vollwertig im Sinne aller Bereiche und Funktionen des Organismus)* oder degenerierter und nur auf das Abfüllen und die Triebbefriedigung ausgerichteter Nahrungsmittel *(schlechtes Essen, schlechte Beschäftigung)*. Ausgewogene Nahrung erfüllt nicht nur die grobstofflichen Bedürfnisse des Körpers, sondern trägt mit einem hohen Vitalgehalt *(Energie)* zur harmonischen Versorgung und Aufrechterhaltung aller Funktionen bei. Mit Bewußtsein zu essen, ob bei der Wahl des Essens und Trinkens oder dessen, mit was ich meinen Charakter forme, ist von weitreichender Bedeutung. Will man das Wesen eines Menschen erkennen, so braucht man nur darauf zu achten, welchen Teilen seines Körpers und welchen Bereichen seines Charakters er besondere Pflege zukommen läßt. Darum muß man bei der Ernährung der eigenen Person darauf achten, beharrlich dem natürlichen Weg der Ausgewogenheit und des Maßes zu folgen. Zuviel des Guten oder des Schlechten *(ob bei der Ernährung des Körpers oder des Geistes)* ist reine Völlerei und führt zu geistig dekadenten oder körperlich maroden Zerfallserscheinungen. Ob in der Wahl der Worte oder der Nahrungsaufnahme selbst: Zurückhaltung und Einschränkung auf das Wesentliche bewirkt ein Höchstmaß an Gesundheit und Ausgeglichenheit des Charakters.

Gehen wir nach der Unterscheidung der unterschiedlichen, aber miteinander verbundenen Bereiche, wie sie durch das Gesamthexagramm dargestellt sind, dann finden wir von unten genährt die instinktive Aufrechterhaltung aller Funktionen durch eine starke Lebenskraft *(instinktive Ernährung)* und von oben die höhere Bewußtmachung mittels des Geistes. Alle Bedürfnisse, von der instinktiv gelenkten *(Ernährungsvorgänge)* Entfaltung der Materie bis zur spirituellen Bewußtmachung, unterliegen der gemeinsamen Triebkraft des Geistes. Wieder ist es ein Sprichwort, was dieser Aussage genüge tut und was da lautet: „In einem gesunden Körper wohnt ein gesunder Geist“. Wobei, und das scheint hier etwas verkannt, nicht der Körper der ausschlaggebende Faktor der Gesundheit ist, sondern die geistige Motivation, die Anregung, die mich zu einer ausgewogenen Ernährung veranlaßt. Ausgewogen im Sinne dessen, was ich esse und trinke, mit was ich meine Seele, mein Denken und meine Gefühlswelt ernähre. Deshalb ist es an dieser Stelle angeraten, sich, getreu dem Wissen über das Wesen der unterschiedlichen „Ernährungsbereiche“, einige Fragen zu stellen, die den gesamten Umfang dieses wichtigen Themas deutlich machen.

Beginnen wir mit dem Bereich der Seele, jenem fruchtbaren Quell der Inspirationen, in dem unsere kreativen Visionen gebadet werden und durch den wir uns den andern als Individuum verständlich machen. Welche Seelenbeziehung haben wir zu uns selbst, und wie vermitteln wir dies nach außen? Was tun wir, um seelisch gesund zu sein? Oder im Bereich des Körpers, den wir mit Essen und Trinken füttern oder vollstopfen. Pflege ich an ihm nur das Äußere, oder achte ich auch auf die innere Gesundheit, die Funktionstüchtigkeit meines Organismus? Welche Luft atme ich? Wie und wo wohne ich? Wie halte ich es mit meinen Gefühlen, der inneren Motivation, der Sprache und Handlung, als Kennzeichen der Qualität meiner Nahrung? Und letztendlich der bewußtseinserhellenden Funktion des Denkens, die sich sowohl über das Auge als auch die zwischenmenschliche, analytische und verstandesmäßige Ernährung definiert. Mit wem gebe ich mich ab? Wie und auf was schaue ich in meiner Betrachtung der Welt?

Auf allen Ebenen ist die Ernährung Grundlage eines korrekten und ganzheitlich funktionierenden Lebensapparates und deshalb im weitesten Sinne die wichtigste und gleichzeitig natürlichste „Tätigkeit“ zur Erhaltung eines harmonischen Lebenskreislaufs. Was ich in mich aufnehme, verkörpere ich nach außen in meiner Sprache, meinem Auftreten und in meinen Handlungen. Deshalb ist die erste und letzte Frage die Frage nach der inneren Bereitschaft, mich auf allen Ebenen, der geistigen, seelischen und körperlichen, ausgewogen zu ernähren.

Linie 1 *Er läßt seine Zauberschildkröte ziehen und blickt mit hängender Kinnlade nach der Nahrung anderer*

Es ist hier die Situation eines intelligenten und vitalen Menschen gezeigt, der seinem Wesen nach genügend Kraft besitzt um aus sich selbst heraus zu leben. Doch anstatt sich auf seine Zauberkräfte zu verlassen, d. h. sein Leben selbst zu bestimmen, packt ihn der Neid gegenüber anderen, von denen er glaubt, sie hätten es besser als er. Was er damit erreicht ist, daß ihn die Betroffenen mit geringschätziger Verachtung strafen.

Die Zauberschildkröte*, die dieser begabte Futterneider ziehen läßt, gilt als Symbol der Unabhängigkeit und positiven Selbstbestimmung des Lebens *(der Panzer wurde zu Wahrsagezwecken benutzt)*. Die Kinnlade, die ihm herunterhängt, stellt einen offenen Mund dar, der gierig darauf aus ist, alles in sich hineinzustopfen. Neidvoll schielt er auf die Güter anderer *(Linie 6)* und mißgönnt ihnen den Erfolg, wofür er eine scharfe Zurechtweisung erhält. Warum baut er nicht auf seine eigenen Fähigkeiten, die ihm ein selbständiges Leben ohne weiteres ermöglichen würden?

Der Impulsgeber des Unterkiefers, als starker und energischer „Herr der leiblichen Ernährung" (Donner), befindet sich auf dem Platz der instinktgesteuerten Empfindungsebene, die ihrem Wesen nach korrekt ist *(starke Linie auf starkem Platz)*. Energisch in seiner Bewegung, versucht er, nach allem zu schnappen, was seine Gier befriedigt. Damit erregt er die Unmut des Oberkiefers *(Linie 6, des Geistes)*, der ihn in seine Schranken verweist *(der triebhaften Essensgier wird ein Dämpfer verpaßt)*. Gleichzeitig symbolisiert die erste Linie des Donners den Wurzelstock eines Baumes *(Holz)*, der als leiblicher Ernährer die Oberen versorgt und deshalb völlig selbständig leben könnte. Weshalb sollte er also mit seiner einflußreichen Stellung an reich gedeckter Tafel nicht zufrieden sein?

Linie 2 *Wer vom korrekten Weg der Ernährung abweicht, verkauft seine Seele*

Obwohl man seinen Eigenschaften nach durchaus in der Lage wäre, für seine Ernährung selbst zu sorgen, zeigt sich bei diesem Wesen eine innere Schwäche, die es in Versuchung bringt, unrechtmäßige Wege einzuschlagen um sich von „besser Gestellten" versorgen zu lassen. Nicht nur, daß dieses Schmarotzertum unwürdig ist, nein auch die Personen, an die es sich wendet, entsprechen nicht seiner Art. Sich auf solche Weise zum Günstling zu erniedrigen, führt ohne Frage ins Unheil.

Die höchste Nahrungsquelle ist der Gipfel *(Linie 6 Berg, der Geist, der weise Ratgeber)*, an den man sich wenden soll, um Unterstützung zu finden. Da die zweite Linie aber ihre Entsprechung bei der fünften Linie findet *(inspirative Kreativkraft, die Seele, oder höher stehende Einflußreiche)*, die in diesem Fall den Hügel unterhalb des Gipfels symbolisiert und ebenfalls Schwächen aufweist, kann von dieser Seite keine Unterstützung erwartet werden. Voller Unruhe über diese Situation wendet man sich an eine Stelle *(Linie 1, der*

* R. Wilhelm, „I Ging", 27.1

energische und triebhaft gelenkte Aufsteiger, der Gernegroß), die dem eigenen Charakter überhaupt nicht entspricht, aber großzügig Bereitschaft zeigt *(bestimmt nicht ohne berechnende Absichten!)* die Bedürfnisse zu stillen. Doch kann ein solcher Andersgestimmter wirklich eine befriedigende Nahrungsquelle sein?

Das Denken, was nach den regulären Gesetzmäßigkeiten seine Unterstützung durch den fruchtbaren Quell der Seele findet, trifft hier auf einen ungeeigneten Helfer, der, selbst geschwächt, von oben *(dem Geist)* gestützt werden muß. Deshalb versucht er, seine Leuchtkraft bei Kräften zu stärken *(den instinktgesteuerten Empfindungen)*, die weit unter seinem Niveau liegen. Das klare Denken gerät in Abhängigkeit blinder Triebhaftigkeit, weil es zu bequem ist, selbst etwas zu leisten.

Linie 3 *Wer in der Wahl seiner Nahrung keine Unterschiede macht, dem droht eine lange Periode des Unglücks*

Anstatt sich der höheren Quelle der Ernährung zuzuwenden, geht dieser Schwache den Weg der hemmungslosen Völlerei, indem er seine Umgebung als fette und bequem zu melkende Milchkühe betrachtet, an denen man sich schamlos bereichern kann. Nur um seine leidenschaftliche Gier zu befriedigen, stopft er alles in sich hinein, ohne dabei auf die Qualität zu achten. Behält er diesen zügellosen Allesfressercharakter bei, wird ihm so manches übel aufstoßen.

Durch die Schwäche seines Charakters verwahrlost, nutzt dieser ohne alle Scheu jede Möglichkeit, seine leidenschaftliche Freßgier zu befriedigen *(schmarotzt wo er kann, zum Beispiel bei der gutmütigen Linie 4, einem weichen Herzen oder bei der gemeinen, aber fetten Linie 1).* Angesprochen wird hier aber nicht nur der Konsum wertloser Nahrung *(ob Fast Food oder gourmethafte Schlemmerei)*, sondern auch der inhaltslose Umgang mit Menschen, von denen er sich Sättigung erhofft. Wenn er sich weiterhin so wahllos treiben läßt, ist ihm eine lange Periode des Unglücks sicher. Handeln im höheren Sinne der Ernährung, wie es dieser Stellung entspräche *(Linie 3 der Persönlichkeit in Verbindung mit der Linie 6 des Geistes)*, davon ist dieser weit entfernt.

Linie 4 *Wer in seinen Bestrebungen das Wohl der Menschen im Herzen trägt, dem ist der Erfolg gewiß*

Im Gegensatz zur unteren Ebene des Hexagramms, die sich auf instinktgetriebene Ernährung des Leibes bezieht *(Fressen und Ge-*

fressenwerden), ist hier der Übergang zur höheren Quelle der Ernährung oben auf dem Gipfel des Berges erreicht. Nach langem Aufstieg durch eine wilde Landschaft ist es einem gelungen, den Platz am Fuße des ersehnten Ziels zu erreichen. Sowohl nach unten als auch nach oben hat man freien Blick, so daß man erkennt, was der richtige Weg zum Gipfel ist. Zu schwach, um dieses hohe Ziel alleine zu erreichen, ist man voller begeisterter Erregung darum bemüht, die geeigneten Helfer zu finden. Da man aber keine selbstsüchtigen Motive dabei verfolgt, sondern das Wohl der Mitmenschen im Herzen trägt, wird man von einflußreicher Stelle unterstützt, so daß der Erfolg gewiß sein wird.

Dieser aufrichtige und von innen motivierte Charakter ist mit ganzem Herzen bemüht *(mit Feuereifer dabei)*, von höchster Stelle Unterstützung zu erhalten *(Erleuchtung zu empfangen)*, ohne dabei an die eigene Bereicherung zu denken *(verteilt die Spenden unters Volk)*. Solcher Eifer ist, anders wie bei den gierigen Futterneidern unter ihm, die nur an sich selbst denken, ein edles und deshalb von oben unterstütztes *(Linie 5, erhält kreative Anregungen)* Sorgen für die andern. Trotzdem gilt es vorsichtig zu sein, damit man nicht aus lauter Übereifer die falschen Mit-Esser anlockt.

Bewußtseinsbezogen nimmt die „wilde Landschaft" Bezug auf den Aufstieg durch die Niederungen des Es oder der niederen Ernährungsgewohnheiten, hinauf zur höchsten Nahrungsquelle der geistigen Lichtenergie.

Linie 5 *Bleiben Sie Ihren Zielen treu, auch wenn Sie auf die Unterstützung anderer angewiesen sind*

Am Platz der normalerweise starken und fruchtbaren Kraft entspringt zwar ein klarer, aber doch recht schwacher Bergquell, dessen Wasser nicht ausreicht, um die vielen Durstigen zu stillen. Abhängig vom Zuschuß der höchsten Quelle *(unberührter Schnee des Gipfels)*, bleibt er sich doch seiner Aufgaben bewußt und spendet, was man ihm gewährt.

Ein mildes, aber geehrtes Wesen, das normalerweise die Unteren nährt, ist mangels Kraft *(Einfluß, geeignete Mittel, Erfahrung)* nicht in der Lage, diese zu versorgen. Weil ihm aber die Not *(der Hunger)* der Menschen in der Seele schmerzt, bittet er um Unterstützung von oben *(der höchsten Stelle, dem geistigen Oberhaupt)*, ohne die es nichts erreichen kann. Verfolgt es diesen Weg beharrlich weiter, so wird sie ihm gewährt. Trotzdem darf es sich nicht selbst als Retter hervortun, sondern nur als Überbringer *(Vermittler)* der Spenden in Erscheinung treten.

Der starke und schicksalsbestimmende Quell der Seele, ist hier, der natürlichen „Ernährungshierarchie“ entsprechend, nicht der höchste Nahrungsspender, sondern, als untergeordnete rechte Hand, ein Gehilfe des Geistes. Alle Inspirationen *(kreative Gedanken)*, müssen von den intuitiven Kräften des Geistes abgesegnet werden. Der Geist nimmt das Schicksal in die Hand.

Linie 6 *Wer selbst durch die höchste Wahrheit genährt wird, dem gelingt auch das Durchqueren des großen Wassers.* *

Hier, auf dem Gipfel des Berges ist der Platz des Geistes, der als Quelle der Ernährung einen Weisen zeigt, der all seinen Reichtum an Erfahrungen und Wissen an andere weitergibt. Ist er sich seiner hohen Verantwortung bewußt, die er damit übernimmt, wird er für alle eine große Bereicherung sein.

Als geistiges Auge der kosmischen Kraft *(übergeordnete Bestimmung, Beauftragter der Regierung)* erfüllt dieser hohe Segenspender die Aufgabe eines bestimmenden Verwalters über alle Vorräte des Landes und trägt eine hohe Verantwortung, die Güter sinnvoll und sozial gerecht zu verteilen. Gierige Selbstbereicherung, wie sie durch den energischen unteren Teil des Hexagramms *(des Kiefers)* symbolisiert wird, ist hier fehl am Platz.

Das große Wasser durchqueren:

Heraus aus dem Diesseitigen und in Kontakt treten mit dem Jenseitigen, die Reise über den See alter *(karmischer)* Prägungen antreten, ein Mitarbeiter des großen Geistes werden, d. h. durch Weitergabe der Erkenntnisse dem großen Ganzen dienen. Wer andere an seiner *(geistigen)* Quelle trinken läßt, der leistet einen Beitrag zur Entwicklung der Menschheit und wird aufgenommen in den Kreis der großen „Ernährungsberater“ unserer Geschichte.

Die ganze Thematik der Ernährung findet ihren Höhepunkt in der letzten Linie des Geistes, der als oberste Instanz die Fäden allen fruchtbaren Wachstums in der Hand hält. Alle Bewußtseinsbereiche unterliegen seinen Weisungen *(auch die Seele oder das Schicksal)* und können mit dessen Unterstützung aus dem ewigen Kreislauf triebhafter Abläufe und karmischer Verstrickungen erlöst werden.

---

* R. Wilhelm, „I Ging“, 27.6

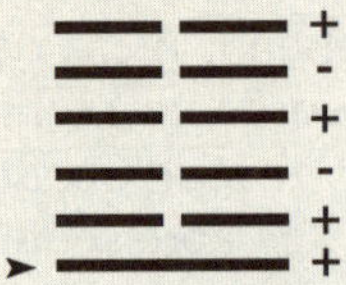

oben: **Die Erde**

das Empfangende
die Hingabe
die Materialisation

DAS WOLLEN

unten: **Der Donner**

das Erregende
die Aktivität
das Stirn-Chakra

DER GEIST

Charakter:

6 schwerfällig
5 selbstlos
4 beharrlich

3 unbeständig
2 einsichtig
1 flexibel

24 Die Wiederkehr

Das Zurückkommen

Situation:

Der Donner, als Symbol der Wiedergeburt, befindet sich unter der Erde. Das Zeichen der Wiederkehr des jungen, frischen Lebens im Frühling, das sich, durch eine lange Ruhezeit gestärkt, auf ein neues in Bewegung setzt. Das Leben wird durch den Geist reaktiviert.

Kommentar:

Waren es bei Hexagramm 23 die Schwachen oder Gemeinen, die den Starken *(den Firstbalken, den Geist)* zu verdrängen suchten, so wird hier seine Wiederkehr von unten, dem erregenden Platz des Donners, angedeutet. Die zuvor marode und baufällige Struktur erhält wieder ein festes Fundament. Dies ist ein ganz natürlicher Prozeß, wie ihn die Natur in ihren wiederkehrenden Jahreszeiten von Frühling und Winter demonstriert. Ist die Zeit des Niedergangs zu Ende, erfolgt ein neuer Aufstieg, der, ganz von unten beginnend, sich über die sechs Stufen vollzieht. Gelangen sie in die siebte Stufe, dann erfolgt die Wiederkehr. Diese Stufen beziehen sich zum einen auf die sieben Bewußtseins- oder Energieebenen sowie auf den sechsten Monat (nach der Sommersonnenwende im Mai) November, in dem die Kräfte ganz in der Erde verborgen sind (alle sind Yin) und auf den im siebten Monat Dezember der erneute Eintritt der Yang-Kräfte erfolgt. Hier finden auch die siebenjährigen Erneuerungsprozesse der gesamten Wesensstruktur des Menschen ihre Bestätigung. Wiederkehr bedeutet, seinem natürlichen Ursprung entsprechend, erneuter Aufstieg nach langer Zeit der Stagnation, Enttäuschung, Krankheit oder einer schöpferischen Pause. Den vielfältigen Aktivitäten des Frühlings gleich, beginnt aufs neue eine Zeit der Umgestaltung des Alten auf allen Ebenen, das Comeback auf der Weltbühne nach einer langen Aus-Zeit wird vorbereitet. Was eingeschlafen und verdorben war, wird durch neue Impulse reaktiviert, es kommt wieder Bewegung in das Leben.

Ein bewegtes Aus- und Eingehen beginnt, denn bevor man die maßgebenden Schritte in die Wege leitet, muß das Neuland erkundet werden. Zwar sieht man den Acker der Möglichkeiten vor sich, aber erschlossenes Bauland ist das noch lange nicht. Gerade wenn einem alle Wege wieder offenstehen, heißt es aufzupassen, damit einmal gemachte Fehler sich nicht wiederholen oder alte Routinen die neuen Aktivitäten gleich zu Anfang lähmen. Wagen sich die jungen Triebe entgegen ihrem gesunden Instinkt zu weit nach vorne, ehe die Zeit der Ausbreitung gekommen ist, geraten sie in Gefahr, den letzten Frostausläufern des Winters zu unterliegen. Welch gnadenlose Laune der Natur, der man mit Ruhe in den ersten Bewegungen entgehen kann. Die Wiederkehr der dynamischen Kraft aus der Ruhe ist kein erzwungener Vorgang, der der Eile bedarf, sondern ein ganz natürlicher Bewegungsablauf, wie er der Zeit entspricht. Was zuvor verborgen im Unsichtbaren reifte, tritt jetzt wieder ans Licht. Aber noch ist alles in der ersten zarten Anfangsbewegung, weshalb man sachte sein muß, damit die Kräfte sich nicht vorzeitig verbrauchen. Denn was mit Hilfe der wiedererwachten Lebenskraft (geistige Wiedergeburt) geschaffen werden soll, braucht stabile Grundlagen, auf denen man aufbauen kann.

Nimmt man den Charakter des Hexagramms als Vorbild, so sind es die Begeisterung auslösenden Ideen im Innern und die nach außen sich zeigende Hingabe und jungfräuliche Offenheit, die als zentrale Eigenschaften die Wiederkehr des Begabten vorbereiten *(in die Wege leiten)*. Diese Begeisterung beschränkt sich aber nicht nur auf die eigene Person, sondern wirkt auch ansteckend auf die anderen, so daß sich eine neue, vom Geiste des wiederkehrenden Fortschrittes durchdrungene Gemeinschaft bildet. Ihrem natürlichen Sinn entsprechend, kann die Zeit der Wiederkehr als ein allgemein unverdorbener, neutraler Ausgangspunkt betrachtet werden, durch den die Möglichkeit besteht, alte Fehler oder Routineverhalten abzustellen und durch neue Maßnahmen *(Image, Auftreten, geistige Wiederbelebung, neuer Reifeprozeß)* zu ersetzen.

Aus der Perspektive der Bewußtseinsentwicklung betrachtet, ist es ist der unverdorbene Charakter der reinen Yin-Kräfte *(die Erde oder der Acker Gottes)*, auf den der Samen des Schöpferischen gefallen ist, um sich ungehindert zu entfalten. Noch ist der Boden weich und ohne Widerstände, doch sobald der junge Trieb seinen Mutterschoß verläßt *(den Raum der Leere, das Tao)* und hinaustritt ins Leben, ist er dem Wandel und der Verderbnis unterworfen. Beginn und Ende des natürlichen Lebensprozesses der sich zwar unweigerlich vollzieht, aber doch durch bestimmte Meditationstechniken gelenkt und optimiert werden kann. Durch die Struktur des Hexagramms eindeutig symbolisiert, ist die geistige Wiedergeburt ein erneuter und immer wiederkehrender Prozeß der Erneuerung der von unten durch alle Bewußtseins- und Energiebereiche *(Chakren)* hinauf und wieder hinunter führt *(ein rotierender Auf- und Abstieg)*. Anstatt diesen Impuls nach außen in Bewegung umzusetzen und ihn so, auch wenn er von Anfang an optimiert zum Einsatz kommt, unweigerlich den Weg der irdischen Erfahrungen gehen zu lassen, nutzt man diese Kraft durch Versenkung in den Raum der Leere *(Yin-Striche)* zum Aufbau der inneren Strukturen *(der Geist als Vehikel durch die sieben Stufen des Bewußtseins, der Weg der Selbsterkenntnis)*, indem man ihn über alle sieben Stufen kreisen läßt. Durch diese Einkehr zum geistigen Licht oder Fundament des Lebens können die Energiezentren reaktiviert und ausgeglichen werden, so daß sich das Wesen auch in seinen äußeren Aktivitäten an den natürlichen Kreislauf der Wiederholungen anzupassen lernt.

Linie 1 *Wenn die kleinsten Fehler gleich zu Beginn größerer Unternehmungen korrigiert werden, ist der Erfolg sicher*

Dieser unterste Zeichenherr ist es, der als Zentrum des Erregenden die Wiederkehr in Bewegung setzt. Von oben, dem letzten Platz gekommen, war er den Kräften des Zerfalls ausgesetzt und hat sich nun, durch eine lange Zeit der Stagnation gestärkt, auf seine Wiederkehr vorbereitet. Was ihn ganz besonders auszeichnet, ist seine geistige Flexibilität und seine Beweglichkeit, mit der er die Dinge angeht. Weil er ein gesundes, instinktives Temperament besitzt, kann er Fehlerquellen sofort erfassen und korrigieren, so daß sie sich nicht verfestigen und am Ende die gute Startposition zunichte machen. Was auf diese Weise in die Wege geleitet wird, muß ganz einfach erfolgreich sein.

Dies ist der alles beherrschende Platz des Hexagramms, der durch den Initiator der Wiederkehr *(der göttliche Funke)* besetzt wird. Ein robuster und widerstandsfähiger Charakter, der munter und mit großer Kombinationsgabe das Unternehmen in die Wege leitet. Wenn es ihm gelingt, alte Fehler nicht zu wiederholen und neue, gröbere zu vermeiden, muß man ihm die besten Referenzen erteilen.

Linie 2 *Bestärken Sie Ihren Entschluß umzukehren, indem Sie sich der Quelle des Fortschrittes zuwenden*

Wenn man sich zur Umkehr entschlossen hat, was eben nicht immer ein leichtes Unterfangen ist, kann man sich in der Gesellschaft geistvoller und in ihrem Streben entschlossener Menschen Bestärkung holen. Auch wenn man von seinem Wesen her den Umgang mit kultivierteren Charakteren vorzieht, so ist es doch in diesen Zeiten der Erneuerung sinnvoll, die Menschen zu unterstützen, die an der Basis hart dafür arbeiten. Durch dieses einsichtige Verhalten wird eine bestmögliche Entwicklung gewährleistet.

Dieser milde und einsichtige Zeitgenosse erkennt, daß es sinnvoll ist, sich dem vielversprechenden Talent unter ihm anzuvertrauen und in seine Dienste zu treten. *(Ein Wegbereiter für das Gute.)*

Das Auge, was dem Denken zugeordnet wird, stellt sich dem Fuß zur Verfügung, so daß dieser erkennt, wohin er geht. Ein weiterer Aspekt wäre das Augenlicht *(das analytische Sehen)*, das sich in den Dienst des geistigen Lichts stellt und damit das intuitive Sehen mit dem dritten Auge ermöglicht.

Linie 3 *Lassen Sie in Ihren Bemühungen, dem Weg des Guten zu folgen, nicht nach*

Zwar fühlt man in sich den Impuls, dem Weg des Guten zu folgen, allein der Charakter ist zu schwach und unbeständig, so daß alle Versuche, seine Handlungen in diese Richtung eindeutig zu machen, fehlschlagen. Die ganzen, doch immer wieder guten Konzepte, die man entwickelt, werden dadurch verdorben. Weil man jedoch immer wieder umkehrt und sich dem Besseren zuwendet, ist eine Korrektur dieses Charakterfehlers nicht ausgeschlossen.

Mehrfache Wiederkehr, wie es im I Ging zum Ausdruck gebracht wird, kann sich auch auf die karmische Wiedergeburtsfolge einer Person beziehen, deren Versuche, ihrem Leben eine positive Kehrtwendung zu geben, immer wieder fehlgeschlagen sind. Deshalb ist sie zu wiederholten Anläufen gezwungen, die ihr eine Umkehr durchaus ermöglichen. Sie wäre gut beraten, wenn sie sich der geistigen Quelle zuwenden würde *(Linie 1)*, um fruchtbare Impulse zu erhalten.

Linie 4 *Inmitten schlechter Gesellschaft ist es gut, einen starken Verbündeten zu haben*

Inmitten der Gesellschaft übel gesinnter Menschen wird sich dieser seiner positiven Wurzeln bewußt und kehrt, ohne dabei von seiner Umgebung Unterstützung zu erhalten, alleine um. Wäre ihm dieser gesunde Rückhalt *(Instinkt)* nicht geblieben, sähe es sehr mager um ihn aus. Man kann ihn in diesem Entschluß nur begrüßen, der sicher seine Belohnung findet.

Die Linie des Herzens findet sich im Zentrum des Hexagramms zwar korrekt bestätigt, wird jedoch von vielen schwachen Energien umgeben. Auf weiter Flur alleine, entsinnt sie sich jedoch ihrer geistigen Quelle, jenem göttlichen Funken, der sie am Leben erhält, und sie öffnet sich diesem. Findet das geistige Licht *(Gottes)* im Herzen seinen Platz, wird es selbst in schlechter Umgebung allen Anfechtungen widerstehen.

Linie 5 *Eine erfolgreiche Wiederkehr erfordert ein stabiles Charakterfundament*

Da sich alle Bereiche des gesamten Hexagramms auf den Urheber der Wiederkehr ausrichten *(das geistige Licht)*, wird auch an diesem hohen und selbständig entscheidenden Platz der Ratschlag erteilt, alle richtungsweisenden Entscheidungen auf ein starkes Fundament zu stellen. Dazu bedarf es aber auch der klaren und entschiedenen Korrektur vergangener Fehler, damit dem Comeback nichts Verdorbenes im Wege steht. Ein solch würdevoller Entschluß, den Neuerungsanregungen zwar Folge zu leisten, dabei aber die eigenen Schwachheiten nicht zu vergessen, ist ein Zeichen von selbstloser Verbundenheit gegenüber der Quelle der Wahrhaftigkeit.

Entsprechend der harmonischen Ordnung aller Energiebereiche *(Chakren)*, ist das feste Fundament *(gesunde Instinktkraft oder Empfindungen)* Voraussetzung für ein sicheres Wachstum. Ganz besonders findet dies im Hexagramm der Wiederkehr seine Bestätigung, dessen impulsgebender Initiator das geistige Prinzip des Donners ist. Alle Energiefelder, auch der fruchtbare Seelenquell, werden von dieser Kraft durchdrungen, gereinigt und ihrer korrekten Aufgabe zugeführt. Das Hexagramm 24 ist deshalb auch eine Aufforderung, sich dem geistigen Fundament des Lebens zuzuzuwenden, damit die Richtlinien *(das Schicksal)* immer wieder in Übereinstimmung mit der ursprünglichen Planung gebracht werden können.

Linie 6 *Verfehlt man die Zeit der Wiederkehr, gilt es zu warten, bis sich eine neue Chance bietet*

Ganz an der Spitze, d. h. im äußeren Bereich des Zeichens, findet sich eine Person, die, obwohl sie einige Gelegenheiten zur Umkehr hatte, diese ungenutzt verstreichen ließ. Ein trauriger Umstand, der auf innere Nachlässigkeiten und einen Mangel an Klarheit zurückzuführen ist. Das Unglück, was damit heraufbeschworen wurde, wird sie über einen langen Zeitraum hinweg belasten. Doch dem natürlichen Wandel entsprechend, wird auch diese Durststrekke vergehen, innerhalb derer sie lernen kann, was es heißt, wenn man den Zeiterfordernissen nicht Folge leistet.

Dieses eigentlich begabte Wesen fordert durch sein verstocktes Verhalten das Schicksal heraus und wird auch schwer davon getroffen. Von Anfang an hat es sich den notwendigen Neuerungen widersetzt, so daß es nun, ohne Einfluß darauf nehmen zu können, dem sicheren Bankrott zutreibt. Zehn Jahre, so sagen die Texte, wird es nicht möglich sein, diese Katastrophe zu bereinigen, womit ein sehr langer Zeitraum zum Ausdruck gebracht werden soll, bis sich eine neue Chance bietet.

8. Die acht Pfade der sanften Einwirkung

Das Empfinden

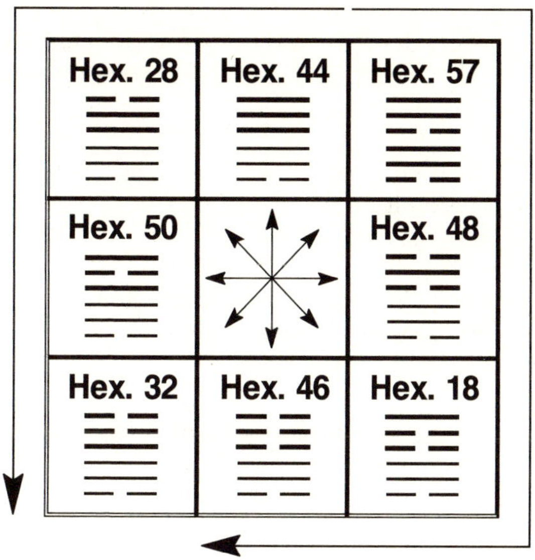

Ursprungszeichen:
***Hexagramm 57:** Der Wind – das Sanfte, das Eindringliche*

Das Empfinden, Schwingungsfeld des Wurzel-Chakras
Das himmlische Gericht

Alle Hexagramme des „Hauses der acht Pfade der sanften Einwirkung“ haben als Grundlage das Trigramm des Windes. Er ist das Symbol der Wandlung, der Bewegung und Ausbreitung des jungen Grüns zur üppigen Fülle, es ist Reichtum und Gewinn, der Wille und das Gesetz des Göttlichen, er ist die spirituelle Richtlinie, die Energie des Himmels, das Symbol für Stetigkeit und beharrliche Bemühung, sein Ausdruck ist das stetige Durchdringen, der Fortschritt und das Holz, die Energie und Vibration, das Schwingungsfeld des Wurzel-Chakras, sein Charakter ist sanft, es ist der Frühsommer und der Südwesten, sein Körperteil sind die Schenkel, in der Familie ist es die älteste Tochter, sein Sinnbild ist der Hahn, seine Farbe ist das dunkle Grün der Wiesen, Bäume und Sträucher im Frühsommer.

Wandlung durch Veränderung der oberen Zeichen:

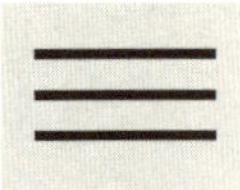

oben: **der Himmel** – das Erneuernde, Kronen-Chakra
Hexagramm 44 – Das Entgegenkommen
das Verführerische

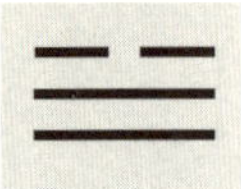

oben: **der See** – das Heitere, das Solarplexus-Chakra
Hexagramm 28 – Des Großen Übergewicht
die Überlastung

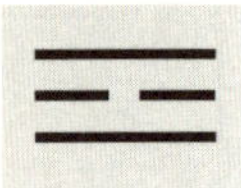

oben: **das Feuer** – das Haftende, das Sakral-Chakra
Hexagramm 50 – Der Tiegel
das kosmische Opfergefäß

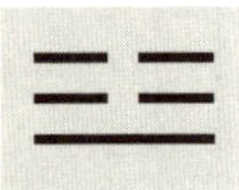

oben: **der Donner** – das Erschütternde, Stirn-Chakra
Hexagramm 32 – Die Dauer
die zyklische Wandlung

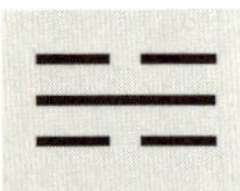

oben: **das Wasser** – das Geheimnisvolle, Hals-Chakra
Hexagramm 48 – Der Brunnen
der Born des Lebens

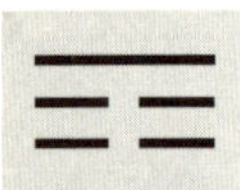

oben: **der Berg** – das Bewahrende, das Herz-Chakra
Hexagramm 18 – Die Arbeit am Verdorbenen
die Aufarbeitung alter Muster

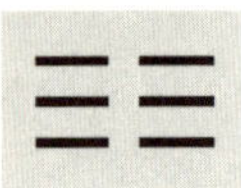

oben: **die Erde** – das Hingebende, die Erdung
Hexagramm 46 – Das Empordringen
der vertikale Aufstieg

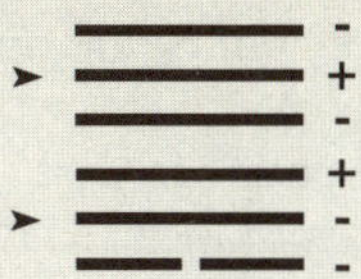

oben: **Der Himmel**

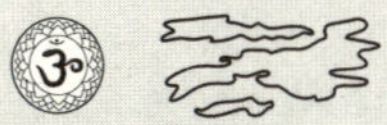

das Schöpferische
die kosmische Kraft
das Kronen-Chakra

DAS GEWAHRSEIN

unten: **Der Wind**

das Sanfte
die Energie
das Wurzel-Chakra

DAS EMPFINDEN

Charakter:

6 rüde
5 edel
4 eingebildet

3 unentschieden
2 klarsichtig
1 ungehobelt

44 Das Entgegenkommen

Das Verführerische

Situation:

Der Wind unter dem klaren Himmel tritt hier als Bote in Erscheinung, der gesandt ist, um dessen Willen zu erfüllen. Das Zeichen ist der Sommersonnenwende zugeordnet, einer Zeit, in der die Natur in ihrer ganzen Fülle erstrahlt. Aber trotz der betörenden Pracht verliert das zuvor einheitlich Starke langsam seine Kraft.

Kommentar:

Auch im Leben sind es die kleinen und scheinbar harmlosen Verlockungen, deren verführerischem Charme auch der charakterstärkste Mensch erliegen kann. Ganz sachte, aber zielbewußt nähern sie sich dem Starken, schmeicheln ihn ein, so daß seine festen Grundsätze langsam aufzuweichen beginnen und das Schwache an Stärke gewinnt *(erste Verfallserscheinungen)*. Dieses auf die unterschiedlichsten Bereiche anzuwendende Gemeine oder Betrügerische erhält aber nur dadurch Einfluß, weil ihm das Starke mangels Widerstandskraft *(geschwächte Instinkte)* entgegenkommt. Betrachtet man den strukturellen Aufbau des Hexagramms, so ist es die Linie des instinktiven Urvertrauens, die triebhaft geschwächt *(normalerweise stark)* den starken Aufbau untergräbt und ihm dadurch eine empfindliche Schwachstelle schlägt. Doch, und dies entspricht der Auseinandersetzung allen Seins mit dem Leben, ist nicht allein das helle und lichte Prinzip fester Bestandteil der menschlichen Erfahrungs- und Entwicklungsgeschichte, sondern auch das Dunkle, Unbewußte *(die anziehende und verlockende Macht des Irdischen)*, das seinen höheren Sinn erfüllt. Aber nur wenn sie als füreinander bestimmte und sich ergänzende Eigenschaften aufeinandertreffen und zusammenwirken, sind die Ergebnisse der höheren Ordnung entsprechend *(im Sinne des natürlichen, absichtslosen Wandels)* auch positiv.

Hier bezieht sich dieses verführerisch Schwache auf das weibliche Prinzip *(Wind als Symbol der sanften, aber willensstarken Weiblichkeit)*, der Anima, die als primitives Trieb-Es den männlichen, starken Animus oben becirct und ihm den Kopf verdreht. Alle fünf *(Bewußtseinsbereiche)* haben volles Vertrauen, da sie in ihrer weisen Weltfremdheit *(mangelnden Bodenständigkeit)* keine Erfahrungen mit dieser Verwirrung auslösenden Versuchung haben, der nur sehr schwer zu widerstehen ist. Seinem luftigen Wesen entsprechend zeigt es sich zunächst als harmlose Laune *(die verführerischen Empfindungen)*, um später dann als gewollte Absicht den Betroffenen ernsthaften Schaden zuzufügen *(Lug und Trug, den fleischlichen, materiellen und allgemein niederen Verführungen zu unterliegen)*. Der sanfte Wind wandelt sich zum unbeherrschten Sturm. Deshalb ist es die Aufgabe des Starken, dieser Versuchung zwar nicht grob und unbeherrscht, aber doch durch klare Auseinandersetzung damit, Herr zu werden und sie zu bändigen. Das Ich *(der Himmel, als gesetzgebende Instanz)* zähmt das Es und unterwirft es seinem Willen, oder anders ausgedrückt: man darf nicht jeder Versuchung wehrlos unterliegen, sondern muß ihr entschlossen entgegentreten, um sie bereits in ihren Anfängen zu stoppen. Denn läßt man das niedere Instinktwesen ungebremst gewähren, wird es sich sehr bald zu einem fetten Schwein entwickeln, das hemmungslos sein Unwesen treibt (siehe Hexagramm 23).

Auch wenn man im Leben solch verführerischen Schwachheiten gegenüber vorsichtig sein muß, liegt doch im Sinnbild des Hexagramms „Das Entgegenkommen" auch eine höhere Bedeutung. Beziehen sich die Schwachheiten allein auf die betörenden, aber trügerischen Empfindungen *(erste Linie)*, so deutet der Wind als Botschafter des Himmels auf die Verbreitung seiner Gesetze hin. Auch wenn dieser selbst dem irdischen Geschehen fernbleibt, so ist es doch seine Gesandte *(der Wind als Tochter, seine Engel, die himmlische Botschaft, die Schwingung)*, die die Menschen auf sanfte, aber doch beständige und unbeirrbare Weise mit seinem Wesen in Berührung bringt. Deshalb ist es dem Edlen auch nicht zu verdenken, daß er in seiner natürlichen Unbefangenheit in Versuchung gerät, den Engeln in Menschengestalt *(den glückseligen Empfindungen oder scheinbar harmlosen Freuden)* entgegenzukommen. Einzig ausgerichtet auf das Licht der höchsten Macht, verliert er selbst den festen Kontakt nach unten *(Erdung)*, der ihm nun entsprechend seines vernachlässigten Instinkts in Form der verschiedensten Versuchungen entgegentritt. Wer jedoch als Botschafter in höherem Auftrag unterwegs ist, muß es lernen, das Anliegen seiner Regierung unangefochten zu vertreten und darf nicht durch jedes schmeichlerische Angebot in Versuchung geraten diese Aufgabe zu vernachlässigen.

Egal auf welche Bereiche dies seine Anwendung findet, immer sind es die harmlos wirkenden Versuchungen, die das ursprünglich positive Anliegen untergraben und in Frage stellen. Konkretisiert auf das innere Wesen der eigenen Person ist es das mangelnde Urvertrauen *(die instinktive Sicherheit)*, die alle starken Bereiche gefährdet und eine undichte Schwachstelle darstellt, aus der die wertvolle Luft entweicht, so daß man schwach wird und seinen triebhaften Neigungen entgegenkommt. Doch wie bereits an anderer Stelle erwähnt, ist jede Versuchung auch eine Charakter- und Erfahrungsschule, die den Menschen mit seinen schöpferischen Ursprüngen konfrontiert und, wenn auch nur allmählich, der Aufgabe näherbringt, sein Wesen in Übereinstimmung mit dem Willen des Himmels zu bringen. Solange man als suchendes und auf dem Pfad der Entwicklung wandelndes Wesen auf dieser Erde lebt, solange hat man sich mit seinen einflußnehmenden Empfindungen auseinanderzusetzen und sie als Teil seiner Person zu akzeptieren.

Linie 1 *Wer sich ungeniert dem Rausch des Betörenden hingibt, der endet ganz langsam im Verderben*

Hier am untersten Platz der Instinkte ist der Ursprung aller Versuchungen. Er wird von einem koketten Wesen besetzt, das sich durch sein niedliches Auftreten in die Empfindungen eines Starken eingeschlichen hat. Doch was einem zunächst als harmlos erschien, zeigt nun seine wahre Natur. Ungeniert versucht es sich mit seinen schlechten Manieren breit zu machen. Daß dies so weit kommen konnte, liegt an der Unbedarftheit, mit der man das betörende Biest gewähren ließ. Wenn man jetzt nicht handelt und dem beginnenden Unwesen energisch Einhalt gebietet, werden die Folgen katastrophal sein.

Das erste, was einen starken Charakter zu Fall bringen kann, sind seine schwachen oder triebhaft einflußnehmenden Instinkte. Wer sich ungeniert dem Rausch betörender Empfindungen *(Geld, triebhafte Freuden, fragwürdige Unternehmungen, Spiel)* hingibt, der kann nicht verhindern, daß die üblen Schwingungen des Milieus den Charakter langsam verderben, auch wenn dieser noch so stabil erscheinen mag. Deshalb gilt es, Selbstdisziplin zu üben, damit man den üblen Versuchungen gleich in den Anfängen widerstehen lernt.

Die normalerweise starke und gesunde Empfindungskraft *(Es, der Instinkt)* wird hier durch eine schwache Linie vertreten, die das starke Ich-Prinzip oben durch allerlei lustvolle Angebote zu locken versucht. Diesem niederen Es müssen eiserne Fesseln angelegt werden, noch ehe es sich in Bewegung setzen kann und alle noch stabilen Bereiche *(Denken bis Geist)* aufzumischen beginnt. Jedes Entgegenkommen solchen Tendenzen gegenüber hat fatale Folgen.

Linie 2 *Halten Sie einflußnehmende niedere Elemente unter Kontrolle, damit sie keinen größeren Schaden anrichten*

Diese starke Linie 2 hat die Aufgabe eines Aufsehers, der das garstige Tier unter sich *(die gemeinen Bestrebungen, Schwachpunkte)* in Schach zu halten hat, damit es nicht in die Öffentlichkeit gelangt und dort mit seinen schlechten Manieren Unheil anrichtet. Mit scharfem Auge wacht er über den schwer Erziehbaren, damit dieser sich zu benehmen lernt. Doch solch ungeistigen Subjekten Vernunft beizubringen ist keine leichte Aufgabe, weshalb es am besten ist, man läßt sie über jeden Schritt Rechenschaft ablegen. Da man den Ungehobelten ja zurechtschleifen will, kann man ihm insoweit entgegenkommen, als man versucht, sein Wesen zu verstehen, um es danach mit gezielter Methodik zu kultivieren.

Das Denken, das dem Biest der verführerischen Instinkte am nächsten steht, fungiert hier als klarsichtiger und sanfter Vormund *(dessen Wegweiser)*, der seinem Schutzbefohlenen gesellschaftliche Benimmregeln beibringen soll. Denn so triebhaft bewegt kann es nicht auf die andern *(die restlichen Bewußtseinsbereiche)* losgelassen werden, da es diese mit seiner ungehemmten Art ohne weiteres in größte Versuchung bringen würde.

Linie 3 *Widerstehen Sie der Versuchung, sich mit üblen Elementen einzulassen*

Während normalerweise der dritte Platz des aktiven Handelns von der geistigen Linie 6 unterstützt wird, muß sich dieser hier ganz ohne deren Hilfe alleine zurechtfinden. Über diesen Zustand verwirrt, ist er geneigt, sich mit einem üblen Element einzulassen, was diese Situation nutzt und sich entgegenkommend zeigt. Obwohl man dessen Angebot gerne annehmen will, erlauben es die Umstände nicht. Eine innere Schranke hält einen davon ab, so daß man andauernd ins Schwanken gerät, wohin man sich wenden soll. Aber gerade diese Unentschiedenheit macht, daß man vielleicht den Weg in eine andere Richtung findet.

Das verführerische Element, mit dem man gerne in Beziehung treten würde, ist die unsittliche Linie 1, die jedoch unter scharfer Bewachung steht. *(Man ist also geneigt, sich zu unsittlichen Handlungen verführen zu lassen.)* Wenn es nur nach den eigenen Gefühlen ginge, würde man diesen Schritt auch tun. Da man jedoch die gesellschaftliche Hürde und die eigene Vernunftschranke nicht überwinden kann *(man fühlt sich irgendwie nicht wohl in seiner Haut)*, gerät man doch in Zweifel und läßt von diesem Vorhaben ab.

Der Verstand *(Linie 2, die innere Stimme)* hält ein scharfes Auge auf die unsittlichen Empfindungen und hält das Gefühl davon ab, sich von diesen verführen zu lassen.

Linie 4 *Wenn dem Leben der reale Bezugspunkt fehlt, isoliert man sich immer mehr*

Man fühlt sich, anders als der bei Linie 3 gezeigte Charakter, zu stark in seiner Haut und ist nicht bereit, auch Menschen mit niedrigerem Bildungsniveau entgegenzukommen. Dadurch isoliert man sich aber vom Fundament der Gesellschaft, so daß, würde man die Hilfe von dieser Seite einmal brauchen, man nicht damit rechnen kann. Wer sich solchermaßen teilnahmslos gegenüber dem Leben der kleinen Leute zeigt *(unsoziale Einstellung)*, der kann auch nicht damit rechnen, daß man an seinen Herzensangelegenheiten teilnimmt.

Dem hier gezeigten hartherzigen Burschen fehlt jeglicher Sinn für die Kultur der kleinen Leute, die ja doch sehr wesentlich die gesellschaftliche Landschaft prägt. Eingebildet wie er ist, hält er sich von diesen fern und beharrt auf seinen „aus der Luft gegriffenen" Standpunkten. Mit dieser rigorosen Kommunikationsverweigerung entfremdet er sich systematisch dem realen Leben, so daß ihm am Ende niemand mehr beistehen will.

Entsprechend der inkorrekten Energiestruktur des Hexagramms, ist die Verbindung des Herzens *(des Körpers)* zur Basis, den Empfindungen oder dem Instinkt gestört. Dessen prägender Einfluß wird, weil man ihn einfach nicht wahrhaben will, durch den kontrollierenden Verstand *(Linie 2)* ignorant geleugnet. Ein Leben, dem der reale Bezugspunkt fehlt *(das Vitalprinzip der Empfindungen)* ist reine Theorie und endet in sozialer Empfindungslosigkeit.

Linie 5 *Ohne gewollte Anstrengung fallen einem die Menschen zu*

Hier ist die Quelle höchster Fruchtbarkeit, die durch einen starken Charakter voll inneren Reichtums vertreten wird, der trotz seiner glänzenden Eigenschaften keinerlei egoistische Profilierungstendenzen zeigt. Ganz im Stillen, von niemandem bemerkt, hat sich sein Reifungsprozeß aus dem Morast der Triebhaftigkeit bis in die Höhen des Himmels vollzogen und findet nun endlich seine Anerkennung. Da er die vielen Versuchungen kennt, die einem auf dem langen Weg des Wachstums begegnen, hat er auch Verständnis für all diejenigen unter ihm, die in ihrem Wesen noch unreif sind. Ohne große Anstrengungen, allein durch die Kraft seiner Persönlichkeit angezogen, kommen ihm die Menschen entgegen.

Dem Schicksal dieses weit entwickelten Menschen ist genüge getan. Die Frucht *(sein Wesenskern, die Linien 1 bis 4)* ist unter dem sorgfältigen Schutz der Verborgenheit zur vollen Reife gelangt *(er hat sich bedeckt gehalten, um nicht vorzeitig geerntet zu werden)*. Ein langer Weg der Rundwerdung liegt hinter ihm, der ihn aus dem Acker der triebhaften Versuchungen hinauf zur Quelle seines Selbst geführt hat. Ein solcher Mensch braucht keine besonderen Anstrengungen zu unternehmen, um andere auf seine Botschaft aufmerksam zu machen, sondern wirkt allein durch seine reinen Schwingungen so beeindruckend, daß sie ihm wie reife Früchte von ganz alleine zufallen.

Insgesamt gesehen ist es die Seele und das Denken, die als herrschende Linien des Hexagramms das verführerische Biest der instinktgelenkten Empfindungen unter Kontrolle halten und bändigen. Im Gegensatz zum Aufseher auf Platz 2, der mit scharfem Auge über das Übel wacht, wirkt die Weisheit der Seele, die hier ganz in Übereinstimmung mit ihrem schöpferischen Ursprung gekommen ist, alleine durch ihre kraftvolle Ausstrahlung auf die Niedrigen. Ganz aus den schattigen Bereichen heraus, hat sie sich zu einer glänzenden Perle entwickelt und steht nun Dank ihrer Reife allen zur Verfügung.

Linie 6 *Auch wer außerhalb des Geschehens steht, braucht die Menschen nicht unbedingt vor den Kopf zu stoßen*

Dieser hochstehende und geistig stolze Eremit hat sich ganz aus dem Getriebe der Welt zurückgezogen und beobachtet am Rande stehend das „Einander-entgegenkommen-Spiel“ der Menschen. Barsch weist er all diejenigen zurück, die sich ihm zu nähern versuchen und will damit zum Ausdruck bringen, daß er mit der ganzen profanen Gesellschaft nichts mehr zu tun haben will. Obwohl sein rüdes Verhalten doch etwas zu abweisend wirkt und er deshalb als unnahbar gilt, braucht es ihn letztendlich nicht zu kümmern, da er als Zaungast sowieso außerhalb des Geschehens steht.

Daß sich dieser grobe Holzkopf so wenig entgegenkommend zeigt, liegt an seinem inkorrekten Wesen *(starke Linie auf mildem Platz)*, was aber nicht heißt, daß damit sein Verhalten entschuldigt ist. Vielleicht gelingt es ihm, seine Abneigung auf etwas diplomatischere Weise ohne Konfrontation zum Ausdruck zu bringen, denn die Betroffenen verstehen dieses rüde Benehmen nicht.

oben: **Der See**

das Heitere
die innere Wahrheit
das Solarplexus-Chakra

DAS FÜHLEN

unten: **Der Wind**

das Sanfte
die Energie
das Wurzel-Chakra

DAS EMPFINDEN

Charakter:

6 aufopfernd
5 unwillig
4 wahrhaftig

3 ignorant
2 einsichtig
1 sorgfältig

28 Des Grossen Übergewicht
Die Überlastung

Situation:

Zum einen symbolisieren die zwei Trigramme See und Wind den Ausnahmezustand einer Überschwemmung, die so extrem ist, daß sie selbst über die Bäume hinweggeht, zum andern einen Balken oder eine Säule, die zwar in der Mitte stark und fest ist (Linien 2 bis 5), dafür aber an den Enden äußerst schwach, so daß sie der großen Belastung auf Dauer nicht standzuhalten vermag.

Kommentar:

Das Hexagramm 28 deutet auf eine Zeit äußerst belastender Ausnahmezustände hin, die sich hart an der Grenze des gerade noch Zumutbaren bewegen. Schwere Krisen liegen in der Luft, der tragende Firstbalken *(das Rückgrat)* beginnt unter dem Gewicht zu ächzen, ein Alarmzeichen, was zu sofortigen Maßnahmen ruft. Von außen und innen stürzen die Dinge auf einen ein. Menschen schütten Ihr Herz und ihre Seele aus, reden auf einen ein, brauchen gefühlsmäßige Zuwendung. Neue Ideen liegen in der Luft und suchen eine Antwort, alles scheint in machtvoller Bewegung, drängt voran und ist wichtig. Die starken Vibrationen, die von solch übermotivierten Stimmungen hervorgerufen werden, drohen einen zu überschwemmen. Man glaubt zu ersticken, den Boden unter den Füßen zu verlieren. Es kracht gewaltig im Gebälk und jeden Augenblick kann das schützende Dach in sich zusammenfallen *(der Geist ist überlastet, die energetische Substanz geschwächt)*. Energieverluste, sowie emotional-seelische Überlastungserscheinungen sind die Alarmzeichen, die zur Änderung rufen.

Jetzt gilt es Auswege zu finden, einen Energiepuffer zu schaffen, sich durch Erdung *(Kontakt nach unten herstellen, elastisch bleiben)* und geistige Erfrischung zu vitalisieren. Mit Gewaltmaßnahmen kann hier allerdings keine Abhilfe geschaffen werden. In einer solch außergewöhnlichen Lage muß man sich zunächst auf seinen inneren Erfahrungsschatz berufen, sich seiner spirituellen Grundlagen besinnen, die einem die Kraft und den Mut verleihen, diese Belastung einigermaßen unbeschadet zu überstehen. Vergleichbar mit der natürlichen Beweglichkeit eines Schilfgrases, das sich den starken Winden anzupassen versteht, heißt es in den höheren Sinn dieser Lage einzudringen, ihn verstehen zu lernen, um dann mit geeigneten Maßnahmen einen Zusammenbruch abzufangen. Auch wenn man dies ganz ohne Hilfe von außen, nur auf sich allein gestellt, bewältigen muß, ist es wichtig, im Innern fest und nach außen zuversichtlich zu bleiben. Denn egal ob durch wohldurchdachten Rückzug oder entschlossenes Handeln, es muß ein Ausweg gefunden werden, um diese kritische Lage zu beenden. Was sich auf gar keinen Fall einschleichen darf, ist ein Zustand von Dauerstreß, der bleibende Schäden hinterläßt. Versteht man es aber, sich auf die verschiedensten Überraschungen einzustellen, die einem bei einer solchen Unternehmung begegnen können und geht zudem mit äußerster Vorsicht an die Sache heran, dann wird es gelingen, eine eindeutige Änderung der belastenden Umstände herbeizuführen.

Betrachtet man an dieser Stelle den energetischen Aufbau des Hexagramms etwas genauer, dann kann man erkennen, daß es die herrschenden Linien auf Platz 2 und, im Zentrum des Zeichens, Platz 4 sind, die dieser kritischen Struktur die Kraft verleihen, die hohe Belastung zu überdauern. Die starke Linie des Denkens läßt auf eine energiegeladene Willens- und Verstandeskraft schließen, die starke Linie des Körpers auf eine beherzte und durch Wahrhaftigkeit und Zuversicht motivierte Eigenschaft, die Hand anlegt, um dem Streß zum Wohle aller Beteiligten *(belasteten Bereiche)* ein Ende zu bereiten. Die eindeutige Schwachstelle der gesamten Bewußtseinsstruktur ist die geistige Überlastung *(Linie 6, der geistige Überbau)* und das mangelhafte Stehvermögen *(Linie 1, das energetische Fundament)*, so daß die Säule *(die starken Bereiche und Funktionen)* keine einheitliche Stärke aufweist und zu zerbrechen droht *(das tragende Rückgrat bricht)*. Hier gilt es durch geeignete Maßnahmen Unterstützung zu gewähren, damit einem geistig-emotionalen Dauerstreß erfolgreich entgegenwirkt werden kann.

Außergewöhnliche Belastungen sind Übergangszeiten in ein neues Bewußtseinsstadium oder allgemein anderer vom Geiste der

Neuorientierung getragener Verhältnisse. Was zuvor drängend und in vibrierender Aufregung begriffen war; wird wieder weich und hingebend, was überfordert und unsicher war; wird stark und bestimmend *(Hexagramm 27 „Die Ernährung“)*. Gefühlsknoten werden gelöst, das Wesen wird wieder weich und empfänglich. Der tiefere Sinn solcher Ausnahmezeiten tritt ins Bewußtsein.

Linie 1 *Mit vorbeugenden Maßnahmen können größere Katastrophen verhindert werden*

Wenn man einen schweren und zerbrechlichen Gegenstand auf den Boden stellen will, ist es angebracht, ihn mit etwas Nachgiebigem zu unterfüttern, damit er nicht zerbricht. Genauso gilt es zu verfahren, will man in Zeiten außergewöhnlicher Belastungen eine maßgebende Unternehmung durchführen. Man muß mit äußerster Vorsicht an die Sache herangehen, denn gerade am Anfang können einfühlsame Präventivmaßnahmen große Katastrophen verhindern. Lieber etwas mehr Achtsamkeit als zu wenig, damit man den Fehler nicht erst dann bemerkt, wenn es bereits im Gebälk zu knirschen beginnt.

Stellt man sich diese Linie als das schwache Ende eines tragenden Balkens vor, so wäre es von sträflicher Nachlässigkeit, dieses nicht mit entsprechenden Maßnahmen zu verstärken, damit es der Belastung des Daches standzuhalten vermag. Denn was nützt das schönste Haus, wenn es an den wichtigsten Punkten die gröbsten Schwachstellen aufweist?

Die Linie der Empfindungen *(des Urvertrauens)* und des Geistes *(der Intuitionen)* sind es, die als Schwachpunkte zu Überlastungserscheinungen neigen und die ganze Energiestruktur ins Wanken bringen können. Deshalb müssen sie durch geeignete Maßnahmen gestützt werden *(gute Erdung, Erholung und Erfrischung in der Natur)*, damit sie den Streßsituationen kommender Zeiten gewachsen sind.

Linie 2 *Wenn man sich in belastenden Zeiten an die kleinen Dinge hält, findet man Erholung*

Es gibt Ausnahmesituationen, in denen man die üblichen Wege verlassen muß, um sich einer Seite zuzuwenden, die man normalerweise zum Erreichen eines höheren Zieles nicht unbedingt bevorzugt. Doch in Zeiten der Extreme muß man auch außergewöhnliche Maßnahmen ergreifen, um wieder Kraft und Mut zu finden, die belastenden Umstände zu überstehen. Deshalb ist es weitaus sinnvoller, sich an die Menschen zu halten, die an der Basis der Erneuerung arbeiten, als bei höheren Ständen Anschluß zu suchen, denen, bei näherem Hinsehen, selbst die Möglichkeiten genommen sind, etwas zu unternehmen *(sie stehen ebenfalls unter Streß)*. Der frische Wind, der von diesen unverbrauchten Menschen ausgeht, wird einen selbst verjüngen und gleichzeitig eine wertvolle Stütze sein, die eigenen Pläne zu verwirklichen.

Während normalerweise die Linie des Denkens Ihren Partner auf der kreativen Ebene der Seele findet, ist es hier die Linie 1 der instinktiven Empfindungen, die die benötigte Unterstützung bietet. Das Flexible und Erneuerungswillige verbindet sich mit der weisen Einsichtskraft zu einer erfolgversprechenden Gemeinschaft *(Achtsamkeit und Einsichtskraft als Puffer für die starke Belastung)*. Der fruchtbare Quell der Seele *(Linie 5 als reguläre Entsprechung zu Linie 2)* ist in einer ähnlichen belasteten Situation, nur daß dieser an der falschen Stelle nach Erneuerung sucht. Selber ausgetrocknet, kann er für Linie 2 keine Stütze sein.

Linie 3 *Vermeiden Sie extremes Verhalten*

Hier ist das Zentrum des Firstbalkens, der sich angesichts der schweren Last gefährlich durchzubiegen beginnt. Obwohl an dieser Stelle kräftig und stark, wird er ohne Unterstützung dem Druck nicht lange standhalten können. Doch gerade das Bewußtsein seiner Stärke bewirkt diesen exzessiven Stolz, so daß er der Einbildung unterliegt, ganz ohne Hilfe, nur mit der Macht seines Willens den immensen Belastungen standhalten zu können. Sich hart und ohne Anpassung auf Biegen und Brechen mit Extremen zu konfrontieren, das kann nur zum Zusammenbruch führen.

Dieser abweisende Charakter hält die ihm angebotene Hilfestellung für unangebracht und versucht nach seinem eigenen Willen gewaltsam gegen das herrschende Übergewicht des Starken anzugehen. Anstatt sich von kompetenter Seite unterstützen zu lassen, macht er eine Menge unnötigen Wind, so daß sich die ganze Situation noch mehr verschlimmert. Diesem außergewöhnlichen Streß wird er unmöglich standhalten können, so daß er letztendlich in einem Kollaps zum Erliegen kommt, dessen Nutzen mehr als fragwürdig ist.

Unbeherrschte und gewaltsame Gefühle *(durch ein Zuviel von allem)* beeinflussen diese starke Persönlichkeit und drängen sie dazu, sich des Überdrucks zu entledigen. Doch dieser Streß kann nicht durch rigoroses Handeln kompensiert werden, sondern bedarf der

Unterstützung des klugen und klaren Verstandes *(Linie 2, Bewußtmachungsprozesse)* sowie der Einflußnahme des Herzens *(Freundlichkeit und soziale Einstellung)*, um wieder ein verläßliches Zentrum der Kraft zu werden *(Solarplexus-Chakra)*.

Linie 4 *Die Hilfe, die einem gewährt wird, muß zur Rettung des Ganzen eingesetzt werden*

Dies ist der zweite herrschende Platz des Hexagramms, was ihn als tragfähige Stütze ausweist, die das Gefährliche einer überlasteten Situation erfaßt und sich wirksam von der Basis unterstützen läßt. Doch darf er diese Hilfe nicht egoistisch für seine eigene Stabilisierung nutzen, sondern muß bei allem; was man ihm gewährt, an die Rettung des Ganzen denken. Nur so kann es gelingen, dem Übergewicht des Starken wirksam zu begegnen.

Dieser im Herzen Wackere versteht es, noch rechtzeitig etwaige Dauerschäden abzuwenden, indem er sich der Quelle der Unterstützung *(Linie 1, die Basis oder Menschen, die ihr Rettungshandwerk verstehen)* zuwendet, die ihm umfangreiche Hilfemaßnahmen gewährt. Ganz im Gegenteil zu dem eigensinnigen und starren Charakter unter ihm *(Linie 3)*, findet dieser durch sein einsichtsvolles und heiteres Wesen die nötigen Retter, mit deren Hilfe er dem ganzen *(Sozialwesen)* wieder Stabilität verleihen kann. *(Der überlastete Balken wird von unten wirksam abgestützt.)*

Der Platz des Herzens, der sich normalerweise durch Milde und Weichheit auszeichnet *(schwache Linie)*, ist hier zwar fest, wird jedoch durch seine Lage am Grunde des oberen Trigramms See begünstigt, so daß sein machtvoller Charakter durchaus als gefühlvoll-heiter und wahrhaftig bezeichnet werden kann. Da er sich jedoch als wichtiger Stützpunkt inmitten der Überlastung befindet, wendet er sich der natürlichen Linie 1 zu, um sich dort eine Erfrischung zu holen *(eine sanfte Energiespritze)*, was seine heftige Unruhe besänftigt und ihm neue Kraft zur Überwindung der Streßsituation gibt.

Linie 5 *Wenden Sie sich den erneuernden Dingen zu, sonst werden Sie sich weiter erschöpfen*

Es ist hier die Geschichte eines sonderbaren Charakters angedeutet, der trotz seiner unfruchtbaren Situation nicht gewillt ist, sich von fortschrittlichen Kräften unterstützen zu lassen. Gewohnt, aus sich selbst heraus zu schöpfen, will er es einfach nicht wahrhaben, daß auch er der seelischen Erneuerung bedarf, um den Belastungen des Lebens standzuhalten. Anstatt sich den wahren und erfrischenden Dingen zuzuwenden *(sich seiner Grundlagen zu besinnen),* neigt er dazu, seinen Standesdünkel herauszukehren und so zu tun, als bräuchte er diese Hilfe nicht. Doch mit diesem oberflächlichen Zauber kann er seine erlahmenden Kräfte nicht dauerhaft stützen, sondern sorgt viel eher dafür, daß sie sich frühzeitig verbrauchen. Es sei ihm deshalb angeraten, seinen geistigen Dünkel aufzugeben *(der ihm keine Stütze sein kann)* und sich der Realität zu besinnen, die ihm immerhin eine natürliche Grundlage für seine Existenz bietet.

Entgegen der Situation auf zweitem Platz wendet sich dieser alternde Sonderling einer Seite zu, die ihn vielleicht in seiner Eitelkeit unterstützt, aber ansonsten keine brauchbare Hilfe darstellt. In seiner bockigen Überheblichkeit bildet er sich ein, daß es ausreicht, sich mit den Attributen der Jugend zu schmücken, um kräftig zu sein. Doch auch wenn er noch so schöne Blüten treibt *(sich äußerlich jung gibt),* kann dies nicht über die ausgelaugten Tatsachen hinwegtäuschen.

An sich ist die Linie der Seele, dieser normalerweise fruchtbare Quell, auf korrektem Platz, findet aber der außergewöhnlichen Struktur des Hexagramms entsprechend, keine ausreichende Unterstützung bei der Linie des Denkens. Anstatt sich wie diese ihrer energiereichen Grundlage zu besinnen, füttert sie sich lieber mit geistigen Schwachheiten *(Linie 6),* die sie aber nicht erfrischen, sondern noch mehr auslaugen.

Linie 6 *Um den belastenden Umständen ein dauerhaftes Ende zu bereiten, werden Opfer verlangt*

Es besteht eine höhere Notwendigkeit, die einen dazu veranlaßt über sich selbst hinauszugehen *(sein Schicksal herauszufordern),* damit einer guten Sache genüge getan wird. Es ist, wie wenn man sich mangels geeigneter Hilfsmittel zu Fuß aufgemacht hat, ein vom Wasser überschwemmtes Land zu durchschreiten, obwohl man die genaue Tiefe nicht kennt. Auch wenn man seinen ganzen Willen daransetzt, um das ersehnte Ziel *(das Neuland)* zu erreichen, muß man damit rechnen, daß einem das Wasser über dem Kopf zusammenschlägt, so daß man zu ertrinken droht. Aber selbst das muß man riskieren, damit man den andern, die weniger opferbereit sind, den Weg ins Neue bahnen kann.

Angetrieben vom Aufwind höherer Beweggründe, hat sich dieser in waghalsiger Manier aufgemacht, um eine Antwort auf die extremen Kräfte zu finden, die sein ganzes Wesen belasten. Mutig begibt er sich in den „See der Wahrhaftigkeit", um sich den Gefahren auszusetzen, die ihm bei diesem Abenteuer begegnen. Dabei steigt ihm das Wasser nicht nur bis zum Hals *(dem Schicksal),* sondern auch über seinen Kopf *(den Geist).* Doch im Interesse höherer Wahrheiten ist er sogar bereit, sein Leben aufs Spiel zu setzen *(sich selbst zu opfern).*

Es werden hier Menschen *(Märtyrer)* dargestellt, die bereit sind, sich für die Umsetzung ihrer starken, schöpferischen Ideen oder Weltanschauungen selbst zu opfern. So fremd es uns erscheinen mag, aber ohne diese waghalsigen und konsequenten Erneuerer hätten wir die Antworten auf viele Fragen nicht gefunden. Ihre Vibrationen und ihre schöpferische Kraft waren so stark, daß sie beinahe mit höherer Gewalt dazu gebracht wurden, diese nach außen wahr werden zu lassen *(durch außergewöhnliche Maßnahmen).*

Der Geist, das pionierhafte Wesen, folgt seinem wahrhaftigen Ursprung der Erneuerung, um den Energiekreislauf der „Ernährung" in Gang zu halten *(Erkenntnisse, Antworten, siehe Hexagramm 27).*

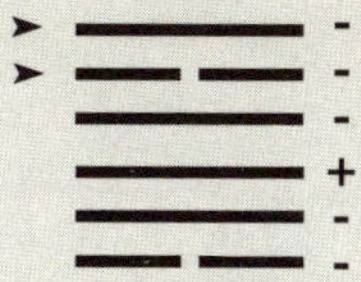

oben: **Das Feuer**

das Haftende
die Klarheit
das Sakral-Chakra

DAS DENKEN

unten: **Der Wind**

das Sanfte
die Energie
das Wurzel-Chakra

DAS EMPFINDEN

Charakter:

6 weise
5 bescheiden
4 unrealistisch

3 überheblich
2 mutig
1 fügsam

50 Der Tiegel

Das kosmische Opfergefäss

Situation:

Der Wind, als Atem oder Energie des Schöpferischen, steht unter dem Zeichen der Sonne. Dies symbolisiert den Wandel vom organischen Wachstum im Frühsommer zur vollen Blüte des Sommers und gilt als sichtbares Zeichen der kosmischen Kraft. Die Speise ist bereitet, der Gabentisch Gottes gedeckt. Der Reichtum der Natur erstrahlt im Licht der Sonne.

Kommentar:

Wie einige andere Zeichen im I Ging, so enthält auch der Tiegel den Gedanken der Ernährung, behandelt jedoch nicht so sehr die Nahrungsaufnahme als solche, sondern eher das Gefäß, in dem die heiligen Opfergaben aufbewahrt werden. Seinem höheren Sinn entsprechend war dieser Kessel rund, hatte goldene Henkel als Verzierungen und Tragegriffe aus Jade. Er stand auf einem Dreifuß, dem Symbol der Verbundenheit des Himmlischen *(Kessel)* mit dem Irdischen *(Mensch und Erde)*. Nahrungsopfer galten als Zeichen der Verehrung Gottes und dienten dem Ziel, seinen lichtvollen Segen zu erhalten, d. h. mit seinem Willen eins zu werden. Indem man die höchsten irdischen Werte den Göttern opferte, gelangte man selbst in das Schwingungsfeld der kosmischen Kraft, die herabstieg, um sich aus dem Tiegel zu bedienen *(um sich mit den Gaben zu vereinen, sie mit ihrem Licht zu beseelen)*. Diese geweihte, durch das Symbol des Opfers spirituell durchdrungene Speise, einsgeworden mit dem geistigen Licht, wird nun den Würdigen zur Nahrung gereicht. In diesem Sinne kann der

Tiegel als Gefäß der spirituellen Kraft betrachtet werden, die erneuert, verjüngt und zur spirituellen Erleuchtung führt *(Einswerdung mit dem geistigen Licht)*. Vergleiche begegnen uns im Ritual des heiligen Abendmahls, bei dem das Manna oder geweihte Brot den Gläubigen *(Würdigen)* gereicht wird, damit sie das Göttliche in sich aufnehmen, d. h. im Geiste mit ihm verschmelzen.

Um sich aber selbst zum Tiegel, zum Gefäß der Nahrung zu machen, muß der Berufene sein inneres Wesen in Übereinstimmung mit der höheren Wahrheit *(seinem Schicksal)* bringen. Nur wenn er sich selbst der höchsten Erkenntnis opfert, sein Bestes gibt, wird er zur Nahrungsquelle der Würdigen die sich an ihm laben *(so kann er selbst zur göttlichen Speise werden)*. Seine innere Kultur, seinen wahrhaftigen Reichtum zur Blüte zu bringen, heißt in Einklang mit dem geistigen Licht zu sein. Indem man selbst das Gute verehrt, nimmt das Gute Besitz von einem, das spirituelle Bewußtsein wird erweitert. Wer den Weg der Läuterung gegangen ist, d. h. seine innere Substanz gereinigt hat, der wird eins mit seinem schöpferischen Ursprung. Hier nun beginnt die hohe Aufgabe, die darin liegt, nicht nur trockenes Wissen zu vermitteln, sondern die Würdigen an diesen geweihten Speisen teilhaben zu lassen *(sie einzuweihen)* und damit einen wahrhaftigen Beitrag zu deren spiritueller und kultureller Entwicklung zu leisten.

Betrachtet man die Struktur des Hexagramms etwas genauer, kann man das Wesen des Tiegels *(des Berufenen)* erkennen, der die Speisen enthält, an denen sich die Würdigen laben. Die unterste, offene Linie der Empfindungen ist es, die die Beine symbolisiert, die dem ganzen seinen Stand verleihen. Die drei starken Yang-Striche bilden hier das schöpferische Zentrum, den Bauch oder Ideenraum, von dem alle Wandlung ausgeht. Hier befindet sich die Schatzkammer, in der das Denken, das Fühlen und das liebende Herz gelagert sind. Alle drei sind vom himmlischen Atem durchdrungen und bilden eine einheitliche Quelle der Kraft. Die offene Linie 5 der Seele steht symbolisch für die zwei Henkel *(oder Ohren)*, an denen das Gefäß mit Hilfe des Tragbügels *(Linie 6, der Geist)* aufgenommen werden kann. Da diese beiden als herrschende Linien das ganze Zeichen prägen, sind ihre Bestandteile von edelster Art. Gold und Nephrit, als Symbole des wertvollen Inhaltes, bilden die zusammenwirkenden Teile, an denen der Tiegel aufgenommen und den Würdigen zur Speisung dargebracht wird.

Etwas poetischer ausgedrückt: Die vom Atem des Himmels durchdrungene Nahrung wird über den schöpferischen Mund der Seele *(OKT See, fünfte Linie)* zum Ausdruck gebracht. Sie ist der nach außen inspirierende und gleichzeitig aufnehmende Quell der geweihten Speise, das Ohr und der Mund, der Henkel, mit dessen Hilfe die Götterspeise *(der schöpferische Reichtum)* transportiert wird. Letztendlich aber ist es der geistige Lichtstrahl *(Linie 6, der Tragbügel)*, der als höchster „Kulturträger" die geweihte Substanz den Würdigen zur Speisung bringt. Die Seele leiht dem Geist sein Ohr, die Resonanz der himmlischen Speise findet ihren Ausdruck in der Blüte höchster Kultur. Das göttliche Feuer höchster Erkenntnis ist entfacht. Der innere Reichtum entfaltet sich zur vollen Blüte geistiger Kultur.

Linie 1 *Bevor der Tiegel benutzt werden kann, muß man ihn vom Alten befreien*

Bevor der Tiegel mit neuer Speise gefüllt wird, ist es sinnvoll, ihn zu reinigen, um das Verdorbene, Alte zu entfernen. Dazu muß man ihn zunächst seiner Gebrauchsfähigkeit entheben, indem man ihn auf den Kopf stellt, so daß seine Beine in die Luft ragen. Auf diese Weise können auch die letzten unbrauchbar gewordenen Reste beseitigt werden.

Dieser unterste Platz stellt die Beine des Gefäßes dar *(die Grundlage der Bewußtseinserweiterung)*, die zunächst ihrer normalen Funktion beraubt werden muß, damit das Gefäß oben *(das innere Selbst)* gereinigt werden kann. Will man an der schöpferischen Entwicklung kultureller Blütezeiten mitarbeiten, dann muß man zunächst bereit sein, sich vom Alten, Verdorbenen zu befreien. Der Weg zur höchsten Erkenntnis beginnt beim Unscheinbaren, im Gestrüpp des Instinkts und kann nur durch eigene Bemühungen zugänglich gemacht werden.

Die normalerweise starke Empfindungskraft ist hier geschwächt, was auf eine Belastung durch alte Erfahrungen hindeutet. Um aber als tragfähiger und instinktsicherer Unterbau für einen geweihten Tiegel *(geistige Erneuerung)* zu taugen, muß sie geklärt, d. h. zu ihrer natürlichen Ursprünglichkeit zurückgebracht werden.

Linie 2 *Wessen Nahrung wahrhaftig ist, der hat nichts zu befürchten*

Es ist hier ein entschlußkräftiger und klarsinniger Geist von positivem Glauben gezeigt, der durch seine Umgebung Mißgunst und Neid erfährt. Da seine guten Eigenschaften aber ein ganz natürlicher Besitz sind, braucht er sich nicht beirren zu lassen, sondern kann auf dem Weg der höheren Berufung weiter voranschreiten.

Ein Mensch mit positiven Fähigkeiten, der bestrebt ist, seiner wahren Berufung *(der Stimme des Schicksals)* zu folgen, wird nicht nur eine Menge Neider finden, sondern muß sogar damit rechnen, daß er mißgünstig behandelt wird. In diesem Fall ist es der geringe Nachbar von unten *(Linie 1)*, der diesem Berufenen seinen Besitz nicht gönnt und ihm das Leben zu versauern sucht. Neidvoll blikken auch die Bessergestellten *(Linien 3 und 4)*, die sich durch seine positiven Fähigkeiten in ihrer eigenen Wichtigkeit gemindert sehen. Solange er seiner höheren Motivation treu bleibt, steht er unter dem Schutz des Schicksals, so daß ihm nichts passieren kann.

Die zweite Linie des Denkens findet ihre Entsprechung *(wahrhaftigen Beistand)* bei der fünften Linie der Seele. Obwohl ihre Kräftekonstellation hier verkehrt herum steht, bleibt das Zusammenwirken doch korrekt, da diese als einzige ihren wahren Wert erkennt und sie motiviert. Der inspirierende Quell der Seele schickt dem Denken einen Lichtstrahl der Wahrhaftigkeit.

Man verlasse sich also auf seine Inspirationen, seine kreativen Impulse und schenke weniger fähigen Stimmen *(Linien 3 und 4)* keine Beachtung.

Linie 3 *Wenn Sie wollen, daß Ihre positiven Eigenschaften erkannt werden, müssen Sie Ihre Einstellung ändern*

Dieser geistig Hochbegabte steht zwar im Aufwind kultureller Aktivitäten, wird aber trotzdem von niemandem beachtet, der seine Fähigkeiten schätzt und ihn fördert. Obwohl er voller schöpferischer Ideen steckt, gelingt es ihm nicht, diese ans Licht zu bringen. Eine traurige Situation, deren Lösung aber nicht im Außen zu suchen ist, sondern in seinen falschen Methoden, mit denen er glaubt, sein Ziel zu erreichen. Wer sein Wissen in den Dienst einer hohen Sache stellen will, der muß selbst im Inneren mit dieser in Übereinstimmung stehen. Allein durch äußerliches Scheinen *(stolze Haltung)* lassen sich die Einflußreichen nicht beeindrucken. Was zählt, ist der wahrhaftige Reichtum der Gaben, die man anzubieten hat. Nur damit läßt sich die Lage langsam entspannen, so daß fortschrittliche Bewegung in die verfahrene Situation kommt.

Dieser vom Schicksal für Höheres Bestimmte, spürt zwar im Inneren diese Berufung, ist sich jedoch nicht darüber im klaren, welcher Anstrengungen es bedarf, um dorthin zu kommen. Durch eine geistig überhebliche Haltung verschließt er sich den kreativen Impulsen *(seine geistigen Ohren sind taub)*, so daß er nicht vorankommen kann. Wer aber selbst Nahrung für die kulturelle Entwicklung anderer sein will, der muß dafür Sorge tragen, daß sein innerer Reichtum wahrhaftig ist, indem er durch ununterbrochene Anstrengung seinen Charakter läutert *(ihn mit geistigem Wissen bereichert).*

Die Linie 3 des Fühlens und der Persönlichkeit, die ihrem Wesen nach korrekt ist, befindet sich inmitten starker Kräfte, die ihren natürlichen Handlungsspielraum einschränken und sie negativ beeinflussen. Anstatt sich ihres wahren Wertes zu besinnen *(UKT Himmel, OKT See, innere Wahrheit)* nimmt sie eine überhebliche und hartnäckige Haltung an. Linie 5 als kreativer Übermittler kann ihr Rufen nicht hören *(die Ohren sind verschlossen),* weil sie die falsche Sprache spricht oder die falsche Methode verwendet, um Aufmerksamkeit zu erregen *(sie liegt gefühlsmäßig daneben).* Die ganze wertvolle Nahrung kann nicht ihrer höheren Bestimmung übergeben werden, so daß sie nutzlos im Tiegel verkommt. Was ihr fehlt, ist die korrekte geistige Motivation von Linie 6, die sie deshalb allein durch persönliche Anstrengung wettmachen muß. Durch diese Bemühung erlangt sie nach und nach die Gunst ihres Schicksals *(die seelische Übereinstimmung mit dem Karma),* so daß sich alle Spannungen lösen und ihr wahrer Wert erkannt wird.

Linie 4 *Wer sich mit Nebensächlichkeiten abgibt, der kann seine hohen Versprechungen nicht halten*

Man befindet sich in einer Stellung, die einen hohen Grad an Verantwortungsbewußtsein und Charakterstärke erfordert, um die an einen gestellten Pflichten zu erfüllen. Anstatt sich der hohen Aufgabe mit ganzem Herzen zu widmen, gibt man sich mit Nebensächlichkeiten und unwichtigen Menschen ab, so daß die großartigen Versprechungen, die man gemacht hat, nicht gehalten werden können. Nicht nur sich selbst bringt man dadurch in eine beschämende Lage, sondern auch das Ansehen derjenigen *(der Sache)* leidet Schaden, in deren Dienst man steht.

Es findet sich hier die Erfahrung bestätigt, daß, wenn das Falsche an entscheidender Stelle passiert, es beschämende Folgen nach sich zieht. In diesem Falle ist es der soziale Puls des Tiegels *(das Herz),* der als hoher Würdenträger in Folge mangelnder Voraussetzungen völlig überfordert ist. Nicht genug, daß ihm das nötige Grundlagenwissen fehlt, nein, ganz allgemein mangelt es ihm an Energie und Pflichtbewußtsein, das er durch großartige Gebärden auszugleichen sucht. Es scheint ihm einfach nicht klar zu sein, welche Tragweite die von ihm so halbherzig übernommene Aufgabe hat. Muß er erst vor dem Scherbenhaufen des zerbrochenen

Tiegels stehen, bevor ihm klar wird, welchen Schaden er mit seiner Einstellung anrichten kann?

Als politisches Beispiel könnte der Bereich des Sozialwesens herangezogen werden, der, durch die Person des Sozial- und Finanzministers vertreten, eine übergeordnete Aufgabe bei der Gestaltung des gesellschaftlichen Wohlstands erfüllt. Orientiert sich die hier betriebene Politik an falschen Voraussetzungen, leidet nicht nur der betroffene Minister darunter, sondern vor allem seine Partei und dessen Vorsitzender *(der Tiegel)*. Alle ansonsten wertvollen Inhalte werden dadurch in Mitleidenschaft gezogen *(beschmutzt)*.

Der instinktive Unterbau ist schwach *(mangelhafte Empfindungskraft)*, so daß er für die soziale Schaltstelle des Tiegels, keine geeignete Stütze darstellt. Doch anstatt den Tatsachen ins Auge zu sehen, werden diese ignoriert, so daß der Tiegel ins Wanken gerät und stürzt. Der ganze wertvolle Inhalt wird verschüttet *(die starken, schöpferischen Fähigkeiten liegen im Dreck)*, und die zur höchsten Stelle Verantwortung tragende Instanz wird befleckt *(die Seele, als Henkel und Schicksalsplatz)*.

Linie 5 *Auf dem Pfad der höchsten Erkenntnis zu wandeln, bringt wahre Freude*

Hier, am ersten herrschenden Platz des Zeichens, findet sich die milde und kulturell hochentwickelte Seele einer Persönlichkeit, deren gerechte und klare Anordnungen großen Einfluß ausüben. Ihr Licht strahlt weit, und trotz dieser schöpferischen Intelligenz ist sie in ihrem Wesen bescheiden und für wertvolle Anregungen offen. Sie ist der Henkel und der kreative Pol, die Hüterin der kulturellen Schätze, die Stelle, an der man den Tiegel aufnimmt und den Würdigen zur Speisung bringt. Aber weil sie ihren Besitz nicht als ihr gehörig betrachtet, sondern an andere weiter leitet *(sie stellt sich in den Dienst der geistigen Erweiterung)*, finden sich starke und würdige Helfer ein, die ihr zur Seite stehen.

Betrachtet man den Tiegel als eine Art Kulturinstitut, dann ist dies der Platz einer Kulturreferentin *(oder einer Lehre)*, die vom Geist höchster Kulturblüte beseelt ihre Arbeit tut. Selbst in ihrem Wesen offen und bereit, an ihrer eigenen Entwicklung konsequent zu arbeiten, ist sie für alle, die sich angesprochen fühlen *(OKT See)*, eine Quelle kreativer Bewußtseinserweiterung.

Die Seele als glänzende Perle der Kulturinstitution, ist der Augapfel und das Ohr des himmlischen Lichts. Ihre Schatzkammer ist die tiefe und mit dem Himmel verbundene Wahrhaftigkeit *(UKT Himmel, OKT See)*. Sie ist das Sprachrohr der Götterspeise *(des wertvollen Inhalts)* und erreicht durch ihren „Wahrhaftigkeit sprechenden Mund“ den beweglichen Geist. Denn nur dieser hat, als Träger des Kulturgefäßes, die Fähigkeiten, die vom Himmel gesegnete Speise an den Ort seiner Bestimmung zu bringen *(zu Ohren der Würdigen).*

Linie 6 *Das innere Selbst befindet sich in Übereinstimmung mit dem Willen der kosmischen Kraft*

Es ist hier ein würdiger und von großer Weisheit gesegneter Ratgeber gezeigt, der als Dach oder Tragbügel des Kulturgefäßes den wertvollen Inhalt bewegt. Seine Ausstrahlung gleicht dem sanften Schimmer von edlem Jade, was ihn als hoch entwickeltes Wesen auszeichnet. Er ist ein Edelstein in der Brandung der Wahrhaftigkeit, der dem reichen Wissen zur letzten Bestimmung verhilft *(die dafür Bestimmten einzuweihen).* Alles was sein Licht berührt, gelangt zur höchsten Blüte, und so steht er nicht nur in Übereinstimmung mit dem Willen der höchsten Kraft, sondern auch mit den Menschen, denen er als Vorbild gilt.

Der Geist, als Oberhaupt des Tiegels, ist der Lichtstrahl, die Pforte zur Unendlichkeit, die machtvolle Vibration des Schöpferischen, die die reinen Schätze der Seele an die Ohren der Berufenen bringt *(Einfluß nimmt auf das innere Selbst der Lernfähigen).*

32 Die Dauer
Die zyklische Wandlung

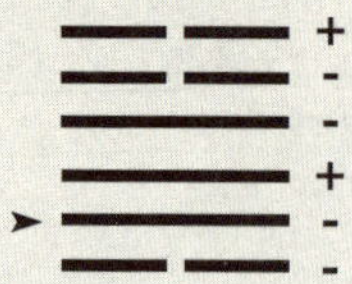

oben: **Der Donner**

das Erregende
die Aktivität
das Stirn-Chakra

DER GEIST

unten: **Der Wind**

das Sanfte
die Energie
das Wurzel-Chakra

DAS EMPFINDEN

Charakter:

6 rastlos
5 beweglich
4 unrealistisch

3 abhängig
2 vernünftig
1 heftig

Situation:

Die Dauer innerhalb zyklischer Prozesse wird durch Donner und Wind, die beiden dynamischen Prinzipien im Kreislauf des Lo Schu, zum Ausdruck gebracht. Der Wind, als Zeichen der Fülle, symbolisiert eine Pflanze, die, bevor sie zerfällt, ihren Samen an die Erde gibt, damit sich daraus neues Leben entfaltet. Dieser immer wiederkehrende Vorgang gilt als Zeichen der Dauer, die kein wirkliches Ende kennt.

Kommentar:

Dauer ist, ganz im Gegenteil zum oberflächlichen Verständnis, kein statisch unbeweglicher und immer gleichbleibender Zustand, sondern eine festgelegte Bewegungsrichtung, innerhalb derer sich bestimmte Prozesse in immer wiederkehrender Folge wiederholen. Also nicht Stillstand, der im Gegensatz zu der Dauer Rückgang bedeutet, sondern Bewegung in festen rhythmischen Bahnen. Was zuvor im Aufsteigen begriffen war, fällt nach unten, konzentriert sich als geistige Kraft im Samen und entwickelt sich erneut vom Keimhaften zur Fülle des Lebens. Ein ausgeglichenes Spiel von Kommen und Gehen, Werden und Vergehen. Versucht man hinter diese dynamischen Vorgänge des Lebenskreislaufs zu blicken, so wird man erkennen, was der zyklischen Wandlung ihre feste Bahn verleiht. Es sind die Zeit und Raum bestimmenden Kräfte des Himmels und der Erde, die sich als starke Yang- und offene Yin-Striche im Zeichen verbergen. Sie gelten als Urheber kosmischer Dauer und sind als Erzeuger und Gebärer von Töchtern und Söhnen *(Wind, als Energie des Himmels, und Donner, als Energie der Erde)*, die wiederum Kinder erzeugen, für die Aufrechterhaltung des ewigen Kreislaufs des Lebens verantwortlich. Doch was verleiht Himmel und Erde ihre Dauer? Es ist der ewige Sinn, jene göttliche Urkraft ohne Anfang und Ende, der als höchster „Schöpfungsgedanke" die Entstehung der Welt bezeichnet.

Betrachtet man die Struktur des Hexagramms, so lassen sich sehr leicht die Prinzipien des Wandels und der ewigen Dauer in Verbindung bringen. Es ist die zweite herrschende Linie des Denkens, der als Platz der schöpferischen Intelligenz die zentrale Aufgabe dauerhafter Bestrebungen zukommt. Sie ist das himmlische Auge, der Steuermann, der im Bewußtsein der Verantwortung die Fähre *(die gesamte Bewußtseinsstruktur)* über den See von einem Ufer zum andern bringt. In Verbindung mit dem Denken bilden das Fühlen und der soziale Bereich des Körpers die Zusammenhalt schaffende Plattform, sozusagen das Herz der Fähre *(das schöpferische Zentrum dauerhafter Werte in der Gegenwart)*, die die Zukunft *(Seele und Geist als Vertreter der Traditionen)* und die Vergangenheit *(instinktive Richtlinie)* miteinander verbindet. Diese Fähre, als Sinnbild des zyklisch wiederkehrenden Wandlungsprozesses der Dauer, ist es, durch deren strukturelle Beschaffenheit man die Möglichkeit erhält, die Verbindung zwischen Himmel *(Vergangenheit)* und Erde *(Zukunft)* nicht nur herzustellen, sondern auch aufrechtzuerhalten. Wer also wie Himmel und Erde Dauer erlangen will, der muß den Richtlinien seines schöpferischen Ursprunges folgen *(dem Willen des Himmels)*, damit das Wesen des ewigen Wandels in seiner Person verwirklicht werden kann.

Doch um dies zu erfüllen, muß man sich selbst im schöpferischen Zentrum der Bewegung halten *(Extreme vermeiden)*, d. h. die Dinge in ihrer Entwicklung beobachten, so daß man den stürmischen Turbulenzen entgehen kann, die einen immer wieder vom Kurs abbringen. Nur wer auf diese Weise die Dinge in ihrer festen Bewegungsrichtung betrachtet *(sich an ihrer Entwicklungsrichtung orientiert)*, kann den Weg der ewigen Wiederkehr erkennen. In Übereinstimmung mit den Gesetzen von Himmel und Erde zu sein, heißt also letztendlich, sich mit den Rhythmen der Zeit zu wandeln. Deshalb: wer wissen will, was Dauer hat, der vertraue den Dingen, die in ihrer Entwicklung Konstanz beweisen, dann kann er erkennen, wann und wohin er zu gehen hat. Denn eines ist ganz gewiß: etwas Dauerhaftes läßt sich nicht erzwingen, sondern kann nur auf der schöpferischen Plattform natürlicher Bewegung erreicht werden.

Wer sich einzig und allein auf die Dinge konzentriert, ohne sie expandieren zu lassen, d. h. sich ausrichtet ohne darauffolgende

Bewegung, hervortritt ohne zurückzutreten, einatmet, ohne wieder auszuatmen, der kann keinen zeitlichen Bestand erreichen, egal wieviel er sich auch bemüht.

Linie 1 *Dauerhaftes läßt sich nicht durch Eile erzeugen*

Ohne die konkreten Richtlinien seiner Bemühungen zu kennen, setzt sich dieses unruhige Wesen in Bewegung. Seine Sehnsucht, etwas Dauerhaftes zu schaffen, mag ja korrekt sein, nur kann dies nicht so einfach von heute auf morgen erreicht werden. Dazu bedarf es einer langen Zeit der sorgfältigen Arbeit und der allmählichen Festigung. Wer wirklich etwas Beständiges schaffen will, der darf nichts übereilen, sonst wird er später feststellen, daß er den Anforderungen seines Strebens nicht gewachsen ist.

Jeder auch noch so große Baum war einmal ein Keim, der sich ganz langsam über Jahre hinweg entwickelt hat. Nur dadurch wird sein Holz kräftig und garantiert ihm eine lange Beständigkeit. Ganz anders die schnellwachsenden Pflanzen, die nur eine kurze Lebenszeit erwartet. Dauerhafte Erfolge und Schnelligkeit lassen sich nicht zusammenbringen, das sollte sich dieser Eigenwillige als fruchtbaren Ratschlag zu Herzen nehmen.

Der schwache Instinkt ist geneigt, den starken Impulsen des Herzens zu folgen und vergißt dabei seine Aufgabe, nach unten Stabilität zu schaffen.

Linie 2 *Folgen Sie den bewährten Richtlinien, um Ihre Kraft nicht unnötig zu vergeuden*

Trotz seines an sich sorgfältigen Charakters, spürt dieser eine innere Kraft, die ihn zu verführen droht, voreilige Schritte zu unternehmen, obwohl dies den äußeren Umständen widerspricht. Dabei läuft er Gefahr, seine Energie für etwas zu verschwenden, was für ihn noch nicht an der Zeit ist. Auch wenn es ihn drängt, seine Kreativität zu beweisen, sollte er seinen Kompetenzbereich nicht überschreiten und zunächst den bewährten Standpunkten Folge leisten.

Da dies der herrschende Platz des Hexagramms ist, wird er von einem Charakter besetzt, der in innere Konflikte mit äußeren Bedingungen gerät. Obwohl er von seiner Natur aus eine sanfte und beständige Vorgehensweise bevorzugt *(UT Wind)*, spürt er doch eine dynamische Kraft ihn sich *(UKT Himmel)*, die ihn drängt, von bewährten Wegen abzuweichen und sich selbst als Neuerer in Szene zu setzen. Doch schließlich besinnt er sich und erkennt, daß er sich nicht in Dinge einmischen darf, die außerhalb seiner Kompetenzen liegen. Dank dieser Einsichtskraft wird es gelingen, eine gesunde Grundlage für dauerhaften Fortschritt zu schaffen.

Auch wenn die Vernunftkraft des Denkens das Steuer in der Hand hält, darf sie sich nicht in die richtungsbestimmende Kompetenz der Seele einmischen, die als einzige das Ziel der Reise kennt. Da es sich hier um eine starke Linie auf schwachem Platz handelt, die sich außerdem im Zeichen des Schöpferischen bewegt *(UKT)*, besteht die Tendenz zur eigenmächtigen Besserwisserei. Wenn sich das Denken in die Wahrhaftigkeit der Seele einzumischen versucht, also das Schicksal gewaltsam beeinflußt werden soll, kann dies nur im Chaos enden.

Linie 3 *Sich durch äußere Einflüsse in unbeherrschte Erregung versetzen zu lassen, ist von Übel*

Wer von der gefühlsmäßigen Übereinstimmung mit seiner Außenwelt abhängig ist, dessen individueller Handlungsraum ist dermaßen eingeschränkt, daß er zu dauerhaften Erfolgen nicht fähig ist. Wie ein Fähnlein im Wind, versucht dieser, den Stimmungen und äußeren Umständen Folge zu leisten, rennt dahin und dorthin, was natürlich dem Sinn der Beständigkeit grob widerspricht. Deshalb wird er andauernd mit peinlichsten Situationen konfrontiert, die eigentlich nur ein Spiegel seiner charakterlichen Mängel sind. Anstatt sich durch äußere Einflüsse in unbeherrschte Erregung versetzen zu lassen, sollte er sich auf sein inneres Wesen konzentrieren, damit er die treibende Kraft seiner Unbeständigkeit zu fassen bekommt.

Am schwierigen Platz des Fühlens und der Persönlichkeit, der den Übergang vom Alten zum Neuen bedeutet, herrscht eine konfliktreiche Stimmung, die nicht zuletzt von den vielen Einflüssen kommt, denen dieser ausgesetzt ist. Auf dem Höhepunkt des Alten angekommen *(UT Wind)*, zeigen sich die Gefühle *(OKT See)* von der Unruhe des Herzens beeinflußt *(Linie 4 und Linie 1 Donner)* und geraten dadurch in Wallung. Diese gefühlsmäßige Erregung äußert sich in unüberlegtem Handeln *(der geistige Einfluß von Linie 6 ist abgeschnitten)*, was letztendlich zu allerlei unvorhergesehenen Erschütterungen führt. Eine Ausrichtung auf das innere Kraftzentrum könnte diesen Zustand ins Gleichgewicht bringen.

Linie 4 *Wer beim Suchen nicht weiß, was er finden will, ist vom Ursprung der Dauer weit entfernt*

Dieser blinde Jäger des Erfolges rennt mit seinen hektischen Bemühungen ins Leere, weil er an Orten nach Gütern sucht, an denen nichts zu finden ist. Anstatt sich mit Ernsthaftigkeit um die tatsächlichen Gegebenheiten zu bemühen, folgt er seinen aus der Luft gegriffenen Motiven und hofft auf fruchtbaren Erfolg. Auch wenn er sich noch so dauerhaft in seinem Bemühen zeigt; auf unfruchtbarem Boden eine reiche Ernte zu erwarten, das ist höchst unwahrscheinlich.

Voll leidenschaftlicher Unternehmungslust, etwas Neues zu schaffen *(OKT See, OT Donner)*, rennt dieser Energische darauf los, ohne sich der Gegebenheiten versichert zu haben, die er vorfinden wird. Dieses zügellose Vorgehen, ohne gesunde Grundlage und wahrhaftige Motivation, hat den gleichen Erfolg wie ein fruchtbarer Keim im trockenen Sand *(die zwei Yin-Linien darüber)*.

Am dritten Platz des Herzens und der sozialen Motivation herrscht ein sehr unruhiger Zustand, da er ganz im Gefühl des Neuen nach vorne strebt und dabei vergißt, daß er ohne Energie von unten *(dem Instinktplatz 1, der guten Erdung)* und ohne Orientierungshilfe von oben *(der Seele, dem Kompaß des Schicksals)* keinen Erfolg bei seinen Bemühungen haben wird. Die Impulse des Herzens sind zwar stark, aber ohne bewußte Motivation *(Linie 2)*.

Linie 5 *Flexibilität und Beharrlichkeit sind gleichberechtigte Eigenschaften, um Dauer zu erreichen*

Wird durch Linie 2 des Denkens eher der schöpferische und weltoffene Weg zur Dauer vertreten, so ist die Linie 5 als seelischer Traditionalist *(die wahrhaftige Ratgeberin)* der eher konservative Teil, der für die Pflege charakterlicher Tugenden verantwortlich ist. Vom Standpunkt dieser Linie aus betrachtet, ist es angebracht, mit altbewährten Methoden Dauer anzustreben. Dagegen muß das Denken als erster Steuermann *(der Seele)* sowohl beweglich als auch anpassungsfähig sein, um notfalls Korrekturen vorzunehmen. Diese Beweglichkeit ist angesichts seiner Aufgabe als „Leitfaden in die Zukunft", ganz natürlich, wobei es für seinen Ratgeber wichtig ist, ein charakterliches Vorbild zu sein.

Während normalerweise der fünfte Platz der Seele die starke Kraft vertritt, ist es im Hexagramm 32 die zweite Linie, die außerdem als herrschender Navigator die Fähre lenkt. Vom Standpunkt der Seele aus betrachtet, die die alten Kursrouten vertritt *(das Schicksal)*, ist es richtig, die bewährte Richtung beizubehalten. Doch um diese wenn nötig zu korrigieren, bedarf es des beweglichen und anpassungsfähigen Steuermanns, der die neue Richtung erforscht. So ist das schöpferische Bewußtsein *(Linie 2)* der Erneuerer der Seele, während diese für den wahrheitsverbundenen Charakter sorgt.

Linie 6 *Andauernde Rastlosigkeit führt zu unkontrollierter Bewegung*

Während bei Linie 4 ein Mensch gezeigt ist, der aus der falschen Motivation heraus an Orten etwas sucht, was es dort nicht gibt, hat dieser hier jeden Sinn für Beständigkeit aus den Augen verloren. Anstatt sich am Geist bewährter Methoden zu orientieren, rennt er von rastloser Eile getrieben orientierungslos ins Dunkle hinein und beginnt zu agieren. Nicht nur, daß er mit einer solchen Haltung jeden dauerhaften Erfolg bereits im Keim erstickt, nein, mit seiner nachlässigen Triebhaftigkeit wird er sogar zur direkten Gefahr für das Wohl anderer Menschen.

Am höchsten Punkt der erregenden Bewegung angekommen *(oberste Linie Donner)*, läuft dieser hektisch Betriebsame Gefahr, sich grundlos zu verausgaben. Anstatt seine Ideen reifen zu lassen, zeigt er orientierungslose Betriebsamkeit, die nie zur Ruhe kommt. Wer aber Rastlosigkeit zum Dauerzustand macht, erntet nichts als Mißerfolg.

Es ist die Unruhe des Geistes, der ohne Bezug zum Navigator der Fähre *(seine instinktsichere Grundlage)* in rastlose Aktivität verfällt, die nicht nur ihn erschöpft, sondern auch zu Störungen im gesamten Energiebereich führt. Unter diesem Aspekt betrachtet, ist er der Urheber aller unheilvollen Folgen, die durch undisziplinierte Bewegung hervorgerufen werden.

oben: **Der Wind**

das Sanfte
die Energie
das Wurzel-Chakra

DAS EMPFINDEN

unten: **Der Wind**

das Sanfte
die Energie
das Wurzel-Chakra

DAS EMPFINDEN

Charakter:

6 übereifrig
5 sorgfältig
4 ausgeglichen

3 gehemmt
2 beständig
1 unentschlossen

57 DAS SANFTE
DIE ALLMÄHLICHE BEEINFLUSSUNG

Situation:

Das Doppelzeichen 57 symbolisiert die sanfte Kraft des Windes, der durch sein eindringliches Wirken die Wolken vertreibt und die heitere Klarheit des Himmels zum Vorschein bringt. Der sanfte Hauch des Göttlichen spiegelt sich im glitzernden Wellenspiel des Sees (OKT See).

Kommentar:

Der Wind als Symbol der sanften und beharrlichen Einwirkung, ist eines der acht Doppelzeichen des I Ging und wird hier in seinem Wesen durch die Stärken des Weiblichen vertreten. Betrachtet man die Struktur etwas genauer, so erkennt man, daß alle Attribute des Sanften mit den Eigenschaften der drei Trigramm-Töchter besetzt sind. Beginnend mit der Tochter des Himmels *(UT)*, deren Merkmal die sanften aber eindringend wirkenden Empfindungen sind, der Tochter der Erde *(UKT)*, mit ihren tiefen und wahrhaftigen Gefühlen, sowie der Tochter des Lichts *(OKT Feuer)*, die mit ihrem milden Wesenskern die Wärme der Sonne vertritt. Daher das Bild des heiteren und klaren Himmels über dem vom sanften Wind bewegten See. Ganz im Sinne dieses aufbauenden und energieschaffenden Bildes, ist das Wesen des Windes geprägt durch eine sanfte, aber ausdauernde Kraft. Nicht Anstrengung im Sinne von energischer Entschlossenheit, wie dies durch den Donner symbolisiert wird, sondern beharrliche und dem Licht der Wahrhaftigkeit verbundene Einwirkung, die den wahren Charakter langsam ans Licht zu bringen vermag. Nur durch diese konsequente und in eine

Richtung motivierte Einflußnahme wächst der Baum nach oben zum Licht und entfaltet sich in der ganzen Fülle seiner Natur. Soll sich etwas Kleines, Unscheinbares entwickeln, muß es sich der geistigen Energie unterordnen, um sich zu wandeln und groß und stark zu werden. Deshalb ist die Zeit, die selbst keine Eile kennt, das Herz des Windes, was ihn in seiner Wirkung verläßlich macht.

Um diesem Beispiel folgend auf etwas Einfluß zu nehmen, bedarf es des klaren und von innerer Wahrhaftigkeit durchdrungenen Zieles, dem man sich durch einfühlsames Vorgehen langsam aber stetig nähert. Wie der Wind, der durch seine beharrlich einflußnehmende Natur die Dinge umspielt und langsam formt, so muß man sich, um das Wesen der Dinge zu erfassen, seiner sinnlichen Wahrnehmungsfähigkeit bedienen. Man muß sich in das Denken und Fühlen der Menschen hineinempfinden, deren Motivationen erkennen, um schließlich in deren Herzen das Vertrauen zu erwecken, das man braucht, um positiv Einfluß zu nehmen *(das Herz durch Klarheit in seinen Bemühungen öffnen)*. Um also etwas erfolgreich zu ändern oder zur vollen Geltung kommen zu lassen, bedarf es vor allem der Zeit und der Konzentration auf die Sache. Man muß selbst offen sein und durch Klarheit in seinen Bemühungen oder auch der konsequenten Ausrichtung in Gedanken allmählich sein Ziel zu erreichen suchen. Nicht mit rationellen Argumenten wird an die Sache herangegangen, sondern mit der magischen, mystischen Kraft sensibler Empfindungen und einem höher motivierten Bewußtsein, das sich selbst an schwierige und ungreifbare Dinge heranwagt, um ihre wahre Natur zum Vorschein zu bringen.

Das Prinzip des Sanften findet wie so vieles sowohl im Guten als auch in manipulativ, unehrenhaften Bemühungen seine Anwendung. Allein der strukturelle Linienaufbau des Hexagramms gibt hier aufschlußreiche Einblicke in das Wesen und den Charakter dieser alles beeinflussenden Energie. Da ist zunächst seine magisch-mystische Natur, die sich dadurch erklärt, daß er als „himmlisches Kind“ oder „Botschafter des Himmels“ dessen unsichtbares und doch konstant wirkendes Schwingunsfeld vertritt *(der Wind als Tochter oder einflußreicher Engel des Göttlichen)*. Desweiteren sind es die beiden Kerntrigramme See *(UKT)* und Feuer *(OKT)*, die auf Heiterkeit und Sanftmut des Herzens *(Sonne im Herzen, Linie 4)* schließen lassen. Um es, wie zu Anfang bereits erwähnt, dem sinnlichen Charakter des Hexagramms anpassend zu sagen, sind es die Waffen des Weiblichen, die sich, symbolisiert durch die zwei Yin-Linien 1 und 4 und das Sinnbild der ältesten Tochter, in sanften Gefühlen *(UKT See)*, sanfter und klarer Sprache, höher motivierten Einsichten und sozialem Bewußtsein äußern und den Charakter der einfühlsamen Beeinflussung verstärken. In dieser sinnlichen und unwiderstehlichen Schwingung, die vom Wesen des Windes ausgeht, liegt auch die Kraft der magischen Einflußnahme begründet, die sowohl in der Natur als auch bei den Menschen ihre Wirkung zeigt. Und genau hier gibt sich auch der höhere Sinn des Hexagramms 57 zu erkennen, der nicht durch aggressive Zwangsmaßnahmen wirkt, sondern durch einen höher motivierten Energieeinsatz, der durch Beständigkeit sein Ziel erreicht.

Dieses Prinzip der sanften und dauerhaften Einflußnahme, findet nicht nur bei persönlichen Entwicklungsprozessen seine Anwendung, sondern bei allen Unternehmungen, die eine erfolgreiche Zunahme verzeichnen sollen. Indem man das Ziel fest im Auge behält und Konsequenz und Ausdauer in seinen Bemühungen zeigt, findet man Glauben. Keine großartigen und energischen Gebärden sind hier gefragt, sondern Glaubwürdigkeit nach den Prinzipien der sensiblen Diplomatie.

Linie 1 *Zeigen Sie Konsequenz in Ihren Bemühungen*

Ganz am Anfang der sanften Einwirkung findet sich ein schwaches und unentschlossenes Wesen, das zwar den Wunsch hat, etwas zu erreichen, dem aber ganz offensichtlich eine starke Führung fehlt. Da es sich völlig im unklaren ist, welche taktischen Maßnahmen die richtigen sind, um voranzukommen, treibt es wie ein welkes Blatt im Wind willenlos hin und her. Mit einer solch unmotivierten Haltung kann man nichts beeinflussen, deshalb heißt es tief durchzuatmen, seinen klaren Verstand zu gebrauchen und entschlossen das zu tun, was dem Gebot der Zeit entspricht. Diese einmal getroffene Entscheidung sollte konsequent verfolgt werden, um nicht wieder in ein zielloses Sich-treiben-Lassen zurückzufallen.

Die unterste Linie der instinktiven Sicherheit ist schwach und findet auch bei ihrem normalerweise Unterstützung gewährenden Partner, dem Herzen *(Linie 4, die starke Hand)* kein Echo. Von einem aktiven und beherzten Vorgehen kann also nicht gerade gesprochen werden. Deshalb erhält das schwache Instinktwesen hier eine disziplinarische Anweisung von Linie 2, der starken Bewußtseinskraft *(das Denken),* damit es endlich die nötige Entschlossenheit gewinnt.

Linie 2 *Um den im verborgenen wirkenden Einflüssen auf die Spur zu kommen, muß man auch unorthodoxe Methoden einsetzen*

Wer kennt nicht das Gefühl, von einer unbestimmten Kraft beeinflußt zu werden, die ganz im Verborgenen wirkt. Es liegt etwas in der Luft, dem man versuchen sollte, auf die Spur zu kommen, damit es seine Heimlichkeit verliert. Nicht nur der gesunde Menschenverstand ist hier gefordert, sondern auch unorthodoxe Hinterfragungsmethoden *(I Ging)*, die es vermögen, hier etwas Licht in die unterschwelligen Sachverhalte zu bringen. Nur wenn man mit unermüdlicher Beständigkeit bestrebt ist, der Sache auf die Spur zu kommen, kann man verhindern, daß solche Einflüsse ein geplantes Vorhaben durchkreuzen.

Verborgene Motive, heimliche Gedanken, unsichtbare Einflüsse: es liegt etwas in der Luft, dessen Natur nicht greifbar ist. Ob im eigenen Wesen begründet oder von außen wirksam: solche unbestimmten Vibrationen müssen jetzt geklärt werden *(ins Bewußtsein rücken)*, damit sie nicht später zu unvorhersehbaren Ereignissen führen.

Obwohl hier die zweite Linie des Denkens ihrem Wesen nach die Klarheit vertritt, ist sie in ihrer Stellung inkorrekt *(starke Linie auf schwachem Platz)*, so daß sie in ihrer Erkenntnisfähigkeit beeinträchtigt ist. Mitten im rauschenden Geisterwald des Windes ist sie unsichtbaren Einflüssen ausgesetzt *(die schwache Instinktgrundlage der Linie 1, Hintergedanken und Heimlichkeiten der Linie 3)* und zudem ohne eindeutige Unterstützung der inspirierenden Seelenkraft *(die Seele kneift die Augen zu)*. Auf was kann sie sich verlassen, wenn nicht auf die Wahrhaftigkeit des Herzens, mit dessen Hilfe alle negativen Einflüsterungen vertrieben werden können.

Linie 3 *Mit zögerlichem Hinterfragen kann kein entscheidender Einfluß ausgeübt werden*

Wenn man über eine Sache gründlich nachgedacht hat und sie in ihren Inhalten glaubwürdig erscheint, dann gilt es zu handeln. Allein mit purer Willensanstrengung und grüblerischem Hinterfragen lassen sich keine klaren Ergebnisse erzielen. Ganz im Gegenteil, durch die unzähligen Bedenken wird man sich erschöpfen und dadurch gänzlich die Fähigkeit verlieren, entscheidenden Einfluß auf die Entwicklung der Dinge auszuüben.

Dieser an sich mit besten Absichten Motivierte, leidet an sogenannten Hirngespinsten, die ihn am tatkräftigen Handeln hindern. Die ganze Energie wird dazu verwendet, das Ziel zu forcieren, ohne sich tatkräftig in Bewegung zu setzen. Das ist, wie wenn man mit voller Konzentration in den Startlöchern steht, ohne daß der Startschuß fällt. Der Wille erschöpft sich, und schließlich kann man dem anvisierten Ergebnis nicht mehr gerecht werden.

Das aktive Handeln dieser Persönlichkeit ist deshalb eingeschränkt, weil er weder von unten, der instinktiven Sicherheit und dem Denken, eine korrekte Unterstützung erfährt noch von seinem Partner, der oberen Linie des Geistes. Zwar ist er von wahrhaftigen Gefühlen und klarer Motivation durchdrungen *(UKT See, OKT Feuer)*, traut dem Ganzen aber nicht, weshalb er durch hartnäckiges Hinterfragen die Dinge bis ins letzte zu klären versucht. Seine ganze nach Bewegung rufende Motivationskraft wird dadurch blockiert *(nervöse Unruhe)*, was ihn schließlich schwächt und in seiner natürlichen Funktion behindert. Wenn er doch dem Einfluß seines Herzens vertrauen könnte, das würde ihm schon helfen!

Linie 4 *Wer seine natürlichen Fähigkeiten in Verbindung bringt mit den Anforderungen der Zeit, der wird erfolgreich sein*

Lebenserfahrung, Bescheidenheit *(Sanftmut)* und der klare und praktische Sinn zum Handeln sind die Eigenschaften, die einen Menschen auszeichnen, der seiner einflußreichen Stellung gerecht werden will. Sowohl nach unten als auch nach oben kann man mit dieser Wendigkeit erfolgreich sein und sogar diejenigen überzeugen, die sich lange Zeit als unbeeinflußbare Widersacher gezeigt haben. So kann diesem Wesen trotz seines sanften Charakters Erfolg in Aussicht gestellt werden, weil es sich klar zu äußern versteht *(OKT See)* und auch bereit ist, sich selbst den positiven Einflüssen unterzuordnen.

Ganz im Gegensatz zur hartnäckig grüblerischen Linie 3 befindet sich dieses sanfte Wesen *(OT Wind)* im Zentrum der Klarheit *(OKT Feuer)* und ist gleichzeitig praktisch motiviert, sein Wissen und Können auch Umzusetzen *(UKT See)*. Nicht nur sich selbst kann es damit gerecht werden, sondern auch die von Zweifeln geplagten Unfügsamen *(Linien 1 bis 3)* werden dadurch beeinflußt. Da es sich zudem offen zeigt für wertvolle Anregungen von oben *(dem weitsichtigen Vorgesetzten)*, ist allen Beteiligten Genüge getan, so daß einem erfolgreichen Wirken nichts im Wege steht.

Es ist die Linie des Herzens, der es als gütigem und gleichzeitig einsichtsvollem Sozialminister gelingt, das unbewußte *(Emotionen, Linien 1 bis 3)* an die bewußte Oberfläche zu bringen *(UKT See)*. Die Heiterkeit und Sanftmut des Herzens vereinigt sich mit der Klarheit im Handeln. Da es in dieser Eigenschaft auch dem einflußreichen Schicksal dient *(Linie 5, die Seele)*, kann es als würdiger Mittelpunkt der Einwirkung bezeichnet werden.

Linie 5 *Nützen Sie ihren reichen Erfahrungsschatz, um die nötigen Veränderungen einzuführen*

Hier am herrschenden Platz des Hexagramms befindet sich der „Herr des Windes", der seiner einflußreichen Stellung nach bemüht ist, fortschrittliche Veränderungen herbeizuführen. Er hat so manche Anstrengung hinter sich gebracht, um die Hartnäckigen und Uneinsichtigen von nötigen Reformen zu überzeugen. Aber gerade dies hat ihm sein reiches Wissen gebracht, so daß nun die Zeit gekommen ist, in der er seinen Einfluß geltend machen kann. Doch bevor die Veränderungen in die Wege geleitet werden, heißt es mit wachem Verstand und gründlicher Sorgfalt die Sache auf ihren Wahrheitsgehalt hin zu durchleuchten. Ist der Wandel zum Neuen dann vollzogen, gilt es zu beobachten, wie die Besserungen sich in der Praxis bewähren, damit man sich sicher sein kann, daß die investierte Energie auch ihre beabsichtigte Wirkung erzielt.

Die Unfügsamen ohne energischen Krafteinsatz zu beeinflussen, ist nicht immer leicht. Sowohl in der eigenen Bewußtseinsstruktur als auch bei Menschen und Dingen. Dies bekommt auch der „Herr des Windes" *(die einflußreiche Seele)* zu spüren, zumal er selbst von denen keine Unterstützung erhält, die normalerweise auf seiner Seite sind *(Linie 2, der intelligente Beamte, das Denken)*. Doch auch wenn dies kein guter Anfang ist, wird es ihm doch gelingen *(er besitzt selbst genügend inspirierende Klarheit, OKT Feuer)*, mit Beständigkeit und äußerster Sorgfalt die nötigen Veränderungen einzuführen.

Linie 6 *Wer zu unnachgiebig den Dingen auf die Spur zu kommen versucht, der verbraucht seine Kraft, ohne etwas zu ändern*

Im Gegensatz zum Charakter der Linie 2, der genügend Motivationskraft besaß, ungreifbare Einflüsse ans Licht zu bringen, ist diesem Übereifrigen bei seiner beharrlichen Suche die Puste ausgegangen. Zu unüberlegt selbst gegen die geringsten Einflüsse angegangen, reicht ihm die Kraft für entscheidende Veränderungen nicht mehr aus. Nicht nur seine ganze Energie hat er damit nutzlos verpufft, sondern auch sein Handlungsvermögen, ohne das keine fortschrittliche Entwicklung herbeigeführt werden kann.

Dem Geistwesen oben, das normalerweise den größten und nutzbringendsten Einfluß auszuüben vermag, fehlt die gesunde Instinktgrundlage von Linie 1. Außerdem besteht eine äußerst ungünstiger Einfluß von der Linie des aktiven Handelns *(Linie 3)*, so daß er entgegen seiner wahren Natur eine derart penetrante Form der Schnüffelei verfolgt, die ihn am Ende unfähig macht, seine intuitiven Fähigkeiten auch nutzbringend umzusetzen. Zum Energieverlust *(Linie 3)* kommt die Handlungsunfähigkeit *(geistige Impotenz, totale Verausgabung)*. Was kann man hier noch Gutes raten, außer vielleicht die Hinwendung zur inspirierenden Kraft der Seele *(Linie 5)*.

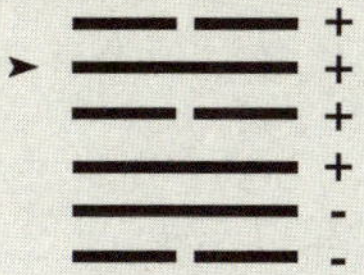

oben: **Das Wasser**

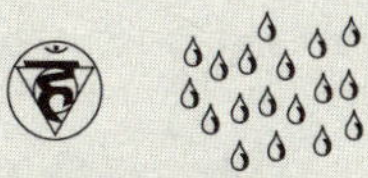

das Abgründige
das Geheimnisvolle
das Hals-Chakra

DIE SEELE

unten: **Der Wind**

das Sanfte
die Energie
das Wurzel-Chakra

DAS EMPFINDEN

Charakter:

6 weise
5 inspirierend
4 beherzt

3 wertvoll
2 gebildet
1 unbewußt

48 Der Brunnen
Der Born des Lebens

Situation:

In der Verbindung der beiden Trigramme Wasser und Wind (Holz) wird sowohl ein Quell symbolisiert, der aus den Tiefen der Erde aufsteigt und den Durstigen sein energiereiches Wasser spendet, als auch eine Pflanze, die das wertvolle Naß durch ihren Stengel nach oben saugt, damit alle zugehörigen Teile versorgt werden können.

Kommentar:

Während der Tiegel des Hexagramms 50 das Gefäß symbolisiert, aus dem die Würdigen gespeist werden, gilt der Brunnen als Lebensborn, aus dem alle Menschen schöpfen. Er ist die Quelle unerschöpflicher Nahrung, der tiefste Sinn menschlicher Entwicklung und Bewußtwerdung, die fruchtbare Grundlage allen lebendigen Seins.

Auch wenn die Lebensformen sich wandeln, die Generationen kommen und gehen, der nie versiegende Quell der kosmischen Energie bleibt in seiner Fülle gleich. Egal welche charakterlichen Anlagen ein Mensch in sich ausgebildet hat, welche Kenntnisse er besitzt, alle Seelen nähren sich aus dem gleichen Brunnen, sind durstig danach, das heilige Wasser des Lebens zu trinken, sich zu stärken und zu wachsen. Denn in ihren natürlichen Ursprüngen unterscheiden sich die Menschen nicht, auch wenn die Art und Weise des Wasserschöpfens entsprechend der Motivation ganz verschieden ist. Dieser Hintergrund läßt sich am besten im strukturellen Aufbau des Hexagramms erklären, das den tiefen Sinn sehr bildhaft zum Ausdruck bringen kann. Stellvertretend für das Gemäuer des Brunnens stehen die zwei starken Yang-Striche des Denkens und des Fühlens. Sie sind der Brunnenschacht, an dessen Grund sich das klare Wasser *(die spirituelle Grundlage)* des Lebens befindet. Die vierte Linie des sozialen Bereichs stellt den oberen Rand oder den Mund des Brunnens dar, auf dem das Wasser abgestellt und an die Menschen gespendet wird. Die herrschende fünfte Linie der Seele steht für den Dreh- und Angelpunkt, an dem der Eimer befestigt war, mit dessen Hilfe das Wasser aus dem Brunnenschacht geschöpft werden kann. Die sechste oder oberste Linie des Geistes zeigt, daß der Brunnen nicht verschlossen, sondern für alle, die sich an ihm erfrischen wollen, offen steht.

Während die feste Holzstange die Seele oder das Schicksal symbolisiert, stehen Eimer und Seil für das Transportmittel *(die Verbindung zum spirituellen Ursprung)*, mittels denen es gelingt, mit dem Unbewußten in Kontakt zu treten und es aus der Dunkelheit des Brunnenschachtes ans Licht zu heben, d. h. für den seelischen Haushalt der Person nutzbar zu machen. Doch nicht immer gelingt das Schöpfen aus dem lebenspendenden Quell, können die versteckten Kostbarkeiten gehoben werden, denn das Emporheben des Wertvollen *(das Bergen des Schatzes)* ist von vielerlei Gefahren bedroht. Ist der Bewußtseinseimer *(„das persönliche Ich")* unbrauchbar, weil er Löcher hat, wird er nicht mehr in der Lage sein die unbewußten Lebensinhalte oder Energien zu fassen, sie nach oben kreativ nutzbar zu machen. Die Seele *(Psyche)* ist der Gefahr von Psychosen oder unbestimmten Ängsten ausgeliefert, die das gesamte Wesen unberechenbar beeinflussen. Auch kann der Eimer auf seinem Weg nach unten zu Bruch gehen, an Gefühlsblokkaden zerschellen *(die karmischen Einflüsse sind zu stark)*. Bleibt man gar beim Versuch, in die innere Welt vorzudringen in Konventionen und überkommenem Denken stecken, so ist das Seil zu kurz, was bedeutet, daß die seelische Verbindung zum Unbewußten unterbrochen ist. Wird der Brunnen überhaupt nicht benutzt, also kein Versuch gemacht, zum spirituellen Urgrund vorzudringen, so trocknet er aus, verschlammt oder wird durch oberflächliche Lebensgewohnheiten verseucht *(heimlich vergiftet, UKT See)*, so daß sein Wasser verdirbt. Nur wenn es entgegen aller Hindernisse gelingt, das wertvolle Grundwasser *(die unbewußten Energiereserven)* bis nach oben zu heben, kann es als inspirierender Quell das bewußte Sein der Menschen befruchten.

Auch der Edle muß, will er ein Führer oder inspirierender Lichtquell sein, sich zunächst über die Natur des eigenen Wesens Klarheit verschaffen. Muß dem Eimer gleich an der seelischen Nabelschnur hinabtauchen in den eigenen Brunnenschacht, um sich zu reinigen und von der Energie seines göttlichen Ursprungs beseelen zu lassen. Nur wenn er seinen Lebensquell, seine tiefe Motivationskraft, erkannt und nach oben geborgen hat, kann er selbst zum inspirierenden Brunnen werden, der die menschliche Gemeinschaft in all ihren Teilen erfrischt.

Linie 1 *Wer sich in den Niederungen des Lebens herumtreibt, kann den hohen Zielen nicht mehr nutzen*

Der unterste Platz des Brunnens stellt das Grundwasser dar, das entsprechend seiner ungünstigen Verbindung zur Linie 4 nicht klar, sondern trübe und schlammig ist. Doch aus einem Brunnen, dessen Wasser ungenießbar ist, trinken nicht einmal die Tiere. So ergeht es auch einem Menschen, der sein Leben im sumpfigen Untergrund der Gesellschaft verbringt. Seine oberflächliche und asoziale Art zu denken und zu handeln entfremdet ihn den Menschen, so daß er unbrauchbar wird und letztendlich keine Beachtung mehr findet.

Wie viele Menschen trifft dieses Los, in der Gosse zu landen, auch wenn sie zuvor an der sonnigen Seite des Lebens ihr Dasein verbrachten. Auf Grund ihres schwachen und unbewußten Charakters, der sich Kultur und Bildung gegenüber nicht gerade aufgeschlossen zeigt, bewegen sie sich unaufhaltsam in ein Abseits hinein, in dem sie von wertvollen Menschen nicht mehr beachtet, ja sogar gemieden werden. Am Rande der Gesellschaft verkommt ihr Wesen mehr und mehr, so daß es niemandem mehr nutzt.

Es ist die schwache Instinktgrundlage *(Linie 1, Empfindungen)*, die aufgrund mangelnder Unterstützung von den sozialen Impulsen des Herzens *(Linie 4)*, die Tendenz zum Abgründigen zeigt. Diese Eigenschaft wird noch verstärkt durch die Tatsache, daß sie sich unterhalb des UKT See am schlammigen Untergrund befindet, an den kein Licht von oben *(OKT Feuer, Einsicht, Bildungswille oder Inspiration, OT Wasser)* einzudringen vermag. Eine Gefahr für die ganze Sozialstruktur *(den Brunnenschacht)*, die zur gesunden Entwicklung eine fruchtbare Grundlage braucht.

Linie 2 *Wer es nicht versteht, seine Fähigkeiten nutzbringend einzusetzen, bleibt unerkannt*

Obwohl sich diese Persönlichkeit in ihrem Wesen klar und gebildet zeigt, ist sie nicht gewillt, ihre Fähigkeiten nutzbringend einzusetzen, weshalb sie auch von niemandem beachtet wird. Das ganze fruchtbare Wasser *(seine gute Motivation und sein reiches Wissen)* fließt, da es nicht geborgen wird, an eine Stelle ab, die es weder zu schätzen weiß noch wert ist, davon zu trinken. Alle fruchtbaren Inhalte werden auf diese Weise nutzlos vergeudet, so daß wenn man sie einmal gebraucht könnte, nichts mehr davon übrig bleibt.

Im Gegensatz zum unten gezeigten, sumpfigen Charakter, ist dieser in seinem Wesen klar und positiv motiviert. Weil er seine guten Gaben aber nicht nutzbringend einzusetzen weiß, bleibt die Beachtung von oben aus *(es fehlt die Motivation, sich den Einflußreichen zuzuwenden, da einem dies zu schwierig erscheint)*. Statt dessen wendet er seine Aufmerksamkeit nach unten, den Gemeinen und Ungebildeten zu, die ihn auslaugen, so daß sich seine ganzen klaren Eigenschaften langsam verbrauchen.

Während sich das Denken normalerweise den kreativen Einflüssen der Seele öffnet und sich beide ergänzend unterstützen, sind die Voraussetzungen hier nicht gegeben. Obwohl der Stellung nach durchaus wertvoll *(UKT See, Wahrhaftigkeit)*, zeigt es sich äußerst selbstzufrieden. Doch auch die besten Gedanken werden, wenn sie sich unbeweglich zeigen, langsam von niedrigen Instinkten besetzt, die sich am Inhalt sattzufressen suchen. Für höhere Ziele lassen sich solch durchlöcherte Anlagen nicht mehr gebrauchen.

Linie 3 *Auch wenn man das angestrebte Ziel im Moment nicht erreicht, kann man an anderer Stelle wertvolle Dienste leisten*

Es ist hier eine innerlich reiche und charakterstarke Persönlichkeit gezeigt, deren Qualitäten durchaus geeignet wären, Großes zu bewirken. Doch leider findet er an entscheidender Stelle keine Beachtung, was ihn schwermütig stimmt und im Herzen traurig werden läßt. Wüßte er doch, wie er handeln müßte, damit seine Werte erkannt und angenommen würden! Vielleicht gelingt es ihm durch Vertiefung die Hintergründe dieser Situation ans Licht zu bringen, so daß er, wenn auch in bescheidenerem Umfang, doch noch gute Fortschritte erzielen kann.

Obwohl er viel zu sagen hätte, bleiben die Ohren derjenigen verschlossen, deren Unterstützung er gebrauchen könnte. Nicht nur ihn berührt es im Herzen, auch die Menschen, die ihn kennen, erfüllt dies mit Kummer. Was ihm bleibt, ist seine geistige Offenheit, mit deren Hilfe er an anderer Stelle wertvolle Dienste leisten kann *(im sozialen Bereich)*.

Zwar ist die Entsprechung zur oberen Linie des Geistes in diesem Fall korrekt, doch steht dazwischen der herrschende Strich des Brunnenmeisters *(das wachsame Auge der Seele)*, der für das Schöpfen des Wassers verantwortlich ist. Obwohl die schwache Linie der sozialen Belange *(das Herz, die Menschen)* darüber Trauer empfindet, zeigt sich die Seele *(das Ich)* uneinsichtig. Die persönlichen Werte *(innere Wahrheit, die Gefühle)* und das Schicksal können nicht zusammenkommen, so daß dem Streben nach Großem nicht entsprochen werden kann.

Linie 4 *Wer seinen Brunnen reinigt, bevor er andere daraus nährt, schafft sich erfolgreiche Grundlagen*

Wenn ein Brunnen, der im Laufe seines Lebens Schaden gelitten hat, ausgebessert und gereinigt wird, kann er zwar in dieser Zeit niemandem nutzen, dafür aber bleibt das Wasser klar und sauber. Auch die eigene Person muß sich, will sie wirklich etwas leisten, von Zeit zu Zeit aus dem öffentlichen Leben zurückziehen und sich der Klärung des inneren Wesens widmen *(der Gefühle, der wahren Lebensmotivation)*. Dadurch stärkt man seinen Charakter für die Gefahren des täglichen Lebens und verhindert, daß sich größere Schäden wiederholen.

Bevor man seine Fähigkeiten in den Dienst einer menschheitsdienlichen Sache stellt, ist es angebracht, seine Motive und inneren Beweggründe zu durchleuchten, damit das, was man anderen zu bieten hat, eine gesunde und natürliche Grundlage erhält

Mitten im Zentrum des OKT Feuer befindet sich die soziale Verteilerstelle des Herzens, die von oben *(der Seele, dem Brunnenwächter)* angeleitet wird, den Brunnen zu reinigen *(die Schäden an der Bewußtseinsgrundlage zu beheben)*. Die Seele schickt das Herz auf die Reise, um all das, was verhärtet und falsch motiviert zu Schaden kam, durch seine lichtvolle Kraft zu heilen, damit es als wertvolle Nahrung geschöpft und verteilt werden kann.

Linie 5 *Wenn man den Schlüssel zu den Schätzen des Lebens hat, muß man dafür sorgen, sie den Menschen zugänglich zu machen*

Hier ist der Platz des Brunnenwächters, dem einflußreichen Herrscher, der über den Schlüssel zum kostbaren Naß verfügt. Er ist der Dreh- und Angelpunkt, die inspirierende Stelle des Brunnens, die für das Schöpfen des Reichtums verantwortlich ist. Sie wird von einer starken Persönlichkeit besetzt, deren Aufgabe es ist, die Menschen mit ihren fruchtbaren Inhalten zu ernähren. Aber auch wenn ihm dies ein aufrichtiges Anliegen ist, so ist er doch im Verteilen seiner Gaben zur Sparsamkeit geneigt, da er besorgt ist, daß diese unnütz vergeudet würden. Es sollte ihm jedoch bewußt werden, daß selbst die besten Fähigkeiten und das größte Wissen nichts bewirken, solange es nicht in die Herzen und den Geist der Menschen gelangen kann.

Zwar hat dieser fruchtbare Lebensspender das Herz am rechten Fleck, ist jedoch entsprechend seinem vorsichtigen Wesen mißtrauisch gegenüber ihm nicht so nahestehenden Menschen, von denen er glaubt, sie könnten sein wertvolles Wissen benützen und sinnlos verschwenden. Den einzigen, denen er wahrhaftig traut, sind die ihm Nahestehenden, die ihre Augen voller Bewunderung an ihn heften. Doch um Wissen zu verbreiten, d. h. ein Quell der Erfrischung zu sein, muß es für alle Menschen zugänglich sein, damit es sich im täglichen Leben nutzbringend bewähren kann.

Die Seele, von Natur aus ein geheimnisvolles und vorsichtiges Wesen, hütet mit ängstlichem Auge *(OKT Feuer)* den Schlüssel zur tiefen Erkenntnis. Dies hängt damit zusammen, daß sie von unten, der Linie 2 des Denkens, keine brauchbare Unterstützung erfährt *(das Denken ist nicht gewillt, sich nach oben zu richten, sondern verschwendet seine Klarheit nach unten in den Schlamm der schwachen Instinkte)*. Auch den an sich korrekten Gefühlen der Linie 3 gegenüber hat sie Vorbehalte, da ihr diese als Konkurrenz erscheinen *(sie könnten sich, durch ihre Unterstützung genährt, zu sehr ins Licht rücken)*. Da sie also das Halbwissen der unteren Bewußtseinsbereiche fürchtet, rationiert sie ihren Einfluß, ihnen ans geistige Licht *(Linie 6)* zu helfen. Vielleicht hilft ihr die Unterstützung des Herzens, dieses Mißtrauen zu überwinden?

Linie 6 *Wer sich dem Geist des Brunnens zuwendet, der wird die Schätze des Lebens finden*

Ein Brunnen, der von oben offen und zugänglich ist, gilt als Zeichen einer unerschöpflich reichen Quelle, die alle Durstigen zu stillen vermag. Das Wasser des Lebens, gereinigt und fruchtbar gemacht auf dem langen Weg nach oben, ergießt sich in die Seelen der Menschen. Je mehr sich an seinem Reichtum erfrischen, desto größer ist der Segen, der ihm zuteil wird.

Wer sich dem Geist des Brunnens *(der Sinnfindung und höheren Bewußtwerdung)* zuwendet, findet ungehinderten Zugang zu allen Schätzen des Lebens. Je mehr er von diesen in sich aufnimmt, desto mehr gewinnen sie an Wert *(desto weniger werden sie verbraucht)*.

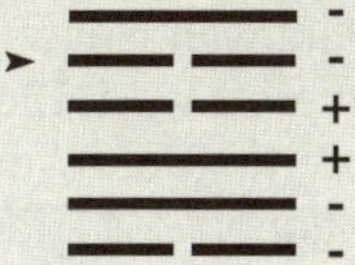

oben: **Der Berg**

das Stillehalten
das Beharrliche
das Herz-Chakra

DER KÖRPER

unten: **Der Wind**

das Sanfte
die Energie
das Wurzel-Chakra

DAS EMPFINDEN

Charakter:

6 weise
5 beharrlich
4 träge

3 entschlossen
2 einfühlsam
1 bemüht

18 Die Arbeit am Verdorbenen

Das Aufarbeiten

Situation:

Der Wind, der am Fuße des Berges weht, symbolisiert zum einen den in seiner natürlichen Entwicklungsrichtung aufgehaltenen Pflanzenwuchs (Holz) als auch die beständige Einflußnahme, die dem Starren und Unbeweglichen entgegenwirkt.

Kommentar:

Der Berg steht hier symbolisch für den Körper oder die Form, in dessen Inneren sich verdorbene Energien oder Bewußtseinsstrukturen *(falsche Motive)* befinden, die es zu erfassen und zu beseitigen gilt, damit die Person zu ihrem wahrhaftigen Ursprung, ihren wahren *(spirituellen)* Beweggründen zurückfinden kann. Dieses Verdorbene, das sich im Laufe der Zeit von unten eingeschlichen hat, ist die Folge unbewußt übernommener *(Familien-)*Traditionen und Lebensinhalte, die von den Eltern auf die Kinder übertragen nun ihre Auswirkungen zeigen. Obwohl die Beseitigung dieser Fixierungen dringend notwendig ist, gilt es auf die richtige Art und Weise vorzugehen, damit man nicht von einer extremen Beeinflussung in die andere verfällt. Denn Verfallserscheinungen sind immer Anzeichen einer von Grund auf falsch motivierten Geisteshaltung, die sich in ihrer Kraftwirkung gegen einen selbst richtet. Deshalb muß man zunächst die Aufmerksamkeit nach innen richten, sorgfältig die eigene Wesensstruktur durchforsten, um den im Geiste und dem Gefühl verfestigten Unzulänglichkeiten auf die Spur zu kommen. Dabei wird man ganz besonders auf die Tabuzone des eigenen Vater- und Mutterbildes stoßen, dem wahrhaftigkeitsgläubigen Anhängen an die Unfehlbarkeit der Eltern, das eine Abnabelung und Änderung der kritiklosen Haltung in die Selbständigkeit und Eigenverantwortlichkeit erschwert. Dieses gilt es zurechtzurücken, damit die aus der Erziehung und Vererbung resultierenden verfälschten Lebensmotivationen korrigiert und in eine individuelle Entwicklungsrichtung gebracht werden können. Erst wenn man diese auch von den eigenen Eltern unbedacht übernommenen Wertvorstellungen und Richtlinien eindringlich auf ihre Wahrhaftigkeit hin überprüft hat, kann man die starre Handhabung des eigenen Lebens ändern, d. h. der unpersönlichen Förmlichkeit einen höheren seelischen Inhalt geben. Das Leben bekommt wieder neue Schwungkraft, einen positiven Eigen-Sinn, der unabhängig von familiären Bindungen oder althergebrachten und starren Traditionen dem Weg des spirituellen Fortschritts im Sinne der großen Gemeinschaft folgt *(nicht nur dem auch sehr bequemen Weg des alten Familien-Stils).*

Zurückgehen in die Vergangenheit, zu meinen Wurzeln *(dem Kind meiner Eltern),* heißt, den Weg der Läuterung zu gehen, herauszufinden, woher meine Empfindungen kommen, mein Denken und Fühlen genährt wird, damit meine körperliche, seelische Haltung von falschen Abhängigkeiten befreit werden kann *(vom Geist des wahren und unabhängigen Lebens, OKT Donner, durchdrungen wird).* Ist man aber bis in die tiefsten Beweggründe eingetaucht, hat man sich konfrontiert mit den vielen Einflüssen *(Vater- und Mutterproblematik*), die das eigene Leben geformt haben, dann kann man darangehen, eine neue Ordnung zu schaffen, die ihre sicht- und spürbare Auswirkung zeigt.

Ganz allgemein befaßt sich das Hexagramm 18 mit den Folgen nicht aufgelöster *(elterlicher, familiärer, traditioneller)* Abhängigkeiten, die sich in den unterschiedlichsten Verfallserscheinungen zeigen. Wie in der inneren Wesensstruktur, so auch im Erscheinungsbild der Gesellschaft und dem Betätigungsfeld der eigenen Person. Geistige und praktische Unzulänglichkeiten gehen Hand in Hand mit dem Verderbnis, was sich durch Mutter und Vater eingeschlichen hat. Ordnung schaffen in diesen von Vater und Mutter vernachlässigten Bewußtseinsstrukturen heißt, das Alte bewußt zu erfassen, entschlossen zu beenden und danach neu zu beginnen. Um jeglichem Mißverständnis vorzubeugen, muß an dieser Stelle gesagt werden, daß es sich hier nicht um bequeme Schuldzuweisung gegenüber den Eltern handelt, die ja ebenfalls wider besseren Wissens vieles von deren Eltern übernommen haben, sondern vielmehr um eine Überarbeitung oder Neutralisierung des Vater-/Mutterbildes, was sich in der eigenen Person verfestigt hat.

Nicht diese sollten der Maßstab und die Motivation für das Leben sein, sondern die freie und unabhängige Gestaltwerdung auf der Basis spiritueller Entwicklung, die dem Gesamtwohl dient.

Linie 1 *Wenn das vom Vater Verdorbene frühzeitig korrigiert wird, kann es sich nicht weiter verfestigen*

Verderbnis, die sich aus Gleichgültigkeit und mangelnder Motivationskraft eingeschlichen hat, kann noch leicht beseitigt werden, solange sie nicht die ganze Charakterstruktur durchdrungen hat. Es ist, wie wenn man Fehler, die man wider besseren Wissens in die eigene Person übernommen hat, auszubessern versucht, damit sie sich nicht weiter übertragen. Doch darf man die damit verbundene Anstrengung nicht unterschätzen, da neue Richtlinien immer mit unvorhersehbaren Risiken verbunden sind.

Die unterste Linie des Verdorbenen symbolisiert väterliche Nachlässigkeiten *(in der kulturellen Bildung)*, die sich auf die Kinder übertragen und deren geistige Haltung negativ beeinflußt haben. Falls sich diese der Verfehlung annehmen, d. h. sie in ihrer Person auszugleichen und zu wandeln versuchen, wird sie sich nicht verfestigen *(in der Familientradition weiter vererben)*, und auch der verstorbene Vater wird von jeglicher Schuld befreit.

Es ist die instinktverhaftete Linie der *(schwachen)* Empfindungen, die sich, mangels Unterstützung von oben, von der wahrhaftigen Stimme des Herzens *(UKT See)*, nicht ausreichend genug motiviert sieht, ihr stumpfes Wesen zu ändern. Da ihr jedoch von anderer Seite eine helfende Hand gereicht wird *(Linie 6, der Intuitivkraft des Geistes)*, kann dieser Mangel ausgeglichen werden.

Linie 2 *Beim Aufarbeiten der Mutterbindungen muß man rücksichtsvoll sein*

Im Gegensatz zu Linie 1, bei der sich das Verderben durch Festhalten an überkommenen Strukturen eingeschlichen hat, sind es hier Schwächen, die auf einen Mangel an vertrauenserweckender Unterstützung in der Vergangenheit zurückzuführen sind. Man hat erkannt, daß die damit verbundenen Verfehlungen korrigiert werden müssen und ist entschlossen, dem wahren Wesen endlich zum Durchbruch zu verhelfen *(ihm eine unabhängige Stimme zu geben, UKT See)*. Doch darf man, angesichts der Sensibilität dieses Themas, nicht zu heftig dabei vorgehen, damit man die Betroffenen nicht durch ein Zuviel an Krafteinsatz unnötig verletzt.

Nach den väterlichen Verfehlungen auf Linie 1 *(die geistigen Mißstände),* nimmt diese Linie Bezug auf die Schwachheiten, die sich unter der Mutter auf die Kinder übertragen haben. Da es sich, trotz der verdorbenen Situation, um das empfindliche Thema des Urvertrauens gegenüber der Mutter *(die Nabelschnur ins Leben)* handelt, bedarf es einer einfühlsamen Klärung, um seelische Vergewaltigungen *(Linie 5, die Seele)* zu vermeiden. Man soll sich zwar von negativen Mutterbindungen befreien, aber nicht das natürliche Seelenband zerstören, was einen in der Tiefe verbindet *(der geistig-spirituelle Hintergrund, diese Mutter als Möglichkeit seelischen Wachstums gewählt zu haben).*

Die zweite Linie des Denkens stellt die Schwachheiten dar *(unklares Bewußtsein über die wahre Lebensmotivation),* was durch die inkorrekte Grundlage der instinktiven Sicherheit *(der Ur-Mutter, dem Vertrauen ins Leben)* und der instabilen Verbindung zur Seele in verdorbene Verhältnisse geführt hat. Hier gilt es einfühlsam in die Zusammenhänge einzudringen *(nicht allein mit der Heftigkeit des rationalen Verstandes),* damit die Seele keine Schäden nimmt.

Linie 3 *Entschlossenes Aufarbeiten der traditionsgebundenen Vaterbindungen ist der richtige Weg zur Befreiung*

Auch wenn man mit seinem energischen Vorgehen gegen fehlerhafte Einflüsse der Vergangenheit mancherorts anzuecken droht, so ist doch diese Entschlossenheit der richtige Weg, um sich davon zu befreien. Es wird zwar nicht ausbleiben, daß man seine Handlungen gefühlsmäßig bereut, was einen jedoch lediglich dazu veranlassen sollte, vielleicht etwas weniger direkt dagegen anzugehen.

Wie bei Linie 1, ist auch hier das Vorgehen gegen väterliche Unterlassungen in der Vergangenheit angedeutet. Während man dort auf dem sanften, spirituellen Weg diesen Mißstand bereinigen konnte, muß hier energisch gehandelt werden, da dies der einzige Weg ist, sich aus den überkommenen Familienbanden zu befreien. Trotzdem sollte man das feine Gespür nicht ganz verlieren, damit die *(väterliche)* Familientradition *(auch seine Herkunft)* nicht zu sehr brüskiert wird.

Die gefühlsmäßige Reinigung oder Befreiung von traditionsgebundenen Vaterempfindungen *(Linie 1, schwache Instinktkraft)* wird hier durch einen dynamischen Impuls ausgelöst *(OKT Donner, der Geist der Erneuerung),* der es vermag, das Überkommene aufzurütteln und den Weg für neue und erfrischende Erfahrungen zu öffnen. So ist das starke Gefühl der geistige Vormund der mangelhaften Instinktkraft, was natürlich zu gelegentlichem Energieungleichgewicht und Mißklängen *(UT Wind)* führen kann *(zwischen Sanftheit und überspannter Gefühlsreaktion).*

Linie 4 *Wer den väterlichen Verfehlungen ihrem Lauf läßt, wird die Folgen zu spüren bekommen*

Entgegen dem energisch vorgehenden Charakter der Linie 3, zeigt dieser Schlaffe keinerlei Anstrengungen, die Verfehlungen vergangener Zeiten zu korrigieren. Obwohl er im Grunde seines Herzens die Mängel fühlt, die ihn schwächen, schreitet er weiter, ohne sich ernsthaft darüber im klaren zu sein, welche Auswirkungen diese „ungesunden" Einflüsse mit sich bringen werden. Im sozialen Umfeld zu agieren, ohne die Fehler der Vergangenheit bewältigt zu haben, daß ist ein Wagnis, das nicht ohne Folgen bleibt.

Die Linie der sozialen Verantwortlichkeit zeigt sich entgegen ihrem ansonsten korrekten Platz träge und unwillig, den väterlichen Verderbnissen entgegenzutreten und läßt dem Ganzen seinen Lauf. Zwar kann sie über die Mängel und Disharmonien offen sprechen, ist jedoch unfähig, etwas dagegen zu tun *(der schwache Vater findet keinen Platz im Herzen, d. h. er ist ins Unbewußte verdrängt).* Eine solch nachlässige Handhabung unaufgearbeiteter Vaterprägungen wird sicher ihre schmerzlichen Folgen haben *(soziale Mißstände, Versagen, wenn es darauf ankommt, sie ist nicht belastbar, wankelhaft).*

Was dem Herzen fehlt, ist die Energie von unten, der gesunden Empfindungskraft *(Linie 1, die starken Wurzeln)*, weshalb es sich, selbst zu mild in seinem Wesen, den sozialen Neuerungsaufgaben nicht gewachsen zeigt. Allzu gerne läßt es sich von oberflächlichen Freuden erregen, nur um nicht mit seiner schwachen Grundlage konfrontiert zu werden.

Linie 5 *Wem es gelingt, die Verfehlungen der Vergangenheit vollständig aufzuarbeiten, verdient ein hohes Lob*

Es ist hier der Platz des Reformators, des milden Herrn des Hexagramms, dem es durch beharrliche Arbeit und fähige Unterstützung gelungen ist, den verdorbenen Strukturen vergangener Zeiten eine neue, praktikable Richtung zu geben. Gerade weil er keine leeren Verbesserungsvorschläge macht, sondern reale und greifbare Lösungen anstrebt, findet er hohes Lob. Auch wenn sich der Sinn des Aufarbeitens alter und verdorbener Inhalte in seiner Person erfüllt, wird es ihm nicht gelingen, sich völlig aus dem Einflußbereich weltlicher Traditionen zu befreien.

Dieser anregende Charakter hat die richtigen Mittel zur Hand, um die väterlichen Verfehlungen *(die schwachen Lebensgrundlagen)* gründlich aufzuarbeiten. Weil er es nicht beim reinen Theoretisieren läßt, sondern seinen kreativen Impulsen eine feste Form verleiht, kann er ohne weiteres als tüchtiger Reformherr bezeichnet werden.

Die Seele, der schicksalshafte Korrektor, macht mit Hilfe des Geistes *(Linie 6, Intuitivkraft)* ihren kreativen Einfluß geltend, um die schwachen *(spirituellen)* Grundlagen psychisch aufzuwerten.

Linie 6 *Sich der übergeordneten Aufarbeitung menschlicher Verfehlungen zu widmen, ist weise*

Es ist hier ein Mensch gezeigt, der in seinem inneren Wesen so weit entwickelt ist, daß er sich in die weltlichen Angelegenheiten nicht mehr verbessernd einzumischen braucht. Völlig unabhängig von Bindungen an gesellschaftliche Traditionen, gilt sein ganzes Streben den höheren, universellen Zielen, die er in seiner Person zu verwirklichen sucht. Da er keine egoistischen Absichten verfolgt, sondern seine geistigen Studien ganz im Sinne der zukünftigen Menschheitsentwicklung betreibt, leistet er einen gesellschaftlichen Beitrag von unschätzbarem Wert.

Ganz im Gegenteil zu den unteren Plätzen eins bis fünf, die alle mit dem Aufarbeiten alter Verderbnisse beschäftigt sind, steht dieser hier bereits außerhalb jeglicher Bindung an Konventionen *(der Familie und der Gesellschaft)*. Trotzdem verhält er sich nicht ignorant oder tatenlos, sondern arbeitet, wenn auch fernab des Weltgeschehens, an zukünftigen Menschheitszielen, die er in seiner eigenen Person verwirklicht. Auf diese Weise dient er der Welt als Vorbild und legt den geistigen Grundstein für eine übergeordnete Aufarbeitung menschlicher Unzulänglichkeiten.

Anmerkung zu Hexagramm 18:
Würde man die schwache Linie des unteren Trigramms Wind durch eine starke ersetzen, bekäme man das Trigramm des Schöpferischen *(des Himmels)*, dem das Symbol des Vaters zugeordnet wird. Da dies aber nicht der Fall ist, findet sich hier die Ursache aller väterlichen Verfehlungen in den Linien 1, dem Empfinden und 3, dem Fühlen sowie motivierten Handeln, Linie 4, dem Körper oder dem Herzen und Linie 5, der Seele, der es schließlich gelingt, das Grundübel aller Verfehlungen *(der fehlende, starke Vateraspekt, Standfestigkeit)* nach oben, ins Kreative aufzuwerten und ihm dadurch eine reformierte Erscheinungsform zu geben.

46 Das Empordringen
Der vertikale Aufstieg

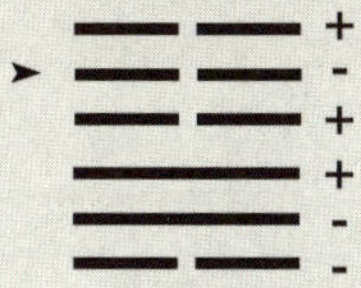

oben: **Die Erde**

das Empfangende
die Hingabe
die Materialisation

DAS WOLLEN

unten: **Der Wind**

das Sanfte
die Energie
das Wurzel-Chakra

DAS EMPFINDEN

Charakter:

6 ungezügelt
5 sorgfältig
4 verläßlich

3 dynamisch
2 wahrhaftig
1 begabt

Situation:

Das Trigramm des Windes (Holz) steht hier symbolisch für einen Baum, der vom niederen Schößling stetig und ohne Eile nach oben wächst, bis er seine volle Reife erlangt (Erde).

Kommentar:

Im Gegensatz zur Situation des Fortschritts (Hexagramm 35), der sich leicht und mühelos gestaltet, ist das Empordringen eher mit Arbeit und Anstrengung verbunden. Nimmt man sich das Wachstum einer Pflanze oder gar eines hohen Baums zum Beispiel, dann wird diese Aussage klar verständlich. Obwohl sie in Übereinstimmung mit ihrer natürlichen Bestimmung steht, ist die Erfüllung des höchsten Sinns, d. h. vom jungen Keim, der sich seinen Weg durch die Erde bahnt, bis zur vollen Reife zu gelangen, nur mit Fügsamkeit und beharrlichem Energieeinsatz zu vollenden. Auf der anderen Seite ist es gerade dieser göttliche Sinn, der Ihren Aufstieg aus der Dunkelheit zum Licht unaufhaltsam und Stück für Stück wie selbstverständlich zu vollbringen vermag. Das hier gezeigte Bild des unbehinderten Aufstiegs vom kleinen Unscheinbaren bis nach oben, dem Glanz und Ruhm des Erfolges, entspricht in seiner ganzen Art dem Idealbild erfolgreicher Verwirklichung fähiger Inhalte. Doch so schön es klingen mag, von ganz alleine fällt einem dieser Erfolg, auch wenn er seiner höheren Bestimmung gemäß bereits vorprogrammiert ist, nicht zu. Vielmehr bedarf es der echten und vom Geist der Wahrhaftigkeit durchdrungenen Arbeit von der Pike auf, damit die angestrebten Erfolge sich als natürliche Resultate entfalten können.

Egal ob in der Kunst-, Industrie- oder Geschäftswelt, immer braucht erfolgreicher Aufstieg sein fähiges und reifes Gegenstück in der eigenen Person. Beides kann man nicht mit egoistischen Gewaltmaßnahmen *(Ellenbogentaktik)* erreichen, sondern nur mit konsequenter und hingebungsvoller Arbeit, die gerade am Anfang keine Nachlässigkeiten duldet. Nur durch einen beständigen und höher motivierten Einsatz der Willenskraft wird ein Energiefeld erzeugt, das sich wie selbstverständlich in materiellen Erfolgen zu zeigen beginnt. Diese unablässige und erfolgreiche Erhebung ist aber nur möglich, weil sie in Übereinstimmung mit den Kräften des Himmels und der Erde steht. Deshalb ist das Empordringen kein Akt der Gewalt, sondern ein schrittweiser, aber geradliniger Aufstieg, der den Begabten oder Tüchtigen aus den Niederungen zur höchsten Reife führt.

Ganz dem natürlichen Entwicklungsprozeß des Hexagramms entsprechend, folgt auch der Edle in seiner Entwicklung dem kosmischen Sinn und dem Wollen der Erde, indem er durch Energieeinsatz und geduldiges Arbeiten im Rechten und Guten die Dinge zur Vollendung bringt. Weil er so geradlinig und hingebend in seinen Bemühungen ist und in seiner Person die natürlichen Eigenschaften des Fortschreitens vereint, trifft er auch in seiner Außenwelt auf Offenheit und Bereitschaft, seine Ziele zu unterstützen. Denn ohne das Vertrauen und die Unterstützung einflußreicher Menschen wird ihm sein erfolgreicher Aufstieg nicht gelingen. Da aber dem Sinn des Hexagramms entsprechend keine Widerstände vorhanden sind, ist diese Zusammenarbeit von großem Erfolg gekrönt. Man muß es nur wollen, muß sich zu seinen Bemühungen stellen, sich nicht einschüchtern lassen, sondern unablässig Einfluß auf die Situation ausüben. Nutzt man also diese äußerst günstigen Zeitumstände und arbeitet auf die richtige Art und Weise beständig an seinen Zielen, ist der Erfolg bereits vorprogrammiert.

Da der Wind, als einflußnehmende Energie des Himmels, auch für die natürliche Begabung eines Tüchtigen steht, dem die Menschen *(Erde)* bereitwillig entgegenkommen, befindet er sich nicht nur in seelischer Übereinstimmung mit seinen einflußreichen Helfern aus dem Volk, sondern auch mit den Kräften oder dem Willen des Göttlichen, die ihn beschirmen und ihm als höchste Ratgeber zur Seite stehen (I Ging). Sein ganzes Wirken entspricht also einer astrologischen Stimmigkeit *(der transzendentalen Gunst des Kosmos)* oder dem „Zeitgeist", was letztendlich die Ursache für seine reifen Erfolge ist.

Linie 1 *Zeigen Sie sich dem Ihnen entgegengebrachten Zutrauen entgegenkommend*

Es findet sich hier eine Naturbegabung, die in ihrer Kariere ganz am Anfang steht. Noch ist sie ziemlich unbekannt, bleiben ihre Fähigkeiten unsichtbar im Verborgenen. Doch da es eine Wesensgleichheit mit einflußreichen Menschen gibt, ist ihr erfolgreicher Aufstieg unaufhaltsam vorprogrammiert. Deshalb muß sie, ohne befürchten zu müssen, von dort abgewiesen zu werden, jenen entgegengehen, um ihre höhere Bestimmung zu erfüllen.

Vergleichbar mit der Wurzel eines Baumes, die ihre Energie *(dem höheren Sinn entsprechend)* nach oben lenkt, ergeht es auch diesem fähigen Unbekannten. Seine natürlichen Fähigkeiten üben einen solchen Einfluß aus, daß man ihm von maßgebender Stelle aus offen die Bereitschaft zur Unterstützung signalisiert. Da er dieses Vertrauen zu seiner Beförderung braucht, muß er *(um nicht im wurzelhaften Anfang steckenzubleiben)* diesen entgegenkommen, ohne dabei seine Niedrigkeit fürchten zu müssen. Sein zielstrebiger und hingebungsvoller Einsatz, findet an höchster Stelle Bewunderung.

Es ist die erste Linie der instinktiven Beweglichkeit, die sich als Fundament des Bewußtseinsbaumes offen zeigt, ihre Energie zum Wachstum zur Verfügung zu stellen. Sie steht, als Grundbedingung jeglichen Aufstiegs *(die Wurzel)*, in jenseitiger Gunst.

Linie 2 *Nicht äußere Formen sind es, die zählen, sondern die wahrhaftige Gesinnung*

In seinem Wesen vielleicht etwas zu derb, aber doch aufrichtig und von wahrhaftiger Gesinnung beseelt, findet dieser einen Förderer an maßgebender Stelle. Trotz seines unangepaßten Auftretens und den eher bescheidenen materiellen Mitteln, die er zur Verfügung hat, erweckt doch sein talentiertes Wesen große Begeisterung, so daß in gegenseitigem Vertrauen der Aufstieg gelingen wird.

Dieser durchaus als Wunderkind zu bezeichnende Charakterstarke wird trotz seines andersartigen Denkens *(starke Linie auf schwachem Platz)* und seines luftigen Wesens von hoher Stelle aus anerkannt *(Linie 5, die förderungswillige Instanz)*. Dies liegt an seiner natürlichen Art, mit der er seine Fähigkeiten ungekünstelt zum Ausdruck zu bringen vermag. Sein Sprungbrett zum Erfolg ist die seelische Verbundenheit mit seinem einflußreichen Förderer *(die Übereinstimmung mit dem höheren Sinn seines Aufstiegs)*.

Die zweite Linie des Denkens ist hier als starker Charakter auf schwachem Platz gezeigt, was in Verbindung mit dem UT Wind einen Widerspruch zu konventionellen Einstellungen bedeutet *(unkonventionelles Denken)*. Gleichzeitig aber belegt sie den untersten Platz des UKT See, was der unkonventionellen Einstellung eine höhere Motivation verleiht. Dies findet seine Anerkennung auf der Durchbruch verschaffenden Ebene der Seele *(dem gerechten Förderer)* und fügt dem Ganzen einen freudigen und kreativen Aspekt hinzu *(es erfolgt die seelische Erhöhung des wahrhaftigen Denkens)*.

Linie 3 *Nutzen Sie den Zeitgeist, solange er auf Ihrer Seite steht*

Man ist in seinem Empordringen an einen Punkt gekommen, von dem aus der weitere Fortschritt ganz leicht erscheint. Es ist wie wenn sich alle Widerstände plötzlich in Luft aufgelöst hätten und der Durchbruch endgültig gelungen wäre. Wie immer, wenn alles ungehemmt vorangeht, zeigt man sich zuversichtlich und voller Unternehmenslust. Selbst wenn dies dem Zeitsinn entspricht, so sollte man sich doch darüber im klaren sein, daß ein solch gewaltiger Aufstieg nicht von Dauer sein wird. Deshalb ist es angebracht, seinen überschießenden Elan etwas zu dämpfen und sich darauf zu besinnen, daß Anerkennung nur in Übereinstimmung mit dem Vertrauen derer zu erlangen ist, die einen dabei unterstützen.

Das ungehemmte Empordringen wird hier zum einen durch die dynamische Kraft des UKT Donner *(die impulsive Kraft der dritten Linie)* bestimmt, zum anderen durch die drei schwachen Linien der Erde, die alles leicht und widerstandlos gestalten. Trotz aller Freude am Wirken und Erschaffen befallen einen Zweifel, wie lange dieser ungehemmte Fortschritt noch dauern wird. Doch solange man seinen wahrhaftigen Beweggründen treu bleibt und das Vertrauen derer nicht überstrapaziert, die einen begünstigen, solange gilt es den Zeitgeist zu nutzen, der diesen leichten Aufstieg ermöglicht.

Es ist die Linie des aktiven Handelns und der Persönlichkeit, die, gefühlsmäßig stark motiviert, die oberen Bereiche des Körpers, der Seele und des Geistes zu erobern sucht. Es wird ihr zwar gelingen, diese anzuregen, aber ihnen gleich zu werden, ist unmöglich.

Linie 4 *Auch wenn man im Schatten der Großen bleibt, muß man seinen inneren Grundsätzen treu bleiben*

Die drei oberen Linien der Erde stellen den höchst erreichbaren Punkt des Aufstieges dar. Da die fünfte Linie die herrschende Linie des Hexagramms ist, befindet sich hier der Platz unterhalb dieser einflußreichen Stelle. Sie zeigt den Eintritt in das Umfeld des Erfolgreichen *(des Königs, des Herrschers)*, von dem dieser Bescheidene geehrt und mit hohen Aufgaben betreut wird. Sein weiches Herz und seine wahrhaftigen Grundsätze weisen ihn als Menschen aus, dessen Streben ganz dem Wohl des Volkes gilt. In dieser Funktion von seinem einflußreichen Förderer unterstützt, kann sein Wirken als Segen für den sozialen Wohlstand der Gesellschaft bezeichnet werden.

Ein milder und in seinem ganzen Wesen zurückhaltender Charakter, der zwar von hoher Stelle Anerkennung findet *(es wird ihm ein „geistiger Ehrentitel" verliehen)*, aber trotzdem den verborgenen Weg des Erfolges wählt. Er zeigt sich zufrieden mit dem Erreichten und nützt seine Stellung und seine Erfahrung, den Menschen zu helfen, sich zu entwickeln. Auch wenn er dadurch vielleicht im Schatten derjenigen bleibt, an deren Seite er wirkt *(dem Oberen, der ihn in seinen Fähigkeiten bestätigt hat oder sogar als seine rechte Hand ausweist)*, so ist doch sein Tun von unschätzbarem Wert.

Die korrekte Entsprechung zu Linie 4, dem Platz des Herzens und der Liebe zu den Menschen, ist die Linie 1, die in diesem Fall als spirituelle Wurzel oder Ursache allen Aufstieges das Herz zu sozialen Diensten motiviert *(im Namen des höchsten Sinnes zu sprechen)*. Diese wahrhaftige Schwingung findet ihre Anerkennung bei der obersten Dienststelle, der Seele *(dem großen Förderer)*, die ihm in dieser Mission Bestätigung verleiht.

Linie 5 *Bleiben Sie nüchtern, und planen Sie Ihre weiteren Schritte sorgfältig*

Hier ist der herrschende Platz des Empordringens, der von einer milden Eminenz besetzt wird, die sich durch höchste Ehrenbezeugungen ausgezeichnet sieht. Er findet aufrichtige Bewunderung bei den Menschen, die ihn bejubeln und von ganzem Herzen unterstützen. Sein innerer Reichtum und seine klare geistige Vorstellungskraft finden Anerkennung in jeder Form. Doch gilt es, will man dieser Honoration im höchsten Sinne Dankbarkeit erweisen, sich nicht an den empfangenen Ehrungen zu berauschen, sondern ganz im Gegenteil zugänglich zu bleiben für die Fähigkeiten und Begabungen anderer Menschen, die auf der Erfolgsleiter noch nicht so weit geklettert sind wie man selbst.

Der von der Pike auf hart erarbeitete Erfolg findet hier an höchster Stelle seine Anerkennung. Nicht nur von Seiten der Menschen, die einen begeistert beklatschen, sondern auch von der Schicksalsübereinstimmung mit dem höheren Sinn, in dessen Gunst man steht. Deshalb darf man sich an diesem Erfolg nicht berauschen *(ihn als alleinigen Verdienst betrachten)*, sondern muß nüchtern bleiben, die Dinge realistisch betrachten und alle weiteren Schritte sorgfältig planen *(das I Ging befragen)*. Ganz dem Sinn des Hexagramms entsprechend, werden sich zukünftige Erfolge nicht so sehr auf ein weiteres Emporsteigen beziehen *(im Sinne eines noch höheren Postens)*, sondern vielmehr auf die fruchtbringende Vermittlung des reichen Erfahrungsschatzes. Ein Fortschreiten in Würde also, das die Tür zum höchsten Ziel eröffnet und gleichzeitig als Motivation für die Fähigen dient, auf dem Weg ihres Aufsteigens den Sinn nicht aus den Augen zu verlieren.

Linie 6 *Wer ohne Rücksicht auf die Zeitumstände immer weiter emporzudringen versucht, wird abstürzen*

Wer völlig blind und ohne Rücksicht auf die höhere Übereinstimmung sein persönliches Aufsteigen immer weiter treibt, der unterliegt der Gefahr, aus großer Höhe abzustürzen. Deshalb sollte man sich jetzt besinnen und daran denken, daß kein menschliches Wesen die Macht hat, sich über alles und jeden zu erheben, sondern nur soweit Unterstützung findet, wie die Zeitumstände es erfordern.

Dieser skrupellose Aufsteiger identifiziert sich so sehr mit seiner Karriere, daß er kein Anhalten mehr kennt. Dem blinden Zwang unterworfen, immer mehr zu wollen, klammert er sich an den Erfolg, ohne dabei an die Folgen zu denken. Wenn er sich weiterhin so wenig vorausschauend benimmt, dann wird man ihn sicher eines Besseren belehren müssen *(es droht der Ruin, seine Karriere wird von höchster Stelle aus unterbrochen, auch gesundheitlich wird er gebeutelt)*.

Anhang

Alternativen zur Befragungsmethodik

Neben der hier erstmals vorgestellten dreistufigen Befragungsmethode, die sowohl in der einfachen Handhabung als auch in der präzisen und umfangreichen Aussagekraft einmalig ist, gibt es noch einige andere traditionelle Verfahren, die ich nicht versäumen möchte kurz vorzustellen.

Schafgarbenorakel:
Das wohl älteste Orakelverfahren, das mittels 50 Schafgarbenstengel und einem langwierigen Ritual zu einem Ausgangshexagramm mit oder ohne bewegte Linien führt, aus dem anhand der bewegten Linien *(falls vorhanden)* ein zweites Hexagramm ermittelt wird. Sehr ausführlich beschrieben bei Richard Wilhelms I-Ging-Übersetzung.

Münzorakel:
Die allgemein gängigste Methode, die als vereinfachte Form dem technischen Hintergrund des Schafgarbenorakels entspricht. Es werden drei Münzen gleicher Größe in die hohlen Hände genommen, geschüttelt und auf einer ebenen Fläche ausgebracht. Dieser Vorgang wird insgesamt sechsmal wiederholt, wobei der erste Wurf die Grundlinie des Hexagrammes darstellt. Die Zahl- oder Schriftseite (Z) ist Yin und zählt zwei, die Kopfseite (K) ist Yang und zählt drei. Dabei können sich folgende Kombinationen ergeben:

(K)	(K)	(Z)	=	— —	8 = junges Yin (ruhend)
(Z)	(Z)	(K)	=	——	7 = junges Yang (ruhend)
(Z)	(Z)	(Z)	=	— — O	6 = altes Yin (bewegt)
(K)	(K)	(K)	=	—— O	9 = altes Yang (bewegt)

Ist das komplette Hexagramm von unten nach oben aufgebaut, kann sich folgende Situation ergeben:

Sind alle Linien ruhend *(Summen 8 und 7)* daß heißt unbewegt, wird nur der Kommentar des jeweiligen Hexagramms gelesen.

Weist das ausgewertete Hexagramm eine oder mehrere bewegte Linien auf *(Summen 6 und 9)*, wird daraus ein zweites Hexagramm entwickelt, indem die bewegten Linien umgekehrt werden.

Beispiel:

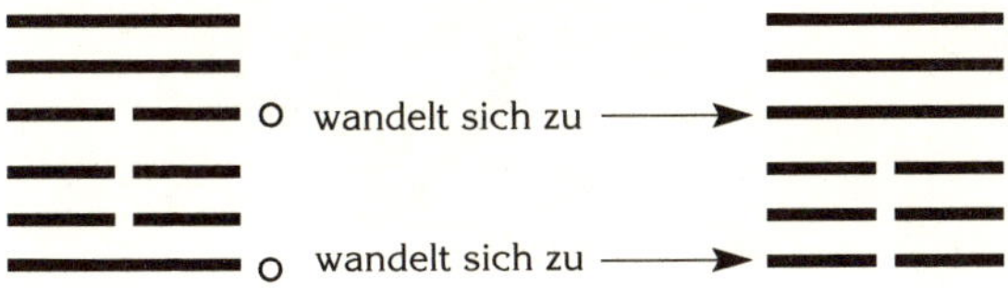

Hexagramm 42 wird zu Hexagramm 12

Lesen Sie also von Hexagramm 42 den Kommentar sowie die beiden bewegten Linien 1 und 4, von Hexagramm 12 nur den Kommentar.

I Ging
Tagebuch

Fragen
und Antworten

Tag, Datum: ______________________________

Frage: ______________________________

____

____

____

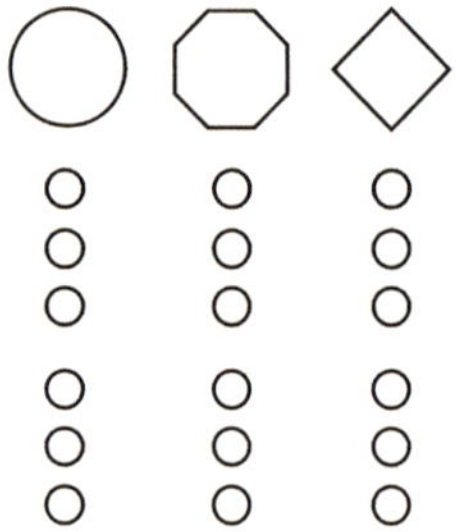

Tag, Datum: ______________________________

Frage: ______________________________

____

____

____

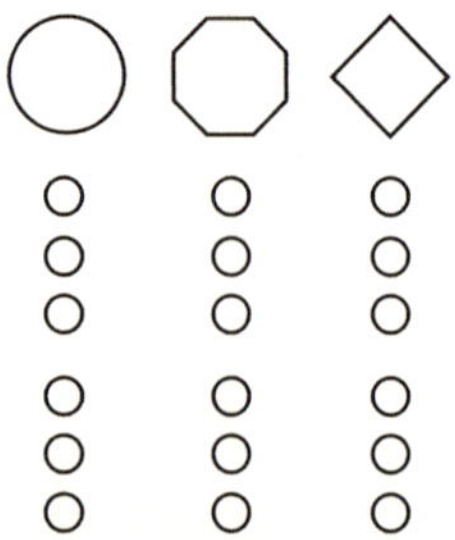

Tag, Datum: ______________________________

Frage: ______________________________

____

____

____

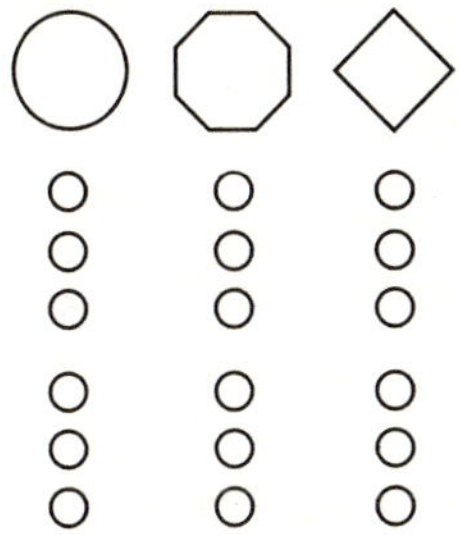

Tag, Datum: ______________________________

Frage: ______________________________

____

____

____

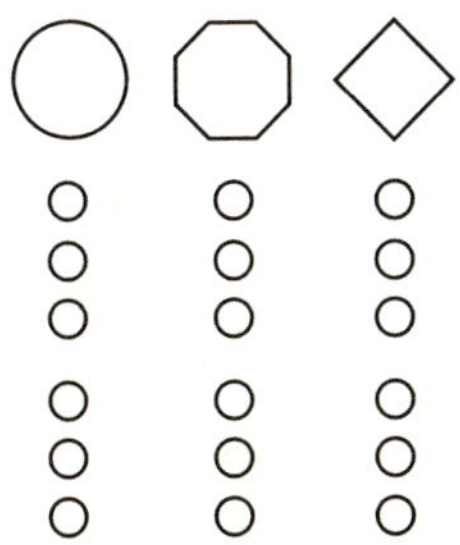

Quellennachweis:

Ich möchte es nicht versäumen, meine aufrichtige Bewunderung und Ehrfurcht vor dem Buch der Wandlung zum Ausdruck zu bringen und meine damit zuallererst die Arbeit Richard Wilhelms, die uns in der Erstübersetzung den Zugang zu diesem großen Wissen ermöglicht hat.

Richard Wilhelm – „I Ging", Diederichs 1983
(Das Standardwerk, die Originalübersetzung Richard Wilhelms)

Diana ffarington Hook – „I Ging für Fortgeschrittene", Diederichs 1983

Lin Yutang – „Die Weisheit des Laotse", Fischer 1986

R. L. Wing – „Das Arbeitsbuch zum I Ging", W. Heyne 1993

Franciskus Adrian – „Die Schule des I Ging", Diederichs 1995

Marguerite de Surany – „I Ging und Kabbala", Herrmann Bauer 1991

C. W. Leadbeater – „Die Chakras", Herrman Bauer 1994

Bodo J. Baginski/S. Sharamon – „Das Chakra Handbuch", Windpferd 1991

Dora Kunze – „Die Aura", Aquamarin Verlag 2. Aufl. 1994

Wen Kuan Chu/Wallace A. Sherrill – „Astrologie des I Ging", Diederichs 1982

Richard Wilhelm – Laotses „Tao te king", Diederichs 1978

Liä Dsi – „Das wahre Buch vom quellenden Urgrund", Diederichs 1967

Martin Schönberger – „Verborgener Schlüssel zum Leben", Scherz 1973

1976 by Lu I-Ming – „The Taoist I Ging", Translated by Thomas Cleary, Shambala 1986

H. Offermann – „I Ging", Walter 1975

R. G. H. Siu – „The Portable Dragon", MIT Press 1968

Der Autor

Als Freund und langjähriger Schüler des Akupunktur und I-Ging-Meisters I-Lung, absolvierte er Meisterkurse in der 5 Elemente Lehre, der Astrologie des I-Ging und des Feng Shui sowie der klassischen Akupunktur. Seit seiner Jugend befaßt er sich mit der Thematik östlicher und westlicher Philosophie, in Verbindung mit Geisteswissenschaften und Psychologie.

Sein Fachwissen auf dem Gebiet des I-Ging und der 5-Elemente-Lehre, vermittelt der Bad Homburger nicht nur in Seminaren, sondern hat es auch in seiner Rhythmiklehre integriert, die auf den Prinzipien der Wandlung basiert. Der Schwerpunkt seiner I-Ging Arbeit, richtet sich auf das Vermitteln von Strukturen und Kräften, die als Ausdruck einer kosmischen Gesetzmäßigkeit unser Leben beeinflußen und lenken.

Adresse

Wenn Sie mit dem Autor, der auch Seminare, Schulungen und Einzelberatungen gibt, Kontakt aufnehmen möchten, schreiben Sie mit einem frankierten Rückumschlag an folgende Adresse:

René van Osten
Postfach 2062
61352 Bad Homburg

Jutta Mattausch

Die große Welle

„Die Essenz aller Yogas“ · Die tibetische Übung für körperliche Vitalität und geistige Power

Eine spannende Geschichte, die im fernen Tibet spielt - und doch auch in uns allen an jedem Ort der Welt stattfinden könnte, denn sie handelt von der Reise zu uns selbst. Ob wir bei uns ankommen und uns dann vielleicht auch finden, hängt ab von unserer Bereitschaft, uns zu öffnen ...
Dieses völlig undogmatische Buch gibt die Möglichkeit, uns unterhaltsam und ganz ungezwungen mit einer der größten Religionen unserer Erde auseinanderzusetzen und uns von ihr berühren zu lassen.

120 Seiten, DM 19,80, SFr 19,00
ÖS 145,00 ISBN 3-89385-168-2

Sofia Sienko

Der Steinschlüssel

Eine umfassende Einführung in das Stein-Reich · Wie man die Geheimnisse der Edelsteine entschlüsseln, ihre Energien freisetzen und zum Heilen nutzen kann · Mit farbigem Edelsteinlexikon

„Der Steinschlüssel“ ist ein Kurs in Edelsteinheilkunde. Sofia Sienko hat das Buch geschrieben, das sie sich gewünscht hat, aber nirgends finden konnte, als sie anfing, sich mit Edelsteinen zu beschäftigen. Und sie warnt: dieses Buch macht süchtig nach Steinen. Es informiert umfassend, aber nicht abgehoben, einfach und eingängig über Edelsteine und alles „Drumherum“ wie sie zu reinigen, auf den Benutzer einzustimmen, die spezielle Schwingung freizusetzen, mit ihnen zu heilen und vieles mehr. Etwa 100 der meistgebrauchten Edelsteine sind in ihren Heilwirkungen beschrieben und farbig abgebildet.

352 Seiten, DM 39,80, SFr 37,00
ÖS 291,00 ISBN 3-89385-156-9

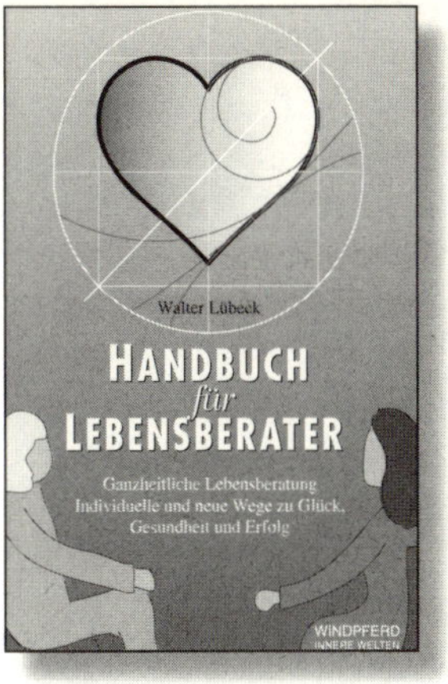

Walter Lübeck

Handbuch für Lebensberater

Ganzheitliche Lebensberatung · Individuelle und neue Wege zu Glück, Gesundheit und Erfolg

„Lebensberater" ist ein neuer, wichtiger Beruf geworden. Lebensberater helfen ihren Mitmenschen, glücklicher und erfolgreicher zu sein, die Gesundheit mit ganzheitlichen Methoden zu stärken und dem Leben in dieser Welt einen tieferen, individuellen Sinn zu geben. Mit Mitteln wie beispielsweise dem Autogenen Training, Astrologie, Tarot, Kinesiologie, NLP oder Reiki geben Lebensberater praktischen Beistand und Hilfe zur Selbsthilfe. Das „Handbuch für Lebensberater" bietet eine solide, ganzheitlich ausgerichtete Grundlage für die erfolgreiche Lebensberatungspraxis und behandelt alle dafür wichtigen Themen in einem methodenübergreifenden Konzept.

192 Seiten, DM 24,80, SFr 23,00
ÖS 181,00 ISBN 3-89385-172-0

Maya Tiwari

Das große Ayurweda Handbuch

Die Geheimnisse des Heilens · Das umfassende Praxisbuch über die Wirkungs- und Anwendungsbereiche von Ayurweda · Ayurwedische Philosophie, Verjüngungstherapien (Abhyanga, Snehana, Svedana) Reinigungstherapie (Pancha Karma), Heildiäten und vieles mehr

Dieses Buch ist in seiner Art die wohl umfassendste Darstellung der ursprünglichen Reinigungs- und Verjüngungstherapien, Pancha Karma, ehemals gelehrt und praktiziert von den alten wedischen Sehern. Sämtliche praktischen Anleitungen sind liebevoll mit Zeichnungen illustriert. Erstmals werden die Geheimnisse dieser anspruchsvollen Heilungsprozesse in einer Art dargestellt, die ebenso umfassend wie einfach, praktisch und leicht nachvollziehbar ist.

528 Seiten, DM 46,00, SFr 42,50
ÖS 336,00 ISBN 3-89385-151-8

John Mann · Lar Short

Der feinstoffliche Körper

Einweihung in Theorie und Praxis der Erweckung des Energiekörpers

Jeder Mensch besitzt einen feinstofflichen Energie-Körper, aber nur wenige wissen von seiner Existenz, sind in der Lage, ihn bewußt wahrzunehmen und praktisch zu erfahren. Kundalini, Chakraenergie, Meridiane, die drei Körper, Aura, das dritte Auge, Nadis, Tantra, Yantra, Yidam sind Begriffe, die in unmittelbarem Zusammenhang mit den Phänomenen des feinstofflichen Körpers stehen und die in dem umfassenden und reich illustrierten Werk von John Mann und Lar Short klar und einprägsam erklärt werden.

224 Seiten, DM 19,80, SFr 19,00
ÖS 145,00 ISBN 3-89385-072-4

Angelika Hoefler

Die Psychologie des Namens

Wie Sie buchstäblich Menschen an ihrem Namen erkennen · Der Schlüssel zur Persönlichkeit

Die Psychologie des Namens ist ein unglaublich faszinierendes System der Namensanalyse. Jeder Buchstabe unseres Namens ist wie ein Mantra, ein heiliger Laut – und alle Buchstaben des Namens zusammen ergeben eine Melodie: unsere Lebensmelodie.
Der Name offenbart vieles: Möglichkeiten die wir haben, uns zu verwirklichen, Bereiche, in denen wir unsere Energie optimal entfalten können, und wie unser Denken und Handeln oft miteinander jonglieren – und was daraus folgt. Wir sehen, wie wir sind, wie wir uns geben und wie andere uns sehen. Jeder Name ein aufgeschlagenes Buch, dessen Lektüre sich lohnt.

240 Seiten, DM 29,80, SFr 27,50
ÖS 218,00 ISBN 3-89385-163-1

Master Gao Yun

Qi Gong for Life

Eine Großmeisterin offenbart ihr Geheimnis von Schönheit, Vitalität und Gesundheit

Master Gao, eine Qi Gong Meisterin von außergewöhnlicher Ausstrahlung, Kraft und Erfahrung offenbart in diesem Buch ihr großes Geheimnis: stets mindestens 20 Jahre jünger auszusehen als sie ist – und dabei gesund und vital zu sein.
Ihr „Qi Gong for Life" ist eine neue therapeutische Form des Qi Gong: kurze, einfache aber sehr wirkungsvolle Übungen zum Heilen von Bluthochdruck, Magen-Darm-Beschwerden, sexuellen Problemen, Schlaflosigkeit oder Übergewicht und vielem mehr. Als Ärztin weiß sie, wo die größten Probleme liegen, als Qi Gong Meisterin hat sie den sanftesten und wirkungsvollsten Weg gefunden, die Lebensenergie als solche, das Chi im Menschen zu stärken – die beste Grundage, sich rundum wohl, gesund und jugendlich fit zu fühlen.

160 Seiten, DM 24,80, SFr 23,00
ÖS 181,00 ISBN 3-89385-183-6

Frank Arjava Petter

Das Reiki Feuer

Neues über den Ursprung der Reiki-Kraft • Das komplette Lehr- und Arbeitsbuch

Geschichten und Mythen ranken sich mittlerweile um den Reiki-Ursprung. Frank Arjava Petter, in Japan praktizierender freier Reiki-Meister taucht ihn in neues Licht, indem er offen und hingebungsvoll Usui-sans Pfad zurückverfolgte, auf Usuis Nachfahren traf und den heiligen Berg seiner Erleuchtung bestieg. Darüber hinaus ist „Das Reiki Feuer" ein exzellentes Reiki-Lehrbuch, frisch und mitreißend und in spirituellem Geist geschrieben. „Das Reiki Feuer" ist zudem ein absolut praktischer Reiki-Berater. Das Herz, der Körper, der Verstand und der esoterische Background – nichts kommt zu kurz.
Eine Abbildungsserie illustriert die Reiki-Positionen.

144 Seiten, DM 19,80, SFr 19,00
ÖS 145,00 ISBN 3-89385-187-9

Kurzanleitung und Interpretationshilfe

Karte 1: Karte 2: Karte 3:

YANG **MENSCH** **YIN**

1	**Wasser**	Blau	ist in der Mitte hell
2	**Erde**	Gelb	sind alle dunkel
3	**Donner**	Hellgrün	ist unten hell
4	**Wind**	Dunkelgrün	ist unten dunkel
6	**Himmel**	Weiß	sind alle hell
7	**See**	Grau	ist oben dunkel
8	**Berg**	Braun	ist oben hell
9	**Feuer**	Rot	ist in der Mitte dunkel

Ablauf:

1. *Tai-Chi-Karte vor sich hinlegen, 24 Karten mischen*

2. *24 Karten von oben nach unten zu drei Teilen auslegen*

3. *Von oben nach unten aufnehmen*

4. *Auslegen* **5.a** *Ablesen –* ***Yin*** **5.b** *Ablesen –* ***Yang***

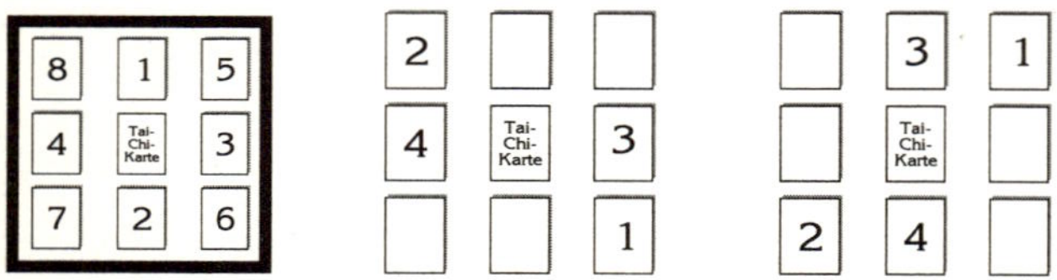

➤ Suchen Sie in dieser Position die höchste **Yin-*(Yang-)* oder Mensch**-Karte. Ist die Yin-*(Yang-)* oder Mensch-Karte aber vom Zahlenwert her gleichwertig, dann nehmen Sie die nächst niedrigere Yin-*(Yang-)* oder Mensch-Karte. Falls sich keine Yin-*(Yang-)* oder Mensch-Karte auf dieser Position befindet, nehmen Sie die niedrigste Yang-*(Yin-)*Karte. Falls sich auch keine Yang-*(Yin-)*Karte auf dieser Position befindet, mischen Sie die Karten neu

6. *Karten dreimal auslegen und Yin-/Yang-Karten ablegen*

Legen Sie die durch Ihre Auswertung definierten Karten des oberen Trigramms – Yin – und des unteren Trigramms – Yang – nach jedem Ablesen rechts neben Ihre ausgelegten Karten, Yin-Karten oben, Yang-Karten unten. Finden Sie nun die Hexagramme in der Tabelle auf der Umschlagrückseite

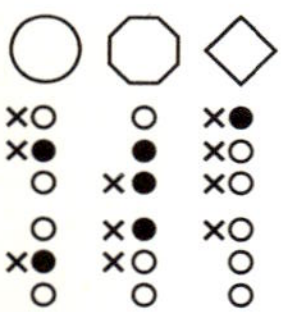

7. *Eintragen der Hexagramme, dunkle Yin-Punkte ausmalen und bewegte Linien auswerten*

Um nun die speziell auf Ihre Frage bestimmten bewegten Linien der Hexagramme zu definieren, vergleichen Sie:

Hexagramm I	(Vergangenheit)	mit Hexagramm II	und kennzeichnen zunächst Hexagramm II mit einem X
Hexagramm II	(Gegenwart)	mit Hexagramm III	und kennzeichnen dann Hexagramm III mit einem X
Hexagramm III	(Zukunft)	mit Hexagramm I	und kennzeichnen zuletzt Hexagramm I mit einem X